ROLF KRENGEL

Das Deutsche Institut für Wirtschaftsforschung

(Institut für Konjunkturforschung)

1925–1979

Das Deutsche Institut für Wirtschaftsforschung

(Institut für Konjunkturforschung)

1925–1979

Von

Prof. Dr. Rolf Krengel

DUNCKER & HUMBLOT · BERLIN

CIP-Kurztitelaufnahme der Deutschen Bibliothek

Krengel, Rolf:
Das Deutsche Institut für Wirtschaftsforschung: (Inst. für Konjunkturforschung); 1925–1979 / von Rolf Krengel. – Berlin: Duncker und Humblot, 1986.
ISBN 3-428-06074-1

Druck: Berliner Buchdruckerei Union GmbH, Berlin 61
Printed in Germany

ISBN 3-428-06074-1

Jedermann dienstbar,
niemandem untertan!

Ferdinand Friedensburg

VORWORT

Es sind nun mehr als fünfundreißig Jahre, die Rolf Krengel im Deutschen Institut für Wirtschaftsforschung gearbeitet hat. Mehr als die Hälfte der nun sechzigjährigen Geschichte des DIW hat Rolf Krengel miterlebt, mitgestaltet. Präsident und Kollegium der Abteilungsleiter nahmen daher dankbar das Angebot Rolf Krengels entgegen, sich einem Forschungsobjekt ganz eigener Prägung zuzuwenden, nämlich der Geschichte des DIW.

Nun mag man sich darüber streiten, ob derjenige, der am Geschehen teilgehabt hat, der beste Chronist ist. Die vorliegende Arbeit Rolf Krengels kann diesen Streit durchaus illustrieren. Es ist ein Unterschied, ob man mühselig aus dem Studium von Akten Ereignisse rekonstruiert, ohne auf die eigene Erinnerung zurückgreifen zu können, oder ob man sich mitreißen läßt von dem Geschehen, das man mitgestaltet hat, indem man engagiert daran gearbeitet hat, die Entwicklung des Instituts voranzutreiben.

Manchem mag das Ergebnis, insbesondere in dem Teil dieser Geschichte, die Rolf Krengel miterlebt hat, zu persönlich ausgefallen sein. Ihnen muß man sagen, daß für andere der besondere Reiz der Arbeit Krengels in der Unmittelbarkeit persönlicher Bezüge liegt. Es mag sein, daß das Werk damit etwas weniger objektive Institutsgeschichte wird. Ohne Zweifel vermittelt es auf der anderen Seite sehr viel mehr von dem Leben der Menschen, die dieses DIW gestaltet, entwickelt und zu seiner heutigen Bedeutung gebracht haben. Präsident und Kollegium der Abteilungsleiter haben es daher auch für angemessen gehalten, diese Arbeit als eine Arbeit des Autors Rolf Krengel zu publizieren und damit ihren besonderen Dank dafür zum Ausdruck zu bringen, daß Rolf Krengel in so geglückter Weise objektive Darstellung der Institutsgeschichte und Erfahrung der Person Rolf Krengel miteinander verbunden hat. Die eine, von persönlichen Wertungen freie, objektive Geschichte des DIW wird es so schnell nicht geben. Wahrscheinlich wäre sie auch langweilig.

Das DIW blickt nun auf eine sechzigjährige Geschichte zurück, eine Geschichte, die unlösbar mit der Entwicklung der empirischen Wirtschaftsforschung in Deutschland verbunden ist, die aber auch die Höhen und Tiefen der vergangenen sechzig Jahre deutscher Geschichte nachzeichnend gestaltet. Derjenige, der es für selbstverständlich hält, daß er sich jederzeit über eine Fülle von Indikatoren zur Beurteilung der Wirtschaftsentwicklung informieren kann, daß die Mehrzahl dieser Indikatoren in konsistenter Weise in das System der volkswirtschaftlichen Gesamtrechnung eingebettet sind, kann lernen, daß dieses früher alles andere als selbstverständlich war. Er kann nachvollziehen, wie mühsam die Lernprozesse waren, an deren Ende ein derart geschlossenes Bild wirtschaftlichen Geschehens steht. Ohne die Verdienste anderer Wissenschaftler und des Statistischen Bundesamtes schmälern zu wollen, kann man den Satz wagen, daß die volkswirtschaftliche Gesamtrechnung Deutschlands ohne die Arbeit des DIW nicht vorstellbar ist. Ähnliches gilt, um noch ein zweites Beispiel zu nennen, für die Input-Output-Rechnung, deren Durchsetzung in Deutschland das persönliche Verdienst Rolf Krengels ist. Viele Fortschritte der empirischen Wirtschaftsforschung sind im DIW entstanden oder doch zumindest vom DIW realisiert worden.

Die vorliegende Arbeit spricht nicht nur von den Erfolgen. Sie redet auch von den Irrtümern und Fehlern. Wissenschaft ist ein Lernprozeß, in dem Theorien der empirischen Prüfung ausgesetzt werden und in dem die Widerlegung von Theorien dazu führt, neue und hoffentlich bessere Theorien zu entwickeln. Insofern ist ein solches Werk auch ein Stück angewandte Wissenschaftstheorie.

Wissenschaft lebt von ihrer Unabhängigkeit und Freiheit. Die Geschichte des DIW macht deutlich, was es für den Wissenschaftler bedeutet, nicht frei arbeiten zu können. Sie zeigt etwas von den Problemen, in denen der Wissenschaftler in einem Regime der Unfreiheit lebt. Dankbar können wir feststellen, daß es dem DIW beschieden war, den weitaus größeren Teil seiner Geschichte als unabhängiges Institut, das die Freiheit der Wissenschaft beanspruchen kann, zu erleben. Allerdings muß diese Freiheit immer wieder von neuem erarbeitet werden. Es kommt nicht nur darauf an, daß man objektiv frei ist, man muß sich auch so verhalten. Wenn das Buch Rolf Krengels dazu beitragen könnte, uns die tägliche Herausforderung einer freien und unabhängigen Wissenschaft vor Augen zu stellen, würde dies allein die Arbeit gelohnt haben.

Hans-Jürgen Krupp

INHALT

DIE GEISTIGEN VÄTER

Wilhelm von Humboldt und Adolf Harnack

Mitte 1925 gründete Ernst Wagemann in Berlin das Institut für Konjunkturforschung. Damit entstand zum ersten Mal im Herzen Mitteleuropas ein nicht-universitäres Forschungsinstitut, das sich mit wirtschaftspolitischen und -theoretischen Problemen beschäftigte.[1]

Am Anfang einer Untersuchung, die sich mit der Entwicklung dieses Instituts beschäftigt, ist es wohl angebracht, ja notwendig, eine Antwort auf folgende Fragen zu finden: Was hat dieses Institut gerade in Berlin entstehen lassen? War seine Existenz nur das Ergebnis individuellen Gründermuts? Oder war sie auch langfristig vorgezeichnet?

Die Gründung von universitätsunabhängigen Forschungsinstituten hat in Deutschland zwei geistige Väter: Wilhelm von Humboldt und — ein Jahrhundert später — Adolf Harnack.

In der 1810 verfaßten Schrift „Über die innere und äußere Organisation der höheren wissenschaftlichen Anstalten in Berlin"[2] wird von Wilhelm von Humboldt erstmals neben der Universität und Akademie das selbständige „Hilfsinstitut" erwähnt. Es lohnt sich, aus diesem Text einige Kernsätze zu zitieren.

Humboldts wichtigste Forderung beruht darauf, „das Prinzip zu erhalten, die Wissenschaft als etwas noch nicht ganz Gefundenes und nie ganz Aufzufindendes zu betrachten und unablässig sie als solche zu suchen".

Diesem Prinzip unterliegen alle höheren wissenschaftlichen Anstalten. Ausführlich beschäftigt sich Humboldt mit der Universität und der Akademie. Er betont den notwendigen Einfluß des Staates auf die Universität, z. B. bei der Ernennung der Universitätslehrer und weist auf die enge Verbindung von

[1] Das spätere HWWA-Institut für Wirtschaftsforschung wurde in Hamburg 1908 als Zentralstelle des Kolonialinstituts gegründet und diente zunächst eng begrenzten Zwecken. Das vor dem I. Weltkrieg in Kiel gegründete Institut für Weltwirtschaft ist von Anfang an ein Universitätsinstitut. Dagegen hat das 1920 in New York gegründete National Bureau of Economic Research eigentlich mehr den Charakter einer Akademie als eines selbständigen Forschungsinstituts. So läßt sich sagen, daß die Gründung des Instituts für Konjunkturforschung am Anfang einer Entwicklung stand, die bis heute in der ganzen Welt Institute der gleichen Art hat entstehen lassen.

[2] W. v. Humboldt, Werke in fünf Bänden, Band IV, Schriften zur Politik und zum Bildungswesen, Darmstadt 1964, S. 255-266.

Universität und Staatsinteresse hin; was die Stellung der Akademie anlangt, findet sich die Forderung „Auf diese Weise muß die Idee einer Akademie als die höchste und letzte Freistätte der Wissenschaft und die vom Staat am meisten unabhängige Corporation festgehalten werden".

Angesichts der wohldurchdachten Äußerungen Humboldts zu den Institutionen Universität und Akademie mutet es den Leser seines Essays seltsam an, wie wenig exakt dagegen die Rolle der dritten Form der höheren wissenschaftlichen Anstalten, nämlich der selbständigen Forschungsinstitute von ihm definiert wird.

Einerseits findet sich der wichtige Satz „Akademie, Universität und Hilfsinstitute sind also drei gleich unabhängige und integrierte Theile der Gesamtanstalt".

Andererseits tauchen die Hilfsinstitute — sonderbarerweise zunächst auch „leblose" Institute genannt — erst zum Schluß des Essays ganz plötzlich — sozusagen wie ein Deus ex machina — auf und werden von Humboldt — liest man genau zwischen den Zeilen — keineswegs als gleich unabhängig betrachtet.

Offensichtlich war es auch dem weit voraus blickenden geistigen Vater der Berliner Universität damals — fast noch an der Schwelle zum 19. Jahrhundert stehend — nicht möglich, zu erkennen, welchen Aufschwung die Natur- und später auch die Gesellschaftswissenschaften nehmen sollten und wie dringend der Bedarf an selbständigen Forschungseinrichtungen außerhalb der Universitäten steigen werde.

Fast ein Jahrhundert später — der 100. Geburtstag der Königlichen Friedrich- Wilhelms-Universität zu Berlin stand bevor — beschäftigt sich Adolf Harnack in der an den Kaiser gerichteten und von diesem erbetenen Denkschrift vom 21. November 1909 erneut und sehr ausführlich mit den von Humboldt so bezeichneten „Hilfsinstituten". In einer einleitenden Rückschau auf W. v. Humboldts Grundsätze zitierte Harnack die vorstehend erwähnte Denkschrift von 1810 mehrfach und schreibt dann:[3]

„Warum hielt Humboldt neben den Akademien und Universitäten besondere wissenschaftliche ‚Hilfsinstitute' für notwendig? Weil er erkannte, daß die gebotene segensreiche Verbindung von Forschung und Unterricht einer Ergänzung bedürfe, sollte schließlich nicht die Forschung doch Schaden leiden. Denn es werden auf den Universitäten die Bedürfnisse der Lehre und des Unterrichts stets im Vordergrund stehen; ... die Zeit des Professors wird zum größeren Teil von ihnen ausschließlich in Anspruch genommen sein. ... Deshalb verlangte Humboldt nach wissenschaftlichen Forschungsinstituten. Aber am Anfang des vorigen Jahrhunderts war das Bedürfnis

[3] „Denkschrift von Harnack an den Kaiser", in : 50 Jahre Kaiser-Wilhelm-Gesellschaft und Max-Planck-Gesellschaft zur Förderung der Wissenschaften, Beiträge und Dokumente, herausgegeben von der Generalverwaltung der Max-Planck-Gesellschaft zur Förderung der Wissenschaften e.V., Göttingen, Göttingen 1961, S.80 f.

nach solchen ‚Hilfsinstituten' noch gering. Nur der Botanische Garten, die Sternwarte und die Königliche Bibliothek lagen in Humboldts Gesichtskreise. Umso bewundernswürdiger ist sein prophetischer Blick, der voreilend bereits eine ganze Gruppe von solchen Forschungsinstuten in das Auge gefaßt hat."

Es ist hier keine Text-Exegese beabsichtigt; immerhin sei der Hinweis gestattet, daß sich Harnacks Huldigung an Humboldt aus dessen Essay nicht ohne weiteres als gerechtfertigt ergibt. Ohne Zweifel war Humboldt der erste, der die Notwendigkeit von nicht-universitären Forschungsinstituten erkannt hat, aber die genaue Definition ihrer Aufgaben und ihrer Einordnung in das Gesamtsystem der höheren wissenschaftlichen Anstalten hat er damals nicht gegeben, konnte er auch gar nicht geben.

So ist es denn nicht verwunderlich, daß Harnacks Vorschläge zur Gründung eines „Kaiser-Wilhelm-Instituts für naturwissenschaftliche Forschung" am Jubelfest der Berliner Universität nicht mehr von der Vorstellung eines von Universität und Akademie kontrollierten „Hilfsinstituts" ausgehen, sondern von selbständigen Forschungsinstituten bürgerlichen Rechts.

Im einzelnen schlug Harnack vor

— Die Gründung einer Königlich Preußischen Gesellschaft zur Förderung der Wissenschaften;

— zu entscheiden, ob die Gesellschaft sofort in vollem Umfang sich auf den Gesamtbereich der Wissenschaften beziehend ins Leben gerufen werden oder man sich zunächst mit der Förderung der Naturwissenschaften begnügen solle;

— mit der Gründung eines Kaiser-Wilhelm-Instituts für naturwissenschaftliche Forschung zu beginnen.

In erstaunlich kurzer Zeit einigten sich die Beteiligten darauf,

— einen „Verein Kaiser-Wilhelm-Gesellschaft zur Förderung der Wissenschaften" zu gründen;

— zunächst mit der Errichtung naturwissenschaftlicher Institute zu beginnen;

— die Gründung universitätsunabhängiger geisteswissenschaftlicher Institute keineswegs auszuschließen.

Durch die Bedürfnisse der Kriegsführung von 1914-1918 stark beschleunigt, entstand in kurzer Zeit eine neue Forschungsorganisation, die mit ihren Leistungen die universitäre Forschung bald eindeutig überflügeln sollte.

Noch war aber die Zeit zur Gründung geisteswissenschaftlicher Forschungsinstitute im Rahmen der Kaiser-Wilhelm-Gesellschaft nicht gekommen. Sie sollte der späteren Max-Planck-Gesellschaft vorbehalten bleiben.

Jedoch zeigte ein einzelner Mann kurz nach der Überwindung der verheerenden Inflation 1921/23, daß es jetzt durchaus möglich war, ein leistungsfähiges Institut zu gründen, das weder einer Universität noch der Kaiser-Wilhelm-Gesellschaft angehörte: Ernst Wagemann.

Ernst Wagemann

Ernst Wagemann wurde am 18. Februar 1884 in Chanarcillo/Chile als Sohn sehr wohlhabender deutscher Eltern geboren. Er besuchte bis 1898 die deutsche Schule in Valparaiso, danach bis 1903 das Realgymnasium in Lüneburg. Anschließend studierte er Rechts- und Staatswissenschaften in Göttingen, Berlin und Heidelberg und promovierte dort 1907 zum Dr. phil.[4]

Von 1908-1910 war Wagemann als Dozent am Hamburger Kolonialinstitut tätig und machte von 1911-1913 eine Forschungsreise nach Südamerika. Im Jahr 1914 wurde er Privatdozent an der Königlichen Friedrich-Wilhelms-Universität zu Berlin. Das Thema seiner Probevorlesung bei der Habilitation am 23. Juli 1914 lautete „Der Bankzinsfuß in Papier-Währungsländern." Im Sommersemester 1915 las er über das Deutschtum im Ausland und die Wirtschaftsverfassung von Kolonialländern. Ein Jahr später hielt er seine erste Vorlesung über Geldwesen und Währungspolitik, ein Thema, das ihn nie mehr losließ. Im Wintersemester 1916/17 las er über Volksernährung und im Sommersemester 1917 über die Nahrungswirtschaft im Kriege.

Die erste Übung über Statistik wurde im Wintersemester 1917/18 angekündigt. 1918 und 1919 folgen wieder Vorlesungen über Wert- und Preislehre, Geld- und Währungsfragen.

Am 1. April 1919 wurde er zum Geheimen Regierungsrat und Vortragenden Rat im Reichswirtschaftsministerium ernannt.[4] Am 16. April wurde er Regierungs- und Landesökonomierat im Preußischen Landwirtschaftsministerium, am gleichen Tag erhielt er die Bestallungsurkunde der Friedrich-Wilhelms-Universität zu Berlin als außerordentlicher Professor der Philosophischen Fakultät.[4]

Im Sommersemester 1920 las er erstmals über die wirtschaftspolitischen Systeme der Gegenwart, in den folgenden Jahren vorwiegend über Südamerika-Probleme, Geldwesen, Statistik, Wirtschaftssysteme.

Im Dezember 1923 übernahm er als Nachfolger Ernst Delbrücks die Leitung des Statistischen Reichsamts, zum Präsidenten des Amtes wurde er am 29. März 1924 ernannt.[4] Bereits im Frühjahr 1924 schuf er eine neue Abteilung „Konjunkturstatistik", die so etwas wie der Kern des später entstehenden Instituts für Konjunkturforschung wurde, und im Sommersemester 1925 las er an der Universität erstmals über „Konjunkturlehre und Krisentheorie".

Diese Aufzählung von Wagemanns Arbeiten von 1908 bis 1925 zeigt zweifellos die außerordentliche Fähigkeit dieses Mannes, sich kritisch mit jeweils aktuellen Themen auseinanderzusetzen. Er erarbeitete sich alles,

---

[4] Sämtliche Daten dokumentarisch belegt. Vgl. hierzu auch: „Reichshandbuch der Deutschen Gesellschaft, das Handbuch der Persönlichkeiten in Wort und Bild", Band 2, Berlin 1931, S. 1968.

was er wissen zu müssen glaubte, um „sein" Institut zu gründen. Die Schwerpunkte der späteren Institutsarbeit sind bereits in seinen eigenen Aktivitäten als Universitätslehrer angedeutet: Konjunktur- und Krisentheorie, Geld- und Kreditwesen, Wirtschaftskreislauf und Außenhandel, Ernährung und Landwirtschaft.[5]

Alles in allem: Was Humboldt mehr erahnte als klar erkannte, was Harnack für die Naturwissenschaften erreicht hatte, half Wagemann bei seinen eigenen Plänen entscheidend. Die Lebensfähigkeit, ja die in vielen Fällen überlegene Leistungsfähigkeit von nicht-universitären Forschungsinstituten, wurde durch Wagemann unwiderlegbar bewiesen und Humboldts wie Harnacks Visionen waren in Berlin verwirklicht worden.

Da Ernst Wagemann uns außer seinen knappen Angaben im Deutschen Gelehrten-Kalender so gut wie keine autobiographische Zeile hinterlassen hat[6], wissen wir nicht, ob er sich bewußt war, daß die geistigen Wurzeln seiner Institutsgründung bis zum Jahre 1810 zurück zu verfolgen sind. Im Vordergrund seiner Erwägungen stand zweifellos die Absicht, die Konjunkturbeobachtung und -forschung zu erweitern und damit einen seit Jahren gehegten Plan zu erfüllen. Aktuelle Probleme der deutschen Wirtschaftspolitik haben ihm dabei zweifellos geholfen: Die 1924 abgeschlossenen Verhandlungen um die Neuregelung der Reparationszahlungen (Dawes-Plan) hatten der Reichsregierung und der Reichsbank gezeigt, wie notwendig, ja wie unentbehrlich die systematische Beschäftigung mit den großen wirtschaftspolitischen Problemen der Zeit geworden war. Auch der Hinweis auf die in den USA kurze Zeit nach dem Weltkrieg entstandenen Institute, deren Arbeit er aufmerksam verfolgte, dürfte ihm bei der Vorbereitung der Institutsgründung geholfen haben.

Fazit: In Berlin war dank Humboldts Ideen und Harnacks praktischem Handeln die akademisch gebildete Oberschicht mehr als irgendwo anders in Europa darauf vorbereitet, die Bedeutung der nicht-universitären Forschung zu erkennen und zu bejahen. Aktuelle Probleme der Wirtschaftspolitik ließen

---

[5] Ergänzend sei erwähnt, daß Ernst Wagemann von Anfang seiner beruflichen Laufbahn an alles, was er sich erarbeitete, veröffentlichte. Seine erste Veröffentlichung beschäftigt sich mit der Britisch-Westindischen Wirtschaftspolitik und ist 1909 — also während seiner Tätigkeit am Kolonialinstitut in Hamburg — bei Duncker & Humblot in Berlin erschienen. Vgl. Die Bibliographie von Ernst Wagemann in : Albert Wissler „Ernst Wagemann — der Begründer der empirischen Konjunkturforschung in Deutschland", Sonderhefte des DIW, Neue Folge, Nr. 26, Berlin 1954, S. 57 f.

[6] Erhalten ist ein Brief von Wagemann an Albert Wissler vom 3. März 1954, in dem er sich für dessen kleine Festschrift zu seinem 70. Geburtstag bedankt. Er schreibt : „Manche Zusammenhänge aus alter Zeit haben Sie natürlich nicht sehen können; ich werde versuchen, nächstens in meinen Lebenserinnerungen etwas darauf einzugehen, obwohl ich mich darin wenig mit meinem persönlichen Schicksal zu befassen gedenke." Bis zu seinem Tod am 20. März 1956 ist dieses Projekt jedoch nicht mehr vorangekommen.

den Wunsch nach einem Wirtschaftsforschungsinstitut besonders dringend werden. Und in Wagemann stand ein Mann bereit, der ein idealer, kämpferischer und einfallsreicher Institutsgründer und Institutsleiter war.

DIE ÄRA WAGEMANN

1925 bis 1945

Weitgehender Verlust von Unterlagen

Die Entwicklung des Instituts für Konjunkturforschung — am 18. Juni 1941 in „Deutsches Institut für Wirtschaftsforschung" umbenannt — kann aus verschiedenen Gründen heute exakt und detailliert nicht mehr rekonstruiert werden.[7] Wichtigster Grund ist die Tatsache, daß das Dienstgebäude des Instituts in Charlottenburg, Fasanenstr. 6, nach sich häufenden schweren Schäden durch die Angriffe der anglo-amerikanischen Luftwaffen Ende April 1945 schwer getroffen wurde und wenige Tage später völlig ausbrannte. Alle Diensträume, auch die Kellerräume, sowie die in zwanzig Jahren angesammelten Arbeitsunterlagen wurden ebenso wie die gesamten Verwaltungsakten vernichtet. Besonders schwer wiegt der Verlust der unveröffentlichten Gutachten, Personalakten, der Protokolle der Kuratoriumssitzungen, des Briefwechsels mit Kuratoriumsmitgliedern usw.

Im Registergericht am Amtsgericht Charlottenburg sind die das Institut betreffenden Akten erhalten geblieben, jedoch ergab die genaue Prüfung, daß das Kuratorium erst auf der Sitzung vom 29. November 1935 die Umwandlung in einen e.V. beschloß und die notwendigen Satzungsänderungen billigte.

Der erste Antrag auf Eintragung in das Registergericht wurde von der Institutsleitung am 7. Dezember 1935 gestellt, ein zweiter Antrag folgte am 30. Dezember 1935. Erst von Anfang 1936 an hatte das Institut für Konjunkturforschung die Rechtsform des eingetragenen Vereins. Die Umwandlung geschah übrigens auf Anregung, ja auf Drängen der Deutschen Reichsbank, die dem Kuratorium des Instituts seit dessen Gründung angehörte. Als Vorteile erwähnt das Protokoll die mit der Eintragung ins Vereinsregister zu erreichende Rechtsfähigkeit und die klare Haftungsabgrenzung der Kuratoriumsmitglieder.

---

[7] Besonders bedauerlich ist, daß der offensichtlich große Anteil, den Adolf Löwe an den vorbereitenden Arbeiten — insbesondere an der Aufnahme von Kontakten zu Harvard — hatte, nicht mehr durch Akten nachweisbar ist. Löwe kannte Wagemann schon während ihrer gemeinsamen Tätigkeit im Reichswirtschaftsministerium und arbeitete von 1924 bis 1926 im Stastistischen Reichsamt, also in der Vorbereitungs- und Gründungsphase des Instituts. 1933 emigrierte er nach England und arbeitete später in den USA, von wo er 1983 in die Bundesrepublik zurückkehrte.

Das Protokoll der Kuratoriumssitzung am 18. Juni 1941 ist ebenfalls im Registergericht archiviert. Für die Zeit davor und bis 1944/45 sind weitere Protokolle dort nicht einzusehen, ganz offensichtlich deshalb, weil zwischen 1935 und 1945 die einzige vereinsrechtlich zu registrierende Tatsache die Umbenennung des Instituts in „Deutsches Institut für Wirtschaftsforschung" blieb. Die Satzung, der Vorstand und die anderen Organe des Instituts blieben in dieser Zeit weitgehend unverändert.

Es ist einem glücklichen, kaum zu erklärenden Zufall zu verdanken, daß in den heute verfügbaren Akten des Instituts das „letzte Exemplar" der 1. Kuratoriumssitzung des Instituts für Konjunkturforschung am 16. Juni 1925 gefunden wurde.

Leider ist die erste Satzung des Instituts nicht erhalten geblieben. Sie war von vornherein sehr weitgehend auf Ernst Wagemann zugeschnitten, wie sich aus dem Protokoll der 1935 vorgenommenen Änderungen der Satzung und der von 1935 an geltenden Satzung ergibt.

Angesichts dieser schmalen Informationsbasis, insbesondere angesichts des völligen Fehlens von Personalakten, sind im Rahmen dieser Darstellung die Veröffentlichungen des Instituts von größter Bedeutung, obwohl damals eine besonders wichtige Information meistens nicht gegeben wurde: nämlich die Namen der Bearbeiter. Mit Ausnahme der Sonderhefte und — seit 1935 — der Vierteljahrshefte erschienen die Beiträge in den anderen Publikationen des Instituts grundsätzlich anonym.

Die Gründung des Instituts für Konjunkturforschung

Am 16. Juli 1925 versammelten sich die Vertreter der Gründungsmitglieder unter Vorsitz von Ernst Wagemann im Sitzungssaal des Statistischen Reichsamts in Berlin-W 10, Lützowufer 6-8. Präsident Wagemann eröffnete die Sitzung. Er führt aus, daß das Institut sich formaljuristisch als ein „unselbständiges Zweckvermögen" darstelle. Man habe diese lose Form gewählt,

> „einmal, um die Institutsgründung möglichst zu beschleunigen, dann aber auch, um, falls sich das Bedürfnis nach einer anderen Rechtsform im Laufe der Zeit herausstellen sollte, das Institut unschwer in eine andere Rechtsform überführen zu können".

Mit Ausnahme der Schiffahrt hatten alle von Wagemann gebetenen Persönlichkeiten und Unternehmungen dem neuen Institut Interesse entgegengebracht und in erheblichem Umfang geldliche Leistungen zugesagt.

Wie geschickt Wagemann dabei vorging, beweist eine kleine Geschichte:

Im Rahmen seiner Bittgänge, die Gründung des IfK-Kuratoriums betreffend, machte er, von Rudolf Pusch begleitet, einen Besuch bei Hjalmar Schacht, der 1924 zum Präsidenten der Deutschen Reichsbank ernannt worden war. Alles war gut vorbereitet, ein beiderseits genehmer Termin verabredet. Als Ernst Wagemann und sein Verwaltungsleiter im Vorzimmer von Schacht erschienen, mußten die Vorzimmerdamen die Herren um Geduld bitten, da ein unaufschiebbarer Besuchsempfang dazwischen gekommen sei.

Nach einer halbstündigen Wartezeit erschien Hjalmar Schacht, begrüßte die beiden Herren und entschuldigte sich vielmals bei Ernst Wagemann. Danach: „Aber ich glaube zu wissen, weshalb Sie mich besuchen, Herr Professor. Sie kommen doch, um die Reichsbank für das Kuratorium Ihres geplanten Instituts zu gewinnen? An welche Summe hatten Sie denn gedacht?" Darauf Wagemann „Herr Präsident, als ich hier ankam, hatte ich an einen Jahresbeitrag von 15 000 RM gedacht; aber in der letzten halben Stunde hat sich bei mir die Überzeugung gefestigt, daß es 30 000 RM sein sollten!" — Schacht, der bekanntlich selbst zu spöttischen Bemerkungen neigte, verstand den Spaß und gab lachend sein Placet. Im Protokoll der Kuratoriumssitzung vom 16. Juli 1925 ist der Beitrag der Deutschen Reichsbank mit 30 000 RM ausgewiesen.

Das Kuratorium sah 22 Mitglieder (statt einer ungeraden Zahl) vor und zwar

Ernst Wagemann als Vorsitzender

je zwei Vertreter:

Reichsregierung

Länder

Reichsbank

Reichsbahn

Landwirtschaft

Deutscher Industrie- und Handelstag

Reichsverband der Deutschen Industrie

je ein Vertreter:

Zentralverband des Deutschen Großhandels

Hauptgemeinschaft des Deutschen Einzelhandels

Zentralverband der Deutschen Konsumgenossenschaften

Zentralverband des Deutschen Bank- und Bankiergewerbes

Allgemeiner Deutscher Gewerkschaftsbund

Gesamtverband der christlichen Gewerkschaften Deutschlands

Gewerkschaftsring Deutscher Arbeiter-, Angestellten-
und Beamtenverbände.

Recht ausführlich gibt das Protokoll der Gründungssitzung wieder, was Wagemann 1925 über die Arbeitsplanung des Instituts sagte:

„Das Arbeitsgebiet des Konjunkturinstituts gliedert sich zunächst nach den beiden Zwecken der Konjunkturwissenschaft überhaupt. Es handelt sich einmal um die Entwicklung einer ausreichenden Konjunkturbeobachtung, d. h. um die systematische Sammlung und Veröffentlichung des für die Beurteilung des Konjunkturverlaufs maßgebenden statistischen und sonstigen tatsächlichen Materials. Um der Wirtschaft möglichst bald brauchbare Arbeitsergebnisse vorlegen zu können, ist geplant, vom Herbst d. J. ab dieses Material in periodischen Sonderveröffentlichungen bekanntzugeben. In kleineren Wochenübersichten sollen, von einem ganz kurzen erläuternden Text begleitet, die allwöchentlich anfallenden Zahlen bekanntgegeben werden. In Monatsberichten soll dieses Material ergänzt und von einem ausführlichen erläuternden Text begleitet werden. Die Monatsberichte sollen sich sowohl auf die inländische Wirtschaft wie auf die Wirtschaft der größeren außerdeutschen Länder beziehen. Schließlich sollen vom nächsten Jahr an in Vierteljahrsberichten eingehende Textdarstellungen über die größeren Konjunkturzusammenhänge unterrichten.

Zur Durchführung dieser Arbeiten der Konjunkturbeobachtung ist ein verhältnismäßig großer Apparat erforderlich. Wenn es trotzdem gelungen ist, den Haushaltsvoranschlag niedrig zu halten, so ist dies in erster Linie auf die organisatorische Verbindung des Instituts mit dem Statistischen Reichsamt zurückzuführen. Die statistische Zentralstelle ist in der Lage, die wichtigsten Tatsachen verarbeitungsbereit zur Verfügung zu halten, ohne daß auf einer Seite Mehrkosten entstehen.

Neben die Konjunkturbeobachtung treten die in der wissenschaftlichen Literatur vor allem erörterten Probleme der Konjunkturforschung, d. h. die Zusammenfassung der Konjunkturtatsachen nach einheitlichen statistischen und sozialökonomischen Methoden, die Aufdeckung der größeren Gesetzmäßigkeiten im wirtschaftlichen Kreislauf und die allmähliche Entwicklung der Konstellationsbeschreibungen zu Prognosen. Die Probleme auf diesem Gebiet sind unabsehbar.[8] Das Institut will die Auswahl auch hier unter dem Gesichtspunkt treffen, der Wirtschaft baldmöglichst Arbeiten über die sie gegenwärtig und in den nächsten Jahren besonders interessierenden Fragen vorzulegen. Als solche Probleme sollen zunächst in Angriff genommen werden: Untersuchungen über die Saisonbewegungen der Wirtschaft und über die Struktur der Märkte. Von weltwirtschaftlichen Problemen steht im Vordergrund die Erforschung der Beziehungen des Außenhandels zur Konjunktur und die Entwicklung eines Weltmarktpreisindex. Daneben sollen einzelne Gebiete der Produktion und des Geldwesens, vor allem auch die Zusammenhänge der Betriebswirtschaft mit der Konjunktur erforscht werden.

Wenn schon die Materialfrage ein ausreichender Grund dafür ist, die Konjunkturbeobachtung im Institut zu zentralisieren, so kann andererseits die Arbeit des Instituts an den Problemen der Konjunkturforschung nur nach der Art einer Akademie erfolgen. Dieses weitverzweigte Gebiet kann nur bei hingebender Mitarbeit der gesamten deutschen und ausländischen Forschung im Laufe der Jahre zusammenhängend durchgearbeitet werden. Dem Institut fällt hierbei die Aufgabe einer organisatorischen

[8] Es ist wohl zu beachten, daß Ernst Wagemann es bei dieser Skizzierung der Hauptaufgaben des IfK vermied, sich mit den ebenfalls völlig unabsehbaren Problemen der Therapie zu befassen.

Zusammenfassung und finanziellen Unterstützung dieser Arbeiten zu. Die ersten Anfänge, den Arbeitsbereich auf die deutschen Hochschulen auszudehnen, liegen schon vor. So ist ein provisorisches Abkommen mit dem Weltwirtschaftlichen Institut in Kiel getroffen, dahingehend, daß dort die speziellen Fragen der weltwirtschaftlichen Konjunkturforschung im Rahmen der Instituts- und Hochschularbeiten behandelt werden sollen. Ähnliche Abkommen sollen mit anderen Hochschulen[9] getroffen werden. Entsprechende Verbindung mit den ausländischen Forschungsinstituten auf demselben Gebiet ist teilweise schon angebahnt. Teilweise ist ihre Anknüpfung durch persönliche Fühlungnahme für die nächste Zeit vorgesehen. Diese Form der Organisation schließt natürlich nicht aus, daß einzelne Spezialgebiete der Forschung, insbesondere die oben erwähnten, von den ständigen Mitarbeitern des Instituts selbst untersucht werden."

Aus der anfänglichen, ohne Zweifel weisen Selbstbeschränkung und Zurückhaltung Wagemanns, der selbstverständlich genau wußte, daß seine junge Schöpfung als erstes eine mehrjährige, intensive Lernphase zu absolvieren haben werde, ist gelegentlich die Auffassung abgeleitet worden, das Institut habe sich laut Satzung gar nicht mit Therapeutik befassen dürfen. Diese Ansicht ist eindeutig falsch.

Die Satzung von 1925 ist nicht erhalten, kann jedoch mit Hilfe des Protokolls der Kuratoriumssitzung vom 29.11.1935 zuverlässig rekonstruiert werden. Der § 2 lautete in beiden Satzungen unverändert:

„Das Institut dient ausschließlich gemeinnützigen wissenschaftlichen Zwecken und hat die Aufgabe, die wirtschaftlichen Bewegungsvorgänge des In- und Auslandes zu erforschen und zu beobachten und auf Grund seiner Arbeiten Wirtschaft, Verwaltung und Wissenschaft durch Herausgabe von Veröffentlichungen sowie durch Erstattung von Gutachten usw. zu beraten."

Diese sicherlich ganz bewußt sehr allgemein gehaltene Aufgabenschreibung (erforschen, beobachten, beraten) hat selbstverständlich die Weiterentwicklung der zu verwendenden Methoden in keiner Weise behindert, wie auch die spätere Entwicklung im Jahre 1932 sehr deutlich zeigte. Es hat eben einer Reihe von Jahren bedurft, bis Wagemann und das IfK schließlich erkannten, daß die Weltwirtschaftskrise der frühen dreißiger Jahre nicht nur eine konjunkturelle, sondern auch eine schwere Strukturkrise war, die durch die so oft zitierten Selbstheilungskräfte allein nicht zu beheben war.

Erwähnenswert ist auch die Finanzplanung für die ersten 9 Monate vom 1. Juli 1925 bis 31. März 1926. Veranschlagt wurden Ausgaben von 121 550 RM, darunter 38 100 RM für ständige Mitarbeiter und Angestellte und 30 000 RM für nichtständige auswärtige Mitarbeiter (zum großen Teil vom Statistischen Reichsamt). Die Maschinenausstattung begann mit einer Schreib- und zwei Rechenmaschinen (vom Typ Archimedes, die noch nach 1945 jahrelang gute Dienste leisteten). Die Jahresbeiträge setzten sich aus fünfmal 30 000 RM

[9] U.a. mit Arthur Spiethoff von der Universität Bonn.

(Reich, Reichsbank, Reichsbahn, Deutscher Industrie- und Handelstag, Reichsverband der deutschen Industrie) und 10000 RM von Banken sowie 16000 RM von Arbeitnehmerorganisationen zusammen. Die Beiträge der übrigen Kuratoriumsmitglieder (Handel und Konsumgenossenschaften), die im Juli 1925 noch nicht feststanden, wurden auf mindestens 25 000 RM veranschlagt, so daß bereits im ersten Jahr ein Reservefond von fast 80 000 RM geschaffen werden konnte.

Die erste Veröffentlichung

In den ersten Januartagen 1926 lieferte das Institut seine erste, Ende 1925 fertiggestellte, Veröffentlichung aus. Die vom Statitistischen Reichsamt und vom Institut für Konjunkturforschung gemeinsam publizierte — später von Ernst Wagemann auch „Denkschrift" genannte — Schrift mit dem Titel „Die weltwirtschaftliche Lage Ende 1925" ist angesichts des geringen Zeitabstandes von der Institutsgründung (nur 5 Monate!) eine erstaunliche Leistung.

Die Tatsache, daß bei der Denkschrift das IfK nach dem Statistischen Reichsamt genannt wurde, läßt einiges vermuten:

1) Das Reichsamt hat zur Veröffentlichung mehr beigetragen als das IfK (nach dem Eindruck beim Lesen unwahrscheinlich).

2) Das neugegründete IfK konnte sich trotz großer eigener Leistung gegenüber dem traditionsreichen Reichsamt noch nicht durchsetzen.

3) Der rasche Übergang zu eigenen Veröffentlichungen des IfK — das erste Vierteljahrsheft des Jahrgangs 1926/27 erschien bereits im Mai 1926 — könnte durch die anfängliche Abhängigkeit stimuliert worden sein.

4) Es ist aber auch denkbar, daß es angesichts des sehr knappen ersten Haushaltsplans des IfK noch nicht möglich war, die in der von Ernst Wagemann im Frühjahr 1924 gegründeten Konjunkturabteilung des Statistischen Reichsamts tätigen Wissenschaftler und Statistiker ins IfK zu übernehmen, weshalb er ihre Mitarbeit durch die erstrangige Nennung des Reichsamts honorierte.

Das Vorwort Ernst Wagemanns ist offenbar bewußt vorsichtig formuliert:

„Grundsätzlich ist angestrebt worden, den Bericht auf die Wiedergabe objektiver Tatbestände zu beschränken. Soweit sich Werturteile und Prognosen nicht vollständig vermeiden ließen, ist in ihnen jedenfalls keine amtliche Stellungnahme, sondern die wissenschaftliche Auffassung der Sachbearbeiter zu sehen."

Einige Monate später — im Vorwort zu dem im Mai 1926 abgeschlossenen 1. Vierteljahrsheft zur Konjunkturforschung — schreibt Wagemann schon selbstbewußter

„...die entscheidenden Merkmale (der Symptomatik) werden weniger aus ... theoretischen Voraussetzungen gewonnen, als vielmehr aus gewissen durch die Praxis aufgedrängten Gesichtspunkten. Auch das deutsche Institut für Konjunkturforschung sieht es zunächst als seine vorwiegende Aufgabe, Symptomatik zu betreiben."

Nicht nur die Denkschrift als erste Veröffentlichung überhaupt, sondern alle Veröffentlichungen der ersten Jahre machen keinerlei Versuche, die konjunkturellen Vorgänge und Verläufe zu „erklären". Sie wurden einige Jahre lang nur „eingehend beschrieben".

Wagemann wußte damals natürlich ganz genau, daß er damit der zu dieser Zeit an den deutschen Universitäten betriebenen Konjunkturforschung den Fehdehandschuh hinwarf. Wann es statt zur Zusammenarbeit zu der Auseinandersetzung mit Arthur Spiethoff gekommen ist, hat sich nicht feststellen lassen. Die von Spiethoff zuerst angebotene und von Wagemann am 16. Juli 1925 erwähnte Zusammenarbeit auf dem Gebiet der Konjunkturforschung kam erst dann nicht zustande, als Spiethoff darauf bestand, die Forschung allein auf der Basis der von ihm erarbeiteten Theorien zu betreiben. Diese Forderung war für Wagemann unannehmbar, da er völlig überzeugt war, daß die Konjunkturforschung nicht einer Theorie zu folgen habe, sondern die Erarbeitung einer brauchbaren Theorie erst möglich sein werde, „wenn über die Erscheinungsformen der Konjunkturbewegung umfassendere Untersuchungen vorliegen".

Noch eine andere Leistung Wagemanns läßt sich — vielleicht noch nicht aus der Denkschrift, aber aus dem fünf Monate später folgenden ersten Vierteljahrsheft — erkennen:

> „Das IfK wird zunächst die Forschungen des Harvard-Instituts übernehmen und Geldkreislauf, Preisbildung und Märkte sorgfältig beobachten... Ob dieser Weg allein zum Ziel führt, ist zweifelhaft. Die deutsche Forschung hat die Warenseite, den Güterkreislauf, immer wieder stärker betont. Das Institut für Konjunkturforschung hält ... gerade auch diesen Zweig der Konjunkturbeobachtung für wesentlich."

Es ist erstaunlich, wie hellsichtig und zugleich konsequent Ernst Wagemann sein Institut auf die von ihm als wichtig erkannten Aufgaben ausrichtete!

Eines aber fehlt anfangs noch weitgehend: Eine als verbindlich anerkannte Terminologie, eine Fachsprache der Konjunkturforscher.

In der Denkschrift gibt es immer wieder Passagen, die nach unserem heutigen Empfinden recht unklar formuliert sind. Hier war noch ein erheblicher Lernprozeß zu bewältigen, und er wurde bewältigt, vor allem, als von 1928 an der „Wochenbericht" erschien, der entsprechend der noch heute im DIW geltenden Tradition im IfK von Anfang an besonders sorgfältig redigiert wurde.

Mit der Denkschrift von 1925 war jedoch schon eine bemerkenswerte Leistung gelungen: Eine klare Gliederung des enormen zu bearbeitenden Stoffes. In vier Teilen und einem Anhang wurden behandelt:

— Die internationale Lage

— Länderberichte (noch ohne Japan)

— Materialien zur Auslandswirtschaft

— Konjunkturstatistische Unterlagen zur Beurteilung der deutschen Wirtschaft

— Anhang: Deutsche Wirtschaftszahlen.

Die zahlreichen statistischen Unterlagen waren von der 1924 im Statistischen Reichsamt von Ernst Wagemann gegründeten Abteilung „Konjunkturstatistik“ erarbeitet worden.

Die ersten Vierteljahrsheft-Jahrgänge

Die Vierteljahrshefte zur Konjunkturforschung sind die älteste periodische Zeitschrift des IfK.

Das erste Heft erschien Mitte 1926, stets lief der Jahrgang parallel zum Geschäftsjahr, also vom 1. April bis zum 31. März des folgenden Jahres. Diese wenig glückliche Entscheidung wurde erst mit dem Jahrgang 1934 geändert, aber schon 1935 wieder neu eingeführt — offenbar aus haushaltsrechtlichen Gründen.

Wie sehr Wagemann seine jungen und anfangs noch recht unerfahrenen Mitarbeiter unter Druck gesetzt haben muß, um die von ihm am 16. Juli 1925 versprochene baldige Herausgabe der ersten Veröffentlichungen zu beschleunigen, geht aus dem Layout der Hefte des 1. Jahrgangs hervor. Die Gliederung der beiden ersten Hefte — abgeschlossen Mitte Mai und Mitte August 1926 — ist völlig anders als die des dritten und vierten Hefts, was die praktische Handhabung gewiß nicht erleichterte. Auch hatten die ersten Jahrgänge keine durchgehende Paginierung und noch kein Stichwortverzeichnis.

Andererseits ist zu bedenken, daß die Vierteljahrshefte einen völlig neuen Veröffentlichungstyp darstellten — in einer bis dahin einzigartigen Mischung von Text, Graphik und statistischen Übersichten. Auch hier mußte das Institut erst Erfahrungen sammeln — wie rasch das geglückt ist, läßt sich am Layout des seit 1928 erscheinenden „Wochenberichts“ ablesen.

In der Einleitung zum 1. Vierteljahrsheft schrieb Ernst Wagemann im Mai 1926:

„Soweit die künftige Gestaltung dieser Hefte sich jetzt schon übersehen läßt, werden sie auch späterhin eine allgemeine Darstellung des Konjunkturverlaufs im Inland wie im Ausland enthalten, ferner die Erörterung von Einzelfragen aus dem Gebiet der Konjunkturbeobachtung sowie der Konjunkturforschung und schließlich auch ein Literaturverzeichnis, dazu Besprechungen über die einschlägige Literatur. Größere Einzeldarstellungen werden in Ergänzungshefte verwiesen.“

Dieses Programm wurde fast lückenlos erfüllt. Die „Ergänzungshefte“ wurden von 1927 an als „Sonderhefte“ veröffentlicht — über sie wird noch zu sprechen sein. Die erste Buchbesprechung erschien jedoch erst im 10. Jahrgang (1935/36) der Vierteljahrshefte!

Das Harvard-Barometer der drei Märkte — Geld-, Effekten- und Warenmarkt — wurde vom IfK Vierteljahr für Vierteljahr berechnet und diagnostiziert. Aber bereits im 4. Heft des ersten Jahrgangs schleicht sich eine deutliche Resignation in die Kommentierung der Ergebnisse: „Eine sichere Diagnose ist in solchem Fall mit Hilfe des Barometers der drei Märkte nicht möglich" (S. 20).

Aber die Berichterstattung hält im zweiten Jahrgang (1927/28) an, freilich mit abnehmendem Engagement. Sehr bemerkenswert sind die Ausführungen, die Ernst Wagemann im Vorwort zum 4. Heft dieses Jahrgangs (abgeschlossen 28. Februar 1928) machte:

„Das Institut für Konjunkturforschung wird jetzt neben den Vierteljahrsheften auch Wochenberichte veröffentlichen.... Das Erscheinen der Wochenberichte fällt mit der Tatsache zusammen, daß in unserer Forschungsarbeit eine gewisse Etappe erreicht ist... Zunächst galt es, die Grundlagen einer Konjunktursymptomatik zu schaffen... Nachdem dies Fundament zu einem guten Stück vollendet ist, können wir einen entscheidenden Schritt weitergehen.

Unsere Symptomatik beschränkte sich bisher darauf, daß wir bestimmte wirtschaftliche Relationen und ihre Veränderungen betrachteten. Dabei verbot es die Strenge des wissenschaftlichen Gewissens großenteils, diese Beziehungen als kausaler Art anzusehen. Man mußte sich meist mit der Feststellung begnügen, daß eine oder mehrere Beziehungen immer wiederkehren. Wie dies gemeint ist, sei an einem Beispiel veranschaulicht: Die Symptomatik stellt etwa fest, daß bei daniederliegendem Inlandsabsatz die Handelsbilanz zur Aktivität neigt, während gleichzeitig Geld- und Kapitalmarkt flüssig sind und die Arbeitslosigkeit sehr groß ist. Es liegt natürlich nahe, diese Konstellation als funktioneller Art, d. h. die Symptome, die Tatsachen als gegenseitig voneinander abhängig anzusehen. Schon wenn wir solch einen funktionellen Zusammenhang annehmen, sind wir im Grunde über die rein symptomatische Betrachtung hinausgegangen. Die Kausalbetrachtung verlangt einen weiteren Schritt zu tun und die eine oder die andere dieser Tatsachen als primär hinzustellen oder den Tatsachenkomplex auf eine ganz andere dahinter stehende gemeinsame Ursache zurückzuführen. Dieser Schritt ist aber gewöhnlich sehr gewagt. Wenn vollends — wie die traditionelle Krisenforschung es fordert — alle Wirtschaftsvorgänge, alle Konjunkturbewegungen auf eine einzige Ursache zurückgeführt werden, dann gerät man mit diesem Kausalmonismus, so wie der Stand der Forschung heute ist, an Abgründe der Theorie, die der praktischen Arbeit und der Wirtschaftspolitik geradezu gefährlich werden können. Dabei kann der Kausalmonismus, wie man es an verschiedenen Beispielen demonstrieren könnte, leicht zu einem Schematismus erstarren, von dem sich die Symptomatik ihrem Wesen nach immer fernhalten wird.

Die Symptomatik, die den Ausgangspunkt für eine umfassende Funktionaltheorie bildet, wird nunmehr eine wichtige Erweiterung erfahren. Es gilt nämlich, die Bedeutsamkeit der einzelnen Symptome zu untersuchen, d. h. das Gewicht, das man den einzelnen Relationen, den einzelnen Beziehungen im großen Bewegungsspiel der Wirtschaft, in der wirtschaftlichen Dynamik beizumessen hat. Ein Versuch nach dieser Richtung ist in dem vorliegenden Vierteljahrsheft niedergelegt."

Rein äußerlich zeigte sich im dritten Jahrgang der Vierteljahrhefte die neue Arbeitsphase in der Aufteilung der Hefte in einen Teil A (Konjunkturbericht, ergänzt um Einzeluntersuchungen) und einen Teil B (Konjunktur einzelner Wirtschaftszweige und Konjunktur des Auslands), der um Zahlenübersichten und einen Anhang „Neuerscheinungen zur Konjunkturforschung" erweitert wurde.

Die Berichterstattung über das Harvard-Barometer verschwand im dritten Jahrgang aus den Vierteljahrsheften, was jedoch noch keineswegs die Abkehr von diesem Konjunkturindikator bedeutete. Im Gegenteil: Anstatt der bisherigen vierteljährlichen Kommentierung der Ergebnisse wurde vom April 1928 an im Wochenbericht zur wöchentlichen Berichterstattung übergegangen.

1927 — Beginn der Veröffentlichung der Sonderhefte

Im Jahre 1927 begann das IfK mit der Herausgabe der ein Jahr zuvor als „Ergänzungshefte zu den Vierteljahrsheften" angekündigten Sonderhefte. Auch hier ließ die redaktionelle Bearbeitung zunächst manchen Wunsch unerfüllt: Die Bezeichnung „Vierteljahrshefte zur Konjunkturforschung" blieb, darunter war ganz klein die Nummer des Sonderheftes abgedruckt. Diese Übung wurde bis zu dem 1934 erschienenen Sonderheft 36 fortgesetzt, erst mit dem 1935 veröffentlichten Heft 37 lösten sich die Sonderhefte vom Gängelband der Vierteljahrshefte. Seither wurden sie als „Sonderhefte des Instituts für Konjunkturforschung" bezeichnet, d. h. sie standen erst dann gleichberechtigt neben den anderen Publikationen des Instituts.

In zweifacher Hinsicht unterscheiden sich die Sonderhefte von vornherein von den Vierteljahrsheften. Inhaltlich durch die ausführliche Behandlung von Spezialthemen, ferner durch die Namensnennung der Verfasser. Aber wieder gab es zwei Ausnahmen von der Regel: Die Sonderhefte 3 und 38 erschienen ohne die Namen der Verfasser[10].

Von 1927 bis 1941 — also in knapp 15 Jahren — publizierte das Institut 48 Sonderhefte. Die thematischen Schwerpunkte zeigen ein Übergewicht sektoraler Analysen über sonstige Themen:

Landwirtschaft	12 Hefte
Bergbau, Energie	3 Hefte
Industrie	6 Hefte
Baugewerbe	3 Hefte
Handel, Verkehr und Dienstleistungen	10 Hefte
Produktionsfaktoren	5 Hefte
Preise	2 Hefte
Methodische Probleme	7 Hefte

[10] Das Heft 3 wurde von Gerhard Kokotkiewicz geschrieben (Schriftliche Auskunft von Arthur Hanau). Das Sonderheft 38 wird als gemeinsame Veröffentlichung des Instituts für Konjunkturforschung und der Hauptverwaltung der Deutschen Reichsbahn ausgewiesen. Im Institut waren Georg Garbe, in der Hauptverwaltung insbesondere Robert Feindler die Verfasser (Schriftliche Auskunft von Georg Garbe).

Ganz generell gilt von vielen Sonderheften, daß ihre Verfasser Pionierleistungen der Wirtschaftsforschung vollbrachten. Das gilt nicht nur für Arthur Hanaus Erklärung des Schweinezyklus (seine Dissertation!), sondern auch für die methodischen Hefte von Otto Donner und Paul Lorenz und eine ganze Reihe anderer Arbeiten. Erwähnt seien hier nur noch die weit in die Vergangenheit zurückreichenden Berechnungen von Alfred Jacobs (Die Großhandelspreise in Deutschland von 1792 bis 1934) und Rolf Wagenführ (Die Industriewirtschaft. Entwicklungstendenzen ... 1860 bis 1932), ferner Rudolf Reguls und Karl Georg Mahnkes Untersuchung „Energiequellen der Welt."

Im Unterschied zu den anderen Veröffentlichungen des IfK standen die Sonderhefte auch Autoren offen, die nicht dem Institut angehörten. Ausschlaggebend war die Qualität der Untersuchung. Bei fast 10 Sonderheften waren die Verfasser Universitätsprofessoren oder höhere Ministerialbeamte, die zum Teil einige Zeit später ins Institut eintraten.

Fazit: Inhaltlich wichen die Sonderhefte sehr deutlich von den Vierteljahrsheften ab, die jahrelang vor allem die Konjunkturbeobachtung im In- und Ausland betrieben. Da dies nicht geändert werden sollte, ergab sich fast von selbst eine sehr weitgehende Arbeitsteilung zwischen den Vierteljahrsheften und den Sonderheften. Wagemann's Idee, mit der Herausgabe der Sonderhefte schon 1927 zu beginnen, erwies sich als überaus fruchtbar: Rein äußerlich segelten die Sonderhefte, wie erwähnt, noch lange im Windschatten der Vierteljahrshefte, aber thematisch gelang der rasche Durchbruch zur unverwechselbaren Eigenständigkeit bereits 1927. Es ist nicht übertrieben zu sagen, daß in der langen Reihe der Sonderhefte einige Bände erschienen, die geradezu als Geniestreiche ihrer durchweg jungen Autoren angesehen werden können. Was auch als Untersuchungsthema in Angriff genommen wurde, überall betraten die Autoren Neuland: Das Pflügen in jungfräulichem Boden versprach und brachte eine reiche Ernte. Dies gilt für die Branchenuntersuchungen ebenso wie für die methodischen Arbeiten.[11]

I f K — Sonderhefte 1927 — 1941

1 Schneider, Hans J.: Zur Analyse des Stahlmarktes, 1927

2 Hanau, Arthur: Die Prognose der Schweinepreise, 1927

3 (Kokotkiewicz, Gerhard): Die Agrarkredite, 1927

[11] Um die Schätzung langer Reihen hat sich auch das Agrar-Referat des Instituts sehr verdient gemacht. Hans von der Decken — einer der produktivsten Mitarbeiter des IfK — hat z. B. in den Vierteljahrsheften 1936/37 mit Rolf Wagenführ das Volumen der deutschen Sachgüterproduktion (Industrie- und Landwirtschaft) berechnet und die Methode erläutert. Ein Jahr später veröffentlichte er zusätzlich eine lange Reihe des landwirtschaftlichen Preisindex.

4 Hennig, Hermann: Die Analyse von Wirtschaftskurven, 1927

5 Teubert, Werner: Der Güterverkehr und seine Veränderungen in der Nachkriegszeit, 1928

6 Donner, Otto: Die Saisonschwankungen als Problem der Konjunkturforschung, 1928

7 Hanau, Arthur: Die Prognose der Schweinepreise, 2. Aufl. 1928

8 Hanau, Arthur und H. Paetzmann: Der Stickstoffverbrauch der Landwirtschaft in den einzelnen Gebieten des deutschen Reiches im Jahre 1926/27, 1928

9 Lorenz, Paul: Der Trend, 1928

10 Grünbaum, Heinz: Die Umsatzschwankungen im Einzelhandel als Problem der Betriebspolitik, 1928

11 Donner, Otto: Die Saisonschwankungen der wichtigsten Wirtschaftsvorgänge in Deutschland seit 1924, 1928

12 Wainstein, Albert; S. A. Perwuschin; H. W. Ignatieff: Russische Arbeiten zur Wirtschaftsforschung, 1929

13 Hanau, Arthur: Bestimmungsgründe der Preise für Schlachtrinder, 1929

14 Keiser, Günther und Carl Ruberg: Umsatz und Lagerhaltung im deutschen Einzelhandel seit 1924, 1930

15 Donner, Otto: Bestimmungsgründe der Baumwollpreise, 1930

16 Jasny, Naum: Die neuzeitliche Umstellung der überseeischen Getreideproduktion und ihr Einfluß auf den Weltmarkt, 1930

17 Hunscha, Kurt: Die Dynamik des Baumarkts, 1930

18 Hanau, Arthur: Die Prognose der Schweinepreise, 3. Auflage 1930 (vollständig neu bearbeitet)

19 Leiße, Wilhelm: Die Energiewirtschaft der Welt in Zahlen, 1930

20 Jasny, Naum: Die Zukunft des Roggens, 1930

21 Lorenz, Paul: Der Trend, 1931 (vollst. neu bearbeitete Auflage)

22 Keiser, Günther und Bernhard Benning: Kapitalbildung und Investitionen in der deutschen Volkswirtschaft 1924 bis 1928, 1931

23 Wagenführ, Rolf: Bestimmungsgründe der Häute- und Lederpreise, 1931

24 Grünbaum, Heinz: Die Welttextilkrise, 1931

25 Rühl, Alfred: Zur Frage der internationalen Arbeitsteilung, 1932

26 Kokotkiewicz, Gerhard: Der Immobiliarkredit, 1932

27 von der Decken, Hans: Entwicklungstendenzen in der Eierwirtschaft, 1932

28 Baade, Fritz und Willy Bauer: Verbrauchereinkommen und Landwirtschaft, 1932

29 Reithinger, Anton: Stand und Ursachen der Arbeitslosigkeit in Deutschland, 1932

30 Kokotkiewicz, Gerhard: Der Immobiliarkredit, 1932 (2. neu bearb. Auflage)

31 Wagenführ, Rolf: Die Industriewirtschaft. Entwicklungstendenzen der deutschen und internationalen Industrieproduktion 1860 bis 1932, 1933

32 Benning, Bernhard und Robert Nieschlag: Umsatz, Lagerhaltung und Kosten im deutschen Einzelhandel 1924 bis 1932, 1933

33 Teubert, Werner: Der Güterverkehr, 1933

34 Regul, Rudolf: Die Wettbewerbslage der Steinkohle, 1933

35 Finck v. Finckenstein, Hans Wolfram: Die Getreidewirtschaft Preußens von 1800 bis 1930, 1934

36 Donner, Otto: Die Kursbildung am Aktienmarkt, 1934

37 Jacobs, Alfred und Hans Richter: Die Großhandelspreise in Deutschland von 1792 bis 1934, 1935

38 (Garbe, Georg und Robert Feindler): Konjunkturschwankungen im Reichsbahnverkehr, 1936

39 Nieschlag, Robert: Die Versandgeschäfte in Deutschland, 1936

40 Boehm, Carl: Die Elastizität der deutschen Getreideanbauflächen, 1936

41 Wagenführ, Rolf: Die Bedeutung des Außenmarktes für die deutsche Industriewirtschaft, 1936

42 Fey, Walter: Leistungen und Aufgaben im Deutschen Siedlungs- und Wohnungsbau, 1936

43 Fey, Walter: Lebensversicherung und Allgemeine Wirtschaftstätigkeit, 1937

44 Regul, Rudolf unter Mitarbeit v. Karl Georg Mahnke: Energiequellen der Welt, 1937

45 Fey, Walter: Der künftige Wohnungs- und Siedlungsbau, 1939

46 Wagenführ, Rolf: Die Flugzeugindustrie der Anderen, 1939

47 Nieschlag, Robert: Die Versandgeschäfte in Deutschland, 1939

48 Menzel, Max und Robert Nieschlag: Aufträge und Kosten reisender Kaufleute, 1941

4. April 1928 — Der erste Wochenbericht

Im April 1928 erfüllte Ernst Wagemann seine Ankündigung von 1925, in der Reihe der periodischen Veröffentlichungen einen wöchentlich erscheinenden Bericht zu publizieren. Die Laufzeit der einzelnen Jahrgänge ging vom 1. April eines Jahres zum 31. März des nächsten Jahres. An diesem Rhythmus wurde bis zum 5. Jahrgang (1932/33) festgehalten, der 6. Jahrgang begann am 1. April und endete am 31. Dezember 1933. Mit dem 7. Jahrgang entsprach die Laufzeit dem Kalenderjahr.

Sieht man von den eigenen Beiträgen Ernst Wagemanns ab, die fast stets mit E. W. gezeichnet waren, so wurden die Beiträge zu den Wochenberichten ohne Namensnennung veröffentlicht. Immerhin wurden aus presserechtlichen Gründen die Namen der verantwortlichen Redakteure im Impressum genannt. Diese waren:

Dr. Theodor Bühler	1.4.28 — 30.4.35
Dr. Willy Bauer	8.5.35 — 31.12.36 u. 10.8.39 — 20.1.42
Dr. Gustav Lucae	1.1.37 — 3.8.39
Dr. Victor Wrede	18.2.42 — 31.12.42

Mit dem 15. Jahrgang (1942) wurde das Erscheinen des Wochenberichts eingestellt. Seit 1940 waren die Berichte nicht mehr regelmäßig erschienen. Der 13. Jahrgang 1940 brachte noch 31 Nummern, der 14. Jahrgang 1941 noch 25 und der 15. Jahrgang 1942 noch ganze 17 Nummern.

Inhaltlich unterschied sich der erste Jahrgang des Wochenberichts (1928/29) merkwürdig wenig von den Vierteljahrsheften. Die Berichte über das Harvard-Barometer wanderten von den Vierteljahrsheften zum Wochenbericht. Bereits der zweite Jahrgang brachte eine Erweiterung der Berichterstattung um neue Themen, z. B. die Bausaison 1929 (Wochenbericht Nr. 1 vom 3. April 1929) oder die Einkommensverteilung (Nr. 20 vom 14. August 1929). Ein Bericht über das deutsche Volkseinkommen wurde erstmalig — und einmalig — im Wochenbericht Nr. 38/40 vom 23. Dezember 1929 veröffentlicht. Es handelte sich dabei um Berechnungen des Statistischen Reichsamts.

In der ersten Nummer des dritten Jahrgangs setzte die Industrieberichterstattung ein, basierend auf Produktions- und Absatzdaten, die zu einem Produktionsindex des IfK zusammengewogen wurden. Auch die landwirtschaftliche Berichterstattung wurde erweitert. Der dritte Jahrgang brachte erstmals farbige Graphiken. Thematisch interessant waren auch die Beilagen, die in bunter Folge alle möglichen Themen behandelten. Diese Beilagen wurden mit dem fünften Jahrgang (1932/33) von der fast jeder Nummer beigelegten „Konjunkturkartei" abgelöst. Allmählich war der Begriff „Konjunktur" bei den herrschenden politischen Umständen nicht mehr opportun, die Konjunkturkartei wurde mit dem Ende des neunten Jahrgangs (1937) unauffällig beerdigt, dafür jedoch der Umfang der „normalen" Wochenberichte erheblich erweitert.

Alles in allem: Mit dem Übergang zur wöchentlichen Erscheinungsweise hatte sich das IfK ein Publikationsorgan geschaffen, das besser als die anderen Veröffentlichungen geeignet war, Arbeitsergebnisse des Instituts ohne Zeitverzug zu veröffentlichen. Hinzu kam der nicht zu unterschätzende Multiplikatoreffekt durch die Wirtschaftspresse. — Für die Konjunkturforschung blieben jedoch die Vierteljahrshefte unverzichtbar.

Die Bewährungsprobe — Weltwirtschaftskrise 1929 bis 1932

Wie stark die Konjunkturanalysen des IfK sich in den ersten Jahren noch auf das Harvard-Barometer der drei Märkte verließen, geht aus der Prognose hervor, die Ende Mai 1929 veröffentlicht wurde.

„Anspannung des Geldmarktes, sinkende Effektenkurse und Preisrückgänge auf dem Warenmarkt kennzeichnen demnach die Lage, die vorerst keine Besserung, sondern eher eine Zunahme der Schwierigkeiten erwarten läßt."

Befremdend mutet dann die Zusammenfassung der für Ende November 1929 erarbeiteten Ergebnisse an, denn

erstens wird der New Yorker Börsenkrach vom Oktober 1929 zwar im Text des Hefts kurz erwähnt, nicht dagegen in der Zusammenfassung. Die weltwirtschaftliche Signalwirkung dieses Ereignisses ist wohl erst später erfaßt worden.

Zweitens wird die Prognose vom Mai 1929, die richtig war, schon wieder umgedreht mit den Worten: „Die Wirtschaft dürfte jedenfalls nicht mehr weit davon entfernt sein, in eine konjunkturelle Depression einzutreten, in eine Phase also, die in ihrem weiteren Verlauf neuen Auftriebstendenzen Raum zu geben pflegt."

Das Institut für Konjunkturforschung hat demnach den Beginn der großen Krise und die verhängnisvolle Funktion des Börsenkraches ebenso wenig erkannt wie die Regierung und die Nationalökonomie schlechthin. Überdies glaubte es im Oktober 1929 Auftriebstendenzen erwarten zu dürfen, als tatsächlich der Sturz in die Tiefe gerade begonnen hatte.

Ein Vierteljahr später — im Februar 1930 — ist zu lesen:

„Bei fortschreitender Entspannung der Kreditmärkte dürfte weiteren Rückgängen der wirtschaftlichen Tätigkeit zunehmender Widerstand erwachsen. Für einen neuen Konjunkturaufschwung sind die Voraussetzungen indes noch nicht gegeben."

Auch im Mai 1930 wurde die tatsächliche Lage noch nicht klar erkannt:

„Die Wirtschaft zeigt die Symptome einer dem Tiefpunkt zustrebenden Depression. Der konjunkturelle Rückgang der Wirtschaftstätigkeit dürfte in den nächsten Monaten zum Abschluß kommen und in eine Periode der Stagnation einmünden. Die weitere Entwicklung wird durch die sich bessernde Kapitalversorgung — in gewissem Umfang auch durch die Preisentwicklung — in günstigem Sinn beeinflußt werden."

Drei Monate später — im August 1930 — erscheint eine Konjunkturanalyse, die großes Aufsehen erregte:

„Die deutsche Wirtschaft verharrt in tiefer Depression. Die industrielle Produktion ist um 15 bis 20 vH geringer als im Vorjahr. 2,85 Millionen Menschen sind arbeitslos.

Zum erstenmal seit dem Weltkrieg befindet sich die deutsche Konjunktur in vollem Gleichtakt mit der weltwirtschaftlichen Industriekonjunktur. Rückläufige Produktion, rückläufige Preise und wachsende Arbeitslosigkeit kennzeichnen die Lage fast aller Industriestaaten. Mit der industriellen Depression verbinden sich schwere Strukturstörungen der Weltagrarwirtschaft, wodurch die Aufnahmefähigkeit der Rohstoffländer für industrielle Produkte stark vermindert wird.

Anders als 1926 bietet deshalb der Export der deutschen Industrie keinerlei Ausgleich: Die Ausfuhr Deutschlands ist sogar mengenmäßig gesunken. Diese Entwicklung ist um so nachteiliger, als der Rückgang im internationalen Preisniveau automatisch eine Erhöhung des Realwerts der Reparationslasten nach sich zieht.

Eine gewisse Erleichterung vermochte die fortschreitende Verflüssigung der Kreditmärkte zu verschaffen. Die Senkung des Kapitalzinses ist aber noch nicht weit genug fortgeschritten, um genügend neue Planungen rentabel erscheinen zu lassen... Die von der Reichsregierung beabsichtigte Finanzreform kann wesentlich dazu beitragen, das erschütterte Vertrauen wiederherzustellen. Die Ausbalancierung des öffentlichen Haushalts durch Ausgabensenkung und Einnahmensteigerung wird zwar zu — übrigens unvermeidlichen — Beeinträchtigungen der Wirtschaft führen; doch können sich aus einer Sanierung der Finanzen gleichzeitig starke, wenn auch rein psychologische Auftriebskräfte entwickeln.

Nach den zur Zeit vorliegenden objektiven Gegebenheiten der Konjunktur jedoch wird sich die mit dem Herbst einsetzende saisonmäßige Zunahme der Arbeitslosigkeit voraussichtlich in voller Höhe auf dem Arbeitsmarkt auswirken."

Diese Lagebeschreibung erregte vor allem deshalb besonderes Aufsehen, weil zu gleicher Zeit das Reichsfinanzministerium eine betont optimistische Stellungnahme zur jüngsten Entwicklung veröffentlichte. Die Diskrepanz der beiden Auffassungen führte zu einem heftigen Pressestreit, an dem anfangs besonders die „Kölnische Zeitung" beteiligt war.[12] Sie forderte am 6. September 1930, daß die Personalunion zwischen dem Statistischen Reichsamt und dem IfK aufgehoben werden müsse. Denn durch diese Personalunion gälten alle Äußerungen des Konjunkturinstituts als offiziös und die öffentliche Meinung werde durch Widersprüche ... völlig verwirrt.

Gegen diese Auffassung wandte Georg Bernhard im „Magazin der Wirtschaft" vom 31. Oktober 1930 ein, es sei nicht zu verkennen, daß durch die Identität der Leiter die notwendige enge Zusammenarbeit des IfK mit dem Statistischen Reichsamt gefördert werde.[13] Wörtlich fährt er fort:

---

[12] „Wirtschaftspolitik und Konjunkturforschung" in : „Kölnische Zeitung", Beilage zur Morgenausgabe, Nr. 487 vom 6. September 1930.

[13] G. Bernhard „Schlechte Konjunktur für Statistik", in : Magazin der Wirtschaft, vereinigt mit Plutus, Neue Folge, 6. Jahrgang, Nummer 44 vom 31. Oktober 1930. Georg

„Es ist möglich, daß durch die Widersprüche zwischen Ministerreden und den Veröffentlichungen wissenschaftlicher Institute, die vom Staat Unterstützungen empfangen, Unsicherheit und Verwirrung angestiftet wird. Aber soll das in Zukunft wirklich dadurch vermieden werden, daß man wissenschaftliche Veröffentlichungen unterläßt, weil dadurch Regierungsaktionen in einem zweifelhaften Licht erscheinen können? Soll sich die Wissenschaft, die vom Staat subventioniert oder von staatlich angestellten Personen vertreten wird, in Zukunft ihre Weisungen von den Ministern holen? Soll sie je nach der Parteigesinnung der Minister ihre Ergebnisse einrichten? Es ist kennzeichnend für die gegenwärtige Lage, daß selbst ein Blatt, das auf so hoher Stufe steht und so sorgfältig redigiert wird wie die ‚Kölnische Zeitung' derartige Forderungen erhebt, deren Konsequenzen geradezu verheerend wären. Letzten Endes würden wir mit ihrer Erfüllung zu jener Handhabung der Statistik zurückkommen, die früher zu Bismarcks Zeiten in Preußen zuweilen geübt wurde. Damals mußte der Direktor des Königlich Statistischen Büros, weil Bismarck es wünschte, den Anteil der landwirtschaftlich Tätigen an der Bevölkerung möglichst hoch darstellen, 'Landwirte züchten'. Man sagte damals, der alte Engel habe jeden Großstädter, der einen Blumentopf auf seinem Balkon stehen hatte, zu den Landwirten gezählt. Die ‚Kölnische Zeitung' wird sicher die letzte sein, die solche Zustände wieder heraufbeschwören möchte. Sie darf sich aber, nachdem sie den Angriff eröffnet hat, nicht wundern, daß während der letzten Tage die 'Berliner-Börsen-Zeitung' eine spaltenlange Polemik brachte, die unter dem Schein, sich gegen die Politisierung der Statistik und Konjunkturforschung zu wenden, die Ergebnisse des Instituts für Konjunkturforschung weidlich für ihre eigenen politischen Zwecke ausnutzt."

Im weiteren Verlauf seines Artikels beschäftigte sich Bernhard mit der Organisation des Instituts und machte den Vorschlag, die Spitzenorganisationen nicht — wie bisher — zu freiwilligen Zahlungen, sondern — eventuell durch Gesetz — zu Beiträgen heranzuziehen. Wichtiger sei jedoch der Umbau des Statistischen Reichsamt selbst.

Die genaue Überprüfung des von Bernhard monierten Artikels der „Kölnischen Zeitung" — nachzulesen in der Morgenausgabe des 6. September 1930 — zeigt nun allerdings, daß man in dieser Zeitung nicht daran dachte, dem Institut einen Maulkorb umzuhängen, sondern lediglich die Personalunion von Präsident des Statistischen Reichsamtes und Leiter des Instituts für Konjunkturforschung — die ja in der Institutssatzung bis zum 17. Juni 1933 ausdrücklich verankert war! — als unzweckmäßig, ja bei der derzeitigen Situation als unhaltbar bezeichnete. So sehr die Ausführungen Bernhards den Freunden des IfK gefallen haben mögen, in der Sache hatte die „Kölnische Zeitung" sicherlich nicht unrecht.

Dennoch hat dieser glänzend geschriebene Beitrag Bernhards — er ist heute noch lesenswert! — dazu beigetragen, daß die hochgehenden Wogen des Meinungsstreits sich rasch wieder beruhigten.

Bernhard war jahrelang Chefredakteur der Vossischen Zeitung, Honorarprofessor an der Handels-Hochschule, prominentes Mitglied der Deutschen Demokratischen Partei, 1933 emigriert.

Zurück zur Diagnose des IfK vom August 1930!

Dort steht am Ende:

„Die Ausbalancierung des öffentlichen Haushalts durch Ausgabensenkung und Einnahmensteigerung wird.. zu — übrigens unvermeidlichen — Beeinträchtigungen der Wirtschaft führen."

Zum Schluß einer sehr nüchternen Beschreibung der trostlosen Lage also ein Rat, der als Ermunterung der Brüningschen Deflationspolitik zu verstehen war. Drei Monate später — im November 1930 — brachte das Institut wiederum eine sehr exakte Lagebeschreibung:

„Der gegenwärtige Konjunkturrückschlag ist von einer in Deutschland kaum jemals erlebten Schwere ... Die industrielle Produktion liegt um rund ein Viertel, auf Teilgebieten um beinahe die Hälfte unter Vorjahrshöhe ... ungefähr ein Sechstel der Arbeiter und Angestellten ist aus dem Produktionsprozeß ausgeschaltet ... Es ist nicht einmal ausgeschlossen, daß sich die Konjunktur weiter verschlechtert ..."

Und im Februar 1931:

„Die Wirtschaftstätigkeit hat sich auf nahezu allen Gebieten weiter verringert, Produktion und Umsatz sinken ... Die Zahl der Arbeitlosen ist auf fünf Millionen gestiegen ... An Gegenkräften sind vorerst nur die Bedarfsstauungen gegeben ... Die Voraussetzungen für eine schnelle Überwindung des gegenwärtigen Tiefstandes sind für Deutschland jedoch noch nicht gegeben ..."

Wie pessimistisch das IfK die kurzfristigen Zukunftschancen im Juni 1931 beschrieb, zeigt folgendes Zitat:

„Die Überleitung eines bis dahin einheitlichen Konjunkturabschwungs in eine Reihe von Einzelbewegungen kennzeichnet üblicherweise den Zeitpunkt, von dem ab die Periode schärferer Produktionsrückgänge als überwunden betrachtet werden darf ... Die Voraussetzungen für einen Aufschwung sind ... nicht gegeben. Produktion und Beschäftigung werden sich vielmehr im verbleibenden Teil des Jahres 1931 weiter depressiv verhalten."

Fatalismus, Hoffnungen auf den üblichen Konjunkturverlauf — das kennzeichnet die Haltung des Instituts noch Mitte 1931, also zu einer Zeit, in der Wilhelm Lautenbach nach einem anhaltenden Lernprozeß seine Vorstellungen von einer Politik zur Bekämpfung der Arbeitslosigkeit zu konkretisieren begann. Auch im Dezember 1931 noch keinerlei Erkenntnis, daß ohne die Hinwendung zu einer aktiven Wirtschaftspolitik die Weimarer Republik verloren sein müsse:

„In Deutschland hat sich die Lage erneut zugespitzt. Produktion und Absatz sind anhaltend abwärts gerichtet. Die Arbeitslosigkeit steigt — auch konjunkturell — beschleunigt an. Die Zerrüttung der Kreditmärkte hat eher noch zugenommen. Auftragseingang und Rohstoffdispositionen, Symptome von Produktionsplanungen und -vorbereitungen, verharren im Rückgang.

In besonderer Weise wird die Lage Deutschlands durch die zunehmende Abschließung wichtiger Länder vom Weltmarkt durch Währungsverfall, Devisenreglementierungen, Zollerhöhungen, Einfuhrkontingentierungen und andere den Warenverkehr hemmende Maßnahmen erschwert. Die Rückwirkungen hieraus für Deutschland sind um so schwerwiegender, als Deutschland nur durch Ausfuhrsteigerung den Devisensaldo erarbeiten kann, dessen es zur Befriedigung seiner ausländischen Gläubiger bedarf.

Wie die Notverordnung vom 8. Dezember mit ihren scharfen Eingriffen in das Kosten- und Preisgefüge der deutschen Wirtschaft konjunkturell wirken wird, läßt sich wohl noch kaum übersehen; viel wird darauf ankommen, wie durch die neue Regelung das Verhältnis der Einnahmen und Ausgaben bei den einzelnen Wirtschaftszweigen und bei der öffentlichen Hand beeinflußt wird."

Dabei war Ernst Wagemann im Jahre 1931 geradezu fieberhaft tätig. Er arbeitete an seiner Schrift „Geld- und Kreditreform",[14] die am 20. Januar 1932 erschien und unter der Bezeichnung „Wagemann-Plan" bekannt wurde. Außerdem veröffentlichte er im „Wochenbericht" 1931 nicht weniger als sieben eigene Beiträge, nämlich in

Nr. 16 v. 13.7.31:	Die Lage
Nr. 17 v. 20.7.31:	Kreditverflechtung und Illiquidität
Nr. 18 v. 28.7.31:	Aufblähung des Geldumlaufs?
Nr. 19 v. 4.8.31:	Grundsätze der Geldschöpfung
Nr. 22 v. 26.8.31:	Prognose der Arbeitslosigkeit
Nr. 36 v. 2.12.31:	Das Devalvationsproblem
Nr. 43 v. 21.1.32:	Mißverständnisse und Irrtümer

Aber die Erkenntnis vom überwiegend strukturellen Charakter der Krise, von der Notwendigkeit, aktiv in das Wirtschaftsgeschehen durch Arbeitsbeschaffungsprogramme einzugreifen, ist bei Wagemann nicht vor dem August 1932 nachzuweisen. Auch im Februar 1932 hatte das Institut den Horror vor staatlichen Defiziten noch nicht verloren. Die Funktion der Sozialausgaben als „eingebauter Stabilisator" wurde überhaupt nicht erkannt, wie das folgende Zitat zeigt:

„In Deutschland hält die Wirtschaftsschrumpfung an. Preise, Produktion und Umsatz sind weiter abwärts gerichtet. Die Arbeitslosigkeit ist Mitte Februar auf 6,13 Millionen angeschwollen. Von der Gesamtzahl der Arbeiter und Angestellten sind nur noch 70 vH beschäftigt.

Das zur Aufnahme von Verbrauchsgütern verfügbare Einkommen setzt seine Abwärtsbewegung fort. Die Not und wohl auch die Unsicherheit über die künftige Entwicklung zwingen zum Einsatz von Ersparnissen für den laufenden Konsum. Der Absatz der Verbrauchsgüterindustrie wird dadurch etwas gestützt. Der Absatz der Produktionsgüterindustrien unterliegt demgegenüber einem verstärkten Druck. Die heimische Investitionstätigkeit dürfte sich, obwohl nicht mehr weit von der Nullinie entfernt, weiter vermindern.

---

[14] Ernst Wagemann „Geld- und Kreditreform", in: Staatswissenschaftliche Zeitfragen, Heft 1, Berlin 1932.

Die Etats von Reich, Ländern und Gemeinden stehen unter dem Einfluß dieser Entwicklung. Die Sozialausgaben haben die Tendenz, weiter zu steigen, indes die Steuereinnahmen spärlicher fließen. Der Ausgleich wird um so schwieriger, als sich erweist, daß eine Heraufsetzung der Steuersätze das Steueraufkommen kaum noch erhöht.

Auch der währungs- und zollpolitische Wirrwarr, in den die Weltwirtschaft hineingeraten ist, macht sich je länger desto stärker zum Nachteil der deutschen Wirtschaft geltend. Die Ausfuhr hat sprunghaft abgenommen. Deutlich wird auch erkennbar, wie stark sich die Wettbewerbsverhältnisse durch die Abkehr Englands vom Goldstandard zu unseren Ungunsten verschoben haben. Bei im ganzen abnehmenden Exportumsätzen vermag sich der Anteil Englands besser zu halten als der Deutschlands. Für eine Reihe fertiger und halbfertiger Verbrauchsgüter verzeichnet Deutschland sogar steigende Einfuhr bei sinkender Ausfuhr.

Der Devisenmarkt wird dadurch erneut belastet, die Bewegungsfreiheit der Reichsbank eingeengt. Eine etwaige Auflockerung der Kreditmärkte, für die durch das Vorgehen der angelsächsischen Notenbanken gewisse Voraussetzungen geschaffen sind, wird so in enge Schranken gebannt."

Inzwischen war Wagemanns Vorschlag einer Geld- und Kreditreform, der am 20. Januar 1932 veröffentlicht worden war, ins Kreuzfeuer schwerster Kritik geraten. Bereits am 15. Februar erschien — herausgegeben von „Der deutsche Volkswirt" — eine Broschüre mit dem Titel „Anti-Wagemann",[15] in der folgende Artikel noch einmal zusammen veröffentlicht wurden:

Hände weg von der Währung! Von Carl Landauer

Deckungsnebel. Von L. Albert Hahn

Wagemanns Theorien und Reformideen. Von Gustav Stolper

Das Vorwort schließt mit den Worten:

„Da ‚Der deutsche Volkswirt' (den Wagemann-Plan) im ganzen wie in allen wesentlichen Einzelheiten für verfehlt und gefährlich hält, hat er es für seine Pflicht gehalten, den Kampf dagegen sofort mit aller Entschiedenheit aufzunehmen. Wir fassen im folgenden als Broschüre drei Aufsätze zusammen, die gegen den Wagemann-Plan im 'Deutschen Volkswirt' am 22. und 29. Januar und 5. und 12. Februar 1932 erschienen sind."

Albert Wissler schrieb 1954 — aus Anlaß von Ernst Wagemanns 70. Geburtstag — in seiner kleinen, aber inhaltsreichen Biographie dieses Mannes, daß Wagemann stellvertretend für alle „Projektemacher" von dieser konzentrierten Kritik abgeschlachtet worden sei. Im Frühjahr 1932 meldeten sich schließlich noch 32 deutschsprachige Nationalökonomen und Betriebswirte in einem Aufruf „Wissenschaftler gegen Wagemann-Plan" zu Wort, den die traditionell gegen Wagemann eingestellte „Kölnische Zeitung" am 9. März 1932 veröffentlichte.[16] Auch diese Aktion sollte Ernst Wagemann desavouieren.

---

[15] C. Landauer/L. A. Hahn/G. Stolper „Anti-Wagemann", Berlin 1932.

Es ist heute — fünfzig Jahre nach jenen Auseinandersetzungen — ziemlich gleichgültig, ob damals Wagemann oder seine Gegner Recht hatten. Sicher war die von Wagemann geforderte Reform der Notenbank in der damaligen Situation richtig, sicher wurde die Inflationsgefahr von seinen Gegnern übertrieben, aber auch Wagemann hat ja die Zusammenhänge 1931 noch nicht klar genug erkannt. Er sah die Gefährdung der deutschen Wirtschaft durch die Deflation, begriff aber die Bedeutung und Notwendigkeit staatlicher Defizit-Bereitschaft zu spät.

In seiner 1981 erschienenen, letzten Arbeit „Der Wagemann-Plan“[17] setzte sich Rudolf Regul sehr eingehend mit der Denkschrift und ihrer Bedeutung als Prä-Keynesianisches Denkmodell auseinander.

„Was er (Wagemann) zur Lage der öffentlichen Haushalte sagt, ist insoweit mit seinem Plan schwer vereinbar, als eine Sanierung durch Senkung der öffentlichen Ausgaben eben Fortsetzung der Deflationspolitik gewesen wäre.“

August 1932 — Zu späte Erkenntnis

Ernst Wagemann war Ende 1931 Mitglied der auf Initiative von Heinrich Dräger gegründeten „Studiengesellschaft für Geld- und Kreditwirtschaft“ geworden und war Mitunterzeichner eines Briefes, in dem die Gesellschaft die neugebildete Regierung Papen aufforderte, sofortige Arbeitsbeschaffung durch produktive Kreditschöpfung seitens der Reichsbank zu ermöglichen. Diese Forderung hat tatsächlich etwas bewegt, aber zu spät.

Und das Institut für Konjunkturforschung? Im August 1932 beendete das IfK seine vierteljährliche Konjunkturberichterstattung mit den Worten:

„Die Voraussetzungen für einen durchgreifenden Wirtschaftsaufschwung nach den Regeln der alten Konjunkturautomatik sind, obzwar in Teilen der Weltwirtschaft in greifbare Nähe gerückt, für Deutschland noch immer nicht gegeben. Denn eine Erhöhung der Investitionstätigkeit aus privater Initiative — sie gibt den „normalen“ Konjunkturanstoß — kann unter den derzeitigen Umständen nicht erwartet werden, und der Absatz an Verbrauchsgütern und Exportwaren wird wegen schrumpfenden Volkseinkommens und verminderter internationaler Wettbewerbsfähigkeit Deutschlands eher abnehmen. Wenn die Wirtschaft sich selbst überlassen bleibt, kann vorerst

---

[16] „Wissenschaftler gegen Wagemann-Plan“, in: „Kölnische Zeitung“ vom 9. März 1932. — Der Kuriosität halber sei vermerkt, daß ausgerechnet die Zeitschrift für nationalsozialistische Wirtschaftsgestaltung „Die deutsche Volkswirtschaft“ in ihrem ersten Jahrgang 1932 Wagemann gegen seine Widersacher lebhaft verteidigte. Vgl. „Lex Wagemann?“ in Nr. 1 vom Februar 1932, S. 19 f und „Was wird aus dem Wagemann-Plan?“ in Nr. 6 und 7 vom Juni/Juli 1932, S. 176 f und S. 210 f. — Die Namen der Gegner Wagemanns sind auf S. 178 aufgeführt. Unter ihnen befand sich auch Georg Bernhard, der Wagemann vor zwei Jahren noch sehr wirkungsvoll gegen die „Kölnische Zeitung“ verteidigt hatte.

[17] R. Regul „Der Wagemann-Plan“ in: Gottfried Bombach, u. a. „Der Keynesianismus III“, Berlin, Heidelberg, New York 1981, S. 421 f.

nicht mehr als günstigstenfalls ein allmählicher Auslauf der Rückgänge in Absatz, Produktion und Beschäftigung erwartet werden."

Dieser letzte Satz ist erstaunlich, er bedeutete endlich einen Schritt in die richtige Richtung: Weg von der fatalistischen Hinnahme des Geschehens, hin zu einer aktiven Wirtschaftspolitik. Allerdings hat das Institut diesen Rat auch damals nicht so deutlich ausgesprochen wie vor ihm Wilhelm Lautenbach und nach diesem die Studiengesellschaft.

Dennoch geschah Merkwürdiges: Dieser einzige Versuch, in den Veröffentlichungen des Instituts darauf hinzuweisen, daß das Fehlen aktiver wirtschaftspolitischer Maßnahmen schwere Nachteile bringe, trug dem IfK prompt eine Rüge in der Zeitschrift „Der deutsche Volkswirt" ein. Nichts macht die geistige Verwirrung der Fachwelt zu jener Zeit so deutlich wie dieser Angriff, der sicherlich von Gustav Stolper selbst formuliert worden ist:

„Nun, die Krise hat uns zur Anspruchslosigkeit erzogen. Ihr 'allmählicher Auslauf' würde in Millionen Deutschen gerade den neuen Schimmer von Hoffnung erwecken, der für die psychologische Besserung entscheidend wäre — und es ist ganz sicher, daß diese psychologische Tatsache dann selbst wieder zur Hemmung aller noch gegebenen Rückgangstendenzen und zur Verstärkung der Auftriebskräfte beitragen würde. Wenn man den Silberstreifen wirklich sieht, dann sollte man ruhig 'die Wirtschaft sich selbst überlassen' und lieber den vom Konjunkturinstitut offenbar immer noch mit Mißtrauen betrachteten 'Regeln der alten Konjunkturautomatik' vertrauen. Denn es ist leider zu befürchten, daß alle Eingriffe, wenn sie wirksam werden, die Erholung weit eher gefährden als beschleunigen können. Die Überschätzung des Nutzens staatlicher Hilfsmaßnahmen ist die schwache Seite des Konjunkturberichts (sie zeigt sich auch bei der Analyse der Konjunkturentwicklung im Ausland). Das Institut hat den Schaden übersehen, den die Verfechter einer 'aktiven' Konjunkturpolitik in Deutschland bereits angerichtet haben."

Im Dezember 1932 kann das Institut feststellen:

„Die Beschäftigung ist zum ersten Mal konjunkturell leicht gestiegen. Auch Produktion und Umsätze haben sich leicht belebt... Die Periode krisenhafter Wirtschaftsschrumpfung dürfte ... abgeschlossen ... sein."

Acht Wochen später wurde Adolf Hitler vom Reichpräsidenten zum Reichskanzler ernannt. Die Weimarer Republik war an ihren Geburtsfehlern und an der wirtschaftspolitischen Unzulänglichkeit ihrer Politiker zugrundegegangen.

Das IfK hat in den Jahren 1929 bis 1932 in der Debatte um die Frage: Wie bekommen wir die Krise in den Griff? — wie vorstehend bewiesen — eine doch recht bescheidene Rolle gespielt, ähnliches gilt von Ernst Wagemann.

Albert Wissler schrieb 1954 in seiner Wagemann-Biographie, daß man es als tragisch und als eine Ungunst des Schicksals betrachten müsse, daß die empirische Konjunkturforschung in den wenigen Jahres ihres Bestehens

„trotz aller Zuversicht, jugendlicher Frische und allen ungestümen Vorwärtsdrängens in der kurzen Spanne von vier bis fünf Jahren (bis zum Ausbruch der

Weltwirtschaftskrise ...) eben doch noch lange nicht genügend Zeit hatte und haben konnte, um sich so in sich selbst zu konsolidieren, um darüber hinaus in der abwartenden z. T. geradezu feindlichen Umwelt der Öffentlichkeit... so fest Fuß zu fassen, daß sie diese Bewährungsprobe hätte bestehen können."[18]

Dazu schrieb Gerhard Kroll 1958:[19]

„Lautenbach (hat seine) geschlossene Theorie der Arbeitsbeschaffung so rechtzeitig geliefert, daß sie noch von Brüning hätte verwirklicht werden können."

Eine These, die allerdings neuester Überprüfung nicht standhält.[20]

Die Arbeiten des IfK wurden von Kroll wie folgt charakterisiert:

„Die Verwirrung, die indessen das Fahnden nach allgemeingültigen Konjunkturgesetzen, nach mechanisch und automatisch sich vollziehenden Wellenbewegungen gestiftet hat, ist grenzenlos. Auch das an sich verdienstvolle deutsche Institut für Konjunkturforschung, das nach dem ersten Weltkrieg unter der Führung von Ernst Wagemann gegründet und aufgebaut wurde, hat sich lange Zeit diesem geistigen Zwange gebeugt und sich diesem zyklischen und langwelligen Spiel hingegeben, wiewohl es in seinen Äußerungen ansonsten die wirklichen Kräfte, die die Wirtschaft bewegen, durchaus anerkannte und zur Darstellung brachte.

Charakteristisch für die Verwirrung sind Äußerungen Wagemanns in seinem während der Weltwirtschaftskrise veröffentlichten Buch (1931) „Struktur und Rhythmus der Weltwirtschaft", dem wir folgendes Zitat aus seiner Schlußbetrachtung entnehmen:

'Wenn es richtig ist, daß die Periode von Zwang und Freiheit oder besser von Bindung und Entfesselung der wirtschaftlichen Kräfte im Rhythmus der langen Welle miteinander wechseln, so würden wir vor einem seltsamen Zirkel der Ursachenverknüpfung stehen. Es würde dies ja nichts anderes bedeuten, als daß die konjunkturellen Hemmungen zu wirtschaftspolitischen Reaktionen der Staaten und sozialen Gruppen führen, die diese Hemmungen verstärken helfen ...

Wie unsere Untersuchungen über die innerwirtschaftliche Konjunktur gezeigt haben, ist sowohl bei gebundener wie bei freier Konkurrenz ein zwar sehr verschiedenartiger, aber doch ein in einem bestimmten Sinn nachweisbarer Rhythmus der Wirtschaftsbewegung zu erkennen. Wir finden, daß die 7-9jährige Konjunkturwelle in der Wirtschaftsgeschichte so weit zurückreicht, wie wir überhaupt Einblick gewinnen konnten. Sie dürfte eine mit aller Wirtschaft unlöslich verknüpfte Erscheinung sein. Vielleicht gilt dasselbe auch von der langwelligen Konjunkturbewegung, die jedenfalls mit großer Kraft durch alle Wirtschaftsvorgänge hindurchschlägt.' "

Kroll fährt fort:

---

[18] A. Wissler: „Ernst Wagemann — Begründer der empirischen Konjunkturforschung in Deutschland", Sonderhefte des DIW, Neue Folge Nr. 26, Berlin 1954, S. 32.

[19] G. Kroll „Von der Weltwirtschaftskrise zur Staatskonjunktur", Berlin 1958, S. 354 bzw. S. 191 ff.

[20] K. Borchardt „Zur Aufarbeitung der Vor- und Frühgeschichte des Keynesianismus in Deutschland" in: Jahrbuch für Nationalök. u. Sta., Bd. 197/4, Stuttgart 1982, S. 359 f.

„Das also war der Weisheit letzter Schluß der deutschen Konjunkturforschung im Jahre 1931: Es gibt kurze und lange Wellen der Konjunktur und wird sie immer geben. Dagegen machen kann man so gut wie nichts!! Wagemann änderte seine Haltung erst 1932 und stieß dann in das Lager der Reformer, wovon noch ausführlich die Rede sein wird. Bis dahin blieb er der Wellenmystik verhaftet, wovon auch noch die folgenden Äußerungen zeugen:

'Mit dem Ineinandergreifen der langwelligen und der kurzwelligen Wirtschaftsbewegung ist es möglicherweise zu erklären, daß nach einer längeren Periode verhältnismäßig leichter Krisen plötzlich heftige Erschütterungen auftreten, so wie auf eine Periode schwacher Erdbeben von Zeit zu Zeit schwere Katastrophen zu folgen pflegen. Die gegenwärtige Weltwirtschaftskrise hat man vielleicht mit einem gewissen Recht als Strukturkrise bezeichnet und sie mit der Krise in den 70er Jahren des 19. Jahrhunderts und sodann mit der Krise nach den napoleonischen Kriegen verglichen. Denn möglicherweise gehören diese drei großen Konjunkturkatastrophen durchaus dem Bereich der langwelligen Bewegung an, so daß sie aus dem kurzwelligen Rhythmus nur insoweit zu erklären wären, als hierdurch die Erschütterung verstärkt worden ist.'

Eine Konjunkturforschung, die sich im Nebelmeer der Wellenbewegungen bewegte und auf wirkliche Erklärungen verzichtete, weil sie mit dem Hinweis auf die Wellen schon alles erklärt zu haben glaubte, konnte zur Krisenbekämpfung keinen Beitrag leisten."

Man sollte beim Lesen dieser herben Kritik allerdings nicht vergessen, daß sie im Jahr 1958 geschrieben wurde, also zu einer Zeit, in der das ununterbrochene Wirtschaftswachstum der Nachkriegszeit noch keineswegs zu Ende war! Heute wird so manches wieder nachdenklicher zu betrachten sein.

1933 — Schicksalsjahr auch für Wagemann und sein Institut

Als die Weimarer Republik dem Dritten Reich weichen mußte, zeigte sich rasch, daß weder die Nationalsozialisten noch die Deutsch-Nationalen ein ausgearbeitetes Konzept zur Bekämpfung der Arbeitslosigkeit hatten. Jedoch waren von den Reformern, vor allem von Lautenbach und der Studiengesellschaft, soviel Vorarbeiten geleistet worden, daß es nur noch darauf ankam, Hitler für die Politik der produktiven Geldschöpfung zu gewinnen.

Diese Aufgabe wurde Lautenbach übertragen, und er hat sie gelöst, wie Wilhelm Röpke berichtet hat:[21]

„Lautenbachs witzige Schlagfertigkeit, die auch vor Amt und Würde nicht zurückschreckte, war berühmt und von vielen gefürchtet. War ihm einmal blitzartig die schlagende Formulierung eingefallen, so schien er fast physisch unfähig, sie

---

[21] W. Lautenbach „Zins, Kredit und Produktion", herausgegeben von W. Stützel, mit einem Vorwort von W. Röpke, Tübingen 1952, S. X.

zurückzuhalten. So war es denn auch ein denkwürdiger Augenblick, als dieser feuerköpfige Mann mit der Schärfe des Verstandes und der Zunge, der jede fachliche Unterredung mit seinem Temperament und der Ausgereiftheit seiner Gedanken beherrschte, im Frühsommer 1933 zu Hitler geschickt wurde, um ihm die Nationalökonomie der Krisenbekämpfung durch Kreditexpansion im amtlichen Auftrage klarzumachen. Man hat erfahren, daß diese Unterredung zu den seltenen gehört hat, in denen nicht Hitler, sondern der andere das Wort führte. Als Hitler einwandte, daß eine solche Kreditexpansion doch Inflation sei, erwiderte ihm Lautenbach:

'Herr Hitler, Sie sind jetzt der mächtigste Mann in Deutschland. Nur eines können Sie nicht: Sie können unter den gegenwärtigen Umständen keine Inflation machen, soviel Sie sich auch anstrengen mögen.'

Als Hitler zu bemerken wagte, daß immerhin die von ihm befragten Bankiers anderer Meinung seien, erhielt er prompt die Antwort:

'Herr Hitler, Bankiers sind wie Hefebazillen. Wie diese Alkohol fabrizieren, ohne davon zu wissen, so die Bankiers Kredit, ohne sich darüber klar zu sein.' "

Alles was Hitler vom Herbst 1933 an bis 1937 tat, entstammte dem Gedankengut der Reformer der frühen dreißiger Jahre — ihre Ideen dienten aber nun nicht mehr der Bewahrung der Republik von Weimar, sondern der Stützung eines Regimes, das schon bald seinen wahren Charakter enthüllte.

Alfred Hugenberg, seit dem 30. Januar 1933 Reichswirtschaftsminister, erinnerte sich alter Gegensätze nur zu gut und beurlaubte Ernst Wagemann am 17. März 1933 in brüsker Form vom Amt des Präsidenten des Statistischen Reichsamt, wozu er als Dienstherr des Amts durchaus berechtigt war.

Am 17. März wurde Ernst Wagemann nicht nur in seiner Funktion als Präsident des Statistischen Reichsamts aus dem Dienst entlassen, sondern auch als Direktor des Instituts für Konjunkturforschung. Eine Formulierung in der Satzung des Instituts von 1925 lautete nämlich:

„Leiter des Instituts ist der jeweilige Präsident des Statistischen Reichsamts"

und kam dem Vorhaben Hugenbergs entgegen, sich der wissenschaftlichen Kontrolle durch Ernst Wagemann und sein Institut zu entziehen.

Nach der Satzung war zwar auch die Zustimmung der Kuratoriumsmitglieder des Instituts zur Entlassung Wagemanns notwendig, aber im Frühjahr 1933 kümmerte man sich in Deutschland wenig um derartigen „Formelkram."

Die Dinge blieben jedoch zunächst in der Schwebe. Hugenberg hatte zwar seine Pläne, Wagemann gänzlich kaltzustellen, keineswegs aufgegeben. Aber auch im Institut blieb man nicht untätig! Dr. Lucae, später Abteilungsleiter im IfK, nutzte persönliche Beziehungen eines Kollegen im Statistischen Reichsamt aus und versuchte Anfang Juni — vergeblich — Rudolf Hess zu erreichen. Anschließend besuchten die beiden Herren Robert Ley, den Führer der Deutschen Arbeitsfront, der seinen Stellvertreter R. Schmeer anwies, den Fall weiter zu bearbeiten. Schmeer gelang es noch am selben

Abend, eine Anordnung Hitlers zu erwirken, daß das IfK auch gegen den Widerstand Hugenbergs zu erhalten sei. Damit war zwar die Existenz des IfK gesichert, noch nicht aber Wagemanns Leitungsfunktion erneuert.

Der Versuch, Wagemann endgültig „abzuschießen", indem man ihm „jüdisch-marxistische" Personalpolitik vorwarf und von Korruption im Statistischen Reichsamt sprach (tatsächlich wurde eine Schmähschrift mit diesem Titel verbreitet!), scheiterte rasch. Bald nach der Entlassung — am 25. März 1933 — zwang eine genaue Prüfung der Amtsführung Wagemanns Hugenberg zu einer Ehrenerklärung. Ihr Wortlaut ist erhalten geblieben:[22]

„Im Zusammenhang mit der Beurlaubung des Präsidenten des Statistischen Reichsamtes sind in der Presse Nachrichten verbreitet worden, die geeignet sind, die Ehre des Präsidenten Wagemann anzutasten. Der Herr Reichswirtschaftsminister stellt ausdrücklich fest, daß von der Reichsregierung die Ehrenhaftigkeit des Präsidenten Wagemann und die Integrität seiner Amtsführung in keiner Weise in Zweifel gezogen werden."

Die Deutsche Arbeitsfront — genauer gesagt R. Schmeer — half auch jetzt Wagemann weiter. Im Kuratorium verfügte die DAF über 9 Stimmen (davon 7 der alten Gewerkschaften). Auf diese „Hausmacht" gestützt, schrieb Schmeer am 12. Juni 1933 an den Leiter des Instituts für Konjunkturforschung (ohne Namensnennung!) und ersuchte ihn, das Kuratorium für Samstag, den 17. Juni, 10.00 Uhr, einzuberufen. Die Tagesordnung war kurz, an zweiter Stelle war die Wahl des Leiters für das Institut für Konjunkturforschung beantragt.[22]

Am 16. Juni konkretisierte Schmeer seine Pläne:

„Von der Deutschen Arbeitsfront werden folgende Anträge gestellt werden:

1. § 9 Abs. 1 der Verfassung des Instituts für Konjunkturforschung, der bisher lautet: „Leiter des Instituts ist der jeweilige Präsident des Statistischen Reichsamtes", ist wie folgt abzuändern: „Der Leiter des Instituts wird vom Kuratorium gewählt".

2. Professor Dr. Wagemann wird zum Leiter des Instituts gewählt."

Die Sitzung brachte keine sonstigen Ereignisse. Wagemann wurde vom Kuratorium wieder zum Leiter des Instituts gewählt, obwohl er von ihm nie abgewählt worden war. Hugenbergs Zeit war schon einige Tage später abgelaufen: Am 26. Juni trat er von seinem Amt als Reichswirtschaftsminister zurück. Er blieb bis 1945 noch Mitglied des „Reichstags", seine politische Rolle war jedoch ausgespielt.

---

[22] Handakte Dr. Lucae „Kampf um Wagemann", von diesem am 23. Februar 1965 dem Institut überlassen.

Im krassen Gegensatz zu dieser Ehrenerklärung steht, was die „Kölnische Zeitung" am 22. März 1933 zum Rücktritt Wagemanns geradezu gehässig schrieb:

„Daß im Fall Wagemann augenscheinlich ein hohes Maß von politischer Wandlungs- und Anpassungsfähigkeit an die herrschende politische Richtung eine gewissenhafte Prüfung und Abrechnung nicht verhindern wird, muß mit Genugtuung verzeichnet werden."

In den Monaten seiner Beurlaubung war gegen Wagemann eine Denunziationskampagne in Gang gesetzt worden, die sich allerdings auf das Statistische Reichsamt beschränkte. Nicht ein einziger Institutsangehöriger hat sich daran beteiligt.

Die in Fußnote 22 erwähnte „Handakte" enthält einige Briefe und Aktenvermerke, die das „Klima" sehr gut wahrnehmen lassen, in dem der „Fall Wagemann" abgewickelt wurde. Zwar fehlte völlig die Anwendung oder auch nur Androhung von Gewalt — die in so vielen Fällen bereits im Frühjahr 1933 eine große Rolle spielte. Die gegen Wagemann ins Feld geführten Argumente waren subtiler, aber in ihrer Gemeinheit kaum zu überbieten. Damals blühte ja in ganz Deutschland die Denunziation: Sie war ein bequemes Mittel, unliebsame Personen loszuwerden oder ihre bürgerliche Existenz zu vernichten.

Es lohnt heute nicht mehr, sich mit den Details ausführlich zu befassen. Ob es sich um den Umgang mit Reichstagsabgeordneten des Zentrums, der SPD oder KPD handelte — als Leiter eines Reichsamts hatte Wagemann die Pflicht, den Parlamentsausschüssen Auskunft zu geben — ob es sich um die Beförderung eines um die Amtsarbeit verdienten SPD-Mitglieds handelte oder ob ihm in neun einzeln aufgeführten Fällen Judenfreundlichkeit vorgeworfen wurde, alles mußte herhalten, alles war „belegt" und mußte „widerlegt" werden. Sogar wegen seiner Einstellung zum Hohenzollernhaus wurde er attackiert, wobei unklar blieb, wie diese Einstellung war und sein sollte!

Am 21. Juni gab es noch ein nicht ungefährliches Nachspiel: Im Statistischen Reichsamt fand eine Sitzung der NSBO-Zellenmitglieder statt, die nach der vorliegenden Schilderung „eine wüste Hetzerei gegen Prof. Wagemann" war. Zu den bekannten Vorwürfen kam noch der der Sowjet-Freundlichkeit Wagemanns hinzu, der wohl aus der Veröffentlichung der „Russischen Arbeiten zur Wirtschaftsforschung" im Sonderheft 12 vom Jahre 1929 abgeleitet wurde.

Als auch dieser Versuch keine Resultate brachte — Hugenberg war noch im Amt und hat von den Vorgängen vermutlich gewußt — wurde noch ein letzter Coup gelandet: Der Betriebszellenobmann im Statistischen Reichsamt, ein SS-Scharführer, machte sich die Behauptung zu eigen,

> „Schmeer hat Wagemann in seiner Wohnung an einem der Tage vor der Kuratoriumssitzung aufgesucht, und dort haben sich beide dann bei Sekt 'ausgesprochen'!"[22]

— aber auch das blieb ohne Erfolg.

Zwei Dinge sind heute wohl festzuhalten: Erstens die Spießigkeit der Vorwürfe und zweitens der Einblick in diesen Kampf aller gegen alle. Und das waren Ereignisse in den ersten Wochen der „Nationalen Erhebung" und „Erneuerung"! Es gibt keinen Zweifel, daß Ernst Wagemann unter den

Umständen seiner Entlassung sehr viel mehr gelitten hat, als er sich anmerken ließ. Was seine wissenschaftlichen Gegner von 1932 nicht vermocht hatten, schafften Hugenberg und seine Helfershelfer: Ihn „fertig zu machen".

In die Zeit der Beurlaubung Wagemanns fiel der 60. Geburtstag Arthur Spiethoffs, dem aus diesem Anlaß eine Festschrift mit 61 Beiträgen überreicht wurde. Das Buch enthält neben einigen ausgezeichneten Arbeiten hervorragender Autoren — darunter J. M. Keynes —, die jegliche Polemik vermieden, zahlreiche Beiträge mit heftigen Angriffen auf Ernst Wagemann und sein Institut, die sich — nach Wagemanns eigenen Worten — „bis zu gehässigsten Anwürfen steigern".

Wagemann hat jedoch diese Festschrift erst im Vierteljahrsheft 1/1935 im Teil A, Neue Folge im Rahmen der eingerichteten Rubrik „Besprechungen und Bibliographie" ausführlich besprochen. Es lohnt sich, gerade aus dieser Besprechung auszugsweise zu zitieren[23]:

„Es scheint das Schicksal neuer Disziplinen zu sein, daß sie am heftigsten angegriffen werden, wenn sie die ersten Erfolge errungen haben. Offenbar überraschen und beunruhigen die neu gewonnenen Erkenntnisse den Geist der zünftigen Wissenschaft. Es wäre allerdings überheblich, wollte man die Ergebnisse der modernen Konjunkturforschung zu den großen naturwissenschaftlichen Entdeckungen und Erfindungen des 19. Jahrhunderts in Parallele setzten... Und doch hat die moderne Konjunkturforschung wahrhaft revolutionierend gewirkt. Sie hat der Volkswirtschaftslehre neue Pforten der Erkenntnis geöffnet und der Wirtschaftspraxis Fenster in die Welt der wirtschaftlichen Dynamik aufgetan.

Der frische Luftzug, der dabei entstanden ist, hat begreiflicherweise aufgeregte Proteste hervorgerufen. 'Hier zieht's' ist das Motto, das namentlich über der Festschrift zu Arthur Spiethoff's 60. Geburtstag stehen könnte ...

Die Festschrift rankt sich um die wissenschaftliche Arbeit Spiethoff's, die er hauptsächlich in einer umfassenden Abhandlung über die ‚Krisen' niedergelegt hat, die 1925 im Handwörterbuch der Staatswissenschaften erschienen ist...

An ihr haben sich — wie es scheint — die meisten Vertreter der jetzigen Generation deutscher Nationalökonomen geschult. Soweit sie in der Festschrift zu Worte kommen, halten sie sich — offenbar mit Rücksicht auf den Festcharakter dieses Werkes — für verpflichtet, alle Fragen ruhen zu lassen, die eine Kritik an den Arbeiten des Jubilars darstellen könnten. Dafür entschädigen viele ihr kritisches Bedürfnis durch Angriffe auf die Konjunkturforschungsinstitute, namentlich auf das deutsche Institut für Konjunkturforschung, die sich bis zu gehässigsten Anwürfen steigern...

Es ist bezeichnend, daß fast alle Autoren von Rang polemische Auseinandersetzungen vermeiden. Die meisten aber ergehen sich — statt positive Anregungen zu geben und eigene Gedanken zu entwickeln — in Nörgelei und Schulmeisterei. Aus dem Pro-

[23] Vierteljahrshefte zur Konjunkturforschung, 10. Jahrgang 1935. Heft 1. Teil A. Neue Folge. S. 90 f.

Spiethoff ist ein Anti-Mitchell und vor allem ein Anti-Wagemann geworden: Der Brauch eines Indianerfestes, bei dem der Feind gebraten und verschlungen wird!

Karl Diehl, Walter Eucken, Friedrich Lutz vertreten eine Art Vogel-Strauß- Politik. Konjunkturtheorie sei gar nicht möglich, sondern nur allgemeine Wirtschaftstheorie... Altschul führt bewegte Klage darüber, daß 'die Vernachlässigung der theoretischen Grundlage ... zu einer übermäßigen Ausdehung des Beobachtungsfeldes geführt und dadurch die Erfassung des Gesamtbildes erschwert' hat. Die dritte Richtung will von neuem Tatsachenmaterial überhaupt nichts wissen, 'das doch nur das ständig wechselnde Objekt darstellt, an dem wir diese Einsicht (in die Ursachenzusammenhänge) zu erproben haben'. Diese Auffassung steigert sich gelegentlich dahin, daß die Theorie durch Tatsachen weder bewiesen noch widerlegt werden könne (Hayek)....

Sieht man diesem Treiben eine Weile zu, so wird einem klar, warum sich zwischen den Gedankengängen dieser 'Theoretiker' und der Forschungsarbeit der Institute eine Kluft auftut, über die keine Brücke zu führen scheint. Die 'Theoretiker' erschöpfen sich in begrifflicher Sisyphus- Arbeit. Die Institute aber behandeln die großen Probleme der praktischen Wirtschaft unter Zuhilfenahme natürlich auch der Theorie. Wie häufig soll man es wiederholen, daß es eine Verschiebung der Fronten bedeutet, wenn man die Institute als Stätten rein empirischer Arbeit bezeichnet. Alle echte Erfahrungswissenschaft besteht immer und unter allen Umständen aus engster Verknüpfung von Theorie und Empirie. Die Verständigung wird offenbar dadurch erschwert, daß die beiden Seiten zu ihren Problemstellungen von verschiedenen beruflichen Aufgaben herkommen. Diejenigen, die sich als 'Theoretiker' bezeichnen, und die sich naserümpfend den 'Tatsachen sammelnden Zeitgenossen' gegenüberstellen, gelangen zur Forschungsarbeit von der akademisch-pädagogischen Tätigkeit her, die Institute dagegen durch ihre Mitarbeit an den Aufgaben der Verwaltung und Wirtschaftsführung. Den Theoretikern bedeutet diese Arbeit der Institute offenbar nichts. Sie geben sich gar nicht die Mühe, die Ergebnisse des Konjunkturdienstes ernsthaft zu prüfen. Sie wollen es nicht wahrhaben und um alles in der Welt nicht zugestehen, daß die Methoden der modernen Konjunkturforschung Wirtschaftsdiagnosen mit großer Treffsicherheit zu stellen erlauben...

Was haben auf diesem Gebiete aber die 'Theoretiker' geleistet? Altschul meint, daß zur Stellung einer Diagnose wenig an Tatsachen gehöre, wenn man nur über eine richtige Theorie verfüge. 'Bei theoretischem Ansatz läßt sich mit einem Minimum von Symptomen auskommen'. Dieser Wunsch wurde erfüllt, als im Jahre 1926 im 'Wirtschaftsdienst' in Hamburg ein Barometer veröffentlicht wurde, dem der Spiethoff'sche 'Musterkreislauf' zugrunde lag. Singer hatte das Schaubild mit stolzen Worten akkreditiert als Ausdruck des 'für alle Wirtschaftsgestaltung unserer Zeit grundlegenden Verhältnisses von Kapitalanlage und Anlagegüterverbrauch'. Im Juni 1926 entnahm man diesem Schaubild, daß von einem nahe bevorstehenden Aufschwung keine Rede sein könne, übrigens im schärfsten Widerspruch zur Diagnose des Instituts für Konjunkturforschung, die sich auch hier als richtig erwiesen hat. Man breitet aber begreiflicherweise den Mantel der Liebe über das Fiasko der Spiethoff'schen Theorie, als sie sich einmal in den Bereich des praktischen Konjunkturdienstes vorwagte.-

Das Fazit der Festschrift zieht der Herausgeber, Joseph Schumpeter, selbst. Er faßt das Ergebnis dahin zusammen, daß das Mosaik, das hier geboten wird, 'bunt wie das Wirtschaftsleben selbst' sei. Spottet er hier seiner selbst oder spottet er der vielen

Theoretiker, die ausgezogen waren, die Mannigfaltigkeit der Wirtschaft in einfache Kausalformeln zu bannen? Offenbar sind sie mit Grausen umgekehrt, als sie auf die Berge von Tatsachen stießen, die die Konjunkturforschungsinstitute gesammelt haben. Die bösen Konjunkturforschungsinstitute!

E. W."

Daß Wagemann die aus der Festschrift sprechende Verachtung seiner Arbeit, keineswegs ohne Widerspruch zur Kenntnis nahm, zeigt die Schärfe der zwei Jahre nach der Veröffentlichung der Festschrift erschienenen Besprechung. Interessant ist daran, daß er sich nur auf die Genauigkeit der Konjunkturdiagnosen des IfK berief und daß er von den weit weniger geglückten Prognosen nicht sprach.

Hier vorsichtig zu agieren, hatte er allen Anlaß. Fast zeitgleich mit der Festschrift für Spiethoff erschien eine von Spiethoff veranlaßte und geförderte Schrift von Heinz Kuschmann[24], die sich mit den Konjunkturdiagnosen des Instituts für Konjunkturforschung befaßte und eine ausführliche Kritik der benutzten Verfahren und des Erkenntniswertes der benutzten Merkmale enthielt. In Kuschmanns Schrift kam das Institut und damit natürlich auch Wagemann nicht besser davon als die Gegner Wagemanns in dessen Besprechung der Spiethoff-Festschrift.

Zum Schluß schreibt Kuschmann:

„... was die bisherige Forschung als sicherstes (negatives) Ergebnis zu Tage gefördert hat: Wiederkehrende Bewegungsbilder gibt es nicht!"

und er zitiert einige Sätze von W. C. Mitchell:

'... No two periods of prosperity, crisis or depression show just the same combinations of elements. Speculation is sometimes rampant during prosperity ... and sometimes held firmly in check ... A contraction of credit is often the most conspicuous feature of crises ...; while at other times it plays a minor role in comparison with the declining volume of new business ... Different branches of trade and different sections of the country are to be found the chief seats of activity, the chief sources of stress and the chief sufferers from depression in successive cycles. Indeed, dissimilarities of this type are so numerous and so obvious that it is not while worth to cite more than these few examples.'

1933/34 — Das Ende der Konjunkturforschung im Deutschen Reich

Auf den ersten Blick zeigt sich beim Nachlesen der Vierteljahrshefte zur Konjunkturforschung des 8. und 9. Jahrgangs — die Zeit vom 1. April 1933 bis zum 31. Dezember 1934 umfassend — kein auffallender Unterschied.

---

[24] H. Kuschmann „Die Untersuchungen des Berliner Instituts für Konjunkturforschung", Heft 7 der Beiträge zur Erforschung der wirtschaftlichen Wechsellagen Aufschwung, Krise und Stockung hrsg. von Arthur Spiethoff, Jena 1933.

Dennoch hat sich entscheidendes geändert: Die Zusammenfassungen enthalten keinerlei Kritik an Regierungsmaßnahmen mehr.

Einige Beispiele:

„Die Konjunktur in Deutschland Mitte Juni 1933.

Produktion und Beschäftigung haben, nach dem leichten Rückschlag in den Wintermonaten, seit März wieder zugenommen. Zum Teil trägt diese Zunahme jahreszeitlichen Charakter; doch geht die Belebung der Wirtschaftstätigkeit auf wichtigen Teilgebieten, vor allem in den Investitionsgüterindustrien, über das Saisonübliche hinaus ... einige ... Hemmungen machen einen raschen und durchgreifenden Aufschwung der Wirtschaft aus eigener Kraft unmöglich. Die Reichsregierung hat daher umfassende konjunkturpolitische Maßnahmen ergriffen, um den Selbstheilungsprozeß der Wirtschaft zu fördern und den Arbeitsmarkt durch unmittelbare Arbeitsbeschaffung rasch und fühlbar zu entlasten."

Ein Vierteljahr später verschwindet das Wort „Konjunktur" aus der Überschrift der Zusammenfassung:

„Die Wirtschaftslage im Herbst 1933.

Produktion und Beschäftigung und damit das Volkseinkommen sind in Deutschland weiter gestiegen. Gefördert wurde diese Bewegung von der öffentlichen Hand, die große Beträge für die Arbeitsbeschaffung eingesetzt hat. Die freien Kreditmärkte hätten die Finanzierung einer solchen Produktionssteigerung nicht erlaubt: Der Geldmarkt hat sich noch nicht genügend verflüssigt, Umsätze und Kurse an der Börse stagnieren, die Emissionstätigkeit ist gleich null."

... um drei Monate später wieder zu erscheinen!

„Die Konjunktur im Winter 1933/34

Die Aufwärtsbewegung der Konjunktur in Deutschland hat angehalten: Produktion, Beschäftigung und Umsätze sind während der Herbstmonate weiter gestiegen. Die winterlichen Rückschläge sind in diesem Jahr erheblich geringer als sonst. Konjunkturell gesehen, sind in jedem der letzten Monate mehr als 170 000 Menschen zu Arbeit und Brot gekommen. Das Heer der Arbeitslosen, vor Jahresfrist noch über 6 Millionen, hält sich gegenwärtig auf etwas über 4 Millionen"

In der mehrfach zitierten Wagemann-Festschrift von Albert Wissler findet sich jedoch ein Hinweis, der diese Schwankungen auch menschlich erklären könnte:[25]

„Es war seit 1932/33 nur zu schmerzlich deutlich, daß Wagemann den ernsthaften Kontakt zu seiner Schöpfung mehr und mehr verlor. Aber erst heute, zurückblickend, eröffnet sich, was damals im Grunde in ihm vorgegangen sein mag. Die Unruhe, die Ziellosigkeit, von der oben gesprochen wurde, und die sich von der Zielstrebigkeit und -bewußtheit der Gründerjahre 1925 bis 1932 schmerzhaft abhebt, erfaßte auch ihn und in erster Linie ihn, den verantwortlichen Leiter. Vielleicht kündigte sich diese Unruhe schon in dem ersten bedenklichen personellen Verlust an, den das Institut für

---

[25] A. Wissler „Ernst Wagemann — Begründer der empirischen Konjunkturforschung in Deutschland", Sonderhefte des DIW, Neue Folge Nr. 26, Berlin 1954, S. 49.

Konjunkturforschung am Beginn dieser Zeit erlitt; aufgrund einer mehr persönlichen als sachlich gerechtfertigten Differenz schied der Bearbeiter der zentralen diagnostischen Untersuchungen für den deutschen Teil der Vierteljahrshefte, Dr. Otto Donner, aus dem Institut für Konjunkturforschung aus, ein Verlust, der u. E. nicht mehr zu ersetzen war und nicht wieder ersetzt werden konnte und folgenschwer war."

Ernst Wagemann jedoch bezeichnete am 3. März 1954, als er sich bei Wissler für die Übersendung der Festschrift bedankte, diese Version der Trennung von Otto Donner im übrigen als „alten Institutstratsch" und brachte seine eigene Version des Ausscheidens.

Es sollte noch einige Zeit dauern, bis die Reichsregierung ihren Einfluß im Kuratorium dahingehend geltend machte, daß die Arbeiten des Instituts sich mehr den vielen Fragen der Wirtschaftsforschung zuwenden sollten und daß die Konjunkturforschung als überflüssig anzusehen sei. Immerhin, während des ganzen Jahres 1934 berichtete das Institut wie eh und je in allen Vierteljahrsheften über die Konjunktur im Frühjahr, Sommer, Herbst und Winter.

Vergleicht man dagegen die Entwicklung und Auffächerung der im „Wochenbericht" behandelten Themen, so ergibt sich seit 1928 eine deutliche Diversifizierung dieser Veröffentlichung. Die Zahl der behandelten Themen nahm von Jahr zu Jahr zu. Besonders im Jahr 1934 fand eine auffallende Anreicherung des Inhalts statt, sicher ein Zeichen dafür, daß das Institut bereits eine wichtige Etappe auf dem Weg zur Umstrukturierung erreicht hatte.

1935 — Erste Konsequenzen des Wandels

Im Jahr 1935 gab es weitere wesentliche Veränderungen. Statt eines Vierteljahrshefts mit zwei Teilen (A — Konjunktur, B — Konjunktur einzelner Wirtschaftszweige, Wirtschaftszahlen des In- und Auslands) erschien der 10. Jahrgang der Vierteljahrshefte zur Konjunkturforschung (noch heißen sie so!) in neuer Form.

Auch sonst hatte sich im Institut viel geändert, Wagemann konnte — wie man nicht nur an der Unstetigkeit der Veröffentlichungspolitik sieht — in der Tat nicht mehr der souveräne Leiter des Instituts sein, der er bis zum 17. März 1933 gewesen war. Die drei Monate vom 17. März bis zum 17. Juni 1933 hatten sein Selbstgefühl schwer erschüttert. Er hat den endgültigen Verlust des Statistischen Reichsamtes nie verkraftet und die Art der in diesem Zusammenhang gegen ihn geführten Angriffe nie verwunden.

Die Vorbemerkung Ernst Wagemanns zum Heft 1, Teil A, Neue Folge des 10. Jahrgangs 1935 soll hier ausführlich zitiert werden, weil sie in ihrer Diktion ein menschlich anrührendes Dokument ist.

„Die Wissenschaft, ein Königsamt des Menschen zwar und nur eigenem Rechte untertan, scheint doch fast immer aus apokrypher Berufstätigkeit zu erwachsen. In den Naturwissenschaften wurzelt die Forschung vorwiegend in der technischen, in den Sozialwissenschaften bisher vorwiegend in der pädagogischen Praxis. Die Wirtschaftswissenschaft, im 18. Jahrhundert als Kameralistik von der Verwaltungstätigkeit herkommend, war im 19. Jahrhundert immer mehr zu einem Nebenprodukt der Lehrtätigkeit geworden. Die moderne Konjunkturforschung dagegen, deren Aufgabenkreis die traditionellen Grenzen der Wirtschaftswissenschaft in vielen Punkten weit überschreitet, erhält ihre Impulse, ähnlich wie die Kameralistik, unmittelbar von der Wirtschaftspraxis. Sie steht im Dienst der behördlichen, ständischen, kaufmännischen Wirtschaftsführung. Das hat zur Folge, daß ihre Organisation — im Gegensatz zum akademischen Forschungsbetrieb — durch das Zusammenwirken der Fachleute in enger Arbeitsgemeinschaft gekennzeichnet ist; vor allem hat es bewirkt, daß ihre Problemstellungen und auch zum Teil ihre Untersuchungsmethoden auf die Gegenwartsaufgaben der Wirtschaft und der Wirtschaftspolitik zugeschnitten sind.

Und so ist es selbstverständlich, daß die Vierteljahrshefte in erster Linie den Zeitbedürfnissen dienen sollen. Sie sind in diesem Sinne Gelegenheitsschriften. Es mag dabei in Kauf genommen werden, wenn wir mit diesem Wort auch den Nebenklang hören, den es Goethe verdankt, der einmal davon sprach, daß er nur Gelegenheitsgedichte gemacht habe.

Aber nicht nur an politische und wirtschaftliche Kreise wendet sich diese Zeitschrift, sondern auch Wissenschaft, die sich in den letzten Jahrzehnten vielleicht allzusehr von ihrem eigentlichen Beruf entfernt hat, wenn sie sich in so unfruchtbaren Fragen erschöpft wie in denen des 'subjektiven Werts' und des 'natürlichen Zinses', wenn sie mit so weltfremden Begriffen wie dem des 'neutralen Geldes' arbeitet, oder wenn sie um die Herrschaft des Wortes streitet. Was soll uns eine medizinische Wissenschaft, die es verlernt hat, sich der Patienten anzunehmen!"

Und was folgt diesen großen Worten? Die Vierteljahrshefte wurden auf die Position einer akademischen Zeitschrift zurückgenommen. — Dies geschah zwar noch vor den sich 1936/37 häufenden Angriffen auf die Konjunkturforschung, aber Wagemann erhielt bereits 1935 massive persönliche Rügen, die ihn zur Vorsicht zwangen.

„Wenn die Vierteljahrshefte zur Konjunkturforschung hiermit ein neues Gewand und eine neue Gestalt erhalten, so nähern sie sich im vorliegenden Teil A der traditionellen Form staatswissenschaftlicher Zeitschriften. Die B-Hefte werden nach wie vor einen Querschnitt durch die Lage in den einzelnen Wirtschaftszweigen und Wirtschaftsbezirken des In-und Auslandes bieten, der umfassender sein wird als bisher.

Berlin, den 1. Juni 1935 Wagemann"

Eine wichtige Änderung gegenüber den bisherigen Jahrgängen der Vierteljahrshefte zur Konjunkturforschung bleibt im Vorwort unerwähnt, obwohl eine Begründung durch den Institutsleiter interessiert hätte.

Im Jahr 1935 wird die seit 1926 strikt aufrechterhaltene Anonymität der Verfasser von Einzelbeiträgen weitgehend aufgegeben. Im 10. und 11.

Jahrgang stehen unter den Einzelbeiträgen die Namen der Sachbearbeiter (allerdings in kleinster Schrift!), während beim allgemeinen Konjunkturdienst (Wie es jetzt heißt!) — nach wie vor die Verfasser anonym bleiben. Ferner ist zu erwähnen, daß die Vierteljahrshefts-Jahrgänge stillschweigend wieder mit dem Geschäftsjahr synchron verlaufen, d. h. vom 1. April zum 31. März.

All dies macht deutlich, wie schwer sich das Institut damals tat, an einer konsequent durchdachten Veröffentlichungspolitik festzuhalten. Im Vorgriff sei hier schon erwähnt, daß im 12. Jahrgang 1937/38 wieder drei Änderungen festzustellen sind, nämlich einmal jetzt erstmals die volle Namensnennung der Autoren unter der Überschrift und im Inhaltsverzeichnis, zweitens die Ersetzung des erst 1935 neu eingeführten Konjunkturdienstes durch einen etwa zehnseitigen Bericht über die Wirtschaftslage und drittens die weder vorher angekündigte noch schriftlich begründete Umbenennung der Vierteljahrshefte zur Konjunkturforschung in „Vierteljahrshefte zur Wirtschaftsforschung". Damit war bereits vier Jahre vor der Umbenennung des Instituts die Konjunkturforschung, wie sie zwölf Jahre lang betrieben worden war, weitgehend eingestellt.

Eine weitere wesentliche Veränderung war die am 29. November 1935 vom Kuratorium beschlossene Umwandlung des Instituts in einen eingetragenen Verein. Sie wurde schon seit längerer Zeit von der Reichsbank, die dem Kuratorium des IfK von Anfang an angehörte, gefordert.

Das Protokoll der Kuratoriumssitzung vom 29. November ist im Berliner Registergericht einzusehen. Es enthält die Diskussion über den Satzungsentwurf, die beschlossenen Änderungen der Satzung von 1925 und den Wortlaut der geänderten Satzung, die in den folgenden Jahren — zumindest bis 1941 — nicht mehr verändert wurde.

Das Protokoll enthält die Unterschriften der Gründungsmitglieder:

Der Reichsminister für Ernährung und Landwirtschaft

Der Reichspostminister

Deutsche Reichsbahn-Gesellschaft

Reichsbank-Direktorium

Bank für deutsche Industrie-Obligationen

Deutsche Rentenbank-Kreditanstalt

Wirtschaftsgruppe Privates Bankgewerbe

Der § 5 der neuen Satzung von 1935 lautete:

„Der Präsident wird vom Kuratorium auf unbestimmte Zeit gewählt. Er ist der Vorstand im Sinne des § 26 BGB".

Die neue Satzung enthält alle im Vereinsrecht vorgeschriebenen Regelungen: Sie wurde in der dem Kuratorium vorgelegten Form mit dem zuständigen Registerrichter besprochen, der „nach Berücksichtigung der von ihm vorgeschlagenen Änderungen seine unverbindliche Zustimmung" gab.

Auch die neue Satzung war ganz auf Wagemann zugeschnitten. Er avancierte vom Leiter des Instituts zu seinem Präsidenten, er wurde auf unbestimmte Zeit gewählt, er war Vorsitzender des neu geschaffenen Verwaltungsausschusses und des Kuratoriums. In beiden Organen gab bei Stimmengleichheit die Stimme des Vorsitzenden den Ausschlag.

Zum Jahr 1935 noch ein literatischer Hinweis: „Beiträge zur Konjunkturlehre" war der Titel einer Festschrift zum zehnjährigen Bestehen des Instituts für Konjunkturforschung, die jedoch erst 1936 erschien. Diese Festschrift enthält zwölf Beiträge von ausländischen Kollegen Ernst Wagemanns, die ihm ursprünglich zu seinem fünfzigsten Geburtstag am 18. Februar 1934 zugedacht waren, die er jedoch „einem bedeutenderen Gedenktage" widmete, eben dem zehnjährigen Bestehen des Instituts für Konjunkturforschung.

Den Festschriftbeiträgen vorangestellt ist ein anonymer Beitrag aus dem IfK, betitelt

„Zehn Jahre Institut für Konjunkturforschung"

Diese Arbeit hat Wagemann vermutlich selbst geschrieben. Angesichts der Tatsache, daß das Institut seine Konjunkturbeobachtung ab 1935 sehr stark einschränkte, mutet es allerdings merkwürdig an, wenn man liest:[26]

„An den Grundlagen in der Arbeit des Instituts hat sich bis zur Gegenwart nichts geändert. Hier und da hat man in der Öffentlichkeit gemeint, daß es im neuen Reich keine ‚Konjunktur' im Sinne der Wirtschaftsschwankungen mehr gebe; hier handele es sich um ein liberalistisches Erbteil, das man zumindest in der Benennung des ‚Instituts für Konjunkturforschung' möglichst rasch über Bord werfen solle. Dabei hat man offenbar den Begriff ‚Konjunktur' viel zu eng und begrenzt aufgefaßt. Die Konjunktur ist der Inbegriff aller Wirtschaftsvorgänge unter dem Gesichtspunkt ihrer dynamischen Zusammenhänge und ihrer zeitlichen Aufeinanderfolge. Selbst die Strukturveränderungen fallen als Bewegungsvorgänge in den Bereich der Konjunktur."

Einige Monate vorher hat Ernst Wagemann in den Vierteljahrsheften zur Konjunkturforschung zum gleichen Thema gesagt:[27]

„Das Wort Konjunktur sollte man freilich meiden, sobald dadurch Assoziationen geweckt werden, die das Auf und Nieder der Börse betreffen oder die Vorstellung, daß

[26] „Beiträge zur Konjunkturlehre", Festschrift zum zehnjährigen Bestehen des Instituts für Konjunkturforschung, Hamburg 1936, S. 12.

[27] E. Wagemann: „Zur Strategie der Krisenbekämpfung", in: Vierteljahrshefte zur Konjunkturforschung, 10. Jahrgang 1935, Heft 2, Teil A, S. 122 f.

die Wirtschaft einem Automatismus gleiche, der blind statt des Menschen handele. Die Disziplin, die als Konjunkturwissenschaft bezeichnet wird, hat gerade im letzten Jahrzehnt ihr Aufgabengebiet außerordentlich erweitert. Sie umfaßt das ganze Bewegungsspiel der Wirtschaft und untersucht seine Abhängigkeiten von ihren Strukturelementen. Alle Zusammenhänge zwischen dem volkswirtschaftlichen Organismus und seinen Äußerungsformen fallen daher in ihren Bereich. Damit hat sie vor allem auch die Frage zu erörtern, wie die Staatsführung die Wirtschaft formt."

In diesem Beitrag postulierte Wagemann abschließend:

„Zusammenfassend läßt sich sagen: Die Technik verfährt nach dem Prinzip der Möglichkeit, die Wirtschaft nach dem Prinzip der Nützlichkeit, der Staat nach dem Prinzip der Sittlichkeit."[28]

Es ist notwendig, diesen Satz durch einige Hinweise auf Geschehnisse zu ergänzen, die damals nur wenigen Eingeweihten bekannt geworden sind. Die Ermordung General von Schleichers und Gregor Strassers am 30. Juni 1934 — während des angeblichen Röhm-Putsches — hatte Wagemann schwer getroffen. Er hatte 1932 verschiedentlich mit beiden Herren über die Chancen konferiert, Hitler vom Amt des Reichskanzlers fernzuhalten, zuletzt noch am 16. Januar 1933 mit Gregor Strasser in München. Dank der überall geübten Verschwiegenheit war über diese Gespräche nichts bekannt geworden. Das oben zitierte Postulat ist also entweder als Tarnung der eigenen Gedanken oder als eine raffinierte Kritik am Dritten Reich zu verstehen.

Ebenso hintergründig gemeint war wohl, daß er in der vorstehend erwähnten Kuratoriumssitzung vom 29. November 1935 dem Protokoll zufolge sagte:

„Die größte Dankesschuld habe er aber dem Führer abzustatten, der im Jahre 1933 seine schützende Hand über das Institut gehalten hätte, als leichtfertige Widersacher versuchten, dieses wertvolle Instrument der Wirtschaftsbeobachtung zu zerschlagen."

Natürlich wußte Wagemann, was er Schmeer verdankte. Hitler hat über das Institut keineswegs „seine schützende Hand" gehalten, sondern nur allzu gern die willkommene Gelegenheit genützt, dem von ihm verabscheuten Hugenberg tüchtig eins auszuwischen.

Die Organisation der Institutsarbeit

Wegen des fast völligen Verlusts der Verwaltungsakten des Instituts in den letzten Tagen des zweiten Weltkriegs ist eine vollständige Rekonstruktion der Instituts-Organisation und ihrer Veränderungen in den Jahren 1925 bis 1945 unmöglich.

Jedoch findet sich in dem „Erinnerungsband"[29] eine ganze Reihe von Hinweisen, die hier — meist gekürzt — zitiert werden können.

---

[28] E. Wagemann, a.a.O., S. 122.

Räumliche Arbeitsbedingungen

In den ersten acht Jahren — von Juli 1925 bis August 1933 — hatte das Institut seine Büroräume stets im gleichen Gebäude wie das Statistische Reichsamt: Vom Juli 1925 bis Mai 1928 am Lützowufer 6/8, danach bis August 1933 am Kurfürstendamm 193/194.

Die vorstehend geschilderte Beurlaubung Wagemanns und seine schließliche Entlassung als Präsident des Statistischen Reichsamts zwang das Institut, die in vieler Hinsicht produktivitätsfördernde Bürogemeinschaft mit dem Reichsamt aufzugeben.

Über die Unterbringung des Instituts von August 1933 bis April 1945 — zunächst bis zum Frühsommer 1937 Unter den Linden, dann bis April 1945 in der Fasanenstraße — berichtete Hans Liebe, der in jenen Jahren längere Zeit die Aufgabe der Hausverwaltung übernommen hatte, im Erinnerungsband (S. 2/3):

„Nach der Straße Unter den Linden zu lagen luxuriös ausgestattete Direktorenzimmer, die mit Edelhölzern getäfelt oder ganz mit Plüsch ausgeschlagen waren (Fußboden und Wände). Die nach hinten um den Hof herum gelegenen großen Bürosäle, wie sie in Banken üblich sind, waren durch Rabitzwände in Einzelzimmer umgebaut worden. Dieses Haus wurde 1936 an den Gerling-Konzern verkauft, und das Institut mußte sich nach einer anderen Bleibe umsehen. Zwar bestand der dringende Wunsch, im Stadtzentrum zu bleiben, um auch räumlich den engen Kontakt mit den Ministerien zu erhalten, jedoch waren in diesen Jahren soviele amtliche und halbamtliche Dienststellen aus der Erde geschossen (Reichsstellen, Wirtschaftsvereinigungen, Marktverbände usw.), daß es nicht gelang, geeignete Büroräume im Zentrum zu bekommen; das Institut mußte mit dem Haus Fasanenstraße 6 vorlieb nehmen. Es handelte sich um ein Miethaus, das auf jedem Stockwerk zwei 10-Zimmerwohungen hatte. Die Trennwand zwischen den beiden Wohnungen wurde entfernt, die Küchen und Mädchenzimmer zum Teil in Büroräume umgewandelt, der Korridor um das Berliner Zimmer herumgebracht; so entstanden auf jedem Stockwerk 25 Zimmer, im ganzen Hause 100 Räume. Ein Berliner Zimmer im ersten Stock blieb als Sitzungssaal erhalten. Die übrigen Restzimmer der Berliner Zimmer konnten wegen der schlechten Lichtverhältnisse, vor allem in den unteren Stockwerken, nur als Archiv, Lesesaal und Materialvorratsraum Verwendung finden. Von den übrigen Räumen waren die größten etwa 40 qm groß, während in den kleinsten, den früheren Mädchenkammern, kaum ein Tisch und ein Schrank unterzubringen waren. Da die Begehrlichkeit der leitenden Herren natürlich auf die repräsentativen Vorderzimmer gerichtet war, blieben für das Büro die dunklen Hofzimmer, die dann meist noch mit drei oder vier Leuten besetzt werden mußten. Große Schwierigkeiten ergaben sich, wenn bei geänderten Aufträgen Umzüge notwendig wurden, und das kam ziemlich häufig vor. Bei der unterschiedlichen Größe und Qualität hier einen Ausgleich zu finden, war gar nicht leicht. Ich denke an die Zeit meiner Hausverwaltertätigkeit nur mit Grausen zurück. Man hatte die beste Gelegenheit, sich überall unbeliebt zu machen."

---

[29] Th. Bolle (Hrsg.): „Das Deutsche Institut für Wirtschaftsforschung (Institut für Konjunkturforschung) 1925 — 1945 in der Erinnerung früherer Mitarbeiter" (als Manuskript gedruckt), Berlin 1966, S. 2.

Einen wichtigen Diskussionspunkt der Kuratoriumssitzung vom 18. Juni 1941 vorwegnehmend, sei hier darauf hingewiesen, daß Ernst Wagemann zu diesem Zeitpunkt ein Angebot erhielt, das Grundstück in der Fasanenstraße 6 zu kaufen und bereit war, in Verhandlungen einzutreten, die jedoch ergebnislos verliefen.

Über den technischen Ablauf der Büroorganisation hat Hans Liebe im Erinnerungsband (S. 10) ebenfalls berichtet:

„... So bestand zunächst neben dem Präsidentenbüro mit den Sekretärinnen von Prof. Wagemann, Direktor Feilen und Direktor Pusch das Zentralbüro, in dem sämtliche Schreibdamen vereinigt waren. Eine Büroleiterin verteilte und überwachte die Arbeiten. Jede Abteilung hatte eine Statistikergruppe unter einem Gruppenleiter. Erst später, in der Fasanenstraße, wurde jeder Abteilung eine Sekretärin zugeteilt, die im Vorzimmer des Abteilungsleiters saß und neben der reinen Schreibarbeit auch die Registratur der Abteilung betreute. Mit dieser Regelung wollte man älteren zuverlässigen Stenotypistinnen eine Aufstiegsmöglichkeit geben, sie etwas von der reinen Schreibarbeit entlasten und sie etwas höher eingruppieren können. Daneben blieb das frühere Hauptbüro erhalten; die Damen wurden jeweils dort eingesetzt, wo Stoßbedarf auftrat, den die Abteilungssekretärin nicht bewältigen konnte."

Was die Ausstattung mit Büromaschinen anlangt, so entsprach sie etwa dem in den zwanziger und dreißiger Jahren üblichem Standard. Die Sekretariate und das Schreibbüro waren mit mechanischen Typenhebelmaschinen ausgerüstet, offenbar zumeist „Triumph"-Maschinen. Die Statistiker arbeiteten mit mechanischen Rechenmaschinen vom Typ „Archimedes", die wegen eines Konstruktionsmerkmals als „Rechenbretter" bezeichnet wurden. Die Mechanik dieser Rechengeräte war simpel und sehr robust.

Hier sei vorweggenommen, daß im März 1945, als die sowjetischen Armeen sich Berlin näherten, einige Institutsangehörige die damals noch vorhandenen Rechen- und Schreibmaschinen an sich nahmen und in Sicherheit brachten. Diese Maschinen bildeten im Sommer 1945 den technischen Grundstock des Instituts, einige Rechenmaschinen wurden noch in den fünfziger Jahren benutzt! Einige Statistiker wollten sich einfach nicht von ihnen trennen, Schnelligkeitstests zeigten überdies, daß ein gut eingeübter Statistiker auf der „Archimedes" ebenso rasch rechnen konnte wie auf den später angeschafften elektrischen — aber noch recht langsam arbeitenden — Maschinen.

Organisatorischer Aufbau

Wissenschaftliche Arbeit ist ohne Arbeitsteilung und Zusammenarbeit undenkbar. Im Erinnerungsband (S. 13) ist ein geflügeltes Wort zitiert, das Willy Bauer — einmal in der Diskussion als „Vorgesetzter" bezeichnet — prägte: „Im Institut gibt es keine Vorgesetzten, im Institut gibt es nur Kollegen". Kollegialität bestand nicht nur innerhalb der Gruppen der Wissenschaftler, Statistiker und Sekretärinnen, sondern auch zwischen ihnen. Es wurde zwar von Anfang angestrebt, klare Zuständigkeiten zu schaffen: Soweit möglich, hatte jeder Wissenschaftler „seinen“ Statistiker — und umgekehrt, jedoch war es mit dem Größerwerden des Instituts unvermeidlich, eine gewisse Hierarchie zu schaffen.

Vom ersten Tag der Institutsgründung an stand Ernst Wagemann an der Spitze aller Entscheidungsgremien, auch da, wo er die Arbeit delegierte und sich um Details nicht kümmerte. „Sein“ Institut betrachtete er als eine Stätte des Rechts auf freie Meinungsäußerung, auch auf politischem Gebiet und auch während der Nazizeit (Erinnerungsband, S. 12/13). Davon wird noch zu reden sein.

Ihm zur Seite standen drei Direktoren:

Josef Feilen, von Beginn an Wagemanns engster Mitarbeiter, fungierte als wissenschaftlicher Direktor. Rudolf Pusch arbeitete als Verwaltungsdirektor, er war zugleich Personalchef und Finanzverwalter und erfüllte diese Funktionen bis 1952. Adolf Vogel, der Leiter des von Fritz Baade und Hans Wilbrandt gegründeten Instituts für landwirtschaftliche Marktforschung, kam 1933 mit allen seinen Mitarbeitern ins IfK. Wagemann folgte bei dieser Entscheidung dem Rat Hans von der Deckens, der die Landwirtschaftsabteilung seit Arthur Hanaus Weggang 1931 leitete. Vogel erwarb sich das besondere Vertrauen von Ernst Wagemann und vertrat diesen gelegentlich und arbeitete in der Abteilung Landwirtschaft.

Leiter der Forschungsabteilungen waren u. a.:

Otto Donner, später Wilhelm Bauer	— Allgemeine Konjunkturbeobachtung
Eduard Wolf	— Konjunktur des Auslands
Carl Krämer, später Viktor Wrede	— Geld- und Kreditwirtschaft
Arthur Hanau, später Hans von der Decken	— Landwirtschaft
Rudolf Regul	— Montanwirtschaft (bis 1938)
Rolf Wagenführ	— Industriewirtschaft (ab 1938 einschl. Montanwirtschaft)
Georg Garbe	— Verkehrswirtschaft und Nachrichtenwesen (ab 1942)

In dieser Abgrenzung war die Institutsarbeit im wesentlichen ab 1933 organisiert, sie änderte sich in den folgenden Jahren jedoch mehrfach.

Unterhalb der Abteilungsleiter“ebene“ gab es noch verschiedene Sektionsleiter, denen zum Teil mehrere jüngere Referenten unterstellt waren. Bei den Statistikern gab es die Institution der Gruppenleiter, denen einige Statistiker zugeteilt waren.

Über die Büroausstattung der einzelnen Mitarbeiter berichtet Hans von der Decken:[30]

„Als ich 1929 ins IfK eintrat, bekam ich einen Tisch (keinen Schreibtisch) zum Arbeiten, dazu ein Tintenglas und einen Stuhl aus Holz — und war glücklich über den Arbeitsplatz (Monatslohn rund 200 Reichsmark). Nach ca. einem Vierteljahr bekam man (wenn man nicht gekündigt wurde) auf den Tisch — statt des Tintenglases — eine hölzerne „Schreibgarnitur", in der ein Tintenglas für blau und eins für rot steckte und vorn vor den Gläsern eine „Ablage", sprich Rinne für den Federhalter. Nach einem Jahr gab es — bei Bewährung — einen richtigen Schreibtisch, zwar ganz simpel, aber eben doch als Zeichen der Arriviertheit durchaus willkommen!"

Redaktion der Veröffentlichungen

Ernst Wagemann legte von Anfang an Wert darauf, daß die Veröffentlichungen nicht als individuelle Ansicht des Verfassers bzw. der Verfasser zu verstehen waren, sondern als im Institut erarbeitete Ergebnisse. Daher bestand er bei den Vierteljahrsheften so lange und bei den Wochenberichten stets auf strikter Anonymität. Eine Ausnahme machten lediglich, wie erwähnt, die Sonderhefte. Ernst Wagemann hatte sich dagegen das Privileg vorbehalten, seine eigenen Beiträge in den Institutsveröffentlichungen mit seinem vollen Namen oder seinen Initialen zu zeichnen.

Die Koordinierung der Veröffentlichungen lag bei den Vierteljahrsheften bis 1933 bei Franz Eppenstein, der jedoch im selben Jahr mit seiner Frau, die er im Institut kennengelernt hatte, in die Türkei emigrierte. Dort hat er noch gelegentlich für Ernst Wagemann gearbeitet. Nach Kriegsende kam Eppenstein wieder nach Berlin zurück und redigierte erneut die seit dem Spätsommer 1948 wieder erscheinenden Vierteljahrshefte, bis er 1954 starb.

Nicht sehr beliebt waren schon in den frühen Jahren des Instituts die seit 1928 allwöchentlich stattfindenden Redaktionskonferenzen zum Wochenbericht. Hier hatte der Verfasser zwei Klippen zu überwinden: Er mußte vor der Redaktionskonferenz die Zustimmung seines Abteilungsleiters haben und dann versuchen, die Konferenz möglichst ungeschoren zu überstehen. Auffallend ist, wie sehr es Wagemann gelungen ist, seine eigene Fähigkeit, einen eleganten Stil zu schreiben, auf seine jungen Mitarbeiter zu übertragen. Er haßte die Substantivitis und die Fremdwörteritis!

Übrigens: Ernst Wagemann war sehr schwer zu bewegen, ein eigenes Manuskript zu ändern. Er pflegte vor einem engeren Kreis von Mitarbeitern seine neuesten Manuskripte vorzulesen. Darauf aufmerksam gemacht, daß die eine oder andere Formulierung geändert werden sollte, antwortete er gern mit: „Wat steiht, dat steiht!"[31]

Bibliothek und Archiv

Die Bibliothek blieb in den ersten Jahren der Institutsarbeit relativ klein. Die langjährige Leiterin der Bibliothek, Marie-Luise Mix berichtet:[32]

[30] Briefliche Mitteilung vom 1. Juni 1982.

[31] Nach einer mündlichen Mitteilung von Rolf Wagenführ. Wagemann hatte in Hamburg Plattdeutsch gelernt.

„Bis in den Krieg hinein gab es einen ständigen Leihverkehr mit der Bibliothek des Statistischen Reichsamts, der sehr guten Reichstagsbibliothek und vor allem mit der Staatsbibliothek. Herr Direktor Dr. Feilen hatte die wissenschaftliche Leitung der Bibliothek ... und legte größten Wert auf ihren Ausbau, um die Zahl der Ausleihungen zu reduzieren“.

Von 1935 an enthielt der Teil A der Vierteljahrshefte regelmäßig Buchbesprechungen, oder Literaturrundschauen und Bibliographien neu erschienener Bücher und Aufsätze. In den Jahren 1940/41 wurde eine enge Zusammenarbeit mit der Bibliothek des Instituts für Weltwirtschaft in Erwägung gezogen, um eine einheitliche Systematik in der Bibliothek und im Archiv zu erreichen, jedoch verhinderte der Krieg die Verwirklichung dieser Pläne.

Im Vorgriff auf die späteren Ereignisse sei hier berichtet, daß von Oktober 1943 an rund 60 vH der damals vorhandenen Bücher und Zeitschriften nach Feldberg in Mecklenburg verlagert wurden und von dort in den Monaten April bis Juni 1945 von den Sowjets 1945 nach Berlin, später angeblich nach Kiew verbracht wurden. Die übrigen Bücher und die Archivbestände verbrannten im Mai 1945 in Berlin.

Die Außenstellen des Instituts

Über die Organisation der regionalen Konjunktur- und Strukturforschung hat Walter Däbritz in der anläßlich des 25jährigen Bestehens des Instituts veröffentlichten Festschrift ausführlich berichtet:[33]

„Die Regionalinstitute im Rahmen des Berliner Instituts

Es kennzeichnet Wagemanns geistige Aufgeschlossenheit, daß er sofort zugriff, als von außen her die Anregung an ihn herangebracht wurde, die Regionalforschung in das Arbeitsprogramm des Berliner Instituts aufzunehmen. Dies geschah schon sehr bald nach Gründung des letzteren. Der Vorgang war in kurzen Zügen der folgende:

Unter den verschiedenen deutschen Wirtschaftsbezirken war der rheinisch-westfälische Industriebezirk derjenige, der eine besonders homogene Struktur seines wirtschaftlichen Aufbaues und damit besonders ausgeprägte konjunkturelle Bedingungen aufwies. Verstärkend kam in letzterer Hinsicht hinzu, daß es sich hierbei um einen Bezirk mit vorwiegenden Produktionsmittelindustrien handelte, denen für den Konjunkturverlauf eine teilweise verursachende Bedeutung zugesprochen wurde.

So wurde Ende 1926 als Außenstelle des Berliner Instituts eine 'Abteilung Westen' mit dem Sitz in Essen geschaffen. Ihre Hauptaufgabe sollte sein, innerhalb des rheinisch-westfälischen Industriebezirks nach den gleichen

---

[32] Briefliche Mitteilung von Frau Marie-Luise Mix vom 27. Juli 1982.

[33] Walter Däbritz „Regionale Konjunktur- und Strukturforschung“ in: Deutsches Institut für Wirtschaftsforschung, Berlin (Hrsg.): „Beiträge zur empirischen Konjunkturforschung“, Berlin 1950, S. 19 f.

Methoden, die in der Hauptanstalt entwickelt wurden, regionale Konjunkturforschung zu betreiben.

Die Ergebnisse dieser Arbeit wurden zunächst einem engeren Kreis von Interessenten zugänglich gemacht. Seit 1929 erhielten sie die Form von Vierteljahresschriften unter der Bezeichnung 'Konjunkturberichte der Abteilung Westen'. Bis zum Ausbruch des zweiten Weltkrieges sind zehn Jahrgänge dieser Berichte erschienen.

In Verbindung hiermit wurde die regionale Konjunkturstatistik entwickelt. Ihre Ergebnisse wurden in einem 1928 erschienenen und weiterhin mehrfach fortgesetzten Statistischen Handbuch 'Wirtschaftszahlen Westen' zusammengefaßt. Hinzu kamen Untersuchungen über Trend und Saisonschwankungen, Index- und Barometerkonstruktionen nebst ähnlichen statistischen Zurichtungen, aber auch konjunkturgeschichtliche und Säkularuntersuchungen sowie die Beschäftigung mit konjunkturtheoretischen Problemen.

Sehr bald verband jedoch das Essener Institut mit der Konjunkturbeobachtung eine zweite Aufgabe. Es ging zu Strukturuntersuchungen über. Sie erhielten eine wichtige, bisher fehlende Grundlage durch die Auswertung der Volks-, Berufs- und Betriebszählungen von 1925, 1933 und 1939, durch die erstmals klare quantitative Vorstellungen vom rheinisch-westfälischen Industriebezirk gewonnen wurden. Sodann wurden die hauptsächlichen Industriezweige auf ihre strukturellen Abhängigkeiten hin untersucht. Aufbau und Bewegung der Bevölkerung, Strukturwandlungen am Arbeitsmarkt, Einkommensschichtung, Investitionsprobleme, Bilanzanalysen und Ertragsgestaltung, Marktanalysen, Zahlungs- und Kreditwesen waren einzelne weitere zur Bearbeitung kommende Themen. Ergänzend fügten sich internationale Vergleiche besonders für Kohlenbergbau und Eisenindustrie sowie den Außenhandel an.

Mehr als ein Jahrzehnt war die Abteilung Westen die einzige regionale Forschungsstelle des Berliner Instituts. So sehr man sich indessen in Essen angelegen sein ließ, die eigene Entwicklung mit der Gesamtentwicklung zu vergleichen und die dem rheinisch-westfälischen Industriebezirk hierbei zufallende Bedeutung herauszuarbeiten, so blieb dieses Unternehmen dennoch, gemessen an dem grundsätzlichen Problem der Regionalforschung, eine Teillösung. Eine allgemeine Lösung war erst von dem systematischen Ausbau der Regionalforschung und den damit gegebenen Vergleichsmöglichkeiten zu erwarten.

In ein zweites Stadium trat diese Frage in den Jahren 1938 bis 1943. In rascher Folge gründete Wagemann eine Reihe weiterer Außenstellen. Sie seien nachstehend aufgezählt.

1938 Niederschlesisches Institut für Wirtschaftsforschung in Breslau.

1940 Institut für Wirtschafts- und Konjunkturforschung in München.

1941 Institut für Wirtschaftsforschung in Braunschweig.

1941 Ostsee-Institut für Wirtschaftsforschung in Danzig.

1942 Oberschlesisches Institut für Wirtschaftsforschung in Kattowitz.

1942 Institut für Wirtschaftsforschung und Wirtschaftspraxis in Halle (Saale).

1942 Mitteldeutsches Institut für Wirtschaftsforschung in Magdeburg.

1942 Institut für Wirtschaftsforschung in Hamburg.

Ergänzend kamen einige Außenstellen hinzu, zu deren Errichtung die politischen Ereignisse und Kriegsgeschehnisse den Anlaß gaben.

1938 Übernahme des 1926 gegründeten Österreichischen Instituts für Konjunkturforschung in Wien. Änderung seines Namens in: Wiener Institut für Wirtschaftsforschung.

1942 Abteilung Paris des Berliner Instituts.

1942 Institut für Wirtschaftsforschung in Prag.

1943 Niederländisches Institut für Wirtschaftsforschung in Amsterdam.

1943 Institut für Wirtschaftsforschung in Reichenberg (Sudetenland).

Während die Abteilung Westen als eine von Berlin abhängige Zweigstelle konstruiert worden war, erhielten diese Neugründungen zumeist eigne Rechtspersönlichkeit in Gestalt von Eingetragenen Vereinen. An der Spitze stand jeweils Wagemann als Präsident. Weitere Organe waren ein Verwaltungsrat, Kuratorium oder ähnliches Gremium sowie eine Mitgliederversammlung, in der zumeist die Geldgeber vertreten waren. Von diesem Schema wichen aber einzelne Institute je nach den örtlichen Verhältnissen ab; insbesondere waren diejenigen in den besetzten Gebieten lockerer gestaltet.

Für die Finanzierung galt, wie schon zuvor für die Abteilung Westen, daß die erforderlichen Mittel an Ort und Stelle aufgebracht werden mußten. Sie stammten teils von der öffentlichen Hand, teils von wirtschaftlichen Körperschaften, Kammern, Fachverbänden u. a. Im übrigen war gerade hier jede Einzelregelung den lokalen Verhältnissen angepaßt.

Am Sitz jedes Instituts war ein örtlicher Leiter mit der Geschäftsführung und wissenschaftlichen Leitung betraut. Die Zahl der Referenten schwankte etwa zwischen zwei und acht.

Im Lauf dieser Entwicklung wurde 1943 auch das Essener Institut verselbständigt. Es nahm die Bezeichnung 'Rheinisch-Westfälisches Institut für Wirtschaftsforschung' an.

Bereits aus dem Gesagten ergibt sich, daß das Gewicht dieser Außenstellen ein sehr unterschiedliches war. Auf eine längere Tradition blickten lediglich das Essener und das Wiener Institut zurück."

Die Betriebsordnungen von 1934 und 1943

Von 1925 bis 1933 gab es keine schriftlich fixierte Betriebsordnung. Damals erhielt jeder neu eingestellte Wissenschaftler ein dem Einberufungsschreiben beigefügtes Formblatt, das einige Dinge regelte und ohne Unterschrift galt.

Die beiden Betriebsordnungen von 1934 und 1943 unterscheiden sich im Aufbau völlig voneinander. Dies zeigen schon die Zwischenüberschriften.

Sie lauten für 1934:

Allgemeines

Arbeitszeit

Gehaltszahlung

Urlaub

Einstellung und Kündigung

Verhalten im Betrieb

Schlußbestimmung

Die Arbeitszeit war damals auf 45 Wochenstunden festgelegt: Montag bis Freitag je 8 Stunden, Sonnabend 5 Stunden. Überraschend großzügig war die Urlaubsregelung; sie war allerdings streng hierarchisch gegliedert und betrug bei den im Botendienst Stehenden maximal 18 Kalendertage. Für die Angestellten war die Urlaubsdauer

— von der Dauer der Institutszugehörigkeit

— vom Lebensalter

— und von der Vergütungsgruppe

abhängig. Es ergaben sich Urlaubszeiten von 16 bis 42 Kalendertagen nach mehr als dreijähriger Institutszugehörigkeit:

Urlaubsregelung 1934

In Urlaubsgruppe	Vergütungsgruppe entsprechend RAT	Alters-abteilung 1 bis zu 30 Jahren	Alters-abteilung 2 30 bis 40 Jahre Kalendertage	Alters-abteilung 3 über 40 Jahre
A	III	16	21	28
B	IV-VI	18	25	31
C	VII-IX	21	28	35
D	X-XII	25	31	37
E	XIII und darüber	29	37	42

Ganz anders die Gliederung der Betriebsordnung von 1943:

Leitsatz	Urlaub
Begründung des Dienstverhältnisses	Besondere soziale Einrichtungen
Pflichten des Gefolgschaftsmitgliedes	Ordnung im Betrieb
Übernahme von Nebentätigkeit	Beschwerderecht
Arbeitszeit	Ausscheiden aus der Betriebsgemeinschaft
Arbeitsentgelt	Verfahren bei Pflichtverletzungen
Arbeitsversäumnis	Schlußwort

Durch den Krieg bedingt, war die wöchentliche Arbeitszeit auf 48,5 Stunden gestiegen. Der Urlaub wurde nicht gekürzt, sondern bei den unteren Gehaltsgruppen sogar noch verlängert.

Die Anlehnung an den Reichsarbeitstarif, die 1934 galt, hatte 1943 einem Institutstarif Platz gemacht. Auffallend ist auch die starke Zunahme sozialer Einrichtungen: Treueprämien von 300.-- RM jährlich für alle dem Institut mehr als zehn Jahre angehörenden Personen, Beihilfen bei Geburten und in Sonderfällen, Lebensversicherung.

Die von der Institutsleitung geschaffenen sozialen Einrichtungen waren unverzichtbar geworden, seitdem die Nachfrage von Wirtschaft und Staat nach gut ausgebildeten Volkswirten und Statistikern stark zugenommen hatte. Aufrüstung, Vierjahresplan und die stark wachsende Wirtschaftsbürokratie taten ein übriges. Das Institut selbst, das von 1928 bis 1933 die Zahl seiner Mitarbeiter kaum erhöht hatte, verdreifachte sein Personal von 1933 bis zum Beginn des zweiten Weltkrieges und zählte im Herbst 1939 rund 150 Personen (ohne die Außenstellen).

Noch eines sollte festgehalten werden: Die außerordentliche Diskrepanz, die zwischen den ersten Abschnitten der beiden Betriebsordnungen besteht.

Im Jahre 1934 ein Sprach-Bombast, der heute nur noch komisch wirkt, 1943 die zumindest teilweise Rückkehr zur nüchternen Aufgabenbeschreibung.

Das liest sich so:

September 1934 ...

„Führer und Gefolgschaft des Instituts für Konjunkturforschung bilden eine Betriebsgemeinschaft, deren Aufgabe es ist, zu gemeinem Nutzen von Volk und Staat zu arbeiten. Wer dieser Gemeinschaft angehören will, muß innerhalb und außerhalb des Betriebes stets im Sinne der nationalsozialistischen Weltanschauung handeln.

Die Betriebsgemeinschaft beruht auf dem Vertrauen zwischen Führer und Gefolgschaft. Jeder Betriebsangehörige ist berechtigt und gegebenenfalls verpflichtet, in sachlicher Form sachlich berechtigte Wünsche vorzubringen, wenn dadurch die Betriebszwecke oder die Betriebsgemeinschaft gefördert werden können. In dem

Bestreben, für das Wohl jedes einzelnen Gefolgschaftsangehörigen zu sorgen, bin ich als Führer des Betriebes bereit, jederzeit Anliegen der Betriebsangehörigen persönlich entgegenzunehmen, soweit nicht eine Erledigung bereits durch den Leiter des Hauptbüros oder meine Stellvertreter erfolgen kann."

... und im März 1943

„Das Deutsche Institut für Wirtschaftsforschung hat die Aufgabe, das Wirtschaftsleben des In- und Auslandes wissenschaftlich zu beobachten und in seinen Zusammenhängen zu ergründen sowie die Ergebnisse dieser Arbeit für die Staats- und Wirtschaftsführung nutzbar zu machen. Das Institut steht damit in der deutschen Wissenschaft und Wirtschaft an besonders verantwortlicher Stelle. Die von Betriebsführer und Gefolgschaft gebildete Betriebsgemeinschaft muß sich dieses hohen Dienstes an Volk und Staat stets bewußt sein und besonders eng und vertrauensvoll zusammenarbeiten."

Mit Sicherheit hat Wagemann sich mit der Formulierung der beiden Betriebsordnungen nicht selbst befaßt. Er betrachtete dies als eine Aufgabe der Verwaltung, um die er sich kaum kümmerte. Rudolf Pusch, dem vielerfahrenen Verwaltungschef, war es durchaus zuzutrauen, daß er das Treuebekenntnis von 1934 dick auftrug, um das Institut, das um diese Zeit wegen der Ereignisse von 1933 ja noch argwöhnisch betrachtet wurde, aus der Schußlinie zu bekommen. Immerhin konnte das Institut während des Krieges noch bis zum Juli 1944 mehrere auswärtige Mitarbeiter beschäftigen, ohne daß die Gestapo eingriff, obwohl es sich um politisch oder rassisch „belastete" Personen handelte!

Die Vierteljahrshefte verlieren an Bedeutung

Die letzten Friedensjahre (1936 bis 1938)

Die Welle der ständigen Veränderungen der Konzeption der Vierteljahrshefte verebbte in den Jahren 1936/39 keineswegs. Im ersten Heft des 11. Jahrgangs (1936/37) gibt es noch einen „Allgemeinen Konjunkturdienst", der im zweiten Heft verschwindet, aber im dritten Heft unter der Überschrift „Die Wirtschaftslage" — sehr gekürzt — wieder auftaucht. Immerhin gibt es in diesem Jahrgang noch den traditionellen Teil B mit inländischen Branchen- und ausländischen Länderberichten. Im 12. Jahrgang (1937/38) fällt die Unterteilung in Teil A und B sang- und klanglos weg, die Zeitschrift heißt nun „Vierteljahrshefte zur Wirtschaftsforschung — Neue Folge", ohne daß ein einziges Wort über den totalen Konzeptionswechsel verloren wird. Auch inhaltlich unterschieden sich seit 1935 die Vierteljahrshefte immer mehr von den alten Jahrgängen. In den drei Jahrgängen von 1936/37 (11. Jahrgang) bis 1938/39 (13. Jahrgang) fällt die bemerkenswert starke Hinwendung zu rüstungs- und wehrwirtschaftlichen Themen auf. Mit einer Ausnahme handelte es sich um Beiträge, die unter der Überschrift „Literaturrundschau — Blick auf die Forschung" erschienen sind.

Es handelte sich um folgende Beiträge

1936/37 (11.Jg.)	Finanzielle Kriegsrüstung und Kriegsfinanzierung
1937/38 (12.Jg.)	Der Arbeitseinsatz im Kriege
	Bevölkerungswellen, Kriege und Konjunktur
	Kriegsernährungswirtschaft
1938/39 (13.Jg.)	Systeme der Wehrwirtschaft
	Fortschritte der wehrwirtschaftlichen Forschung
	Das Frachtraumproblem im Weltkrieg

Dazu kam — Anfang 1939 erschienen:

Wagenführ, Rolf: Die Flugzeugindustrie der Anderen (Sonderheft 46)

Natürlich war diese Häufung kein Zufall, sondern wurde von Kuratoriumsmitgliedern erbeten, wenn nicht gefordert. Ob die Auftraggeber mit den Ergebnissen der Institutsarbeit immer zufrieden waren, ist nicht mehr zu ermitteln. Insbesondere das Sonderheft von Rolf Wagenführ ist als Musterbeispiel einer kühlen, leidenschaftslos-exakten empirischen Untersuchung heute noch eine bemerkenswerte Veröffentlichung.

Von dem seit 1937 in der bisherigen Form nicht mehr beibehaltenen Teil B der Vierteljahrshefte erschienen bis 1940 wenigstens noch die „Wirtschaftszahlen des In- und Auslandes" — im 12. und 13. Jahrgang noch je 4 Hefte, im 14. Jahrgang (1938/39) wurden die Zahlenangaben für das Inland stark eingeschränkt. Kurz darauf wurde die Publikation auch der Auslandsdaten eingestellt, obwohl der Informationsfluß keineswegs abgebrochen war.

An die Stelle der vierteljährlichen Konjunkturberichterstattung, die jahrelang den Teil A der Vierteljahrshefte eingeleitet hatten, traten mit dem 12. Jahrgang 1937/38 nunmehr Halbjahrsberichte zur Wirtschaftslage — nicht etwa als neue Reihe, sondern als Beilage zu den Vierteljahrsheften. Übrigens: Auch hier wieder wurde diese Änderung mit keinem Wort erklärt oder entschuldigt. Die Bibliotheken hatten beim Erwerb der Vierteljahrshefte allerhand Nüsse zu knacken, wenn sie diese Hefte bibliographierten — aber die vom Propaganda-Ministerium immer rigoroser gehandhabte Zensur des Inhalts der Veröffentlichungen veränderte schließlich immer mehr die Form und Erscheinungsweise der Veröffentlichungen.

Die Kriegsjahre

Die Halbjahrsberichte wurden noch einige Jahre am Leben gehalten. Am 25. Mai 1940 wurde das 2. Heft des 14. Jahrgangs 1939/40 abgeschlossen, es berichtete über „Neun Monate deutsche Kriegswirtschaft". Vom 15. Jahrgang an wurde wieder ein Konzeptionswechsel vorgenommen — Format und Umfang schrumpften, die Berichte erschienen als Doppelhefte, d.h. nur noch einmal im Jahr. Die in den letzten Jahrgängen behandelten Themen waren:

„Afrika“ (15. Jg. 1940/41, erschienen 1941)

„Die Wirtschaft Südostasiens“ (16. Jg. 1941/42, erschienen 1942)

„Europas Ernährungswirtschaft“ (17. Jg. 1942/43, erschienen 1943)

Bemerkenswert ist die Tatsache, daß die Jahrgangsnummern der Vierteljahrshefte beibehalten wurden, auch noch 1943, als die „eigentlichen“ Vierteljahrshefte ihr Erscheinen bereits eingestellt hatten.

Zu dieser Wirrnis trugen natürlich die Kriegsereignisse ihr Teil bei. Aber schon einige Jahre vor dem Krieg hatte die substantielle Auszehrung dieser Publikationsreihe begonnen. Eine einstmals mit großen Hoffnungen begonnene Arbeit, deren Ergebnisse von der Fachpresse, von den Ministerien und den Wirtschaftsverbänden jahrelang beachtet, gelobt und auch immer wieder bekämpft worden waren, mußte an der vom Nazi-Regime verordneten Sterilität zugrundegehen.

1935 — Der Wochenbericht wird die wichtigste Publikation des Instituts

In dem Maße, wie die Vierteljahrshefte an wissenschaftlicher Bedeutung verloren, wurde der Wochenbericht ganz zwangsläufig die wichtigste und interessanteste Publikation des Instituts. Aber auch bei dieser Publikation mußte Wagemann für das Institut noch im Jahre 1933 dem Hitler-Regime Treue und Gehorsam schwören. Im Wochenbericht vom 2. August 1933 findet sich unter der Überschrift „Das Ziel unserer Arbeit“ folgende Erklärung Wagemanns:

„Das Institut für Konjunkturforschung wird wie bisher von dem Bestreben geleitet sein, die Bewegungsvorgänge in der Volkswirtschaft und in der Weltwirtschaft aufs getreueste widerzuspiegeln. Sinn und Bedeutung der Arbeiten des Instituts für Konjunkturforschung habe ich 1926 in den Einführungsworten zum 1. Jahrgang der 'Vierteljahrshefte zur Konjunkturforschung' folgendermaßen zum Ausdruck gebracht:

'Vor genau 150 Jahren veröffentlichte Adam Smith sein großes Werk über den Reichtum der Nationen und entwickelte darin die Theorie, daß die Preisbewegung eine wunderbar harmonische Anpassung der Produktion an den Verbrauch bewirke. Damals, bei einer vorwiegend handwerklichen und kleingewerblichen Produktion, vollzog sich diese Anpassung in einfacher Form. Denn der Markt war übersichtlich, die volkswirtschaftliche Arbeitsteilung noch in ihren Anfängen und der Produktionsprozeß unkompliziert. In dem Maße, wie die Arbeitsteilung sich verfeinerte, wie die technischen Methoden sich entwickelten, wie die Produktionsperioden sich ausdehnten, wie der Weg von der Erzeugung zum Verbrauch sich verlängerte und die Märkte vielgestaltiger wurden, genügte der Wirtschaft zur Orientierung nicht mehr die einfache Preisbeobachtung, da sie sie leicht zu falschen Entschlüssen verleitete. Zur

Kenntnis der Wirtschaftslage und damit zum richtigen geschäftlichen Disponieren bedarf es heute einer feinen und umfassenden Methodik, die einen Einblick in die Zusammenhänge zwischen Privatwirtschaft und Volkswirtschaft sowie zwischen den einzelnen Gewerbezweigen und in das Ineinandergreifen der verschiedenen Wirtschaftsbewegungen ermöglicht. Eine wichtige Grundlage dazu ist die Konjunkturforschung.'

Das bedeutet im Kern die Ablehnung eines Liberalismus, der die beste Bürgschaft für das Gedeihen einer Volkswirtschaft in der vollen Ellenbogenfreiheit für den Einzelnen sah. Nicht Ellenbogenfreiheit, sondern Tuchfühlung zwischen den einzelnen Wirtschaftszweigen, zwischen Privatwirtschaft und Volkswirtschaft, mit anderen Worten: Ausrichtung des Einzelinteresses auf das Gesamtwohl fordert der Geist der neuen Staatsführung. Das Institut für Konjunkturforschung betrachtet es als seine vornehmste Aufgabe, dem Einzelnen den Blick über den engeren Kreis seiner eigenen Interessen hinaus auf die Gesamtwirtschaft zu erleichtern.

Wagemann"

Zu diesem Bekenntnis mit Sicherheit vom Propagandaministerium gezwungen — dort wurden die Veröffentlichungen des Instituts vorzensiert — setzte Wagemann mit dieser Erklärung auf einen Schelm anderthalbe, indem er auf seine Einführungsworte zum ersten Vierteljahrsheft hinwies, das im Frühjahr 1926 erschien. Natürlich bedeuteten seine damaligen Ausführungen zur Konjunkturforschung weder „im Kern" noch überhaupt die Ablehnung des Liberalismus, aber der „Geist der neuen Staatsführung" forderte dieses Bekenntnis und Ernst Wagemann, erst wenige Wochen zuvor — am 17. Juni 1933 — in seinem Amt als Direktor des Instituts bestätigt, sah sich außerstande, die Zahlung des geforderten Preises zu verweigern.

Es sprengte den Rahmen dieser Institutsbiographie, wenn auf die Flut der Wochenberichte, die vom April 1928 bis zum Dezember 1942 veröffentlicht wurden — etwa 690 Berichte mit über 2 000 Beiträgen — im einzelnen oder auch nur auszugsweise eingegangen würde. Eine kurze Charakteristik der Jahrgänge muß genügen. Der erste Jahrgang (1928/29) lieferte im Grunde nicht viel mehr als die wöchentliche Begleitmusik zum Vierteljahrsheft. Im zweiten Jahrgang (1929/30) setzt die Bauberichterstattung ein, gefolgt von Berichten über Verkehrsfragen und von den ersten Industriethemen im dritten Jahrgang (1930/31). Weitere ständig bearbeitete Gebiete waren: Beschäftigung und Arbeitslosigkeit, Einkommen, Landwirtschaft, Außenhandel und die wirtschaftliche Entwicklung des Auslands. Daß die konjunkturelle Entwicklung immer wieder behandelt wurde, versteht sich von selbst. Aber in den weiteren Jahrgängen verschwindet vom 6. Jahrgang (1933, April bis Dezember) an das Stichwort „Konjunktur" weitgehend aus den Stichwort-Verzeichnissen.

Während der nächsten Jahre ist deutlich zu merken, daß sich das Institut nach der mehr oder weniger erzwungenen Aufgabe der Konjunkturberichterstattung um eine Anreicherung der Substanz des Wochenberichts bemühte.

Aber es fehlte bis zuletzt an der Konzipierung von bestimmten Standardthemen, die in regelmäßigen Abständen hätten behandelt werden können. Ein ermutigender Versuch in der ersten Nummer des 7. Jahrgangs 1934, betitelt „Die Wirtschaftslage in der Welt Ende 1933" ist leider nicht fortgesetzt worden. Behandelt wurden die Welt-Industrieproduktion, der Welthandel, die internationalen Waren- und Kreditmärkte, die Wirtschaftslage wichtiger Länder, die Wirtschaftslage in Deutschland und abschließend die wichtigsten Wirtschaftszweige Deutschlands — und das alles in knapper Form auf 12 Seiten!

Der Wochenbericht 1935 (8. Jahrgang) hatte einen Umfang von fast 300 Seiten und enthielt 150 Beiträge. Der 11. Jahrgang (1938) hatte fast 400 Seiten und rd. 120 Beiträge. Der Übergang von Kurzberichten zu ausführlicheren Analysen ist deutlich: Die durchschnittliche Seitenzahl je Beitrag stieg von 2 im Jahre 1935 auf 3,3 im Jahre 1938.

Am 6. Januar 1937 machte Ernst Wagemann mit einem Beitrag, der im Vierteljahrsheft und im Wochenbericht gleichzeitig erschien, einen weiteren vergeblichen Versuch, die Konjunkturforschung durch eine neue Definition zu retten. Der Titel dieser kleinen Studie lautete „Konjunkturforschung - wirtschaftliche Raumzeitforschung". Sie blieb ergebnislos.

Trotz der sich häufenden Schwierigkeiten blieb Wagemann ein Genie im Aufspüren von neuen Ideen und Mitarbeitern. Als Beispiel — es gibt deren wesentlich mehr — seien nur die systematischen Untersuchungen des IfK auf dem Gebiet der Film- und der Rundfunkwirtschaft genannt, die im Wochenbericht veröffentlicht wurden. Die Filmberichterstattung, eng verbunden mit Alexander Jason, brachte einen farbigen „Tupfer" in das Bild der Institutslandschaft. A. Jason war das Pseudonym für Fürst Alexander Abchasi, der 1917 die Sowjetunion verlassen hatte und mit vielen Gesinnungs- und Standesgenossen sein Emigrantenschicksal ertrug.

Ernst Wagemanns Verhältnis zu den Nationalsozialisten

Die Mitarbeiter des Instituts, die in den Jahren 1925 bis 1945 im IfK arbeiteten, sind unisono der Meinung, daß Wagemann kein Anhänger der Nationalsozialisten war. Wagemanns Verhalten gegenüber den wachsenden Bedrohungen der späten Jahre des Hitler-Reiches, in einer immer schwieriger werdenden Lage an stets exponierter Stelle, wird heute freilich so recht doch nur derjenige verstehen können, der die Eskalation der Grausamkeiten in den Jahren des Hitlerregimes noch selbst erlebt hat und der weiß, daß seit der Kriegswende 1942/43 die physische Vernichtung der auch nur den geringsten Widerstand Leistenden zum Alltag des Großdeutschen Reiches gehörte.

Bei den heute noch lebenden früheren Mitarbeitern Ernst Wagemanns ist es bislang weitgehend unbekannt geblieben, daß er während des Krieges mehrfach von der Gestapo verhört und einmal sogar verhaftet worden ist: 1940 in Preßburg und 1943/44 in Berlin verhört, 1942 in Den Haag kurze Zeit verhaftet. Heinrich Himmler schrieb am 27.10.1943 an Martin Bormann:[34]

„Lieber Martin!

Aufgrund Deines Briefes vom 14. 9. 1943 habe ich eine Stellungnahme des Reichssicherheitshauptamtes angefordert. Ich übersende sie Dir in Abschrift.

Meiner Ansicht nach muß Wagemann seines Postens enthoben und in Pension geschickt werden.

Ich habe außerdem vor, ihn auf die Dauer eines halben Jahres in einem Konzentrationslager unterzubringen und ihn dort als Buchhalter oder in einer ähnlichen Beschäftigung zu verwenden.

Heil Hitler

Dein

Heinrich Himmler"

Durch den Briefwechsel zwischen Martin Bormann und Heinrich Himmler veranlaßt, suchte die Gestapo Ernst Wagemann in den letzten Wochen des Jahres 1943 mehrfach in seiner Wohnung auf und verhörte ihn — zeitweise in Anwesenheit seiner Frau — viele Stunden lang, letztlich — dank einiger Zufälle — ohne Ergebnis.

Eine neue Dimension nahmen die Verhöre nach dem 20. Juli 1944 an. Die Gestapo betrachtete das Institut nach der Verhaftung Ulrich von Hassels, der damals auswärtiger Mitarbeiter des DIW war,[35] geradezu als Verschwörernest, sie konnte jedoch keine Beweise finden und begnügte sich damit, kategorisch die sofortige Entlassung „unzuverlässiger Elemente" zu fordern. Davon wird noch zu reden sein.

Bis Ende 1944 tat Wagemann alles ihm nur mögliche, seine Mitarbeiter im Institut zu halten und die aus verschiedenen Ursachen Gefährdeten vor Unbill zu bewahren. Aus den vorstehend — bei der Schilderung der Vorgänge von 1933 — erwähnten Handakten von Herrn Lucae geht hervor, daß im Rahmen der damals gegen Wagemann entfachten Kampagne ihm „jüdisch-marxistische" Personalpolitik vorgeworfen worden war. Dies mußte zu jener Zeit natürlich entrüstet abgelehnt werden, obwohl jeder Institutsangehörige genau wußte, daß vor 1933 selbstverständlich auch jüdische Kollegen im IfK arbeiteten. Im Jahre 1933 emigrierten drei von ihnen mit ihren Frauen — Franz Eppenstein, Heinz Grünbaum und Ludwig Samuel. Einige andere Institutsangehörige, Halbjuden oder mit jüdischen Frauen

[34] Die im Brief erwähnte Stellungnahme ist nicht erhalten.

[35] Über seine Arbeiten im DIW hat Ulrich v. Hassel in seinen nachgelassenen Tagebüchern mehrfach berichtet. Vgl. U. v. H. „Vom anderen Deutschland", Fischer Bücherei.

verheiratet, blieben im Institut, bis auch sie 1944 dort nicht mehr arbeiten durften.

Auch für andere Personen, die von der Gestapo argwöhnisch beobachtet wurden, wurde das Institut zur Fluchtburg. Ende der zwanziger Jahre arbeiteten einige russische Wissenschaftler im Hause, die später sehr schwer im Institut zu halten waren. Naum Jasny — übrigens auch ein Jude — emigrierte 1933 nach den USA, hatte das Institut für Konjunkturforschung aber bereits Ende 1930 verlassen. Alexander Jason hatte sich glücklicherweise die Filmwirtschaft zur Beobachtung erkoren und war damit im Propaganda-Ministerium persona grata.

Schwieriger war es zu erreichen, daß Ferdinand Friedensburg als auswärtiger Mitarbeiter beschäftigt werden konnte. Darüber hat Friedensburg in seinen Lebenserinnerungen berichtet.[36]

„Im Februar 1939 berief mich Professor Wagemann als sogenannten Auswärtigen Mitarbeiter — regelrechtes Mitglied durfte ich wegen meiner politischen 'Belastung' nicht werden — an das Institut für Konjunkturforschung, später Deutsches Institut für Wirtschaftsforschung, das in zunehmendem Maße von zivilen und militärischen Regierungsstellen zu Rate gezogen wurde. Hier erhielt ich nicht nur viele interessante Aufgaben, sondern auch die dringend erwünschte regelmäßige Zulage zu meiner gekürzten Beamtenpension."

Trotz Friedensburgs Ausschluß aus der Reichsschrifttumskammer 1938 gelang es Wagemann, seine Tätigkeit im Institut durchzusetzen, bis der Sicherheitsdienst nach dem Attentat vom 20. Juli 1944 und der Verhaftung Ulrich v. Hassels die fristlose Entlassung auch von Ferdinand Friedensburg aus dem DIW verlangte und erzwang.

Im Zusammenhang mit dem 20. Juli 1944 ist zu erwähnen, daß Wagemann vom März 1942 an Ulrich v. Hassel als Auswärtigen Mitarbeiter in der Abteilung Verkehrswirtschaft und Nachrichtenwesen beschäftigt und ihn als Verbindungsmann zu den östlichen und südöstlichen Außenstellen eingesetzt hatte. Ulrich v. Hassel, 1881 geboren, war von 1919 bis 1938 im auswärtigen Dienst tätig, zuletzt von 1932 bis 1938 als deutscher Botschafter in Rom. Er gehörte der Widerstandsbewegung seit 1938 an, wurde wenige Tage nach dem 20. Juli 1944 im Institut verhaftet, vor den Volksgerichtshof gestellt, von Roland Freisler zum Tode verurteilt und am 8. September 1944 in Plötzensee hingerichtet. Einige Rettungsversuche scheiterten. Wieviel Wagemann von allen Zwecken der vielen Reisen Ulrich v. Hassels wußte, ist heute nicht mehr festzustellen. Geahnt hat er mit Sicherheit einiges, aber es gelang ihm auch nach dem Attentat Stauffenbergs wieder, seine Unwissenheit glaubhaft zu machen. Aktiv am Widerstand hat er sich nicht beteiligt.[37]

---

[36] F. Friedensburg „Lebenserinnerungen", Frankfurt a.M. — Bonn, 1969, S.242 f.

[37] Übrigens hat sich auch Ferdinand Friedensburg, ein völlig furchtloser Mensch, ganz bewußt nicht am Widerstand beteiligt, weil er bei einem Gelingen des Putsches

Auch Werner v. Stauffenberg, ein Vetter des Attentäters vom 20. Juli 1944, arbeitete als auswärtiger Mitarbeiter im DIW und mußte auf Anordnung der Gestapo 1944 entlassen werden.

Im Institut arbeitete seit den zwanziger Jahren Reinhold Nimptsch, der sich im Lauf der Jahre zum allgemein anerkannten Experten auf dem Gebiet der Kraftfahrzeugwirtschaft entwickelte. Nimptsch war im ersten Weltkrieg sehr schwer verwundet und mit dem Eisernen Kreuz 1. Klasse ausgezeichnet worden. Die Parallelität zu Adolf Hitlers Kriegsschicksal genügte nach dem 30. Januar 1933 zunächst für einige Zeit, um die Nazis von der Verfolgung Reinhold Nimptschs abzuhalten: Er hatte einen Juden zum Vater. Immer wieder hat Wagemann sich für den ihm äußerst wichtigen Mitarbeiter bei seinen Aufpassern vom Propaganda-Ministerium eingesetzt und Nimptsch bis zum Juli 1944 im Institut gehalten. Nach dem Attentat erzwangen Sicherheitsdienst und Gestapo auch seine fristlose Entlassung, die Wagemann jedoch durch die Zahlung einer größeren Abfindungssumme soweit wie möglich erleichterte. Nimptsch überlebte den Krieg und ging zum Wirtschaftswissenschaftlichen Institut der Gewerkschaften in Köln.

Etwas anders gelagert waren die Verhältnisse im Fall von Edmund Leutner, dem technischen Redakteur der Vierteljahrshefte und der Sonderhefte. Leutner hatte eine Jüdin zur Frau, die er in den letzten Kriegsjahren illegal in einem Wochenendhäuschen am kleinen Stößensee versteckte, wohin er sich mit ihr zurückgezogen hatte. Leutner war passionierter Segler und konnte ohne Schwierigkeiten die notwendigen „Versorgungsfahrten" unternehmen. Er war, wie berichtet wird, in dieser Zeit stets ein dankbarer Abnehmer von Brotmarken. Er verriet sich aber nie, sondern schob immer seinen eigenen Hunger vor. Wagemann und einige wenige andere wußten aber Bescheid. Frau Leutner überlebte den Krieg. Im Oktober 1944 mußte Ernst Wagemann auch Edmund Leutner entlassen. Es ist bezeugt, daß er seinem langjährigen Mitarbeiter — mit Tränen in den Augen — zum Abschied sagte: „Herr Leutner, das sind Schweine!"

Der sogenannte „Deutsche Gruß" wurde im IfK in der ersten Hitlerzeit kaum benutzt. Ferdinand Friedensburg hat ihn nie gebraucht, sondern stets nur den alten Bergmannsgruß „Glück auf" entboten. Anders Wagemann: Er liebte es, seine Daumen in die Ärmelausschnitte seiner Weste zu stecken. Sein „deutscher" Gruß bestand darin, daß er die vier Finger der rechten Hand leicht um den festgehakten Daumen drehte. Jeder möge sich selbst vorstellen, wie sonderbar das ausgesehen hat!

Im Institut gab es — im Gegensatz zum Statistischen Reichsamt — weder 1933 noch später Denunzianten. Den Betriebszellenobmann Mieth wurde Wagemann durch fristlose Kündigung los, indem er sich einen absolut

---

das sofortige Entstehen einer Dolchstoßlegende befürchtete. (Persönliche Mitteilung von F. Friedensburg an den Verfasser).

dummen Versprecher, der Mieth in einer Betriebsversammlung passierte, zunutze machte. Tatsächlich hat er sich durchgesetzt! An Mieths Stelle trat Herr Feller, mit dem Wagemann und Pusch viel besser auskamen.

Am 12. Dezember 1941 — Hitler hatte tags zuvor den USA den Krieg erklärt — bat Eduard Wolf seine Mitarbeiter von der Auslandsabteilung in sein Zimmer und erklärte ihnen in großer Erregung, daß nun der Krieg mit absoluter Sicherheit verloren sei. Die Amerikaner könnten mehr in Massen produzieren als Rasierklingen, wie kürzlich Hitler behauptet hatte. Niemand, auch nicht diejenigen, die Wolfs Meinung — damals noch — nicht teilten, hat Eduard Wolf in Schwierigkeiten gebracht. Nach wie vor wurde im Institut nicht denunziert.

Fazit:

Ernst Wagemann war ganz gewiß kein Freund des Nationalsozialismus, aber um des Instituts und natürlich auch um seiner Familie willen machte er, von der Gestapo argwöhnisch bespitzelt, politische Kompromisse. Bis zum Ende des dritten Reiches herrschte am Institut klug genutzte Rede- und Gedankenfreiheit — mehr konnte er nicht erreichen, aber das war damals sehr, sehr viel.[38] Über die Persönlichkeit Wagemanns schrieb Rudolf Regul in seiner bereits zitierten Untersuchung:[17]

„Dem Verfasser, als ehemaligem Mitarbeiter und Vertrautem Wagemanns, sei es erlaubt, wenige Worte über die Persönlichkeit jenes Mannes beizufügen, der mit der Denkschrift über die Geld- und Kreditreform den Gipfel einer organisatorischen, wissenschaftlichen und wirtschaftspolitischen Tätigkeit erreichte. Das Statistische Reichsamt hatte, als Wagemann es im Jahre 1923 übernahm, Klang und Namen. Was er daraus gemacht hat, verschaffte dem Amt Weltgeltung, die von hoch qualifizierten Nachfolgern erhalten und vermehrt worden ist.

Das Institut für Konjunkturforschung, seine Schöpfung aus dem Nichts, war Neuland in der wissenschaftlichen Welt. Mit seinen Vorschlägen über eine Reform des Kreditwesens öffnete er im deutschen Sprachbereich Türen, durch die Andere in anderer Tarnung hindurchgeschritten sind. Von der zyklischen Natur des Menschenlebens war er tief durchdrungen. „Alles kommt anders wieder" sagte er gelegentlich eines der häufigen Abendgespräche in der Weinstube am Kurfürstendamm — im sehr kleinen Kreise wohlgemerkt, denn so brillant als Schriftsteller, so schlecht war er als Redner, namentlich vor einem großen Zuhörerkreis. Dies wußte er selbst und machte kein Hehl daraus.

Das Verhältnis zu seinen wissenschaftlichen Zeitgenossen war herb, und einem Mann wie John Maynard Keynes bekundete er eher Mißachtung als Hochachtung. Das

---

[38] Jedoch erlebte Ernst Wagemann nach 1945 den Triumph, daß eine stattliche Anzahl seiner früheren Mitarbeiter in leitende Positionen der Bundesbank, der neu geschaffenen Ministerien und Organisationen berufen wurde. Auch in den neu entstandenen Instituten und selbstverständlich an den Universitäten haben sich Wagemann-Schüler um die Weiterentwicklung der Forschungsmethoden große Verdienste erworben.

arrogante Wort, das Keynes im Vorwort zur deutschen Ausgabe der „Allgemeinen Theorie" über die verdurstete deutsche wissenschaftliche Welt fällte, rief seinen hellen Zorn hervor. Von Einfluß darauf war auch, daß Wagemann ein Kenner hohen Grades der Wirtschafts- und insbesondere der Konjunkturtheorie war. Zum engeren Kreise seiner Mitarbeiter zu gehören, war trotz kärglicher Bezahlung — wie konnte das damals anders sein? — Anerkennung genug, denn er hatte die seltene Begabung, seine jungen Mitarbeiter an den ihnen zugeteilten Aufgaben selbständig arbeiten zu lassen, ohne den ständigen Kontakt mit ihnen zu verlieren."

Das Institut im zweiten Weltkrieg

Die letzten Veröffentlichungen

Während sich bei den meisten Bürgern des Deutschen Reiches der Krieg zunächst noch kaum bemerkbar machte, mußte das Institut sofort ein ihm abverlangtes Opfer bringen: Die Veröffentlichung der Konjunkturberichte der „Abteilung Westen" Essen, des Instituts für Konjunkturforschung, in denen seit 1929 regelmäßig über die wirtschaftliche Entwicklung des von den Essener Kollegen genau definierten Rheinisch-Westfälischen Institutsbezirks berichtet worden war, wurde mit dem 3. Heft des Jahrgangs 1938/39, N. F., das im Sommer 1939 erschien, beendet.[39] Diese Maßnahme war verständlich angesichts der entscheidenden Bedeutung des Ruhrgebiets für die Kriegsführung; die persönlichen Konsequenzen für die meist jungen Mitarbeiter der IfK- Außenstelle Essen bestanden darin, daß einige sogleich eingezogen wurden.

In Berlin dagegen gelang es Ernst Wagemann noch jahrelang, für fast alle seine Mitarbeiter die Befreiung vom Wehrdienst zu erreichen; dennoch floß der Strom der Veröffentlichungen immer spärlicher. An die Stelle der — zensierten — Publikationen traten immer mehr interne und im Krieg geheime Gutachten.

Vom 15. September bis zum 30. Dezember 1939 erschienen — wie geplant — 16 Wochenberichte, dabei auffallend viel Doppelnummern.

Nachstehend einige Titel der Berichte:

„Was steht für Großbritannien auf dem Spiel?"

„Die Handelsbeziehungen zwischen Deutschland und der UdSSR".

(Nr. 37 vom 15. September 1939)

---

[39] Konjunkturberichte der „Abteilung Westen, Essen„ des Instituts für Konjunkturforschung, Berlin
I.-VII. Jahrgang 1929-1935 je 6 Hefte
VIII.-X. Jahrgang Neue Folge 1936/37-1938/39 je 3 Hefte
Sämtliche Beiträge erschienen ohne Verfassernamen.

„Die industrielle Wehrbereitschaft Deutschlands, Großbritanniens und Frankreichs — ein Kapazitätsvergleich"

(Nr. 38 vom 22. September 1939)

„Britische Sorgen um die Kriegsfinanzierung"

„Die russische Handelsflotte"

(Nr. 40. vom 6. Oktober 1939)

„Die französische Handelsflotte"

(Nr. 42/43 vom 28. Oktober 1939)

„Britische Schiffahrtsprobleme"

(Nr. 45 vom 11. November 1939)

„Die Lieferfähigkeit der amerikanischen Flugzeugindustrie"

(Nr. 47/48 vom 12. Dezember 1939)

„Wirkungen des Kriegs auf die Textilrohstoffwirtschaft"

(Nr. 49/50 vom 19. Dezember 1939).

Im Jahr 1940 erschienen nur noch 31 Nummern des Wochenberichts, sehr oft als Doppelnummer, einmal sogar eine Dreiernummer! — Die Themen waren noch mehr als in den letzten Monaten des Jahres 1939 auf die Kriegsprobleme bezogen.

Im Jahr 1941 setzt sich der Niedergang des Wochenberichts unaufhaltsam fort, sowohl was den Inhalt als auch was den Umfang angeht. Erwähnenswert ist wohl, daß am 24. Januar 1941 das IfK zum erstenmal das Wort „großdeutsch" benutzt hat, zuvor war stets „deutsch" und „Deutschland" gebraucht worden. Im ganzen Jahr erschienen noch 25 Nummern, darunter wieder viele Doppelnummern. Im Vergleich zu den beiden vorhergehenden Kriegsjahrgängen fällt eine Neigung zu unverfänglichen Themen auf, insbesondere bei der Auslandsberichterstattung. Der Überfall Hitlers auf die Sowjetunion und die deutsche Kriegserklärung an die USA werden nicht erwähnt, wenn man nicht einen am 31. Dezember 1941 in der Nr. 24/25 veröffentlichten Bericht über den Bergbau der Philippinen als ein Echo auf den Überfall von Pearl Harbour und auf den Kampf um die Philippinen ansieht, der zwischen den USA und Japan entbrannt war.

Der 15. Jahrgang bringt es noch auf ganze 17 Nummern, auch davon wieder viele Doppelnummern und sogar eine Vierfachnummer „Die Wirtschaft Indiens" (Nr. 10/13 vom 29. August 1942).

In den Jahren 1943/44 traten an die Stelle der bisherigen Schriften des Instituts die „Hefte zur Wirtschaftsforschung", von denen 4 Hefte erschienen. Das Heft 4 wurde am 1. Oktober 1944 abgeschlossen. Zur allmählichen Beendigung der Veröffentlichungen während des Krieges trug auch das allmähliche Versiegen der statistischen Quellen bei. Die Inlandsdaten durften zumeist nicht veröffentlicht werden. Im Heft 4 philosophierte Ernst Wagemann über das Thema „Währungspolitische und geldtheoretische Inventur — eine Geschichtstafel der Erfindungen und Entdeckungen auf dem Gebiet des Geldwesens“!

1935 setzte, wie erwähnt der Niedergang der Vierteljahrshefte ein. Dennoch wurden bis in die Kriegszeit hinein hier und da doch noch interessante Themen kompetent behandelt, aber man muß sich völlig darüber im klaren sein, daß die Wagemann und seinen Mitarbeitern so vertraute und ans Herz gewachsene Freiheit der Themenwahl und der frei gewählten und entwickelten Forschungsmethoden bereits vor dem Krieg dahinsiechte. Vom 1. September 1939 an durfte nur noch das veröffentlicht werden, was das ausdrückliche Placet des Propaganda-Ministeriums erhalten hatte.

Die Kuratoriumssitzung vom 18. Juni 1941

Das Protokoll dieser Kuratoriumssitzung ist im Registergericht verwahrt worden, da es eine vereinsrechtlich wichtige Veränderung enthält: Das „Institut für Konjunkturforschung“, am 16. Juli 1925 begründet und 1935 in einen eingetragenen Verein umgewandelt, wurde im Juni 1941 in „Deutsches Institut für Wirtschaftsforschung“ umbenannt, behielt aber den in Klammern gesetzten Untertitel „Institut für Konjunkturforschung“.

Ernst Wagemann, erst zwei Wochen zuvor von einer schweren Krankheit genesen, die er sich bei einer Dienstreise nach Italien zugezogen hatte, eröffnete die Sitzung. Nach den üblichen Punkten der Tagesordnung (Haushaltsplan, Arbeitsplan) wird als wichtigster Punkt der Tagesordnung die Namensänderung des Instituts beschlossen. Das Protokoll vermerkt hierzu:

„Präsident Wagemann kommt nunmehr zum nächsten Punkt der Tagesordnung 'Namensänderung des Instituts'.

Schon seit vielen Jahren trage sich die Institutsleitung mit dem Gedanken, den Namen des Instituts abzuändern, da das Wort 'Konjunktur' mehr und mehr in der öffentlichen Meinung seines wissenschaftlichen Charakters entkleidet und zu einem politischen Begriff geworden sei. Das habe, zumal in den ersten Jahren nach der Machtübernahme, wiederholt zu Angriffen gegen das Institut von verschiedenen Seiten her geführt. Dazu komme aber noch, daß in der Tat der Begriff 'Konjunktur' nicht mehr den tatsächlichen Arbeitsbereich des Instituts umreisse. Das habe in letzter Zeit, wie erwähnt, auch dem Herrn Reichswirtschaftsminister wieder Anlaß zu der Anregung gegeben, den Namen des Instituts jetzt abzuändern, und es als 'Deutsches Institut für Wirtschaftsforschung' zu bezeichnen. Präsident Wagemann glaubt, daß diese Änderung nicht nur aus rein formalen Gründen, sondern auch aus sachlichen Erwägungen zweckmäßig sei, denn die Arbeiten des Instituts umfaßten doch den Bereich der öffentlichen und privaten Wirtschaft in weitestem Umfange. Der neue Name werde daher geeignet sein, auch den Kreisen, denen nicht durch eine laufende Zusammenarbeit oder aus regelmäßigem Studium der Veröffentlichungen die Institutsarbeiten genauer bekannt seien, eine richtige Vorstellung von den Aufgaben und Zielen des Instituts zu vermitteln.

Präsident Wagemann bittet, zu diesem Vorschlag Stellung zu nehmen.

Auf die Bemerkung von Geheimrat Kissler, daß man im Kuratorium schon vor zwei Jahren über diese Frage diskutiert habe, erwidert Präsident Wagemann, daß er allerdings schon damals einen entsprechenden Vorschlag gemacht habe.[40] Als dann im Herbst 1939 der Krieg ausgebrochen sei, habe er diese Frage einstweilen zurückgestellt. Jetzt aber sei die Namensänderung in der Tat zu einer Notwendigkeit geworden.

Da Wortmeldungen nicht mehr vorliegen, bittet Präsident Wagemann um Abstimmung über folgenden Beschluß:

'Die Kuratoriumsversammlung beschließt, § 1 der Satzung wie folgt abzuändern:

§ 1

Der Verein führt den Namen 'Deutsches Institut für Wirtschaftsforschung'. Er hat seinen Sitz in Berlin. Er ist in das Vereinsregister einzutragen.'

Es erhebt sich kein Widerspruch. Präsident Wagemann stellt einstimmige Annahme des Beschlusses fest. Er sagt zu, für beschleunigte Eintragung der Satzungsänderung in das Vereinsregister Sorge zu tragen."

Dem Protokoll ist zwischen den Zeilen zu entnehmen, daß Wagemann — wie auch die große Mehrzahl seiner Mitarbeiter — die Namensänderung bedauerte. Es gab zwar durchaus eine Reihe von Gründen für die Namensänderung, der Druck und der Zwang, unter dem sie stattfand, war aber unverkennbar.

Als nächster Punkt der Tagesordnung wurde das Angebot des Vermieters des Hauses Fasanenstraße 6 an das Institut behandelt, das Gebäude zu erwerben. Wagemann plädierte dafür, „diese Gelegenheit wahrzunehmen", machte allerdings darauf aufmerksam, „daß ein Hauskauf dadurch kompliziert werde, daß die Eigentümerin des Gebäudes eine G.m.b.H. sei, deren Anteile sich noch zu drei Vierteln in nicht-arischem Besitz befänden".

Trotz teilweiser Unterstützung Wagemanns erhebt sich deutlicher Widerspruch. Es ist typisch für sein Durchsetzungsvermögen, daß er am Ende der Diskussion unwidersprochen feststellt, „daß die Kuratoriumsversammlung ihr prinzipielles Einverständnis zum Hauskauf erteilt. Er werde also im Einvernehmen mit dem Verwaltungsausschuß die Verhandlungen führen

---

[40] Das Protokoll der Kuratoriumssitzung vom Sommer 1939 ist nicht erhalten. — Im Zentralen Staatsarchiv der DDR finden sich dagegen zahlreiche Beweise dafür, daß die von Wagemann erwähnten wiederholten Angriffe auf das Institut sich 1936/37 häuften. Dabei handelte es sich um eine vom Propaganda- Ministerium gesteuerte Kampagne der nationalsozialistischen Parteipresse, an der auch die obskursten Winkelblätter wie z.B. die „Nationalsozialistische Landpost" (29.1.37) beteiligt waren. Aber auch die „Frankfurter Zeitung„ schrieb am 17.1.1937 unter der Überschrift „Der ‚Götze' Konjunktur": „Also möge man ruhig das Wort Konjunktur zu Grabe tragen".

und gegebenenfalls den Kauf abschließen". — Dazu ist es jedoch bis zur Zerstörung des Institutsgebäudes nicht gekommen. Die dem Protokoll beigefügte Satzung ist — abgesehen von der Namensänderung — mit der von 1935 identisch.

Der Krieg erreicht das DIW

Nur vier Tage nach der Kuratoriumssitzung vom 18. Juni 1941 begann der deutsche Angriff auf die Sowjetunion. Je mehr es deutlich wurde, daß die Spekulation auf einen weiteren Blitzsieg nicht aufgehen werde, desto schwieriger wurde es für die Institutsverwaltung, die UK-Stellung der Mitarbeiter des DIW zu verteidigen. Im Herbst 1941 — also immerhin erst zwei Jahre nach Kriegsbeginn — wurden als erste einige jüngere Mitarbeiter des Instituts zur Wehrmacht eingezogen, darunter Alfred Bath und Werner Sebö v. Szin. Da jedoch dem Institut im weiteren Kriegsverlauf immer mehr zusätzliche Aufgaben aufgebürdet wurden, konnten die UK-Stellungen 1942 noch im wesentlichen aufrechterhalten werden. 1943 und besonders 1944 nahm die Zahl der eingezogenen Mitarbeiter kräftig zu. Im April 1945 waren rd. 35 Mitarbeiter des Instituts eingezogen.

Im zweiten Weltkrieg fielen:

Alfred Bath

Herr Bessel

Herr Dümke

Herbert Hapke

Hans Luckas

Richard Seiler

Johannes Stöhr

Werner Sebö v. Szin

Wolfgang Wernicke

Ferner kamen bei Fliegerangriffen 1944/45 ums Leben:

Franziska Kruse

Annemarie Raulien

Ilse Raulien

Hans Krüger, Staatssekretär a. D., von Ernst Wagemann 1944 ins Institut geholt und in der Verkehrsabteilung tätig, wurde nach der Eroberung Berlins durch russische Soldaten erschossen, als er versuchte, seine Töchter vor ihnen zu schützen. Ella Schimmel nahm sich im Mai 1945 das Leben.

Neue Aufgaben

Während des Krieges und in der Zeit seiner Vorbereitung wurde das Institut mehr und mehr durch seine Auftraggeber veranlaßt, sich mit rüstungswirtschaftlichen Fragen zu beschäftigen. Diese Gutachten sind nicht veröffentlicht und so gut wie vollständig verlorengegangen. Die meisten dieser Untersuchungen waren den Rohstoff- und Ernährungsproblemen gewidmet. Die Landwirtschaftsabteilung des DIW war — geleitet von Hans von der Decken — schon in den Jahren vor 1939 maßgeblich an der Erstellung der geheimen Kriegsernährungspläne beteiligt. Andere Arbeiten befaßten sich mit der Sicherung der Ernährung in den besetzten Gebieten. Dabei galt es auch bei der Wehrmacht aufkommende Illusionen zu zerstören, so z. B. die unrealistische Hoffnung auf eine durch Hunger verursachte Kapitulation der Sowjetunion. Das Reichsministerium für Ernährung und Landwirtschaft hatte dies nach der Besetzung der Ukraine behauptet, bei seinen scheinbar exakten Berechnungen übersehen, daß durch die Reduzierung der Viehhaltung kurzfristig mehr Fleisch und langfristig mehr für die menschliche Ernährung verwendbares Viehfutter (Getreide, Kartoffeln, Rüben) zu gewinnen war.

Am 17. November 1944 sandte Ernst Wagemann mit einem Begleitbrief Walter Däbritz, dem wissenschaftlichen Leiter der ehemaligen „Abteilung Westen, Essen" des DIW einen Schriftsatz mit dem Titel „Die Aufgaben des Deutschen Instituts für Wirtschaftsforschung". Dieser offensichtlich von Wagemann selbst ausgearbeitete Schriftsatz ist deshalb von großem Interesse, weil er — mit Sicherheit nahezu lückenlos — alle wichtigen Auftraggeber des Deutschen Instituts für Wirtschaftsforschung um die Jahreswende 1944/45 aufzählt.[41]

„Zu den Auftraggebern des Instituts gehörten während der letzten Jahre insbesondere das Stabsamt des Reichsmarschalls, das Reichministerium für Ernährung und Landwirtschaft, der Generalbevollmächtigte für die Rüstung (Planungsamt), das Reichministerium für Rüstung und Kriegsproduktion, das Reichswirtschaftsministerium und die Deutsche Reichsbank, das Oberkommando der Wehrmacht, das Reichsministerium für Volksaufklärung und Propaganda (bzw. der Werberat der deutschen Wirtschaft), das Reichsverkehrsministerium, das Auswärtige Amt und das Reichspostministerium."

Von diesen Ministerien und Dienststellen haben einige schon seit langem enge Beziehungen zum Institut unterhalten, größtenteils seit seiner Gründung im Juli 1925 und fast alle als Kuratoriumsmitglieder. Noch Anfang 1942 war das DIW von militärischen u.ä. Dienststellen kaum zur Hilfeleistung herangezogen worden. Von 1939 an haben die Verkehrs- und die Auslandsabteilung für die entsprechenden Ministerien gearbeitet — wie schon vor dem zweiten Weltkrieg. Die Industrieabteilung war dagegen in zunehmendem Maß für das Reichswirtschaftsministerium tätig. Hauptauftraggeber war

---

[41] Brief und Schriftsatz sind im Rheinisch-Westfälischen Institut für Wirtschaftsforschung erhalten geblieben. Für die Überlassung sind wir Herrn Dr. Winkelmeyer vom RWI zu Dank verpflichtet. — Die Umwandlung des RWI in einen eingetragenen Verein war 1943 vollzogen worden, Wagemann blieb Präsident des Instituts.

für Rolf Wagenführ und seine Mitarbeiter Hans Kehrl, der seit 1938 als Abteilungsleiter und „Generalreferent für Sonderaufgaben" im Wirtschaftsministerium tätig war. Seit 1942 unterstand ihm die Hauptabteilung Industrie im selben Ministerium. Vom Herbst 1943 bis zum Kriegsende war Kehrl u. a. der Chef des Rohstoffamts im Rüstungsministerium. In dieser Eigenschaft traf er mit Ernst Wagemann ein Abkommen über den Einsatz der Industrieabteilung des Instituts: Sie arbeitete im Werkvertrag nur noch für das Rüstungsministerium, das für die gesamten Kosten aufkam.

In den ersten Kriegsjahren hatte die Industrieabteilung des Instituts im Gebäude des Reichswirtschaftsministeriums (Unter den Linden, Ecke Charlottenstraße) zwei Zimmer; in dem einen saß eine Sekretärin, in dem anderen Rolf Wagenführ und der eine oder andere seiner Mitarbeiter. Vom Herbst 1943 an arbeitete die gesamte Industrieabteilung so gut wie ausschließlich für das Rüstungsministerium, jedoch fand die Arbeit in den Institutsräumen statt.

Über die Zusammenarbeit des Rüstungsministeriums, das bald nach dem tödlichen Unfall von Fritz Todt am 8. Februar 1942 von Albert Speer übernommen worden war und der Industrie-Abteilung des DIW gibt es nur noch wenige Originaldokumente. Dennoch läßt sich die in der Schlußphase des Krieges rasch zunehmende Kooperation recht gut verfolgen, weil sowohl Hans Kehrl[42] als auch Rolf Wagenführ[43] darüber berichtet haben. Die Hinweise in Kehrls Buch sind meist sehr kurz und z. T. anekdotischer Art. Hierfür ein Beispiel:[44]

„Eine bedeutende Persönlichkeit erscheint mit seinem Stab wegen der Zuteilung von Eisen- und Stahlkontingenten. Das Gespräch verläuft kritisch. Kehrl wirft dem Leiter der Reichsgruppe seine schwerindustrielle Mentalität vor, die sich der gestellten Aufgabe nicht genügend annehme. Seine gezielte Frage zum Beispiel nach dem jährlichen Bedarf der Landwirtschaft an Eimern wird ziemlich patzig damit beantwortet, daß man das überhaupt nicht wissen oder feststellen könne. Kehrl belehrt den hohen Herrn eines Besseren. Ein Anruf bei Wagenführ, dem begabten Leiter der Hauptabteilung Statistik, ergibt innerhalb weniger Minuten die gewünschten Zahlen. Mit hochrotem Kopf werden der Leiter und sein Stab nach Hause geschickt, um die ‚Schulaufgaben' nochmals zu machen."

Ausführlicher äußert sich Kehrl über Rolf Wagenführ an anderer Stelle (S. 319 f.):

„Viel schwerer war es natürlich, das Planungsamt zum Laufen zu bringen. Denn seine Aufgaben waren ja in mehrfacher Hinsicht viel umfassender als die, die ich im

[42] H. Kehrl: „Krisenmanager im Dritten Reich — 6 Jahre Frieden — 6 Jahre Krieg — Erinnerungen", Düsseldorf, 1973, S. 12.

[43] R. Wagenführ: „Die deutsche Industrie im Kriege 1939 bis 1945", Berlin 1954 bzw. 1963.

[44] A. Köster: „Zur Einführung" in der in Fußnote 42 zitierten Veröffentlichung von Hans Kehrl, S. 9.

RWM wahrzunehmen hatte. Das Planungsamt sollte ja einerseits als Planungszentrale für das Speer-Ministerium tätig sein, andererseits interministerielle Aufgaben für die Zentrale Planung wahrnehmen. Die Verflechtungen mit dem Ernährungssektor und der Forstwirtschaft mußten ebenso einbezogen werden wie die Querschnittsbereiche Arbeitseinsatz und Verkehr. Das Planungsamt mußte so schnell wie möglich ein allgemeines Wissens- und Informationszentrum werden, aber auch eine Art Informationsbörse. Der Bandwurmerlaß hatte unter anderem auch eine Art Branchenregister geliefert. Wer tut was? Wer ist wofür zuständig? Er gab aber keine Antworten auf weitergehende Fragen. Wir mußten mehr bieten und mehr können: Konkrete Antworten auf konkrete Fragen. Wir mußten daher so schnell wie möglich, so viel wie möglich von allem wirtschaftlich Relevanten wissen. Je vollständiger der Überblick, je größer die Fähigkeit, Tendenzen zu erfassen und Möglichkeiten abzuschätzen, auf welche Bereiche sich bekannte und neu entstehende Engpässe auswirkten. Wissen schlägt sich in der Wirtschaft nun einmal weitgehend in Zahlen nieder. Hier setzte eine der Geheimwaffen ein, mit denen ich mich bemühte, möglichst präzises Wissen an die Stelle von Vermutungen und Annahmen zu setzen: Dr. Wagenführ und sein Team.

Sofort nach Unterzeichnung des Erlasses über die Aufgaben des Planungsamtes (am 16.9.1943) hatte ich Dr. Wagenführ beauftragt, eine „Hauptabteilung Planstatistik" für das Planungsamt aufzubauen, das alle wirtschaftlichen Bereiche umfassen sollte. Die Arbeitsfähigkeit und Einflußmöglichkeit des Planungsamtes hing entscheidend davon ab, daß wir nicht nur auf den Gebieten weiterarbeiteten, die bisher die Aufgabe seiner Abteilung bei mir gewesen waren, sondern daß wir praktisch alles, was sich in Zahlen fassen ließ, schnell und übersichtlich zusammenstellten. Außerdem bestand unsere Aufgabe darin, den Minister laufend über Produktion und Bedarf in kurzfristigen Zeitabständen zu orientieren und auch die Rüstungsendfertigung bis in alle Einzelheiten in unsere Berichterstattung einzubeziehen. Wagenführ sollte daher zuerst Besprechungen mit den Hauptausschüssen und Ringen aufnehmen — um sich einen Überblick darüber zu verschaffen, wie gut deren Zahlenmaterial war, ebenso sollte er mit den Reichsvereinigungen Eisen und Kohle und was es sonst an wichtigen Organisationen gab, sprechen. Es gelang Dr. Wagenführ, alle diese Verbindungen sehr schnell und reibungslos herzustellen. Die Statistiker bildeten eine Zunft unter sich. Sie kannten einander aus früherer persönlicher Zusammenarbeit. Viele Sachbearbeiter in den verschiedensten Organisationen, wie Reichsvereinigung Eisen, Reichsvereinigung Kohle usw. stammten sogar aus dem Hause Wagemann. Viele waren sich auch gegenseitig durch Veröffentlichungen in wissenschaftlichen Zeitschriften ein Begriff. Alle waren avantgardistisch in ihrem Fachbereich, allen neuen Anregungen oder Entwicklungen zugänglich und von ihrer Arbeit besessen. Das gute Instrumentarium des Konjunkturinstituts stand allen zur Verfügung. Es waren auch gute Methoden grafischer Darstellungen entwickelt worden. Ich legte größten Wert darauf, daß die Resultate nicht in „Fachchinesisch", sondern für meine laienhafte „Kundschaft" geeignet präsentiert wurden.

Als ich aus Bühler Höhe zurückkam, konnte mir Dr. Wagenführ bereits einen kompletten Arbeitsplan vorlegen. Er hatte für seine Hauptabteilung zwanzig Mitarbeiter ausgesucht, die meist Kapazitäten auf ihrem Spezialgebiet waren.

Neu war ein Vorschlag Dr. Wagenführs, einen Index der deutschen Rüstungsendfertigung zu entwickeln. Dafür wurde als Basis die Höhe der Rüstungsproduktion im Januar/Februar 1942, also dem Beginn der Ära Speer zugrunde gelegt. Der Index wurde so aufgebaut, daß für jedes einzelne Rüstungsgut eine Produktionskurve mit dem Ausgangspunkt Februar 1942 = 100 erstellt wurde. Dann wurden diese Indextabellen zu Gruppenindexziffern zusammengefaßt, also zum Beispiel Waffen, Panzer, Kraftfahrzeuge, Flugzeuge, Munition, Pulver usw., und dann wurde aus diesen Gruppenindizes ein Gesamtindex der Rüstungsendfertigung entwickelt.

Daß unsere Zahlen stimmten, ist von den Alliierten, die sie auch mir gegenüber in ersten Gesprächen bezweifelten, durch sorgfältige Untersuchungen in den Betrieben nachkontrolliert und bestätigt worden."

Als Rolf Wagenführ und seine Mitarbeiter im Rüstungsministerium ihre Arbeit aufnahmen, existierte weder dort noch anderswo eine Berechnung der Entwicklung der gesamten Rüstung des Deutschen Reiches — im September 1943! Dagegen wurde ihnen der vom Feldwirtschaftsamt entwickelte „Schlagkraftvergleich" präsentiert. Hierzu schreibt Wagenführ in seinem vorstehend in Fußnote 43 zitierten Buch (S. 84 f):

„Der Schlagkraftvergleich verfolgte etwa folgenden Gedankengang:

a) Der Umfang der ausländischen Rüstungsproduktion ist, untergliedert nach Gruppen und Arten, mengenmäßig aus der Presse und sonstigen Nachrichten usw. bekannt.

b) Diese Produktionszahlen sind für einen Schlagkraftvergleich aber ungeeignet:

1) Ein Teil der laufenden Rüstung bleibt im Produktionsland (oder auch in den Empfängerländern) als Ausbildungsmaterial, gelangt also nicht auf das Schlachtfeld. Dies gibt das Recht, einen bestimmten Prozentsatz von der Produktion als für den wirklichen Kampf unerheblich abzusetzen.

2) Ein weiterer Teil der laufenden Rüstung wird zwar im Kampf eingesetzt, aber in anderen Räumen als dem europäischen (Ostasien, Afrika usw.). Dies gibt wiederum das Recht, eine bestimmte, mit militärischen Überlegungen begründete Quote von der laufenden Rüstungsproduktion des Gegners abzuziehen.

Es bleibt dann ein Rest übrig, der zunächst je Rüstungsgruppe, also gegliedert nach Artillerie, Infanteriewaffen, Panzern, Flugzeugen usw. die zu erwartende Stärke des Gegners auf den europäischen Schlachtfeldern erkennen läßt.

Nun ging der Schlagkraftvergleich aber noch einen Schritt weiter, und damit begann der Fehlschluß, der in seinen Auswirkungen, auch wenn sie nicht dokumentarisch belegt werden können, gar nicht hoch genug einzuschätzen ist. Man wollte nämlich außer dem Vergleich nach Rüstungsgruppen noch einen Gesamtvergleich anstellen, d. h. in einer Ziffer das Verhältnis ausdrücken, in dem der Gegner, verglichen mit Deutschland, in Europa zum Kampf antreten könne.

Ein solcher Wunsch ist verständlich. Es war nur notwendig, einen Generalnenner zu finden, auf den sich alle Arten Kriegsgerät zurückführen lassen. Auf diesen Generalnenner und seine methodische Brauchbarkeit kam es entscheidend an.

Das genannte Amt hatte eine sehr elegante Methode der Umrechnung gefunden. Grundgedanke: So wie der Krieg der Vater aller Dinge ist, kann das Eisen als Vater jeder Rüstungsproduktion gelten. Es wurde also ermittelt, — das war anhand der deutschen Verhältnisse unschwer und ohne allzu große Fehler möglich — wieviel

Einsatzgewicht an Eisen in jedem Gerät steckt, und dann brauchten nur noch die elektrischen Rechenmaschinen bedient zu werden: Munition gleich soviel Stahl, Panzer gleich soviel Stahl, Flugzeuge gleich soviel Stahl usw. Dann waren alle so errechneten Stahlmengen zu addieren und der Gesamtvergleich war fertig. In der Rechnung steckte aber ein Fehler, den auch der Laie sofort einsehen wird:

Der Generalnenner Stahl ist für diesen Zweck ungeeignet. Der Stahl spielt nämlich bei den einzelnen Gruppen der Rüstung eine sehr verschiedene Rolle. Munition ist besonders „stahlintensiv", d. h. je Tonne oder je 1 000 Arbeitsstunden oder je 1 000 RM Fertigprodukt wird hier besonders viel Stahl verbraucht. Waffen und Panzer nehmen eine Mittelstellung ein. Flugzeuge aber verbrauchen je Einheit, je 1 000 Arbeitsstunden, je 1 000 RM relativ wenig Stahl, weil es nicht der Stahl ist, der hier den Hauptrohstoff ausmacht, sondern Aluminium oder bestimmte Leichtmetallegierungen. Nun war, wie gesagt, die Überlegenheit der Gegner bei der „stahlintensiven" Munition besonders gering, bei den wenig Stahl verbrauchenden Flugzeugen besonders groß. Wenn alle Rüstungsgruppen auf Stahl umgerechnet werden, wird die Munition im Gesamtdurchschnitt also überbewertet, die Flugzeugproduktion aber erheblich unterbewertet.

Durch einen falschen Generalnenner wurde also ein Kampfkraftverhältnis in Europa für 1943 zwischen „Freundbund" und „Feindbund" von 1 : 1,7 „errechnet", während es in Wirklichkeit mindestens 1 : 3 betragen haben muß. Es kommt eben nicht oder jedenfalls nicht in erster Linie auf den Stahl an, der in der Rüstungsproduktion steckt, sondern auf die Verarbeitung, die sich darauf aufbaut, auf die Leistung der Techniker und Arbeiter, die den Stahl — in verarbeiteter Form — erst zur Waffe machen."

Wagenführ weist anschließend darauf hin, daß seine Überlegungen vom Herbst 1943 später durch die Berechnungen von R. Goldsmith bestätigt wurden. Goldsmith errechnete über die zu Preisen von 1944 bewertete Rüstungsproduktion der USA, des UK und der Sowjetunion im Vergleich zur deutsch-japanischen eine Relation von 2,4 : 1 (1941) bzw. 3,4 : 1 (1943).

Übrigens ist es Wagenführ nie gelungen, mit seinen Ideen zum Thema „Schlagkraftvergleich" durchzudringen. Ihm wurde geantwortet, „der Führer sei an die alte Berechnung gewöhnt"[45]. In Wahrheit gab es niemanden, der gegenüber Adolf Hitler eine Neuberechnung verantworten wollte, die alle bisherigen Vorstellungen als Illusion entlarvte.

Bei der im DIW entwickelten Methode zur Berechnung einer „Indexziffer der Rüstungsendfertigung", vermieden Rolf Wagenführ und seine Mitarbeiter soweit wie irgend möglich die bei derart komplizierten Berechnungen häufig zu findenden Denkfehler. Wagenführ hat darüber ausführlich in seinen Buch (S. 208-211) berichtet. Hier einige Zitate:

---

[45] Mündliche Mitteilung von Rolf Wagenführ. — In Wagenführs schriftlicher Darstellung bleibt offen, ob das Feldwirtschaftsamt berücksichtigt hat, daß auch die deutsche Wehrmacht erhebliche Teile ihrer Waffen, Fahrzeuge und Flugzeuge nicht an der Front einsetzen konnte, da auch sie Material für die Ausbildung benötigte (vor allem Panzer, Flugzeuge, U-Boote).

„1. Aufgabe

Die Aufgabe, einen zusammenfassenden Ausdruck für die tatsächliche Entwicklung der deutschen Rüstungsproduktion zu finden, war schon bald nach Kriegsausbruch gestellt worden. Die militärischen Dienststellen, die sich mit diesen Fragen befaßten (Wehrwirtschaftsstab bei General Thomas) sahen aber keine Möglichkeit, eine sinngemäße Lösung zu finden.

So wurde „die“ Rüstungsproduktion lange Jahre hindurch nur an Einzelreihen gemessen; als Zusammenfassung diente nur die Zahl der von den drei Wehrmachtsteilen in Anspruch genommenen Arbeitskräfte. Erst ab Mitte 1943 wurde der Gedanke, eine Volumenindexziffer der Rüstungsendfertigung zu errechnen, wieder aufgegriffen. Die Zielsetzung war klar: Es sollte der ökonomische Aufwand gezeigt werden, der für die Herstellung von fertigen Rüstungsgütern erforderlich war........

2. Problematik einer Indexziffer der Rüstungsendfertigung

Es ist aus der statistischen Praxis der letzten zwanzig Jahre zur Genüge bekannt, daß die Berechnung von Produktionsindexziffern von jeher viele Probleme in sich birgt, die immer nur zu einem mehr oder weniger befriedigenden Teil gelöst werden können........

Man muß sagen, daß eine Indexziffer der Rüstungsproduktion derartige Schwierigkeiten noch potenziert aufweist.

Zunächst: Während in Friedenszeiten eine Produktionsindexziffer mit guten Gründen auf repräsentativer Basis errechnet werden kann (Berechnungen des Verfassers haben z. B. ergeben, daß die Abweichungen zwischen Indexziffern sehr verschiedenen Repräsentationsgrades nur sehr gering sind), ist ein gleiches Verfahren bei Indexziffern der Rüstungsendfertigung nicht möglich. Der Kreis der „wichtigen“ Endprodukte der Rüstungsendfertigung wechselte in Deutschland sehr schnell und häufig. Wenn auch bei den „alten“ Waffen und Geräten immer ein großer Prozentsatz der Erzeugung typenmäßig unverändert blieb, kamen doch immer wieder neue Waffen in neuer Ausführung hinzu. Diese gerade wurden stückzahlmäßig stark gefördert, so daß sie das Gesamtbild der Rüstungsfertigung wesentlich beeinflußten. Daher war es notwendig, den Kreis der erfaßten Rüstungsgüter möglichst weit zu ziehen. Die Indexziffer der Rüstungsendfertigung hat dieses Prinzip verfolgt........

Der Repräsentationsgrad ließ sich im Herbst 1943 an Hand der damals durchgeführten „Zusatzerhebung zur Industrieberichterstattung“ ermitteln. Es ergab sich, daß etwa 90 vH der Rüstungsendfertigung erfaßt waren. Ein weiteres Problem bildet die Wägung der Indexziffer. Es war ursprünglich beabsichtigt, die Wägung nach dem Arbeitsaufwand vorzunehmen, der für die einzelnen Rüstungssparten aufgebracht werden mußte: Abgesehen davon, daß gegen dieses Prinzip der Wägung gewisse Bedenken bestanden (die stark kapitalintensiven Zweige der Rüstung wären auf diese Weise gegenüber den mehr arbeitsintensiven benachteiligt worden), ließ sich diese Absicht nicht verwirklichen. Infolge der vielseitig verschlungenen Zuliefer beziehungen war es nämlich nicht möglich, den Arbeitseinsatz je Gerät exakt zu ermitteln. Selbst ungefähre Angaben waren nicht zu erlangen........

Die Wägung nach den Mengen der eingesetzten Materialien, vor allem nach dem Eisen, wurde .... als unrichtig abgelehnt; die modernsten Waffen waren viel geringere Eisenfresser als die alten Zweige der Munitionsherstellung und der

Artillerie........ Obwohl für den Kenner von Indexreihen die Frage der Basis keine besonderen Probleme bietet, wurde aus dem Konsumentenkreis des Reichsministeriums für Rüstung und Kriegsproduktion gegen das Basisjahr 1942 opponiert. Man wünschte, die Entwicklung der Rüstung seit der Amtsübernahme durch Speer zu sehen, Die Indexziffer wurde daher auf die Monate Januar/Februar 1942 als Basis abgestellt........ Wissenschaftliche Einwände ernsthafter Natur waren gegen diese Basis ... nicht zu erheben. Um die Weiterberechnung der Indexziffer zu ermöglichen, wurde die Umstellung auf die Basis Januar/Februar 1942 vorgenommen.

3. Die Berechnung der Indexziffer

Konkret wurde bei der Berechnung der Indexziffer wie folgt verfahren: Ausgangspunkt bildeten die Produktionsreihen der einzelnen Geräte, die monatlich vorlagen. Als 'produziert' gelten die abgenommenen Geräte. Jedes einzelne Gerät wurde Monat für Monat mit dem gleichen Preis versehen und dann mit den Geräten der verwandten Gruppe zusammengezählt. So entstanden zunächst die Untergruppen, wie z. B. leichte Infanteriewaffen, schwere Infanteriewaffen, leichte Artillerie, schwere Artillerie usw. Alle Waffenuntergruppen zusammen bildeten dann die Indexgruppe der Waffen.

An solchen Gruppen wurden gebildet: Waffen, Munition, Flugzeuge, Schiffe, Panzer, Kraftfahrzeuge, Pulver, Sprengstoffe, Zugkraftwagen.

Hier ist auch der Einbau der Gruppenindexziffer Flugzeuge zu erwähnen. Zunächst wurde die Gruppenindexziffer Flugzeuge nach Rüstgewichten der einzelnen Typen ermittelt. Die Wägung dieser Gruppenindexziffer aber erfolgte nach den Werten, genau wie für die übrigen Gruppen geschehen."

Rolf Wagenführ hat 1945 — von Januar bis März und im Mai — sein Buch geschrieben, in der Überzeugung, daß es historisch notwendig sei, der Nachwelt einen exakten Bericht über die Vorgänge im Rüstungsministerium zu überliefern und am Beispiel der im DIW geleisteten Arbeiten zu zeigen, daß die Niederlage Deutschlands und Japans angesichts der miteinander kämpfenden Industriepotentiale seit der Kriegserklärung Hitlers an die Sowjetunion und an die USA unvermeidbar geworden war.

Hierzu schreibt Rolf Wagenführ (S. 127 f):

„Die Rüstungsproduktion des Deutschen Reiches um die Mitte 1944 mag etwa doppelt bis dreifach so groß gewesen sein wie 1918 — mit ungleich größerer Wirkung der produzierten Geräte als im ersten Weltkrieg. .... Und doch wäre es eine gefährliche Täuschung, die wirtschaftliche Niederlage Deutschlands im zweiten Weltkrieg aus „verpaßten Gelegenheiten" zu erklären. ..... Es gab keine Chance, diesen Krieg der Fabriken wirtschaftlich zu gewinnen. Deutschland wurde faktisch vor allem durch den Luftkrieg und die Gebietsverluste wirtschaftlich entscheidend geschwächt; wären diese Faktoren nicht so intensiv wirksam geworden, hätte auf die Dauer die Überlegenheit der Gegenseite an Menschen, Rohstoffen und Kapazitäten den Ausschlag geben müssen."

Ähnliches galt — vom Institut nachgewiesen — für das Verkehrspotential, nicht zuletzt dank der enorm hohen Ausfälle von Lokomotiven.

Die Verlegung nach Feldberg

Mit der Zunahme der Bombenangriffe auf das Reichsgebiet und besonders Berlin wurde die Arbeitsleistung der Institutsangehörigen stark beeinträchtigt: Gestörter Schlaf, unterbrochene Verkehrsverbindungen, Schadensbeseitigung wirkten sich aus. Die Institutsleitung dachte immer stärker an eine teilweise Verlagerung nach draußen. Eine Ausweichstelle wurde in Feldberg in Mecklenburg gefunden.

Sehr anschaulich hat die Schwierigkeiten der Verlagerungsaktion Hans Liebe in dem „Erinnerungsband" beschrieben (S. 75 f.):

„Die Ausweichstelle in Feldberg in Mecklenburg ...... war dem Institut durch einen Rechtsanwalt aus Magdeburg, Dr. Pauls, den Wagemann als Justitiar ins Institut geholt hatte und der sich wegen seiner vielseitigen Beziehungen zur Wirtschaft als guter „Besorgski" erwies, vermittelt worden. Es gehörte dem Berliner Gastwirt Lindemann und war von der HJ als Ferienlager beschlagnahmt worden. Die Beziehungen des Instituts erwiesen sich als stärker, und es wurde uns als Ausweichstelle frei gegeben. Das Objekt war ein ehemals als Kaltwasserheilsanstalt benutztes Kurgebäude, zweistockig, mit vielen kleinen Einzelzimmern und so als Büro wohl geeignet. Der große Eßsaal wurde zur Bibliothek bestimmt. Die fehlenden Regale baute Zimmermeister und Sägewerksbesitzer Greck ein. Auch hier erwiesen sich meine Nägel wieder als Zauberstab: Holz wurde bereitwillig geliefert und Arbeitskräfte gestellt.

Im Spätherbst 1943 sollte die erste größere Umsiedlung erfolgen. Hierzu mußten möblierte Zimmer beschafft werden, was in diesem Umfang — Feldberg war immerhin nur ein kleiner Ort — allein durch Beschlagnahme möglich war. Aber auch diese Aufgabe wurde gelöst. Größere Schwierigkeiten bereitete der Transport. Eisenbahnverladung war aus Waggonmangel nicht möglich: also Schiffstransport. Ich konnte einen Kahn erhalten, bis Lychen, von dort mußten die Sachen mit Lastzug nach Feldberg transportiert werden. Die Verladung erfolgte in Charlottenburg an der Dovebrücke nur etwa 1 1/2 bis 2 km .... von der Fasanenstraße entfernt durch die Fahrbereitschaft. Diese stellte auch die Leute. Aber was waren das für Leute! Da mußte vom Institut ein jeder mit zupacken.

Wir hatten etwa 70 Kisten beschaffen können, aber was war das? Da geriet ich irgendwie an eine Kartonagenfabrik in der Gegend der Jannowitzbrücke, die uns 2 000 bis 3 000 Kartons anfertigte und auch lieferte. Die Größe wählten wir so, daß Aktenordner gerade hochkant hineinpaßten. Hierfür war auch das Material stark genug. Als die Bücherei diese Kartons in Ermangelung von etwas Besserem mit Büchern füllte, mußten sie mit aller Vorsicht behandelt werden; zum Teil kamen sie stark beschädigt an. Die Erfinder im Institut kamen auf den Gedanken, die Kartons auf über die Treppen gelegte Leisten von Podest zu Podest rutschen zu lassen, um sich das leidige Treppensteigen zu ersparen. Der Erfolg war, daß sie schon aufgeplatzt auf die Lastwagen kamen und diese Art der Verladung schleunigst abgestellt werden mußte.

Als wir die Kartons hatten, tauchte als Engpaß die Strippe auf. Wir brauchten mehrere Zentner Papierbindfaden, für die wir schließlich Bezugscheine bekamen, die wir aber mit einer geborgten Karre aus der Gegend des Schöneberger Rathauses abholen mußten.

Dann kamen die Privatwünsche: Wagemanns halbe Bibliothek sowie ein Teil seiner Möbel mußte mit verladen werden. Auch die Institutsangehörigen, die für dauernd mit nach Feldberg wollten — meist bereits Bombengeschädigte — wünschten einen Teil ihrer Möbel mitzunehmen. Für eine solche Sammelfuhre durch die Stadt hatte die Fahrbereitschaft aber keinen Auftrag; hier konnte nur schmieren helfen! Aber alles kam gut in den Kahn, er kam gut aus den gefährdeten Berliner Gewässern und heil nach Lychen.

Der Getreidehändler Köhm stellte zwei Lastzüge und etwa sechs russische Kriegsgefangene, die die Sachen aus dem Kahn auf die Lastzüge luden.

Für das Ausladen in Feldberg und das Einräumen in die Ausweichräume mußten wir selbst sorgen. Hier haben die Damen und Herren des Instituts eine beachtliche Leistung vollbracht; leider eine vergebliche, wie sich später herausstellte!

Im November/Dezember 1943 ging der Bombenregen auf Berlin richtig los, und wir freuten uns, daß wir den Hauptteil des Institutsmaterials in Sicherheit hatten. Im Dezember wurde dann ein Kriegsrat abgehalten, in dem besonders Dr. Eduard Wolf dafür plädierte, die restlichen Möbel und Materialien nach Feldberg zu transportieren. Ich konnte nochmals Kartons beschaffen und einen Kahn chartern. Die Verladung erfolgte zwischen Weihnachten und Neujahr, und ich hatte große Sorge, daß der Kahn unterwegs irgendwo einfrieren könnte. Aber auch dieser erreichte heil sein Ziel, wenn auch die Sorgfalt mit den Sachen immer geringer wurde. Es wurden damals soviele Häuser durch Bomben zerstört und Mobiliar und Einrichtungen vernichtet, daß die Achtung vor den Werten, die einem nicht selber gehörten, geringer wurde. Ein gewisser Fatalismus griff um sich.

So blieben auch viele Institutler in Berlin und arbeiteten in ihren kahlen Räumen, die nur noch Tisch und Stuhl sowie die wichtigsten Bücher enthielten. Sie flickten die zerbombten Fenster und bevölkerten die unteren Stockwerke, in denen es nicht so schnell durchregnete. Die Kasse hatte sich in einer Kellerwohnung des Hauses etabliert, wo sie am wenigsten brandgefährdet war. Zwar ging gegen Ende des Krieges der linke vordere Dachstuhl in Trümmer, aber die Seitenflügel und das Hinterhaus waren noch intakt. Erst als die Russen kamen, ist in den Kämpfen in der Zoo-Gegend das Haus in Brand geraten und fast völlig vernichtet worden. Nur aus dem Panzerschrank der Kasse im Kellergeschoß konnten noch einige angesengte Geldscheine gerettet werden."

Zum Schluß dieses Berichtes über die Rolle des DIW in den letzten 20 Monaten des Krieges soll eine kleine Geschichte zeigen, daß die Berliner Schlagfertigkeit und Spottlust auch im DIW damals noch lebendig war. Rolf Wagenführ wollte — als die Indexziffer der Rüstungsendfertigung „stand" — sein jüngstes Kind vor Augen haben und ließ trotz aller Geheimhaltungsvorschriften eine große Graphik anfertigen, die monatlich ergänzt wurde. Aber unter welcher Überschrift? — Karl Georg Mahnke kam der rettende Einfall: „Schreiben wir doch einfach: Welt-Kakao-Vorräte" — und so geschah's.

Die Ära Wagemann — Versuch einer Würdigung

Im Winter 1945 verließ Ernst Wagemann mit seiner Familie das von den sowjetischen Armeen bedrohte Feldberg und kehrte für wenige Tage nach Berlin zurück. Er gab Rolf Wagenführ alle Vollmachten, die stellvertretende Leitung des Instituts zu übernehmen und siedelte — von einigen Mitarbeitern begleitet — nach Clausthal-Zellerfeld über.

Die Ära Wagemann, die knapp 20 Jahre zuvor so hoffnungsvoll begonnen hatte und die — eingebettet in den unaufhaltsamen und letzten Endes doch begrüßenswerten Verfallsprozeß des Dritten Reiches — mit der Vernichtung des Institutsgebäudes und dem Verlust aller Arbeitsunterlagen endete, war abgeschlossen. Ernst Wagemann war ein bedeutender Wissenschaftler. Keinem Mann in Deutschland ist die empirische Wirtschaftsforschung mehr Dank schuldig als ihm. Er gab dieser neuen Disziplin ein unverwechselbares Gepräge. Er suchte seine Mitarbeiter aus — im Institut arbeiteten von 1925 bis 1945 mindestens 150 Wissenschaftler — und vermittelte ihnen eine profunde Ausbildung. Er entwarf die Forschungskonzeption seines Instituts und setzte sie, von seinen jungen Mitarbeitern begeistert unterstützt, in praktische Arbeit um. Er schuf die Publikationsreihen des Instituts, die Vierteljahrshefte, die Sonderhefte und den Wochenbericht sowie einige andere Veröffentlichungen. Er besaß eine erstaunliche Fähigkeit, gute und sehr gute Mitarbeiter zu gewinnen. Niemals jedoch hat er den geringsten Zweifel daran gelassen, daß er und nur er allein das Institut leitete. Das im Dritten Reich proklamierte „Führer-Prinzip" mag ihm entgegengekommen sein — aber darauf angewiesen war er nicht.

Albert Wissler hat in seiner Wagemann-Festschrift von 1954 über diesen Mann eine schöne Laudatio geschrieben; aus ihr soll hier auszugsweise zitiert werden:[46]

„Wenn der Verfasser recht sieht, hat Wagemann stets eine große Verwandtschaft zu den Renaissancemenschen empfunden und empfindet sie heute noch. Auch in seinem letzten Buch greift er dies Thema — unter Bezug auf Ortega y Gasset — wieder auf........

Allerdings wäre u. E. Ernst Wagemann auf Grund unserer eigenen Erfahrungen mehr zu den „conquistadores", den Männern, die auszogen, um die Welt zu erweitern und Neuland zu erobern, zu rechnen als zu den eigentlichen Renaissance-Menschen. Er hat das Neuland der empirischen Wirtschafts-und Konjunkturforschung mit erobern und einrichten helfen, wirkliches Neuland! Zwar hatte auch er viele Vorläufer, auch im deutschen Sprachbereich. Ohne die Einzelgänger, die „Trapper" der sogenannten historischen Schule der deutschen Nationalökonomie, ist die Leistung Wagemanns nicht zu denken. Aber das wirklich Neue an dem Unternehmen Wagemanns war, daß er nicht allein, sondern als „conquistador" mit einem wohlgeordneten Heer, mit Kämpfern, die das Land eroberten, mit Vermeßungsleuten, die es vermaßen, und mit Verwaltungsfachleuten, die es einrichteten, auszog........

Der Verfasser hat Wagemann erst Mitte 1930 beim Eintritt in das Statistische Reichsamt....... persönlich kennengelernt, also in einer Zeit, in der sich die Periode der Gründung der neuen empirischen Wirtschaftsforschung, die wohl auf die Zeit von 1925 bis 1932 anzusetzen ist, schon dem Ende zuneigte. Als er ihm zum erstenmal im großen Chef- Arbeitszimmer des Statistischen Reichsamts am Kurfürstendamm gegenüberstand, hatte er sofort das Gefühl, einer Art Kondottiere gegenüberzustehen, einem Kondottiere promotorhaft-kolonialen Lebensstils........ Wagemann hat das von ihm gegründete Institut für Konjunkturforschung (ab 1941 Deutsches Institut für Wirtschaftsforschung) wie eine Hacienda verwaltet und beherrscht: vital, machtbe-

---

[46] A. Wissler: „Ernst Wagemann — Begründer der empirischen Konjunkturforschung in Deutschland", Berlin 1954, S. 10f.

wußt, selbstbewußt, manchmal beinahe etwas despotisch, aber auch patriarchalisch. Die Sache des Hauses ging vor, und auch die Sache seiner Person, wenn man so sagen darf, stand in der Rangordnung des Hauses sehr hoch oben, denn „l'Institut c'est moi" war der unausgesprochene, aber in hohem Grade geltende Charakterzug des Hauses in der Gründerperiode. Und in der Tat war da etwas daran: er hat die Aufgabe gesehen, er hat ihr Raum geschaffen, d.h. die Finanzen besorgt, die Organisation aufgezogen, den Anfangsbestand an Mitarbeitern herangezogen und herangebildet, er hat in dieser Gründerperiode das Gesicht der Veröffentlichungen stärkstens bestimmt, — und er konnte es! Er hat das IfK gegründet! Aber er hat sich auch als patriarchalischer Herrscher für alles, was im Hause geschah, verantwortlich gefühlt, und er hat — trotz aller gelegentlich an Rücksichtslosigkeit grenzenden Energie -sich nicht nur auch um die Menschen gekümmert, sondern trotz manchen Konzessionen, die er aus der Rücksicht auf äußere Wirksamkeit .... mehr und mehr in Gedankenführung und Stil seiner wissenschaftlichen Arbeiten zunehmend zu machen für richtig hielt, nie den Respekt vor der Wissenschaft und dem wissenschaftlichen Streben des jüngsten der Mitarbeiter des Hauses vermissen lassen."

Angesichts der schweren Schicksalsschläge, die Ernst Wagemann von 1933 an immer wieder trafen, scheint die Frage berechtigt, ob er nicht besser daran getan hätte, nach seiner Entlassung durch Hugenberg zu emigrieren. Er war eine in aller Welt angesehene Kapazität, er hätte ohne Schwierigkeiten in USA oder anderswo einen Lehrstuhl erhalten können, er hätte 1945 triumphal zurückkehren können. Warum hat Wagemann diesen Ausweg nicht gewählt? Es gibt wohl nur eine überzeugende Antwort: Er befürchtete, daß das Institut, seine ureigenste Schöpfung, aufhören würde zu existieren. Er wußte, daß seine jungen Mitarbeiter auf seine Leitung weder verzichten wollten noch konnten. Es ist müßig, zu fragen, wie sich Ernst Wagemann entschieden hätte, wenn er am 30. Januar gewußt hätte, welche furchtbaren Wochen ihm vom 17. März bis zum 17. Juni 1933 erwarteten. Den Sturz durch Hugenberg, der — wie vorstehend beschrieben — in schnödester Form erfolgte und von einer ganzen Flut von Gemeinheiten und Verdächtigungen begleitet war, hat Ernst Wagemann — darüber besteht kein Zweifel — nicht unbeschadet überstanden. Auch den schließlich endgültigen Verlust seines Amtes als Präsident des Statistischen Reichsamt hat er zeitlebens nicht verwunden. Er litt monatelang an Schlaflosigkeit und schweren Depressionen und suchte nach Auswegen aus seiner zunächst hoffnungslos erscheinenden Lage.

Die eigenen Veröffentlichungen, die Ernst Wagemann im Institut oder als privater Autor schrieb, zeugen mehr und mehr von diesen Konflikten. Beispielsweise durfte 1940 Walther Funk, damals in Personalunion Reichswirtschaftsminister und Präsident der Deutschen Reichsbank, in dem Vorwort zu Wagemanns Buch: „Wo kommt das viele Geld her?" schreiben: „Das viele Geld kommt von der vielen Arbeit." — Jeder Eingeweihte (und selbstverständlich auch Wagemann) wußte genau, daß damals die zweite gigantische Inflation innerhalb von drei Jahrzehnten begonnen hatte.

Seit 1945 hat Ernst Wagemann Berlin nicht mehr besucht. Im Jahr 1948 kehrte er in sein Geburtsland Chile zurück. Er gründete dort wenig später das „Instituto de Economia" und wirkte von dort aus in den spanisch sprechenden Teil Latein-Amerikas hinein, wie die von Ernst Wagemann selbst bezeugte[47] argentinische Schrift „Wagemann" zeigt, die anfangs der 50er Jahre erschien.

1953 kehrte Wagemann mit seiner Frau nach Deutschland zurück und lebte in Frankfurt, Hamburg und Kiel. In Hamburg hat ihn Albert Wissler im Frühjahr 1954 noch einmal besucht und kehrte sehr deprimiert nach Berlin zurück: Sein alter, hochverehrter Chef war schwer krank. 1955 siedelte Wagemann nach Bad Godesberg über, wo er im Hotel „Dreesen" wohnte. Er starb am 20. März 1956.

Gottfried Benn schrieb in seinem Lesestück „Drei alte Männer":

„Wir lebten etwas anderes, als wir waren, wir schrieben etwas anderes, als wir dachten, wir dachten etwas anderes, als wir erwarteten und was übrig blieb, ist etwas anderes, als wir vorhatten".

Wie viele große Männer seiner Generation erlebte und erlitt auch Ernst Wagemann seit 1933 diese Kluft zwischen Wollen und Tun in seinem Leben.

[47] In dem in Fußnote 6 zitierten Brief vom 3. März 1954.

DIE ÄRA FRIEDENSBURG

1945 bis 1968

Turbulente Zeiten (Mai 1945 bis Februar 1947)

Am 2. Mai 1945 kapitulierte die Berliner Garnison und ergab sich bedingungslos den sowjetischen Siegern. Die zivile Bevölkerung der Stadt konnte zwar etwas aufatmen, als das Trommelfeuer der letzten Wochen nachließ und bald verstummte, aber bevor die sowjetische Militäradministration durch eisernes Durchgreifen die Disziplin ihrer Armeen wieder herstellte, mußten die Berliner und vor allem die Berliner Frauen und Mädchen viel erdulden. Mord und Selbstmord wurden für kurze Zeit alltägliche Ereignisse.

Man half sich so gut man konnte, blieb in den Luftschutzkellern, solange es irgend ging, aber der totale Zusammenbruch der städtischen Infrastruktur zwang die Menschen auf die Straße, wenn sie an einer oft weit entfernten Pumpe Wasser holen oder etwas Eßbares suchen wollten — und sei es Fleisch von den vielen herumliegenden Pferdekadavern.

Berlin war zu jener Zeit die größte Trümmerstätte, die die Welt bis dahin gesehen hatte, im Stadtgebiet lagen die größten Mengen an Bauschutt, die es damals in Deutschland gab. Strom- und Gasversorgung waren unterbrochen, ebenso die Wasserversorgung und sämtliche Verkehrssysteme defekt. Einzige städtische Verkehrsmittel blieben für Wochen neben den sowjetischen Armee-Fahrzeugen die armseligen Handkarren jener Tage, die sich immer mehr als unentbehrlich erwiesen. Es empfahl sich nicht, Fahrräder zu benutzen, da sie häufig gewaltsam den Besitzern entrissen oder hinterrücks gestohlen wurden.

Inmitten dieser fast gespenstisch erscheinenden Landschaft trafen sich um den 10. Mai herum in der Fasanenstraße erstmals wieder Mitarbeiter des Instituts. Viele hatten bis dahin von der Zerstörung des Institusgebäudes nichts gewußt. Wie sollte es weitergehen?

Auf der Suche nach einem neuen Haus (Mai bis August 1945)

Rolf Wagenführ handelte rasch. Mit einigen jüngeren Mitarbeitern suchte er Ferdinand Friedensburg — wie dieser im zweiten Band seiner Lebenserinnerungen beschreibt[48] — in dessen damals halbzerstörtem Haus in

---

[48] An dieser Stelle ist es nicht möglich, auf Friedensburgs autobiographische Schriften detailliert einzugehen. Hingewiesen sei auf seine „Lebenserinnerungen",

Nikolassee auf und übertrug ihm Wagemanns Vollmacht zur stellvertretenden Leitung des DIW.

Friedensburg, der seit dem Oktober 1944 auf Befehl der Gestapo nicht mehr im DIW hatte arbeiten dürfen, ergriff seine Chance und rettete damit das Institut. Es war für ihn kein Problem, die Registrierung des DIW beim sich neubildenden Bezirksamt Charlottenburg vorzunehmen. Auf alle damals selbstverständlichen Fragen konnte er sich guten Gewissens als „Nicht betroffen" bezeichnen und dies vielfach beweisen.[49]

Die Registrierung war notwendig, da ohne sie eine erfolgreiche Suche nach neuen Büroräumen nicht möglich war. Im Nachbargebäude des alten Institutshauses, also in der Fasanenstraße 5, waren dem DIW einige Räume zur Verfügung gestellt worden, die nicht mehr als ein Notquartier sein konnten.

Die zweite Aktivität des neuen Präsidenten war delikater und für manchen Mitarbeiter schmerzlich, aber von der sowjetischen Militärverwaltung zwingend vorgeschrieben und daher unumgänglich. Friedensburg schreibt in seinem Rückblick von 1950[50]:

> „Als erste Aufgabe galt es, überhaupt wieder eine geordnete Arbeit zustande zu bringen ... hier setzten die ersten Bemühungen ein, die Mitarbeiter, soweit überhaupt die finanzielle und technische Möglichkeit zur Beschäftigung bestand, wieder zu sammeln, hierbei allerdings die damals ... unvermeidliche Trennung von den Kollegen herbeizuführen, die nach ihrer bisherigen politischen Tätigkeit einstweilen für eine Mitarbeit nicht in Frage kamen ... Das Ergebnis war schmerzlich genug."

Von den knapp 200 Beschäftigten waren im Mai 1945 nur noch etwa 100 in Berlin, davon konnten nur 33 sogleich weiterbeschäftigt werden.

Da die wenigen Räume des Notquartiers eine geordnete Tätigkeit nicht zuließen, wurden in den ersten Wochen verschiedene Notunterkünfte benutzt. Die verbliebenen Mitarbeiter fanden sich zunächst abteilungsweise zusammen, so die Verkehrsabteilung in der Nikolsburgerstr. 10 („Erinnerungsband", S. 62), die Konjunkturabteilung in Dr. Bauers Wohnung und die Industrieabteilung in der Wohnung von Günther Salje, einem der engsten Mitarbeiter von Rolf Wagenführ, in der Matterhornstraße in Schlachtensee.

Aus jenen Tagen berichtet Karl Georg Mahnke:[51]

Frankfurt 1969 sowie auf seine Rückschau auf die Jahre nach 1945 mit dem Titel „Es ging um Deutschlands Einheit", Berlin 1971. Ein geplanter dritter Band ist nicht mehr geschrieben worden.

[49] Er hat seine strikte Ablehnung des Nationalsozialismus u. a. von Martin Bormann und Reinhard Heydrich schriftlich bestätigt bekommen.

[50] F. Friedensburg „Das Deutsche Institut für Wirtschaftsforschung seit 1945", in: K.D. Arndt und R. Krengel (Hrsg.) a.a.O., S. 211.

[51] Mündliche Mitteilung von K.G. Mahnke.

„Herr Salje hatte seine Frau und seine vier Kinder evakuiert und daher in seiner Wohnung viel Platz. Wir trafen uns dort unregelmäßig — die Anmarschwege waren sehr groß! — und waren zunächst vor allem damit beschäftigt, zu überleben. Herr Salje wußte von einem Verpflegungslager der Organisation Todt in der Nähe seiner Wohnung. Mit einem Rucksack machte ich mich auf den Weg. Sehr groß war die Beute nicht: Ein Dutzend Dosen Honig. Bei der Rückkehr in die Matterhornstraße traf ich Herrn Salje bei einem Nachbarn, einem Arzt, der damit beschäftigt war, ein auf der Straße liegendes Pferd zu zerteilen. Auf unsere Frage, ob denn das Fleisch noch genießbar sei, wurde uns geraten, es scharf zu braten. Mit einem großen Stück beschenkt zogen wir glücklich ab. Das fehlende Fett wurde gegen Honig eingetauscht: Ein Apotheker gab uns Lebertran! — Als wir eben mit dem köstlichen Fleisch-Lebertran- Mahl begannen, erhielten wir Besuch von Dr. Otto Suhr, dem späteren Stadtverordnetenvorsteher und Regierenden Bürgermeister, der seit langem ein Freund des Instituts war und schon einige Monate später dem Institutsvorstand angehörte. Er ließ sich nicht lange bitten, mitzuhalten."

Obwohl die Verwaltung des DIW im Auftrage von Ferdinand Friedensburg unentwegt nach einer neuen Unterkunft suchte, fand sie in Charlottenburg wegen der zahllosen Bombenschäden nichts Geeignetes. Daher ließ sich das Institut am 11. Juli 1945 durch das Wirtschaftsamt des Bezirks Zehlendorf umregistrieren.

Friedensburg hatte diese Umregistrierung vornehmen lassen, weil in Zehlendorf sein alter Freund Dr. Wittgenstein Bezirksbürgermeister geworden war, der dem DIW eine leerstehende Dahlemer Villa nachwies, die von dem Eigentümer — der Kaiser-Wilhelm-Gesellschaft zur Förderung der Wissenschaften — zur Zeit nicht genutzt werden konnte. Die Gesellschaft erwies sich als überaus nobel: Sie überließ das in Dahlem in der Goßlerstr. 20 stehende Haus dem auf geringe finanzielle Reserven angewiesenen DIW Anfang Juli ohne Mietzahlung.

Dort wurde am 14. Juli 1945 die Einweihung des neuen, sehr schönen und wohl geeigneten Institutsgebäudes feierlich mit Musik und Vorträgen begangen — übrigens spielte das Baastian-Quartett für ein zeitgemäßes Honorar von 200,-- RM.

Am selben Tag trat das Kuratorium des DIW zum ersten Mal in der Nachkriegszeit zusammen. Über diese Sitzung wird noch zu berichten sein. Hier möge der Hinweis genügen, daß die Gründungssitzung des Kuratoriums fast auf den Tag genau vor 20 Jahren, am 16. Juli 1925, stattgefunden hatte. Fast alles hatte sich seitdem geändert, aber das „neue" Institut hat sich stets als direkter Nachfolger des „alten" verstanden. Die Zufriedenheit über die neue Bleibe war von kurzer Dauer. Anfang/Mitte August 1945 beschlagnahmte die US-amerikanische Militärregierung das vom Institut genutzte Gebäude[52]. Eine Frist von zwei Stunden wurde eingeräumt, es war jedoch untersagt, Möbel usw. mitzunehmen.

[52] Die genaue Datierung ist heute nicht mehr möglich. Ferdinand Friedensburg hat die Vorgänge von Mai bis September 1945 zweimal ausführlich beschrieben, einmal

Erneut war der Verlust der am Beginn des Neuaufbaus stehenden Bibliothek und der Büromaschinen zu befürchten. Aber wieder half die Initiative aller im Institut Beschäftigten: Während die auf der Goßlerstraße aufgestellten Wachtposten von den jungen, hübschen Mitarbeiterinnen des Instituts in eine ausgedehnte Unterhaltung verwickelt wurden, brachten alle übrigen Mitarbeiter auf der rückwärtigen Gartenseite in rasender Eile alles Brauchbare und Transportfähige durch die Fenster auf die Nachbargrundstücke. So konnte eine Katastrophe vermieden werden — der Ersatz der Büromaschinen wäre damals auf unabsehbare Zeit nicht möglich gewesen.

Etwa vom 10. August 1945 an saß das Institut buchstäblich wieder auf der Straße.[53]

„Als Notquartier bezogen wir nach diesem Schlag einige Räume in Zehlendorf, die wir dem Entgegenkommen der Deutschen Ärzteversicherung A.G. ... verdankten, die aber bei Regen nur mit aufgespanntem Regenschirm benutzt werden konnten,"

schrieb Ferdinand Friedensburg im Jahre 1950.[50] Da diese Lösung wegen der Unmöglichkeit einer raschen Schadensbeseitigung auf keinen Fall von Dauer sein konnte, wandte sich Ferdinand Friedensburg erneut an Dr. Wittgenstein, den Bezirksbürgermeister von Zehlendorf, mit der Bitte um Hilfe. Dieser stellte dem DIW eine ehemalige Generalsvilla zur Verfügung, die ungenutzt in der Cecilienallee 6 in Dahlem, nahe dem Grunewald stand.

Anfang September 1945 bezog das Institut diese neue Heimstätte und hatte damit nach fast viermonatiger Irrfahrt endlich wieder ein festes Quartier zu seiner Verfügung.

Ferdinand Grünig kommt ins DIW

Am 1. Juli 1945 berief Friedensburg Dr. Ing. Ferdinand Grünig ins Institut. Grünig ist mit Recht als einer der geistigen Väter der „Neuen Wirtschaftslehre" in Deutschland bezeichnet worden. „Grünig, promovierter Ingenieur ..., sieht sich durch seine praktische Tätigkeit und Erfahrung als 'Techniker' ... gedrängt, die ihm geläufige, am Modell orientierte Methodik der Strom- und Kreislaufbetrachtung in Technik und Mechanik auch bei der Untersuchung und Erklärung gesamtwirtschaftlicher Zusammenhänge und Wirkungsmechanismen anzuwenden".[54]

Seine ersten Veröffentlichungen datieren von 1931; sein großes Werk „Der Wirtschaftskreislauf" entstand 1932 und erschien 1933. Das Buch enthielt eine „Das Wirtschaftsmodell in 24 Tabellen" benannte Beilage, die praktisch

---

1950 (vgl. Fußnote 50) und einmal 1971 (vgl. Fußnote 48). Leider sind die Darstellungen widersprüchlich. Die Chronologie von 1950 ist richtig, die von 1971 falsch — eine Feststellung, die einiges Kopfzerbrechen bereitete.

[53] Die Datierung ist heute ebenfalls nicht mehr genau möglich.

[54] G. Bombach et al. (Hsg.) „Der Keynesianismus, Bd. III", Berlin Heidelberg New York, 1981, S. 66f.

den Beginn der Volkswirtschaftlichen Gesamtrechnung darstellt und den späteren angelsächsischen Arbeiten um Jahre voraus erschien. Aufgrund seiner Veröffentlichung arbeitete Grünig von 1936 — 1945 bei der Reichswirtschaftskammer als Leiter der volkswirtschaftlichen Abteilung.

Der Eintritt Grünigs ins DIW vollzog sich nicht ohne Reibungen, der Widerstand einiger Abteilungsleiter wurde von Friedensburg nicht zur Kenntnis genommen. Unbeirrt machte er im August 1945, als er zum Präsidenten der Zentralverwaltung der Brennstoffindustrie in der sowjetischen Besatzungszone ernannt wurde, Ferdinand Grünig sogar zu seinem Vertreter.

Ferdinand Grünig, am 23. Dezember 1890 in Metz geboren, war wenig jünger als Wagemann (den er gut kannte) und Friedensburg. Das wissenschaftliche Werk, das er bei seinem Ausscheiden aus dem DIW am 30. Juni 1959 hinterließ, war beeindruckend — darüber hinaus hatte er bis dahin so viele junge Wissenschaftler in seine Lehren und Methoden eingeführt, daß seine Arbeiten ohne Unterbrechung fortgeführt werden konnten.

Rolf Wagenführ wird „entführt"

John Kenneth Galbraith hat 1981 in seinen Memoiren, die er „A Life in our Times" betitelte, über sein Zusammentreffen mit Rolf Wagenführ — zitiert nach der deutschen Übersetzung von 1982 — folgendes berichtet:[55]

„Ein Deutscher, den wir in jenem Sommer für unsere Arbeit dringend benötigten, war Dr. Rolf Wagenführ, der leitende Volkswirtschaftler und Statistiker des Speerschen Ministeriums. Er war — eine Ausnahme unter den hohen Beamten solcher Ministerien — in Berlin zurückgeblieben. Andere deutsche Beamte, die nach Bad Nauheim gebracht worden waren, behaupteten, sie hätten ihn als 'Roastbeef-Nazi' gekannt — außen braun und innen rot. Er wurde schließlich in Westberlin aufgetrieben, wo er gerade damit beschäftigt war, die deutschen Statistikbehörden für die Sowjets in Ostberlin wiederaufzubauen. Fleißig, wie er war, hatte er die Tage unmittelbar nach der Kapitulation damit verbracht, ein Buchmanuskript über die Geschichte der deutschen Kriegsproduktion zu vollenden. Obwohl wir zu sofortigen Verhaftungen bevollmächtigt waren, fühlte ich mich nicht wohl dabei und hatte angeordnet, daß Professoren, Wissenschaftler, Beamte und so weiter vorher benachrichtigt werden sollten. Als man Wagenführ unseren Wunsch, er möge nach Bad Nauheim kommen, mitteilte, zog er sich in sein Haus im Russischen Sektor zurück. An der Spitze eines Kommandos holte Baran ihn dort buchstäblich aus dem Ehebett. Er wurde nach Bad Nauheim ausgeflogen, und die Sowjets waren, völlig zu Recht, außer sich. Ein scharfer Protest erreichte Marschall Schukow und über ihn General Eisenhower. Nun geriet ich natürlich als der Verantwortliche in Ikes Schußlinie. Eine Lösung zeichnete sich ab, als Jürgen Kuczynski, ein deutscher Kommunist in unserem Stab, mir mitteilte, daß er sehr gern nach Berlin reisen wolle, um nachzusehen, ob sein Haus und seine Bibliothek den Krieg überstanden hätten. Wenn er die Reiseerlaubnis bekäme, könne er dort als praktizierender Genosse die Sache mit seinen kommunistischen Freunden erörtern und ins reine bringen. So geschah es, daß Kuczynski ungefähr vierzehn Tage nach dem Kidnapping, wie die Russen den Vorfall bezeichneten, Wagenführ, der uns

---

[55] J. K. Galbraith „Leben in entscheidender Zeit", München 1982, S. 222/23.

inzwischen eine sehr hilfreiche Einführung in die deutschen Kriegsproduktionsstatistiken gegeben hatte, wieder zurück nach Berlin brachte. Ich bat James Barr Ames, die beiden zu begleiten und die Operation im Auge zu behalten. Und tatsächlich wurde Kuczynski von den zuständigen sowjetischen Beamten herzlich willkommen geheißen und unsere gut einstudierte Erklärung für den Irrtum akzeptiert. Wagenführ konnte wieder als Statistiker für die Sowjets arbeiten, und ich entging Ikes Zorn. Wenig später zog Wagenführ in den Westen. Kuczynski, der nach der Beendigung unserer Arbeit in Deutschland aus dem Dienst entlassen wurde, ging in die Deutsche Demokratische Republik, wo er noch heute lebt und arbeitet."

Jürgen Kuczynski hat 1981 die gleiche Situation aus seiner Sicht dargestellt[56]:

„Es war im Sommer 1945; ich arbeitete mit dem United States Strategic Bombing Survey über die wirtschaftliche Entwicklung Deutschlands 1939 — 1945 in Homburg. Plötzlich erhielten wir die Nachricht, daß eine unserer Einheiten, die in Berlin gewesen war, einen 'wichtigen deutschen Statistiker' mitgebracht hätte. Am nächsten Tag sah ich diesen 'wichtigen deutschen Statistiker'. Es war Wagenführ. Man hatte ihn einfach 'beschlagnahmt'. Stundenlang diskutierten wir die Lage in Deutschland; auch seine Arbeit als Statistiker der sowjetischen Besatzungsmacht. Da er so bald wie möglich wieder zurück wollte, sprach ich mit Ken Galbraith, damals einer der Leiter des Survey, und nach drei oder vier Tagen kehrte er wieder zurück. 1946 ging er in die englische Besatzungszone, wo er Leiter des Statistischen Amtes der britischen Besatzungsmacht in Minden wurde."

Ferdinand Friedensburg war übrigens mit Wagenführs „Zusatzarbeit" für die sowjetische Besatzungsmacht keineswegs einverstanden, wie aus dem Protokoll der Kuratoriumssitzung vom 14. Juli 1945 hervorgeht.[57]

Die erste Kuratoriumssitzung nach dem Kriege

Wie erwähnt, verband Ferdinand Friedensburg die Einweihung des neuen Institutsdomizils in der Goßlerstraße am 14. Juli 1945 mit der ersten Kuratoriumssitzung nach dem Krieg.

Diese Sitzung hatte den Hauptzweck, die ersten Weichen für die weitere Institutsentwicklung zu stellen. Wie damals alles, so war auch diese Zusammenkunft ein Provisorium. Das alte Kuratorium hatte mit dem Untergang des Dritten Reiches zu existieren aufgehört, ein neues Kuratorium hatte noch nicht gebildet werden können.

Nach kurzer Begrüßung der Anwesenden bezeichnete Friedensburg als wichtigen Zweck der Sitzung, ein neues, den Zeitumständen entsprechendes Kuratorium zu bilden. Er bat die Anwesenden, sich in diesem Sinne als den Vorstand des Vereins aufzufassen.

---

[56] J. Kuczynski „Rolf Wagenführ — ein edler Ritter der Statistik" in: G. Menges und R. Zwer (Hsg.) „Probleme internationaler wirtschafts- und sozialstatistischer Vergleiche — Rolf Wagenführ zum Gedächtnis", Köln 1981, S. 12.

[57] Protokoll über die Kuratoriumssitzung des Deutschen Instituts für Wirtschaftsforschung (Institut für Konjunkturforschung) am 14. Juli 1945.

Anwesend waren laut Protokoll

Minister Dr. Hermes

Prof. Dr. Spranger

Bürgermeister Dr. Wittgenstein

Generaldirektor Dr. Schwab (Telefunken)

Prof. Dr. Rachel (AEG)

Dr. Suhr

Herr Lemmer

Vom Institut außer Dr. Friedensburg

Dr. Bauer

Dr. Grünig

Dr. Seume

Dr. Wolf

Nicht erschienen waren die Herren Dr. Landwehr und Dr. Winzer vom Magistrat der Stadt Berlin und Herr Dr. Rothenburg vom ehemaligen Kultusministerium.

Friedensburgs Bemühen, kommunistischen Einfluß vom Institut möglichst fern zu halten und sich auf CDU und SPD sowie auf die Gewerkschaften und auf die Wirtschaft zu stützen, ist unschwer zu erkennen. Diese Absicht wurde durch das Nichterscheinen der Ostberliner Herren begünstigt.

Dem Protokoll der Sitzung ist zu entnehmen, daß der neue Institutsleiter in der Grundlage seiner Leitungsbefugnis gewisse Mängel sah (Übertragung einer stellvertretenden Leitung, Übertragung einer Vollmacht durch eine weitere Vollmacht).

Weitere Informationen, die dem Protokoll zu entnehmen sind, betrafen die Bezahlung der Mitarbeiter — minimal 150,-- RM, maximal 450,-- RM — und die Finanzlage des Instituts. Da die bisherigen Zahlungen der Kuratoriumsmitglieder so gut wie vollständig aufgehört hatten und neue Geldgeber nicht auszumachen waren, war das Institut zunächst auf seine Reserven angewiesen. Die Barbestände betrugen Mitte Juli rund 55 000,-- RM, Wertpapiere im Nennwert von rund 250 000,-- RM waren in Westdeutschland in Verwahrung, ein Kontokorrentkonto von rund 80 000,-- RM war beschlagnahmt und mußte bald völlig abgeschrieben werden.

Trotz besonders erschwerter Umstände hatte das Institut im Juli 1945 seine Arbeiten wieder aufgenommen. Insbesondere wurde bereits damals an wissenschaftlichen Gesamtüberblicken gearbeitet. Der Präsident bat die Kuratoriumsmitglieder, dem Institut weitere Aufgaben zuzuweisen.

Zum Schluß vermerkt das Protokoll:

„Präsident Friedensburg stellt seinen Bericht zur Aussprache und bittet, zur Frage des Leiters des Instituts Stellung zu nehmen.

Hierauf gibt Minister Dr. Hermes unter allgemeiner Zustimmung der einmütigen Meinung aller Anwesenden Ausdruck, daß Präsident Dr. Friedensburg die Leitung in seinen Händen behalten und sich als vom Kuratorium bestätigt betrachten möchte.

Auf die Bitte des Präsidenten und mit Zustimmung aller Anwesenden übernimmt Minister Dr. Hermes die stellvertretende Leitung des Instituts.“

Offenbar wurde dieser improvisierten Sitzung — zunächst war nicht ein einziges Exemplar der aus dem Jahr 1935 stammenden Satzung aufzutreiben — vom Registergericht, das ebenfalls keineswegs voll arbeitsfähig war, nicht widersprochen.

Im neuen Haus (September 1945)

Das Haus, das dem DIW vom September 1945 an für beinahe elf Jahre als Arbeitsstätte diente, war um 1910/11 — also in der bisher besten Bauperiode des 20. Jahrhunderts — errichtet worden. Wie alle als Büro genutzten Villen hatte es Vorzüge und Nachteile.

So konnte die durch einen Windfang zu betretende Eingangshalle ohne weiteres als Vortrags- und Versammlungsort benutzt werden. Dagegen mußte die sehr unterschiedliche Zimmergröße und -ausstattung in Kauf genommen werden. Das Präsidentenzimmer war groß genug, um dort die von Friedensburg eingeführten regelmäßigen Abteilungsleitersitzungen veranstalten zu können. Das relativ große Haus enthielt einige schöne Zimmer, aber auch viele kleine Nebengelasse und Kammern, die nur beschränkten Platz boten.

Die Halle und einige Zimmer waren mit edlen Hölzern getäfelt, die mit Jugendstil-Ornamenten geschmückt waren. Das Institut hatte endlich wieder eine schöne und zunächst relativ viel Platz bietende Bleibe gefunden!

Manuskripte und in kleiner Auflage hergestellte Einzelschriften — die ersten Veröffentlichungen nach dem Kriege

In den ersten Wochen nach dem Krieg — also von Mitte Mai bis etwa Anfang Juli — war eine geregelte und organisierte Arbeit aus mehreren Gründen unmöglich. In erster Linie waren es die langen Anmarschwege in der großen Stadt quer durch die Schuttberge der Ruinenlandschaft, die Umgehung von zerstörten Brücken usw., in zweiter Linie die monatelange Unterbrechung der geregelten Postverbindungen, die normales Arbeiten nicht gestatteten.

Dennoch gelang es bereits damals der Industrie-Abteilung, ein schreibmaschinengeschriebenes Manuskript des vorstehend mehrfach und ausführlich zitierten Buches von Rolf Wagenführ herzustellen.[43]

Eines der wenigen Exemplare ist Jahre später — im April 1953 — von Ferdinand Friedensburg bei einem Besuch der Congress Library in Washington entdeckt worden, als er den Reference Catalogue der Bibliothek zu Rate zog. Dort fand er eine ihm völlig unbekannte Institutsveröffentlichung über die deutsche Rüstungswirtschaft verzeichnet, die im Jahre 1945 geschrieben worden war. Erst nach längerer Umfrage stellte es sich heraus, daß es sich um wohl das letzte Exemplar des Manuskriptes von Rolf Wagenführ handelte, das im Institut als verschollen galt.

Mit großer Wahrscheinlichkeit ist das Buch über das US Strategic Bombing Survey in die USA gekommen. In Großbritannien blieb diese Arbeit offenbar unbeachtet, wie zumindest aus einem Vortrag hervorgeht, den Nicholas Kaldor am 22. Mai 1946 vor der Manchester Statistical Society gehalten hat.[58]

Jedenfalls hat Rolf Wagenführ, von seinen Mitarbeitern — insbesondere von Theda Bolle und Leo Gapa — unterstützt, die Arbeit der Monate Januar bis März und Mai/Juni 1945 nicht umsonst getan, und das DIW konnte 1954 eine besonders interessante Veröffentlichung herausbringen, deren statistischer Anhang alle anderen Bücher ähnlichen Inhalts an Reichhaltigkeit bis heute bei weitem übertrifft.[43]

Die ersten Buchveröffentlichungen des DIW nach dem Kriege konnten erst 1947 publiziert werden.[59] Das Institut half sich zwei Jahre lang mit der Herstellung von hektografierten „Einzelschriften", die im allgemeinen in Auflagen von 100 bis 200 Stück vervielfältigt wurden. Diese Schriften wurden nicht von vornherein numeriert, auch fehlte anfangs ein fester Umschlag. Im Jahr 1951 wurde auf der Rückseite verschiedener Veröffentlichungen eine Aufstellung der bis einschließlich 1950 erschienenen Einzelschriften abgedruckt, allerdings war sie nicht vollständig.

Im Jahre 1945 hat das DIW, vom übrigen Deutschland bis zum 24. Oktober 1945[60] postalisch abgeschnitten, zunächst die speziellen Probleme der Berliner Wirtschaft untersucht und zwar im einzelnen:

— Berlins Stellung im deutschen Wirtschaftsleben. Von Ferdinand Friedensburg. Juli 1945

— Exportverflechtung und Exportaussichten der Berliner Industrie. Von Eduard Wolf. Juli 1945

— Geld- und Kreditprobleme der gegenwärtigen Wirtschaftslage Berlins. Von Eduard Wolf. August 1945

---

[58] Nicholas Kaldor „The German War Economy" in: Review of Economic Studies 1945-46, Vol. XIII (2), No. 34, p. 33-52.

[59] Deutsches Institut für Wirtschaftsforschung (Hrsg.) „Die Deutsche Wirtschaft zwei Jahre nach dem Zusammenbruch", Berlin 1947.

R. Nieschlag „Berlins Wirtschaft im Übergang", Berlin 1947, S. 18/19.

Deutsches Institut für Wirtschaftsforschung (Hrsg.) „Wirtschaftsprobleme der Besatzungszonen", Berlin 1948.

[60] Nach Auskunft des Berliner Post- und Fernmeldemuseums.

— Struktur und Verflechtung der Berliner Wirtschaft. Von Wilhelm Bauer. November 1945

— Die verarbeitende Industrie Berlins. Von Franz Seume. Dezember 1945

— Zur Versorgung der Großstadtbevölkerung — Einzelhandel, Handwerk und Gaststätten in neuen Berliner Wohnvierteln. Von Robert Nieschlag. Juli 1946

— Die Berliner Bauwirtschaft. Von Walter Grottian und Ferdinand Grünig. Januar 1947

— Zur Lage der Berliner Industrie. Von Franz Seume. Juli 1947

Die genannten Arbeiten sind meistens vergriffen.

Nie zuvor und niemals später ist im Institut der Berliner Wirtschaft soviel Aufmerksamkeit zuteil geworden als von Mitte 1945 bis Mitte 1947 ! Der Präsident und alle Abteilungsleiter schrieben über die speziellen Wirtschaftsprobleme der Stadt. Von August 1947 bis Ende 1948 erschienen noch drei weitere Einzelschriften über Berlin-Probleme, dann war aber das anfangs so große allgemeine Interesse an der Berliner Wirtschaft erloschen. Auch nach 1950 sind noch einige hektografierte Forschungsberichte des DIW erschienen, die man als Einzelschriften hätte bezeichnen können. Aber das Interesse an dieser Veröffentlichungsform endete rasch, als das Institut nach der Wiederaufnahme der Vierteljahrshefte und der Sonderhefte (beide Herbst 1948) vom Januar 1950 an auch den Wochenbericht wieder erscheinen ließ.

Die größte Bedeutung erreichten die „Einzelschriften" im Jahre 1946. Ihr Generalthema war die Bewältigung der durch den Krieg verursachten Katastrophe: Ernährungs und Textilwirtschaft, Außenhandel, Investitionstätigkeit und Volksvermögen, die Auseinandersetzung mit dem alliierten Industrieplan, Geld- und Preisprobleme wurden behandelt. Wiederum sind die meisten Beiträge von den Abteilungsleitern geschrieben worden.

Die Zahl der „Einzelschriften" ging 1947 leicht zurück, die erste größere Nachkriegsveröffentlichung beanspruchte viel Arbeitszeit. Probleme der deutschen Wirtschaft und die Entwicklungsmöglichkeiten der Industrie nach dem Bi-Zonenplan waren die herausragenden Untersuchungsgegenstände. Zu den Abteilungsleitern gesellte sich Karl Georg Mahnke schon von 1945 an und besonders 1948 mehrfach als Autor. Nach 1950 hat nur noch die 1949 von Ferdinand Friedensburg neu gegründete Abteilung „Sowjetische Besatzungszone" eine Reihe von Monographien als Einzelschriften herausgebracht.

1946 — Kampf um die Institutsleitung im Kuratorium

Nach der erwähnten ersten Kuratoriumssitzung nach dem Kriege — sie fand am 14. Juli 1945 statt und diente vor allem dem Zweck, den Neuanfang zu manifestieren — gab es im Jahre 1945 noch eine zweite Sitzung am 22. November. Der Magistrat der Stadt Berlin war erstmals — und zwar durch den für die Finanzen verantwortlichen Stadtrat Dr. Siebert — vertreten.

Wiederum blieb vieles Grundsätzliche in der Schwebe, aber es gelang doch, die Finanzierung des Instituts auf eine etwas solidere Basis zu stellen. Der Magistrat Berlin sagte für November und Dezember 1945 je 10 000,-- RM als Finanzhilfe zu. Friedensburg sah in der Zentralverwaltung der Brennstoffindustrie in der sowjetischen Besatzungszone einen Monatsbeitrag von 5000,-- RM vor und bat die anderen bei der Sitzung vertretenen Zentralverwaltungen um Unterstützung des Instituts. Die wichtigsten Ergebnisse der Aussprache waren die Forderungen nach einer Klärung der rechtlichen Grundlagen des Instituts und nach der Vorlage einer neuen Satzung. Außerdem wurde beschlossen, die vier von den Alliierten zugelassenen politischen Parteien (SPD, KPD, CDU und LDP) aufzufordern, dem Kuratorium des Instituts beizutreten.

Bereits am 20. Februar 1946 fand die nächste Kuratoriumssitzung statt.[61] Die sehr viel längere Teilnehmerliste läßt erkennen, daß man in Ost-Berlin erkannt hatte, welche Bedeutung das Institut hatte. Die KPD war mit drei Stimmen vertreten, hinzu kamen die Herren der Zentralverwaltungen. Demgegenüber war das bürgerliche Aufgebot bescheiden — neben Ferdinand Friedensburg die Herren Gradl (CDU), Reif (LDP), Dr. Wittgenstein und drei Bankenvertreter. Die SPD vertrat Herr Klingelhöfer, der spätere Stadtrat für Wirtschaft, Otto Suhr sprach für die SPD und den Freien Deutschen Gewerkschaftsbund (FDGB).

Entsprechend dem Auftrag des Kuratoriums vom 22. November 1945 hatte Friedensburg eine neue Satzung vorbereiten lassen und legte sie nun dem Kuratorium vor. Ganz offensichtlich war es der Institutsverwaltung damals noch nicht gelungen, ein Exemplar der Satzung von 1935 bzw. 1941 (beide Satzungen waren bis auf den Institutsnamen identisch) aufzutreiben, man mußte sich bei anderen wissenschaftlichen Instituten bürgerlichen Rechts Rat einholen.

Leider ist dem Protokoll der Kuratoriumssitzung am 20. Februar 1946 lediglich die an diesem Tag beschlossene Satzung beigefügt, nicht der Entwurf des DIW. Aus dem Protokoll geht hervor, daß die aus Ost-Berlin gekommenen Herren dank ihrer Stimmenzahl die ursprünglich vorgesehenen Befugnisse des Präsidenten nicht unerheblich beschnitten, nachdem die vom Stadtkämmerer Dr. Siebert gestellte Frage, ob es alte Mitglieder gebe, die sich noch als dem Kuratorium zugehörig betrachteten, von sechs Rechtsnachfolgern bejaht worden war, darunter drei Zentralverwaltungen.

---

[61] Protokoll über die Kuratoriumssitzung des Deutschen Instituts für Wirtschaftsforschung (Institut für Konjunkturforschung) am 20. Februar 1946.

Vor dem Beginn der Satzungsdebatte stellt Präsident Friedensburg fest, daß dem Kuratorium des Vereins zur Zeit 20 Mitglieder angehören, nämlich

6 „alte" Mitglieder

7 Magistratsabteilungen

4 politische Parteien

3 persönliche Mitglieder[62]

Die persönlichen Mitglieder waren

Friedensburg

Gleitze

Wittgenstein

Bei der sich anschließenden Satzungsdebatte stand der § 4 der Satzung im Mittelpunkt. Der Satzungsentwurf sah keine Stellvertreter des Präsidenten vor, was ohne Zweifel angesichts der Beanspruchung Friedenburgs durch die Leitung der Zentralverwaltung der Brennstoffindustrie ein Schwachpunkt des Entwurfs war, der sofort attackiert wurde. Schließlich wurde beschlossen, daß der Vorstand aus dem Präsidenten und zwei Stellvertretern bestehe.

Noch deutlicher kam die Stoßrichtung der Ostberliner Herren zutage, als der § 5 diskutiert wurde. Die dort festgelegte Wahl des Vorstands auf unbestimmte Zeit wurde zwar nicht verändert, dafür jedoch die Abwahl durch die schließlich beschlossene Satzung erheblich erleichtert.

Zum Abschluß der Sitzung wählte das Kuratorium einen vorläufigen Vorstand, nachdem sich der Magistrat, die KPD, die SPD und der FDGB noch nicht endgültig hatten einigen können.

Gewählt wurden

Dr. Friedensburg (CDU) — Präsident

Bürgermeister Schwenk (KPD) — Stellvertreter

Dr. Otto Suhr (SPD/FDGB) — Stellvertreter

Für die endgültige Wahl wurde der 13. März 1946 vorgesehen, sie fand jedoch wegen einer Erkrankung von Herrn Schwenk etwas später statt. Die Kuratoriumssitzung vom 3. April 1946 nimmt in der Geschichte des DIW insofern einen besonderen Platz ein, als es an diesem Tag Ferdinand Friedensburg gelang, den Griff der KPD nach dem Präsidentenamt abzuweh-

---

[62] Die Satzung von 1946 sah im Gegensatz zu der von 1935 bzw. 1941 vor, daß auch natürliche Personen Kuratoriumsmitglieder werden können. Es ist ein merkwürdiger Zufall, daß die Stimmenzahl der Kuratoriumsmitglieder 1925 und 1946 mit jeweils 20 genau gleich hoch war. Im Jahre 1925 hatte Wagemann mit 21 Stimmen gerechnet, aber die Schiffahrt sah sich außerstande, einen finanziellen Beitrag zu leisten und verzichtete auf den ihr angebotenen Sitz im Kuratorium des Instituts.

ren. Wäre, wie damals vorgesehen, Prof. Dr. Jürgen Kuczynski der neue Präsident des DIW geworden, so wäre trotz der unbezweifelbaren wissenschaftlichen Qualifikation dieses Mannes mit Sicherheit versucht worden, die geistige Unabhängigkeit des Instituts nach der Verlagerung in den sowjetischen Sektor von Berlin weitgehend zu beseitigen. Ob es Friedensburg und den Abteilungsleitern gelungen wäre, solange hinhaltenden Widerstand zu üben, bis die westlichen Besatzungsmächte aufmerksam wurden, war damals sehr fraglich.

Das Protokoll dieser entscheidenden und bewegten Sitzung ist nicht weniger als 14 Seiten lang.[63]

Über die Vorstandswahl wird berichtet:

„Präsident Dr. Friedensburg eröffnet die Sitzung und stellt fest, daß die Einladung zur Sitzung frist- und formgerecht erfolgt und eine beschlußfähige Zahl von Vereinsmitgliedern anwesend sei. Da inzwischen seit dem laut Einladung vorgesehenen Sitzungsbeginn mehr als eine Viertelstunde verstrichen sei, bitte er, gemäß Punkt 1 der Tagesordnung zur Wahl des Vorstandes zu schreiten. In der Sitzung vom 20. Februar 1946 sei eine neue Sitzung für den 13. März zwecks Wahl des endgültigen Vorstandes vorge-sehen gewesen. Die Sitzung hätte damals aber infolge Erkrankung von Hern Bürgermeister Schwenk sowie des Ausscheidens von Herrn Stadtkämmerer Dr. Siebert in letzter Minute verschoben werden müssen. Er bitte Herrn Bürgermeister Dr. Wittgenstein, für die Dauer des Wahlvorgangs den Sitzungsvorsitz zu übernehmen. Bürgermeister Dr. Wittgenstein übernimmt den Vorsitz und schlägt vor, den bisherigen vorläufigen Vorstand endgültig zu wählen. Dr. Garbe schließt sich diesem Antrag an. Frl. v. Pritzbuer beantragt im Auftrag von Stadtrat Winzer für die Abteilung Volksbildung des Magistrats Berlin: Professor Dr. Kuczynski als Präsident und die Herren Dusiska und Dr. Suhr als Stellvertreter zu wählen. Daraufhin wird zur Wahl geschritten.

Die Prüfung der abgegebenen elf Stimmzettel zeigte folgendes Ergebnis:

8 Stimmen für die Herren	Präsident Dr. Friedensburg Bürgermeister Schwenk Dr. Suhr
1 Stimme für die Herren	Prof. Dr. Kuczynski Bürgermeister Schwenk Dr. Suhr
1 Stimme für die Herren	Prof. Dr. Kuczynsky Dusiska Dr. Suhr
1 Stimme ungültig	

Bürgermeister Dr. Wittgenstein stellt daraufhin als Ergebnis der endgültigen Wahl des Vorstandes fest:

---

[63] Protokoll über die Kuratoriumssitzung des Deutschen Instituts für Wirtschaftsforschung (Institut für Konjunkturforschung) am 3. April 1946, S. 3/4.

Dr. Friedensburg — Präsident

Bürgermeister Schwenk — Stellvertreter

Dr. Suhr — Stellvertreter

(Inzwischen ist Dr. Gradl erschienen)

Präsident Dr. Friedensburg übernimmt wieder den Vorsitz. Er begrüsse die Teilung der Verantwortung des Vorstandes durch die Einsetzung eines mehrgliedrigen Kollegiums. Er danke Herrn Bürgermeister Schwenk und Herrn Dr. Suhr für ihre Mitarbeit, die eine wertvolle Bereicherung der Institutsarbeiten bedeute. Allerdings halte er eine Trennung der Verantwortung für die wissenschaftlichen Arbeiten nicht für zweckmäßig aus Gründen, die er ja schon in der letzten Kuratoriumssitzung dargelegt habe. Er glaube bestimmt, daß im Rahmen des Vorstandes eine befriedigende Einigung über die Leitung der wissenschaftlichen Arbeiten erzielt werde.

Inzwischen erscheint Herr Dusiska und beanstandet, nachdem ihm das Ergebnis der Vorstandswahl mitgeteilt worden ist, daß die Wahl des Vorstandes bereits stattgefunden habe, ohne daß eine genügende Anzahl von Vertretern des Magistrats Berlin anwesend gewesen sei.

Präsident Dr. Friedensburg erwidert, daß die Versammlung beschlußfähig gewesen sei und die Wahl erst eine Viertelstunde nach der Zeit, zu der form-und fristgerecht eingeladen gewesen sei, stattgefunden habe. Die Wahl sei also formgerecht vollzogen worden und daher der erhobene Einspruch gegenstandslos. Herr Dusiska bittet um eine Sitzungspause von fünf Minuten, um mit den anderen Vertretern des Magistrats beraten zu können.

Dr. Garbe erklärt, die Reichsbahn habe das größte Interesse daran, daß die unabhängige Stellung des Instituts erhalten bleibe. Sie habe daher erhebliche Bedenken gegen die große Stimmenzahl, über die der Magistrat Berlin verfüge, da sie ihm ein zu großes Übergewicht verleihe.

Präsident Dr. Friedensburg: um die Einigkeit nicht zu stören und auch eine Verstimmung des Magistrats zu vermeiden, unterbreche er die Sitzung antragsgemäß auf zehn Minuten.

Nachdem die Sitzung wieder begonnen hat, gibt Bürgermeister Schwenk bekannt, die Vertreter der Stadt Berlin würden die Angelegenheit im Magistrat vortragen, um seine Stellungnahme herbeizuführen. Der Beschluß des Magistrats werde dann beschleunigt mitgeteilt werden."

Es fällt nicht schwer, die meisten der acht für Friedensburg-Schwenk-Suhr abgegebenen Stimmen aus der Liste der anwesenden Kuratoriumsmitglieder herauszufiltern: Neben den drei persönlichen Mitgliedern Friedensburg, Gleitze und Wittgenstein dürfte es sich um die Stimmen der drei Parteien SPD, CDU und LDP sowie um die Stimme des Vertreters der Deutschen Reichsbahn gehandelt haben. Die achte Ja-Stimme ist nicht genau auszumachen, vermutlich stammte sie von dem späteren Stadtkämmerer, Finanzstadtrat und Finanzsenator Dr. Friedrich Haas.

Vertreter der Deutschen Reichsbahn war Dr. Georg Garbe, bis Mai 1945 im DIW als Leiter der Verkehrsabteilung tätig und seit Oktober 1945 bei der

Reichsbahn arbeitend. Das vorstehend zitierte Protokoll beweist, wie mannhaft er damals für die Interessen des Instituts eintrat.

Am 3. April 1946 hat Ferdinand Friedensburg unter Ausnutzung eines ihm von seinen politischen Widersachern gewährten Vorteils, aber stets streng im Rahmen der erst kürzlich beschlossenen Satzung bleibend, dem Institut bewiesen, daß er zu Recht zum Präsidenten des DIW gewählt worden war: Was er getan hat, war meisterhaft und mutig zugleich.

Aber dennoch — der Kampf um das Institut hatte seinen Höhepunkt noch nicht erreicht. Er entbrannte in voller Schärfe — aber dennoch „suaviter in modo" — Anfang Juni 1946, also wenige Wochen nach der Gründung der Sozialistischen Einheitspartei Deutschlands in den sowjetisch besetzten Gebieten.

Wiederum ist das Protokoll der Kuratoriumssitzung[64] vom 4. Juni 1946 sehr ausführlich und vermittelt noch heute deutlich den Ernst der damaligen Lage. Vorstand und Satzung sahen sich einem konzentrischen Angriff ausgesetzt, den die Herren der SED anführten und in dem die Vertreter des Magistrats Schützenhilfe leisteten.

Wie nach den Kuratoriumssitzungen vom 20. Februar und vom 3. April 1946 zu erwarten war, erneuerten die im Kuratorium vertretenen Mitglieder der Sozialistischen Einheitspartei Deutschlands — sie verfügten am 4. Juni 1946 über 8 Stimmen, konnten jedoch bei offener Stimmabgabe einen erheblichen Druck auf die anderen Kuratoriumsmitglieder ausüben — ganz unverhüllt die Angriffe auf Ferdinand Friedensburg und seine Stellvertreter und verlangten eine Erweiterung des Vorstandes auf 5 Personen, wobei sie zur Nachwahl zwei SED-Mitglieder vorschlugen. Außerdem solle die Institutsleitung durch einen hauptamtlichen Vertreter des Präsidenten ergänzt werden. Als solcher wurde Dr. Jürgen Kuczynski vorgeschlagen. Friedensburg solle jedoch Präsident und „der eigentliche Herr des Instituts" bleiben.

Friedensburg antwortete nach dem Protokoll der Sitzung:

> „Er habe sich mit einer solchen Lösung zwar grundsätzlich einverstanden erklärt, sie aber ausdrücklich von zwei Voraussetzungen abhängig gemacht: einmal, dass Dr. Kuczynski sich mit ihm über die genaue Abgrenzung seiner Kompetenzen einige. Ferner müsse er aber entscheidenden Wert darauf legen, daß zwischen den Hauptmitarbeitern des Instituts und Herrn Dr. Kuczynski volles Einvernehmen über die Zusammenarbeit gesichert sei. Er halte das für umso notwendiger, als die Art, in der Dr. Kuczynski dem Institut nahegebracht werde, eine ausgesprochene politische Kampfmaßnahme sei. Das Institut sei es bisher nicht gewohnt gewesen, dass ihm eine bestimmte Leitung aufgezwungen werde. Das Institut sei, sit venia verbo, eine Art Gelehrtenrepublik, deren Mitglieder ein besonderes Vertrauensverhältnis verbinde, wie es für ein wissenschaftliches Forschungsinstitut unerlässlich sei. Die Mitarbeiter,

[64] Protokoll über die Kuratoriumssitzung des Deutschen Instituts für Wirtschaftsforschung (Institut für Konjunkturforschung) am 4. Juni 1946.

von deren Leistung, Freudigkeit und Tatkraft der Wert und der Ruf des Instituts abhänge, hätten daher Anspruch darauf, dass das auch in Zukunft so bleibe. Man würde also einem zukünftigen Abteilungsdirektor keinen Gefallen erweisen, wenn man ihn lediglich auf Grund eines Mehrheitsbeschlusses den bisherigen Institutsangehörigen einfach vor die Nase setze. Er halte es daher für unerlässlich, die Entscheidung über die Hinzuziehung von Herrn Dr. Kuczynski erst dann zu treffen, wenn die erwähnten beiden Voraussetzungen erfüllt seien."

Im weiteren Verlauf der Diskussion berichtete Friedensburg:

„Die für das Institut unmittelbar zuständige Besatzungsmacht sei die amerikanische Militärregierung, deren Interesse an diesen Vorgängen er nicht zu unterschätzen bitte. Er wollte nur andeutend sagen, dass er heute von sehr hoher Stelle der amerikanischen Militärverwaltung zu einer Besprechung gebeten worden sei, bei der man es ihm dringend ans Herz gelegt habe, dafür zu sorgen, dass in der Leitung und Verwaltung des Instituts keine Änderungen einträten, die es der Besatzung erschweren würden, sich mit einer solchen Institutsleitung abzufinden. Er habe dringend gebeten, von einem Eingreifen abzusehen, gebe aber doch pflichtgemäss davon Kenntnis und empfehle unter diesen Umständen äusserste Behutsamkeit."

Ferdinand Friedensburg erhielt Schützenhilfe von den Herren Suhr (SPD), Eich (LDP) und Gradl (CDU):

„Dr. Suhr: Er begehe wohl keine Indiskretion, wenn er mitteile, dass bei der alliierten Militärverwaltung Bedenken bestanden hätten, die Satzung des Instituts in der jetzt vorliegenden Form zu genehmigen. Er glaube, mit zur Beseitigung dieser Bedenken beigetragen zu haben. Auf Grund dieser Erfahrung müsse er aber ebenfalls Bedenken äussern, irgendwelche Satzungsänderungen ohne Einberufung einer Sitzung mit entsprechender Tagesordnung vorzunehmen, da das Institut sonst in die grössten Schwierigkeiten geraten könne. Er beantrage daher, diesen Punkt auf die nächste Sitzung zu verschieben.

Prof. Dr. Eich: Er teile die Bedenken von Präsident Dr. Friedensburg, insbesondere weil der Eindruck entstehen könne, als ob das Institut nur ein Instrument des Magistrats sei. Es sei aber notwendig, auch die übrigen Gebiete Deutschlands für eine Mitarbeit und Beteiligung zu gewinnen. Er erinnere daran, dass die Liberal-Demokratische Partei ihre Mitwirkung davon abhängig gemacht habe, dass im Institut nur nach streng wissenschaftlichen Gesichtspunkten gearbeitet werde. Auch rein formal teile er die vorgetragenen Bedenken: Keine Satzungsänderungen, ohne dass sie zuvor auf der Tagesordnung angekündigt gewesen seien.

Dr. Gradl: Nach Abschluss der letzten Sitzung habe man allgemein den Eindruck mit nach Hause genommen, dass man nun eine einsatzfähige Organisation und einen entsprechenden wissenschaftlichen Apparat zur Verfügung habe. Um so grösser sei die Überraschung gewesen, als bald darauf die Aufforderung zu einer neuen Kuratioriumssitzung ergangen sei, um wiederum die Frage der Zusammensetzung des Vorstandes zu erörtern. Er müsse feststellen, dass seine Partei die beantragte Änderung des Vorstands nicht für notwendig halte und gegen die geplante, durchaus einseitige neue Zusammensetzung des Vorstandes, wie sie jetzt vorgeschlagen werde, protestieren müsse.

Was die sachliche Seite der Angelegenheit angehe, so habe er aus den heutigen Ausführungen nicht die Überzeugung gewonnen, dass eine Vorstandserweiterung und Einstellung eines stellvertretenden Leiters notwendig sei. Auf keinen Fall könne er sich Vorschlägen anschliessen, die auf eine ganz einseitige Zusammensetzung des Vorstandes hinzielten. Das sei aber dann der Fall, wenn der Magistrat eine derartig ausschlaggebende Stimmen- oder Vertreterzahl in Anspruch nehme. Der Magistrat diene durch die Finanzierung des Instituts nicht nur dem Institut, sondern der Allgemeinheit. Ihm müsse selbstverständlich ein genügender Einfluss auf das Institut zugebilligt werden, das sei aber bereits der Fall, da er von drei Vorstandsmitgliedern einen Vertreter stelle. Eine stärkere Beteiligung sei nicht notwendig."

Nach einer längeren Geschäftsordnungsdebatte wird darüber abgestimmt, ob der S 4, Abs. 1, Ziffer a) der Satzung wie folgt abgeändert werden soll:

„Der Vorstand bestehend aus dem Präsidenten und vier weiteren Mitgliedern".

Hierzu Friedensburg laut Protokoll:

„Um auf jeden Fall demokratisch vorzugehen, schlage er vor, die Beschlussfassung in geheimer Wahl vorzunehmen. Er weise ausserdem noch ausdrücklich daraufhin, dass nach der Satzung eine Satzungsänderung nur mit zwei Drittel Mehrheit beschlossen werden könne.

Die Auszählung der in geheimer Wahl abgegebenen Stimmzettel ergab acht Ja- und zwölf Nein-Stimmen, obwohl nur neunzehn stimmberechtigte Mitglieder anwesend sind, also eine Stimme zuviel abgegeben worden ist. Präsident Dr. Friedensburg schlägt vor, die Abstimmung zu wiederholen.

Auf Anregung von Herrn Präsident Dr. Gleitze wird mit einmütiger Zustimmung davon abgesehen, da selbst wenn man die zuviel abgegebene Stimme von den Nein-Stimmen in Abzug bringe, das ablehnende Ergebnis doch nicht geändert werde."

Die Sitzung endete mit der einmütigen Zuwahl von sieben weiteren Kuratoriumsmitgliedern.

Die Wahl zur Stadtverordnetenversammlung von Groß-Berlin am 20. Oktober 1946 machte die SPD mit 48,7 % der gültigen Stimmen zur stärksten Partei, die SED landete hinter der CDU auf dem dritten Platz und errang 26 von 130 Mandaten.

Der Magistrat Ostrowski/Reuter/Schroeder übernahm sein Amt am 8. Januar 1947, Ferdinand Friedensburg (CDU), Louise Schroeder (SPD) und Heinrich Acker (SED) wurden von der Stadtverordnetenversammlung zu Bürgermeistern gewählt.

Am 21. Februar 1947 fand die nächste Kuratoriumssitzung statt[65].

Ferdinand Friedensburg berichtet laut Protokoll:

---

[65] Protokoll über die Kuratoriumssitzung des Deutschen Instituts für Wirtschaftsforschung (Institut für Konjunkturforschung) am 21. Februar 1947.

„Die Neuwahlen vom 20. Oktober 1946 hätten dann eine wesentliche Veränderung der Berliner städtischen Organe mit sich gebracht. Trotz all der geschilderten Schwierigkeiten sei es aber gelungen, dem Institut sein bisheriges Gepräge zu bewahren.

Eine schwerwiegende Folge der politschen Wandlung sei gewesen, dass die Besatzungsmacht der Ostzone ihre wohlwollende Haltung dem Institut gegenüber einschränkte und die enge Verbindung zum Institut auflockerte. Die SMA habe den in ihrer Zone eingesetzten Verwaltungen die Anweisung gegeben, die Beziehungen zum Institut einzustellen. Die fünf Deutschen Zentralverwaltungen sowie die vier Handelskammern hätten daraufhin ihre Mitgliedschaft gekündigt bzw. mit sofortiger Wirkung für erloschen erklärt, weil sie nicht in der Lage seien, ihre Mitgliedsbeiträge zu bezahlen. Er habe das sehr bedauert. Die Entscheidung von Marschall Sokolowski sei angerufen worden, aber noch nicht erfolgt. Er habe die Hoffnung, dass im Frühjahr die alten Beziehungen wieder hergestellt würden. Einstweilen könne er mit Befriedigung feststellen, dass das Institut von allen Besatzungsmächten aus Anlass der Vorbereitung des Friedensvertrages in stärkstem Masse in Anspruch genommen werde... Bürgermeister Schwenk habe Anfang Januar erklärt, er betrachte sein Amt als Vorstandsmitglied als erloschen."

Nach einem vergeblichen Versuch von Stadtrat Schmidt (SED), Bürgermeister Acker (SED) anstelle von Herrn Schwenk (SED) in den Vorstand des Instituts wählen zu lassen, wird Herr Bach vom Kuratorium bei einer Stimmenthaltung zum Vorstandsmitglied gewählt.

Die weiteren Kuratoriumssitzungen des Jahres 1947 verliefen ohne die 1946 geradezu üblichen Auseinandersetzungen über die Zusammensetzung des Vorstandes. Die Zahl der Kuratoriumsmitglieder wächst erfreulich, Ferdinand Friedensburg gelingt es, einige der deutschen Länder zu gewinnen. Die schweren Geldsorgen von 1945/46 sind zunächst einmal überwunden.

Wiederaufnahme der Publikationstätigkeit

Wie erwähnt, erschien erst in der zweiten Jahreshälfte 1947 wieder eine Institutsarbeit in gedruckter Form.[59]

Friedensburg schrieb im Vorwort der ersten Nachkriegsveröffentlichung des DIW:

„... Die Schrift ist als Auftakt einer laufenden Veröffentlichungsreihe gedacht, die nach der Überwindung der heute bestehenden Schwierigkeiten technischer und wissenschaftlicher Art herauskommen soll. In erster Linie plant das Institut wieder die Herausgabe einer Zeitschrift nach Art der früheren Vierteljahrshefte; sie soll in regelmäßigen Abständen über die Wirtschaftslage und über einzelne Sonderprobleme berichten. Der Vierteljahrszeitschrift werden Sonderhefte angeschlossen werden, um die Tradition der Institutstätigkeit auch mit der umfangreicheren Erörterung bestimmter wichtiger Einzelfragen fortzusetzen ... Hierbei sollen die grundsätzlichen und die speziellen Aufgaben der Wiederaufrichtung der deutschen Wirtschaft im Vordergrund stehen.

Dieser Zielsetzung dient auch die vorliegende Schrift über Zustand und Probleme der deutschen Wirtschaft zwei Jahre nach dem Zusammenbruch. Daß die Sammlung des erforderlichen Tatsachenmaterials heute Hemmnissen begegnet, wie sie sich der Wissenschaftler noch vor wenigen Jahren nicht hat vorstellen können, bedarf keines Beweises, ebenso wenig wie die Tatsache, daß auch die Gewinnung eines ruhigen unbeeinflußten Urteils heute selbst bei ehrlichstem Streben sehr beträchtlichen Schwierigkeiten ausgesetzt ist."

Autoren des Buches sind wiederum der Präsident und alle Abteilungsleiter, unterstützt von einigen namentlich ebenfalls genannten wissenschaftlichen Referenten.

Das Buch beginnt mit einer volkswirtschaftlichen Eröffnungsbilanz, beschäftigt sich dann mit den drei Grundproblemen Ernährung, Industrie und Kohle sowie mit den Problemen des Lebensstandards und der Geld- und Finanzwirtschaft. Es ist bezeichnend für die damalige Rangordnung der wirtschaftlichen Schwierigkeiten, daß der Außenhandel bei der Erörterung der Industriefragen in einem Halbsatz, bei der Kohle auf drei Seiten erörtert wurde.

Wenige Wochen später — im Oktober 1947 — erschien als zweite gedruckte Nachkriegsveröffentlichung die von Robert Nieschlag verfaßte Broschüre „Berlins Wirtschaft im Übergang", eine wahrhaft bedrückende Lektüre.[59]

„Berücksichtigt man, daß die Zahl der Erwerbstätigen in Berlin gegenwärtig um rd. ein Drittel niedriger ist als vor dem Krieg, so bedeutet dies, daß zwei Drittel der früher in Berlin tätigen Menschen ein Drittel des früheren Produktionsvolumens erzielen. Dieses Ergebnis bestätigt die ... Erkenntnis, daß die Leistungen je Kopf ... auf die Hälfte gesunken sind."

Im Juni 1948, also ganz kurz vor dem Beginn der Blockade von West-Berlin am 24. Juni 1948 (wichtige Ausnahme: Der Verkehr mit Ost-Berlin) auf Schiene, Straße und Wasser, erschien als dritte Nachkriegsveröffentlichung des DIW das Buch „Wirtschaftsprobleme der Besatzungszonen"[59], wiederum von den Abteilungsleitern und von einigen Referenten verfaßt. Die Untersuchung verfolgte nicht zuletzt — freilich vergeblich — einen politischen Zweck: Die bewußte Betonung der untrennbaren Einheit Deutschlands. Obwohl vom Institut herausgegeben, wurde die Verantwortung der Autoren für ihre Beiträge durch die Namensnennung betont.

Nach den drei Einzelveröffentlichungen, die das DIW von Mitte 1947 bis Mitte 1948 herausgab, konnte in der zweiten Jahreshälfte 1948 endlich wieder mit der von Ferdinand Friedensburg im Juni 1947 angekündigten Publikation der neuen Vierteljahrshefte zur Wirtschaftsforschung begonnen werden. Im September 1948 folgte das erste Sonderheft der neuen Folge.

Das letzte Vierteljahrsheft war 1942, das letzte Sonderheft 1941 erschienen. Nach der jahrelangen, durch den zweiten Weltkrieg und seine Folgen verursachten Pause knüpfte das DIW nach der notdürftigen Stabilisierung seiner Lage — das Institut erhielt seit 1946 einen (zunächst noch sehr bescheidenen) Zuschuß vom Magistrat der Stadt Berlin, der nach der Währungsreform von dem im Herbst 1948 neu gebildeten Magistrat der West-Stadt übernommen wurde — ganz bewußt an die alten Veröffentlichungsreihen an. Die Veröffentlichung des neuen Wochenberichts setzte allerdings erst im Januar 1950 ein.

Der Inhalt der beiden Vierteljahrshefte des Jahrgangs 1948 war in mehr als einer Hinsicht programmatisch. Bearbeitet wurden folgende Themen:

Volkswirtschaftliche Bilanz 1936 und 1947 (F. Grünig)

Mechanisierungsprobleme der Landwirtschaft (H.v.d. Decken)

Probleme der europäischen Kohleversorgung (F. Friedensburg)

Die deutsche Industrie und das Europäische Erholungsprogramm (F. Seume und K.G. Mahnke)

Ein relativ großer Teil des Umfangs der Hefte diente der Dokumentation (Blick in die Forschung, Buch- und Zeitschriftenschau). Von nicht nur historischem Interesse ist im zweiten Vierteljahrsheft eine vergleichende Gegenüberstellung der Bestimmungen des „Planes für Reparationen und den Nachkriegsstand der deutschen Wirtschaft" und des „Revidierten Planes für den Stand der Industrie in der amerikanischen und britischen Besatzungszone Deutschlands".

Die anonym veröffentlichte Dokumentation — sie wurde von K. G. Mahnke und F. Seume zusammengestellt — läßt deutlich erkennen, wie schnell die anglo-amerikanischen Siegermächte von den Vorstellungen des Morgenthauplans abrückten, wie wenig sie aber im August 1947 — Bi-Zonen-Industrieplan — erkannt hatten, welch verheerende Auswirkungen eine dauerhafte Entindustrialisierung der bisher größten Industriemacht Mitteleuropas auf das übrige Europa und die anderen Handelsnationen haben mußte.

Jedoch auch der Bi-Zonen-Industrieplan lebte nicht lange, die dort vorgesehenen Kapazitätsreduzierungen hatten im Gegensatz zu der Lage in der sowjetischen Besatzungszone nie praktische Bedeutung. Die Blockade West-Berlins, das dadurch veränderte Verhalten der USA zu den westdeutschen Zonen und zu West-Berlin, die 1949 erneut reduzierte Demontageplanung und schließlich der Ausbruch des Korea-Kriegs veränderten die Bedeutung Europas so schnell wie radikal. Die 1949 entstehende Bundesrepublik Deutschland war durch die Währungsreform vom Juni 1948 sehr gut vorbereitet, ihre Chance wahrzunehmen.

Das DIW während der Blockade Westberlins

Am 24. Juni 1948 unterband die sowjetische Militäradministration (SMA) den gesamten Landverkehr (Straßen-, Eisenbahn- und Binnenschiffsverkehr) zwischen den Westzonen Deutschlands und West-Berlin. Diese Maßnahme stellt den Beginn der historisch gewordenen Blockade der Westsektoren von Berlin dar, die bis zum 12. Mai 1949 dauerte.

Der äußere Anlaß war die nach langen vergeblichen Verhandlungen mit den Sowjets von den West-Alliierten in den Westzonen befohlene Währungsreform (20. Juni 1948), bei der West-Berlin zunächst ausgeklammert blieb. Die Anordnung einer Währungsreform in der sowjetischen Besatzungszone und in Berlin durch die SMA wurde von den westlichen Stadtkommandanten für ihre drei Sektoren sofort außer Kraft gesetzt (23. Juni 1948) und einen Tag später die westdeutsche Währung als Zahlungsmittel in West-Berlin eingeführt. Die östliche Währung blieb als Zahlungsmittel zugelassen.

Tatsächlich hatten sich die Sowjets schon am 20. März 1948 aus dem Alliierten Kontrollrat zurückgezogen und drei Tage später vergeblich versucht, gegen die Arbeit der Stadtverordnetenversammlung zu intervenieren. Otto Suhr, damals Stadtverordnetenvorsteher und seit einigen Monaten auch Vorstandsmitglied des DIW, antwortete auf die Drohung, ihn zur Rechenschaft zu ziehen, mit den Worten:

> „Ich bin nicht in der Lage, Büttel irgendeiner alliierten Macht zu sein, noch gewillt, Zensor der gewählten Stadtverordneten zu werden.“[66]

Bereits Monate vor dem Beginn der Blockade war es im Berlin-Verkehr immer wieder zu Behinderungen und Schikanen gekommen; am 24. Juni 1948 ersetzte die SMA ihre bisherige Politik der Nadelstiche durch eine handfeste Bedrohung der westalliierten Positionen in Berlin. Sie glaubten ganz offensichtlich, ihre Alliierten aus den Jahren des zweiten Weltkrieges aus Berlin verdrängen zu können.

Die am 26. Juni einsetzende Luftbrücke war die ebenfalls historisch gewordene Antwort auf die Abschneidung des Landverkehrs. Bei der längerfristigen Planung der Luftbrücke, die zunächst improvisiert und mit geringer Kapazität arbeitete, hat ein alter Freund des IfK eine wenig bekannte Rolle gespielt. Werner Klatt O.B.E., in den dreißiger Jahren als Landwirtschaftsexperte der Abteilung Landwirtschaft des Instituts freundschaftlich verbunden, und im Januar 1939, nach sechs Jahren aktiven Widerstandes gegen die Nazis, fluchtartig nach England emigriert, kam im Juli 1945 als Angehöriger des englischen Foreign Office nach Berlin zurück, wo er sofort Hans Liebe aufsuchte und die alten Kontakte zum Institut wieder herstellte.

Im Juli 1948 regte Klatt zusammen mit englischen Kollegen im Ministry of Food an, Kriegsrestbestände an konzentrierten Nahrungsmitteln (Kartoffelpulver, Trockenmilch und Tockeneipulver) nach Berlin zu senden. Auf diese Weise war eine Arbeitsteilung zwischen den kleinen Maschinen der Royal

---

[66] H. Nauber „Das Berliner Parlament“, Berlin 1982, S. 415/416.

Air Force und den großen Maschinen der US-amerikanischen Luftwaffe, die den Rohstofftransport übernahmen, möglich.

Die wirtschaftliche Lage Westberlins in den Veröffentlichungen des DIW

An dieser Stelle ist nicht beabsichtigt, auf die Blockadezeit im einzelnen einzugehen, wohl aber soll über die Arbeit des DIW in dieser Zeit berichtet werden.

Die Abschnürung der Weststadt machte es dringend notwendig, Überlegungen über den Mindest-Transportbedarf der drei Westsektoren anzustellen. Die Arbeiten wurden von Ferdinand Grünig koordiniert, die Ergebnisse wurden über Ferdinand Friedensburg der Stadtverwaltung zur Verfügung gestellt.

Die von Ferdinand Grünig und Heinz Otto erarbeiteten Daten wurden im Frühjahr 1949 in einem Sonderheft[67] veröffentlicht. Über den Bedarf der Westsektoren im ersten Blockadewinter folgendes Zitat:

„Bei rund 2,1 Mill. Einwohnern und einem Tagesbedarf von 4,6 kg je Einwohner hätten auf der Luftbrücke täglich 9600 t Versorgungsgüter herangeschafft werden müssen, um das Versorgungsniveau des Jahres 1947 aufrechtzuerhalten. Daran war ... zu Beginn des Blockade nicht zu denken, da die Leistungsfähigkeit des Luftverkehrs zunächst sehr gering war. Allerdings waren beträchtliche Vorräte ... vorhanden."

Im September 1948 hatte das DIW bei einer täglichen Transportleistung von 6000 t (= 2,85 kg je Einwohner) folgende Verteilung vorgeschlagen:

Rahmenplan für eine Luftbrückenleistung von 2,85 kg/Einwohner täglich

0,65 kg Ernährung

1,25 kg Steinkohle (ohne Hausbrand)

0,60 kg Hausbrand

0,35 kg Rohstoffe, Halbfabrikate und sonstige Güter

2,85 kg Insgesamt

Bei der Ernährung erschien es möglich, die tägliche Zufuhr von 0,95 kg (1947) durch äußerste Konzentration der Nahrungsmittel (Trockenmilch usw.) auf nur 0,65 kg zu senken. Tatsächlich gelang es während der Blockade, die Lebensmittelrationen zu erhöhen und auch ihre Qualität durch Substitution von Kohlehydraten durch Eiweiß und Fett zu steigern, während das Gewicht der täglichen Ration auf 600 g sank.[68]

---

[67] Deutsches Institut für Wirtschaftsforschung (Hrsg.) „Berlins Wirtschaft in der Blockade", Sonderhefte Neue Folge, Heft 3, Berlin 1949.

[68] H. Liebe „Die Ernährung", in: Sonderhefte, Neue Folge, Heft 3, Berlin 1949, S. 21 ff.

Sehr schwere Opfer wurden dagegen der gewerblichen Wirtschaft abverlangt, insbesondere der Industrie. Mit Recht betonte daher Franz Seume in seinem Beitrag zum Sonderheft die Notwendigkeit, die Wettbewerbsfähigkeit der Berliner Industrie möglichst rasch wiederherzustellen.[69] Im DIW wurde sehr klar erkannt, wie verhängnisvoll sich die Diskrepanz zwischen der rasanten Aufwärtsentwicklung der westdeutschen Wirtschaft und der hoffnungslos stagnierenden Wirtschaft der Berliner Westsektoren auswirken mußte.

1. April 1949 — Berlin-Referat

Am 1. April 1949 wurde innerhalb der von Ferdinand Grünig geleiteten Abteilung „Volkswirtschaftliche Gesamtrechnung" ein Berlin-Referat gebildet und die Leitung Rolf Krengel übertragen, der am 1. September 1948 (also während der Blockade) ins Institut eingetreten war und sehr bald die dringende Notwendigkeit betont hatte, die Berlin betreffenden Forschungsarbeiten zu koordinieren.

Ferdinand Grünig arbeitete zu dieser Zeit an einer Darstellung des Wirtschaftskreislaufs von Westberlin, den er vor der Veröffentlichung[70] in einer Vortragsveranstaltung vorstellte.

Nach Aufhebung der Blockade ergaben sich nach Grünig für Westberlin vier Aufgaben:

1. Wiedereingliederung in den Warenaustausch
2. Produktivitätsangleichung
3. Allmählicher Ausgleich der Leistungsbilanz
4. Allmähliche Reduzierung des Haushaltsdefizits

Von diesen Aufgaben wurden die beiden ersten gelöst, die dritte soweit gelöst, daß der Fehlbetrag in der Leistungsbilanz relativ stark abnahm. Ungelöst blieb bis heute die vierte Aufgabe.

Bereits sechs Monate später veröffentlichten Grünig und Krengel einen weiteren Vierteljahrsheft-Beitrag[71] über die Leistungsbilanz der Stadt. Darin wurde nachgewiesen, daß das damals absolut wie relativ hohe Defizit der Leistungsbilanz überwiegend auf den Verlust der Hauptstadt-Funktionen zurückzuführen sei.

---

[69] Franz Seume „Die Industrie", in: Sonderhefte, Neue Folge, Heft 3, Berlin 1949, S. 32 ff.

[70] F. Grünig „Der Wirtschaftskreislauf Westberlins" in: Vierteljahrshefte zur Wirtschaftsforschung, Jahrgang 1949, S. 139-153.

[71] F. Grünig unter Mitwirkung von R. Krengel „Das 'unsichtbare Sozialprodukt' Berlins und seine Bedeutung für die Leistungsbilanz der Stadt", in: Vierteljahrshefte zur Wirtschaftsforschung, Jahrgang 1949, S. 248-266.

Die Veröffentlichung hat in der Berlin-Politik eine besondere Bedeutung gehabt. Ihre Argumentation hat bis heute ihre Aktualität behalten.

Ergänzt wurde diese Studie durch zwei auf aktuelle Vorgänge zielende Untersuchungen, die in dem seit dem 2. Januar 1950 wieder erscheinenden „Wochenbericht“[72] publiziert wurden und die beide von Ferdinand Grünig und Rolf Krengel erarbeitet wurden. Beide Studien wurden vom Berliner Magistrat begrüßt und von den Alliierten, insbesondere von der US-amerikanischen Wirtschaftsabteilung, sehr beachtet.[73]

Die Bundesregierung — durch die exakter werdenden Berichte über die wirtschaftliche Lage West-Berlins alarmiert — schuf in Berlin das Amt des Bevollmächtigten der Bundesrepublik Deutschland in Berlin und ernannte am 31. Januar 1950 Heinrich Vockel zum ersten Inhaber dieses Amtes. Zwischen dem Bundesbevollmächtigten und dem DIW entstand sehr bald ein lebhafter Kontakt: In der Kuratoriumssitzung vom 4. Oktober 1950 wurde er zum Vorstandsmitglied des DIW gewählt.

Ein weiterer Schritt der Bundesregierung wurde am 14. März 1950 getan: Berlin wurde zum wirtschaftlichen Notstandsgebiet erklärt, was den Zufluß vermehrter Bundesmittel bedeutete.

Im Jahr 1950 begann in West-Berlin der sogenannte Enquete-Ausschuß seine Arbeit, deren Ergebnisse im Jahre 1951 veröffentlicht wurden[74]. Dem Ausschuß gehörten die Herren Rudolf Meimberg (Berliner Zentralbank), Karl C. Thalheim (Industrie- und Handelskammer) sowie Ferdinand Grünig und Rolf Krengel (DIW) an. Krengel hatte im Sommer 1950 mit der zeitraubenden Arbeit begonnen, eine vierteljährliche Volkswirtschaftliche Gesamtrechnung für West-Berlin zu erarbeiten. Diese Berechnungen waren notwendig, weil die US-Regierung sich bereit erklärt hatte, die Westsektoren von Berlin voll in das European Recovery Program einzubeziehen. Voraussetzung waren jedoch die der Enquete am Schluß beigefügten Tabellen, die die Basis für eine Erfolgskontrolle der amerikanischen Hilfe bildeten. — Kurze Zeit nach der Veröffentlichung der Enquete wurden die ersten 175 Mill. DM ERP-Mittel für Westberlin avesiert — ein schöner Erfolg für die Mitglieder des Enquete-Ausschusses.

---

[72] „Der Einbau der Westberliner Wirtschaft in das ERP“, in: Wochenbericht, 17. Jahrgang, Nr. 2 vom 7. Januar 1950. „Die Bezüge Westberlins und ihre Finanzierung“, a. a. O., Nr. 7 vom 10. Februar 1950.

[73] Zwischen dem damaligen Chef der Wirtschaftsabteilung Mr. Louis Mark jr. und dem etwa gleichaltrigen Rolf Krengel entwickelte sich ein sehr gutes persönliches Verhältnis, das der Zusammenarbeit förderlich war. Auch Eleanor Dulles, die Berlin-Beauftragte der US-Regierung besuchte Anfang der fünziger Jahre das DIW und wurde 1954 von Rolf Krengel in Washington besucht.

[74] „Bedingungen und Möglichkeiten für den Ausbau der Wirtschaft Westberlins in den kommenden Jahren (Ergebnisse einer Enquete)“, Berlin, Januar 1951.

Bruno Gleitze begründet die DDR-Forschung

Im Winter 1948/1949 hatte Bruno Gleitze, persönliches Mitglied des Kuratoriums des DIW, sich mit seiner Familie nach Westberlin abgesetzt. Gleitzes Vorschlag, das DIW solle sich systematischer als bisher mit der wirtschaftlichen Entwicklung der sowjetischen Besatzungszone befassen, wurde von Ferdinand Friedensburg akzeptiert. Am 1. April 1949 nahm die Abteilung ihre Arbeit auf.

Die neue Abteilung lieferte noch 1949 zwei Vierteljahrsheft-Beiträge ab und ist seitdem ständig in den Publikationen vertreten. Im ersten Nachkriegsjahrgang des Wochenberichtes (1950) sind 15 Beiträge der Abteilung, vorwiegend über mitteldeutsche Probleme, enthalten. Dem damaligen Sprachgebrauch entsprechend hielt das Institut noch Jahre nach der Gründung der DDR an der Bezeichnung „Sowjetische Besatzungszone“ fest, obwohl Gleitze am liebsten den geographischen Begriff „Mitteldeutschland“ benutzte. Bis 1959 findet sich im Stichwortverzeichnis der Hinweis: Mitteldeutschland siehe Sowjetzone. Erst danach lautete der Hinweis im Stichwortverzeichnis für Jahre umgekehrt „Sowjetzone siehe Mitteldeutschland“ — ein Hinweis darauf, wie schwierig es in den Jahren des Kalten Krieges für das Institut war, seine ureigenste Aufgabe zu erfüllen, bestimmte ökonomische Fakten systematisch und sine ira et studio zu analysieren, ohne Anstoß zu erregen.

Sicherlich hat die damalige politsche Großwetterlage die Aufgabe erschwert, zutreffende Analysen der wirtschaftlichen Entwicklung in der DDR zu erstellen; Bruno Gleitze war jedoch der Initiator einer Arbeit, die vom DIW noch heute geleistet und viel beachtet wird. Dafür gehört ihm, der Ende 1953 das DIW verließ, um zum Wirtschaftswissenschaftlichen Institut der Gewerkschaft in Köln zu gehen, der Dank des DIW. Mitte Juni 1954 setzte Gerhard Abeken seine Arbeit fort.

Vermehrte Westkontakte

Die ersten persönlichen Fühlungnahmen zwischen Institutsangehörigen und Mitarbeitern westdeutscher Verwaltungen und Institute kamen dadurch zustande, daß sich Ferdinand Friedensburg bei seinen häufigen Autofahrten nach Westdeutschland fast immer von einem Mitarbeiter begleiten ließ, um Reisekosten zu sparen. Der häufigste Reisebegleiter war in dieser Zeit Karl Georg Mahnke, der auf diese Weise alte Verbindungen zu Wirtschaftsverbänden und Instituten wiederbeleben konnte.

Der erste namhafte Erfolg dieser Kontaktnahme und -pflege war eine Einladung des Senators für Außenhandel und Wirtschaftsförderung in Bremen, dessen Dienststelle eine damals nicht nur im Inland, sondern vor allem von den westlichen Besatzungsmächten sehr beachtete Denkschrift über Reparationen, Sozialprodukt und Lebensstandard ausarbeitete und zur

Frage der Reparationen Franz Seume und Karl Georg Mahnke im Sommer 1947 als Sachverständige beizog. Seume und Mahnke reisten zu diesem Zweck mit dem britischen Militärzug nach Hannover und von dort mit dem Wagen von Bürgermeister Wilhelm Kaisen nach Bremen.

Die Autoreisen Ferdinand Friedensburgs wurden im Juni 1948 durch die russische Blockade unterbrochen. In dieser Lage war es für das Institut eine entscheidende Hilfe, daß Fritz Baade, der damalige Leiter des Instituts für Weltwirtschaft in Kiel, dem DIW anbot, einen „Botschafter" nach Kiel zu schicken, um die derzeitigen Verkehrseinschränkungen zu überwinden und die dringend notwendige Kontaktpflege mit den Behörden, Verbänden, Banken usw. der drei Westzonen zu intensivieren.

Karl Georg Mahnke nahm diese Aufgabe sehr effizient wahr. Er flog Ende Januar 1949 mit einem Flugzeug der britischen Luftwaffe nach Minden und bezog ein von Baade zur Verfügung gestelltes Domizil in Kiel. Von dort aus erledigte er zahllose Aufträge und Bitten seiner in Berlin arbeitenden Kollegen. Dabei wurde er von Fritz Baade, der häufig dienstlich unterwegs war, oft nach Bonn mitgenommen.

Auf Vorschlag von Karl Georg Mahnke brachte Ferdinand Friedensburg Fritz Baade für dessen selbstlose Hilfe den Dank des DIW dadurch zum Ausdruck, daß er ihn am 7. Oktober 1949 dem Kuratorium zur Wahl als Vorstandsmitglied vorschlug. Dieses Amt hat Baade lange Jahre wahrgenommen.

Als Franz Seume Anfang April 1949 als Vizepräsident ins Direktorium der Berliner Zentralbank berufen wurde, kehrte Mahnke nach Berlin zurück und übernahm am 1. April 1949 die Leitung der Industrie-Abteilung. Die Kontaktpflege zu westdeutschen Stellen behielt er auch nach der Aufhebung der Blockade bei. Auch jetzt half ein Zusammenspiel mit dem Kieler Institut: Im Hause des Länderrates (Vorläufer des Bundesrates) in Frankfurt a. M. war beiden Instituten ein gemeinsames Büro überlassen worden, das den Vorzug hatte, an die reibungslos funktionierende Telefonzentrale des Länderrates angeschlossen zu sein. Mahnke benutzte diesen Stützpunkt während der zweiten Hälfte des Jahres 1949 wiederholt. Auf die zunehmende Konzentration der Bundesbehörden in Bonn reagierte das Institut, indem es das Frankfurter Büro aufgab und in der Vertretung des Landes Berlin in Bonn, Schaumburg-Lippe-Str. 6, eine neue Verbindungsstelle errichtete. In diesem Bonner Büro arbeiteten nacheinander (gelegentlich auch gleichzeitig) Karl Georg Mahnke, Ursula Bosse und Herbert Grund. Von hier aus wurden die ersten Etatverhandlungen mit dem Bundeswirtschaftsministerium vorbereitet und geführt und eine enge Zusammenarbeit mit den Bundesdienststellen und der Berlinvertretung eingeleitet.

Im Sommer 1950 nahm Ludwig Erhard erstmals die Dienste des Instituts in Anspruch. Die Zollabteilung seines Ministeriums war dabei, umfangreiche internationale Zollverhandlungen (im Rahmen des GATT) vorzubereiten und in Südengland (Torquay) zu führen. Der Auftrag an das Institut lautete, die deutsche Delegation zu beraten und mit entsprechenden statistischen Unterlagen zu versorgen. Er wurde von der Industrieabteilung von Herbst 1950 bis Frühjahr 1951 ausgeführt. Der Leiter der deutschen Delegation, Geheimrat Werner Hagemann, berichtete über die Zoll-Runde von Torquay in einer Vortragsveranstaltung des Instituts am 24. Mai 1951. Der Bundeswirtschaftsminister bedankte sich am 12. Mai 1951 in einem Brief an Ferdinand Friedensburg für die Unterstützung seines Ministeriums durch das DIW und erwähnte namentlich Mahnkes Mitarbeit.

Nach der Blockade — Beginn der Konsolidierung des DIW

Die ganz Deutschland betreffenden drei großen Ereignisse von 1949 — Aufhebung der Blockade von West-Berlin am 12. Mai, Gründung der Bundesrepublik Deutschland und Gründung der DDR im September — wirkten sich auch auf das Institut aus. Die Beendigung der Blockade erleichterte die Dienstreisen der Institutsmitglieder außerordentlich. Während der Blockade war es sehr schwierig, die Erlaubnis der West-Alliierten zur Benutzung eines Flugzeugs zu erhalten.

Bereits einige Monate vor der Gründung der Bundesrepublik — am 17. Juni 1949 — hielt Ludwig Erhard auf Einladung von Ferdinand Friedensburg vor den Wissenschaftlern des DIW einen Vortrag, den das Institut in den Vierteljahrsheften 1949 veröffentlichte.[75] Beim Nachlesen dieses überaus interessanten Referats fällt das außerordentliche Selbstbewußtsein dieses Mannes immer wieder auf. Einige Zitate:

> „Während des ganzen zweiten Halbjahrs 1948, einer Zeit turbulenter Ereignisse, sind an mich keine anderen konstruktiven Ideen herangetragen worden als die Wiedereinführung der Bewirtschaftung ... der staatlichen Güterverteilung ... des Preisstops ... Was hätte es bedeutet ...? Die Folge wäre gewesen, daß wiederum nur diejenigen zum Zuge gekommen wären, welche Ware gegen Ware hätten tauschen können ... Es war daher nicht nur wirtschaftspolitisch richtig, sondern auch sozialpolitisch notwendig, sich den Forderungen auf Wiedereinführung der staatlichen Güterbewirtschaftung zu widersetzen."

Erhards Referat wurde im DIW noch lange nach dem Vortrag heftig diskutiert, wobei natürlich auch die Berliner Erfahrungen eine besondere Rolle spielten. Für das Institut hatte Ludwig Erhards Besuch noch eine langfristig wirksame Konsequenz. Er sagte eine finanzielle Unterstützung des DIW zu, die dann auch zustande kam, allerdings — nach dem Abschluß des Königsteiner Abkommens — in anderer Form als ursprünglich geplant.

---

[75] L. Erhard „Das Problem der freien Marktwirtschaft", in: Vierteljahrshefte, Jahrgang 1949, zweites Heft, S. 71-87.

Als sehr bedeutsam erwies sich die Arbeitsgemeinschaft deutscher wirtschaftswissenschaftlicher Forschungsinstitute eV, die nach dem Bericht von Ferdinand Friedensburg in der Kuratoriumssitzung vom 7. Oktober 1949 im Februar auf Anregung von Ludwig Erhard — zunächst in loser Form — gegründet worden war. Noch im gleichen Jahr wurde eine Satzung erarbeitet und am 5. November 1949 von sieben Gründungsmitgliedern unterschrieben. Die Arbeitsgemeinschaft hat sich sehr bald sowohl als Organisator von institutsübergreifenden Forschungsarbeiten (Gemeinschaftsdiagnose) bewährt als auch als wichtig bei der Verteidigung und Wahrnehmung gemeinsamer Interessen der Mitgliedsinstitute erwiesen, insbesondere nach dem Wirksamwerden des Königsteiner Staatsabkommens. In ihm wurde die gemeinsame Finanzierung solcher wissenschaftlicher Forschungseinrichtungen geregelt, deren Aufgabe und Bedeutung über den Wirkungsbereich der einzelnen Länder der Bundesrepublik hinausgehen und deren Zuschußbedarf die finanzielle Leistungskraft eines Landes übersteigt. Die jährliche Mitgliederversammlung der Arbeitsgemeinschaft — zunächst jahrelang in Bad Godesberg, dann stets in Bonn stattfindend — ist zu einer interessanten Veranstaltung ausgebaut worden, auf der wirtschaftspolitisch bedeutsame Fragen diskutiert werden.

Alles in allem läßt sich das Jahr 1949 in der Geschichte des DIW als das Schlußjahr der turbulenten Nachkriegsphase und als das Anfangsjahr der beginnenden Konsolidierung erkennen. Das DIW hatte vom Mai 1945 bis zum Mai 1949 vier schwierige Jahre überlebt, sein Präsident hatte das Institut nicht nur gegen die Angriffe von 1946 gehalten, sondern ihm auch weiterhin eine führende Stellung in der deutschen Wirtschaftsforschung gesichert. Das erreicht zu haben, ist ein historisches Verdienst Ferdinand Friedensburgs.

In der bereits erwähnten Kuratoriumssitzung vom 7. Oktober 1949 tat Friedensburg noch ein übriges.[76] Er setzte — übrigens gegen den Widerspruch seines Vorstandskollegen Otto Suhr — seine Vorstellung durch, das DIW sei

„eine Art Gelehrtenrepublik ... Es sei daher nur recht und billig, wenn man den Abteilungsleitern in den für sie entscheidenden Fragen ein Mitspracherecht einräume. Das sei auch an Hochschulen und wissenschaftlichen Akademien üblich."

Friedensburgs Vorschläge bezogen sich auf die §§ 4 und 6 der Institutssatzung. Das Kollegium der Abteilungsleiter sollte als Organ nach dem Vorstand und dem Kuratorium genannt werden (§ 4) und der § 6 sollte durch den § 6a ergänzt werden, der folgenden Wortlaut hatte (Satzung vom 7. Oktober 1949):

[76] Protokoll über die Kuratoriumssitzung des Deutschen Instituts für Wirtschaftsforschung (Institut für Konjunkturforschung) am 7. Oktober 1949.

„§ 6 a

Übereinstimmende Beschlüsse des Vorstandes und des Kollegiums der Abteilungsleiter sind erforderlich:

a) bei der Aufstellung des Haushaltsplans,

b) bei der Aufstellung des Arbeitsplans.

Das Kollegium der Abteilungsleiter führt die wissenschaftlichen Arbeiten im Einvernehmen mit dem Präsidenten und den übrigen Mitgliedern des Vorstandes.

Das Kollegium ist vor der Wahl von Vorstandsmitgliedern sowie vor der Zuwahl von Mitgliedern des Kuratoriums zu hören. Die Einstellung, Beförderung und Kündigung von Mitarbeitern soll im Einvernehmen mit dem Kollegium erfolgen."

Der § 6a wurde vom Kuratorium mit großer Mehrheit (13 : 3 Stimmen) angenommen, die Ergänzung von § 4 dagegen mit knapper Mehrheit (8 : 9) abgelehnt. Das in der Bundesrepublik Deutschland auch heute noch einmalige Modell eines Instituts, in dem Friedensburg seine Ideen verwirklicht sah, war damit zum wichtigsten Teil gelungen. Der § 6a blieb bis zum 20. Dezember 1963 unverändert Bestandteil der Satzung und wurde dann der § 8.

Organisatorische Veränderungen

Das zu Beginn der Friedensburg-Ära gebildete Kollegium der Abteilungsleiter wurde Mitte 1948 durch drei Austritte geschwächt, aber in kurzer Zeit durch drei neue Mitglieder wieder auf die alte Mitgliederzahl gebracht.

Als erster schied Eduard Wolf aus, der nach Frankfurt ging und später dem Direktorium der Bank deutscher Länder angehörte. Wenige Monate später ging Wilhelm Bauer nach Essen, um dort die wissenschaftliche Leitung des Rheinisch-Westfälischen Instituts für Wirtschaftsforschung zu übernehmen, Ende 1948 verließ auch Robert Nieschlag Berlin mit dem Ziel, noch zu promovieren und sich zu habilitieren.

Am 1. April 1948 kam Joachim Tiburtius als auswärtiger Mitarbeiter ins Haus; er übernahm nach Nieschlags Ausscheiden dessen Abteilung, die er bis zu seinem Tod am 27. Mai 1967 leitete. Über ihn wird noch zu reden sein, weil er als späterer langjähriger Kultussenator eine weit über das DIW hinausgehende Bedeutung hat. Als zweiter schließlich kam Albert Wissler nach mehrjährigem Kriegsdienst und Gefangenschaft wieder ins Institut zurück, dem er von 1933 bis 1945 angehört hatte. Er trat wieder in seine alte Abteilung ein, die von Eduard Wolf geleitet wurde; nach dessen Ausscheiden aus dem DIW übernahm er im Oktober 1948 die Leitung der Konjunkturabteilung. Als dritter trat Bruno Gleitze dem Kollegium bei, nachdem er den Ostsektor Berlins verlassen hatte. Er übernahm am 1. April 1949 die neu gegründete Abteilung „Sowjetische Besatzungszone".

Fast genau am gleichen Tag ging Franz Seume als Vizepräsident zur Berliner Zentralbank; die Leitung der Industrieabteilung übernahm Karl Georg Mahnke.

Bezeichnung der Forschungsabteilungen
und ihre Leiter 1939 und 1949

	1939	1949
Konjunktur	W. Bauer	A. Wissler
Geld und Kredit	V. Wrede	
Landwirtschaft	H. v.d. Decken	H. Liebe
Bergbau	R. Wagenführ	F. Friedensburg
Montanwirtschaft		K. G. Mahnke
Industrie		
Volkswirtschaftliche Gesamtrechnung	—	F. Grünig
Verkehrswesen	G. Garbe	
Handel u. Verbrauch	R. Nieschlag	J. Tiburtius
Auslandswirtschaft	E. Wolf	A. Wissler
Sozialwirtschaft	—	B. Gleitze
Sowjetische Besatzungszone	—	

Trotz der relativ großen Stabilität der Forschungsschwerpunkte zeigt die nähere Betrachtung der Abteilungsstruktur nicht nur personell beachtliche Veränderungen. In den neu gebildeten Abteilungen

Bergbau

Volkswirtschaftliche Gesamtrechnung, Verkehrswesen

Sozialwirtschaft, Sowjetische Besatzungszone

arbeiteten 1949 einschließlich des anteiligen Verwaltungspersonals 45 vH (= 26 Personen) der gesamten Beschäftigtenzahl, In den traditionellen Bereichen, dagegen nur noch 55 vH der gesamten Beschäftigten, d. h. 32 Personen. Die Konjunkturabteilung hat auch in den Jahren nach 1945 niemals wieder die alte Bedeutung erlangen können, obwohl Albert Wissler bis zu seinem jähen Tod am 17. September 1957 fachlich und stilistisch gleich bedeutsame Beiträge zur konjunkturellen Entwicklung in großer Zahl schrieb. Zu bedenken ist auch, daß gerade die Konjunkturanalyse ein unverzichtbarer Bestandteil der Forschungsaktivitäten der in mehreren Städten der späteren Bundesrepublik neu gegründeten Forschungsinstitute geworden war. Die Konjunkturforschung — seit 1935 verfemdet — kehrte 1945 zurück, war aber kein DIW-Monopol mehr.

Das DIW in den fünfziger Jahren

Die ökonomischen Rahmenbedingungen

Es ist nicht das Ziel dieser Arbeit, die ökonomische und soziale Umwelt, in der sich das Institut entwickelte, anhand der verfügbaren Indikatoren im einzelnen darzustellen. Was jedoch die fünfziger Jahre angeht, die in die Geschichte der Bundesrepublik Deutschland als die „goldenen Jahre“ eingegangen sind, ist ein Blick auf einige Vorgänge und Daten notwendig.

Die fünfziger Jahre waren Jahre hoher gesamtwirtschaftlicher Zuwachsraten und einer ganz geringen Inflationsrate. Von 1950 bis 1960 nahm das Bruttosozialprodukt im Jahresdurchschnitt nominal um 11 und real um 8 vH zu. Die jahresdurchschnittliche Inflationsrate von 2,8 vH war sehr stark durch die starken Preissteigerungen bedingt, die 1950 und 1951 durch den Korea-Krieg verursacht worden waren: Von 1952 an betrug die Preissteigerung jährlich nur 1,8 vH, d. h. die Veränderung des durchschnittlichen Preisindex wurde in dieser Zeit mit Sicherheit mehr durch Meßprobleme und durch die Veränderung der Produktions- und Preisstruktur beeinflußt als durch echte Preissteigerungen. Zu den Meßproblemen gehören indextechnische Fragen und die schier unlösbare Aufgabe, den Einfluß gesteigerter Produktqualität auf die Preisentwicklung zu quantifizieren. Auch dann, wenn eine solche Berücksichtigung faktisch nicht möglich ist, darf sie nicht vergessen werden. Wie die Entwicklung der Exporte in den fünfziger Jahren zeigte, war es den Unternehmern in der Bundesrepublik Deutschland in der Zeit von 1949 bis 1952 — also sehr rasch — gelungen, den während des Krieges verloren gegangenen Anschluß an den internationale Produktstandard wieder zu finden. Allerdings war dies den anderen europäischen Ländern kaum anders ergangen und in den USA halfen die Auswirkungen des Korea-Krieges der deutschen Exportwirtschaft sehr, die nach 1945 stets passive Außenhandelsbilanz 1950/51 so nachhaltig zu verbessern, daß seit 1952 lange Zeit stets ein Außenhandelsüberschuß erzielt wurde. In den fünfziger Jahren waren diese Überschüsse allerdings noch vergleichsweise klein.

Neben den weithin bekannten Ursachen des schnellen Wirtschaftswachstums der fünfziger Jahre — Währungsreform, ERP-Mittel, Befreiung der Wirtschaft von Kontrollen, Zustrom von Flüchtlingen usw. — hat das DIW wiederholt auf verschiedene Wachstumsfaktoren hingewiesen, die zunächst weniger beachtet wurden. Diese Faktoren ergaben sich aus den durch den Krieg verursachten Störungen des Investitionsprozesses und des Altersaufbaus des Kapitalstocks.[77] Die vor allem 1944/45 sehr schweren Kriegsschäden und die sich anschließenden Demontagen verringerten die altersbeding-

---

[77] Besonders ausführlich dargestellt von R. Krengel „Some Reasons for the Rapid Economic Growth of the German Federal Republic“ in: Banca Nazionale del Lavoro Quarterly Review, No. 64, Rome, March 1963.

ten Abgänge von Produktionskapazitäten in den fünfziger Jahren sehr beträchtlich. Dies bedeutete, daß die Kapazitätseffekte der Investitionen in den fünfziger Jahren besonders hoch waren und es der Industrie in beiden deutschen Staaten erleichterten, hohe Zuwachsraten der Kapazitäten zu erzielen. Noch rascher stieg die Produktion in der ersten Hälfte der fünfziger Jahre, weil die anfangs niedrige Kapazitätsauslastung sich in wenigen Jahren normalisierte.

2. Januar 1950 — Der Wochenbericht erscheint wieder.

Die Wiederherausgabe des Wochenberichts — die letzten Nummern waren 1942 im 15. Jahrgang erschienen — wurde im DIW bereits seit Anfang 1949 diskutiert und erwogen, aber Ferdinand Friedensburg hielt die zusätzliche Arbeitsbelastung angesichts der finanziellen Lage des Instituts für ein zu großes Risiko. Mit der sich im Lauf des Jahres 1949 andeutenden Stabilisierung der Institutsfinanzen verschwanden die Bedenken. Der Wochenbericht begann sein Comeback am 2. Januar 1950 mit einem ausführlichen Bericht „Deutschlands wirtschaftliche Lage Ende 1949". Dieser Titel war ganz bewußt gewählt worden. Zwar beschäftigte sich das Institut vor allem mit Westdeutschland, aber schon im einleitenden Abschnitt wurde auch über Berlin und die „ostzonale" Wirtschaft berichtet. Der Anspruch Friedensburgs, mit dem DIW ein gesamtdeutsches Institut zu leiten, wurde durch diesen Bericht erneut betont.

Der Vergleich des ersten Nachkriegsjahrgangs mit dem letzten Vorkriegsjahrgang des Wochenberichts macht den starken Wandel der wirtschaftspolitischen Probleme sehr deutlich. Im Jahre 1950 enthielt der Wochenbericht nicht weniger als 29 Beiträge zur Westberliner Wirtschaft; das Berlin-Referat richtete eine monatliche Berichterstattung „Westberliner Wirtschaftslage ..." ein, die erstmals im Juni 1950 erschien und jahrelang fortgesetzt wurde, bis der Senator für Wirtschaft und das Statistische Landesamt eine eigene Berichterstattung aufnahmen. Ein reichliches Dutzend der Beiträge beschäftigte sich mit den ökonomischen Problemen der DDR und einiger osteuropäischer Staaten. Insgesamt wurden in rd. 40 vH der 212 Seiten dieses Jahrgangs Beiträge veröffentlicht, die sich mit den Problemen deutscher Regionen außerhalb des Gebiets der Bundesrepublik Deutschland beschäftigten.

Der letzte Bericht des 17. Jahrgangs brachte zum ersten Mal die Ergebnisse der „Gemeinschaftsdiagnose" (erst später so genannt), die im Rahmen der Arbeitsgemeinschaft deutscher wirtschaftswissenschaftlicher Forschungsinstitute e. V. entstand und bis zum heutigen Tag in halbjährlichen Abständen fortgeführt wird. Teilnehmer an dieser Arbeit waren damals neben dem DIW das Ifo-Institut, München, das IfW, Kiel, das RWI, Essen und das Institut für landwirtschaftliche Marktforschung, Braunschweig-Völkenrode. Seit Dezember 1952 nimmt regelmäßig das HWWA, Hamburg an der

Gemeinschaftsdiagnose teil, während das IfLM, Braunschweig, im Laufe des Jahres 1970 aus dem Teilnehmerkreis ausschied.

Große Bedeutung hatte 1950 ein im Rahmen der Arbeitsgemeinschaft erstelltes Gutachten „Lebensfähigkeit und Vollbeschäftigung. Ein Beitrag zur Frage des wirtschaftlichen Wiederaufbaus in Westdeutschland", das vom DIW auszugsweise im Wochenbericht unter dem Titel „Der wirtschaftliche Aufbau in Deutschland" veröffentlicht wurde.

Das Gutachten war eine Gemeinschaftsarbeit des Instituts für Weltwirtschaft, des DIW, des RWI und des Bremer Ausschusses für Wirtschaftsforschung. Wie schon immer: Die Analysen waren gut, die Prognosen häufig falsch. Im Frühjahr 1950 hielt es niemand in Deutschland für möglich, daß in fünf Jahren die Vollbeschäftigung annähernd erreicht werden könnte. Im März 1950 war es allerdings völlig unmöglich, den Ausbruch des Korea-Krieges, der wenige Wochen später begann, vorherzusagen.

Ferdinand Grünig krönt sein Lebenswerk mit seinen Arbeiten im DIW

Als Ferdinand Grünig im Spätsommer 1945 ins DIW eintrat, hatte er eine bemerkenswerte Karriere hinter sich.[78] Seine ersten Arbeiten über die Bedeutung des Wirtschaftskreislaufes veröffentlichte der promovierte Ingenieur im Jahre 1931 in technischen Fachzeitschriften. Im gleichen Jahr begann er mit seinem großen Werk „Der Wirtschaftskreislauf", das ihn als wahren Pionier auf diesem Gebiet ausweist. In den Jahren seiner Tätigkeit in der Reichswirtschaftskammer konnte Grünig zwar 10 Jahre lang so gut wie nichts veröffentlichen, leistete aber auf dem Gebiet der empirischen Forschung bereits Hervorragendes, bevor er ins Institut kam.

Im DIW schrieb er vom Herbst 1945 bis zum Mai 1959 — dem Zeitpunkt seines Ausscheidens aus dem Institut — zunächst vier Einzelschriften, drei Beiträge zu den ersten Veröffentlichungen von 1947 und 1948 und dann — im Herbst 1948 beginnend — in den Vierteljahrsheften zur Wirtschaftsforschung nicht weniger als 41 Beiträge in den 43 Heften, die bis zum Frühjahr 1959 erschienen.

Es ist interessant zu verfolgen, wie Grünig methodisch verfuhr: Am Anfang der langen Reihe stehen einige Beiträge, die den verschiedensten methodischen Problemen oder/und bestimmten deutschen Teilregionen gewidmet sind. Erwähnt seien eine volkswirtschaftliche Eröffnungsbilanz 1947 im Vergleich zu 1936, die Einkommensverteilung und -verwendung, die Erstellung von Volkswirtschaftlichen Gesamtrechnungen für Westberlin, Ostberlin

---

[78] Ferdinand Grünigs Leben hat nach seinem jähen Tod Klaus Dieter Arndt liebevoll nachgezeichnet. Vgl. „Für Ferdinand Grünig" in: Vierteljahrshefte zur Wirtschaftsforschung, Jahrgang 1960, S. 118-124.

und die sowjetische Besatzungszone. Allein den Wirtschaftsproblemen Westberlins widmete Günig 1949 und 1950 drei Vierteljahrsheftbeiträge.

Im ersten Vierteljahrsheft des Jahrgangs 1951 konnte Ferdinand Grünig erstmals Schätzungen der vierteljährlichen Entwicklung des Sozialprodukts — nach Sektoren disaggregiert — vorlegen. Ein knappes Jahr zuvor — im Frühjahr 1950 — hatte Rolf Krengel zu einem Aufsatz von Ferdinand Grünig über die wirtschaftliche Entwicklung in Westberlin einen Zahlenanhang beigesteuert, der zahlreiche Vierteljahrsdaten der Volkswirtschaftlichen Gesamtrechnung vom dritten Quartal 1948 an enthielt.

Unter dem Titel „Quantitative Betrachtungen zur Wirtschaftslage in Westdeutschland" berichtete Grünig neunmal in den Vierteljahrsheften — vom 1. Vierteljahr 1957 bis zum 1. Vierteljahr 1959. Danach setzte Grünig die regelmäßige Veröffentlichung seiner weiteren Berechnungen fort, veränderte jedoch die Überschrift in „Die Ergebnisse der vierteljährlichen Volkswirtschaftlichen Gesamtrechnung für die Bundesrepublik". Begründet wurde diese Änderung damit, daß „Sonderuntersuchungen auf dem Gebiet der quantitativen Forschung nunmehr als getrennte Beiträge erscheinen werden".[79] Unter dem neuen Titel hat Ferdinand Grünig mit Harry Schimmler bis zum 3. Quartal 1955 die Ergebnisse der Berechnungen viermal jährlich vorgelegt.

Ebenfalls 1955 erschienen drei weitere Berichte Grünigs, nämlich die erste Darstellung der Geldvermögensrechnung und zwei Arbeiten über den Wachstumsprozeß der Volkswirtschaft.

Im Jahr 1956 wurde Grünigs Geldvermögensrechnung von K. D. Arndt um die vierteljährliche Berichterstattung erweitert. Unter dem entsprechend geänderten Titel veröffentlichten Grünig und Arndt ihre Berechnungsergebnisse in den folgenden Jahren, bis Ferdinand Grünig im Mai 1959 aus dem aktiven Dienst des DIW ausschied und Arndt seine Abteilung übernahm.

Abgesehen von seinen Pionierarbeiten auf dem Gebiet der Volkswirtschaftlichen Gesamtrechnung, der Vierteljahresrechnung und der Geldvermögensrechnung hat Grünig noch eine weitere große Leistung vollbracht: Im Jahr 1957 berichtete er in der Konferenz der International Association for Research in Income and Wealth in Oosterbeck (NL) über die im DIW begonnenen Versuche, das Volksvermögen der Bundesrepublik zu berechnen.[80]

---

[79] F. Grünig und H. Schimmler „Die Ergebnisse der vierteljährlichen Volkswirtschaftlichen Gesamtrechnung für die Bundesrepublik — Erstes Quartal 1953" in: Vierteljahrshefte zur Wirtschaftsforschung, Jahrgang 1953, S. 118.

[80] F. Grünig „Versuch einer Volksvermögensrechnung der Deutschen Bundesrepublik", Sonderhefte des DIW, Neue Folge, Nr. 41, Berlin 1958.

Hinzuzufügen ist dieser imponierenden Bilanz noch der Hinweis, daß Ferdinand Grünig in den letzten Berufsjahren, die er im DIW verbrachte, sehr oft und sehr gern mit den jungen Wissenschaftlern zusammenarbeitete, die in der Zeit von 1948 an ins DIW kamen. Als Mitverfasser oder Mitarbeiter erwähnt werden in Grünigs Arbeiten immer wieder Klaus Dieter Arndt, Rolf Krengel, Harry Schimmler und Horst Seidler, die — mit Ausnahme von H. Schimmler — auch an den Vermögensrechnungen beteiligt waren. Nicht weniger als drei Mitarbeiter und eine Mitarbeiterin Grünigs wurden später Mitglieder des Kollegiums der Abteilungsleiter.

Albert Wissler — Ein Stern steigt auf und erlischt

Albert Wissler hatte dem Institut für Konjunkturforschung seit 1933 angehört und war im Mai 1945 noch in belgischer Kriegsgefangenschaft. Im Jahr 1946 zurückgekehrt, konnte Ferdinand Friedensburg ihn zunächst nur als auswärtigen Mitarbeiter beschäftigen. Vom 1. Juni 1948 an gehörte er wieder dem DIW an und übernahm nach Eduard Wolfs Ausscheiden die Abteilung „Konjunktur, Geld und Kredit."

Er begann im Dezember 1948 seinen Aufstieg in der empirischen Konjunkturforschung und wurde rasch einer der eindrucksvollsten Vertreter seines Forschungszweiges, obwohl er am Anfang seiner Arbeit ein Gutachten schrieb, das sich als währungspolitisches Dynamit erwies und ihm innerhalb und außerhalb des Instituts viel Kritik einbrachte. Unter dem Titel „Maßnahmen zur wirtschaftlichen Rettung Berlins" schlug er die Abkoppelung Westberlins von der westdeutschen Währung vor, nachdem gerade im März 1949 die DM-West zum alleinigen Zahlungsmittel gemacht worden war.

Hier hat nicht nur Wissler, sondern auch Friedensburg, der um das Gutachten gebeten hatte, die Sensibilität der Westberliner Öffentlichkeit unterschätzt. In der Presse hagelte es unfreundliche Kommentare, sogar in der Ostberliner Tageszeitung „Neues Deutschland"! Friedensburg blieb nichts anderes übrig — er war ja damals Bürgermeister — als sich von Wisslers Schrift zu distanzieren, wie u. a. in einer Zuschrift an den Tagesspiegel vom 9. November 1950.

Selbstverständlich meldete sich auch die Berliner Zentralbank mehrfach warnend zu Wort — kurz, das ganze Spektakel war ein höchst unerfreuliches Ergebnis einer bezüglich der politischen Bedeutung kaum bedachten Arbeit, deren Lösungsvorschläge sich überdies nicht nur als allzu naiv, sondern recht bald auch als unrichtig erwiesen.

In der Folgezeit befaßte sich Wissler vor allem mit konjunkturellen Problemen, wie die Vierteljahrshefte der Jahrgänge 1950 bis 1957 ausweisen. Wie Ferdinand Grünig schrieb er anfangs vierteljährlich einen Beitrag, später — als er in Herbert Martell und Ingeborg Rieckenberg zwei ausgezeichnete Mitarbeiter hatte — reduzierte er die Zahl seiner Vierteljahrsheft-Aufsätze auf zwei im Jahr; dazu kamen jedoch zahlreiche Buchbesprechungen.

Schon in den frühen fünfziger Jahren konnte sich kein aufmerksamer Beobachter dem Eindruck entziehen, daß Wissler einer Kerze glich, die an beiden Seiten brannte. Im Frühjahr 1954 bat er Friedensburg und seine Abteilungsleiterkollegen, ihm die Herausgabe einer neuen Zeitschrift zu gestatten, die „Konjunkturpolitik" heißen sollte. Niemand wollte sich diesem Wunsch, den Wissler drängend vortrug, in den Weg stellen. Er erhielt die Erlaubnis — keiner von uns konnte wissen, daß diese Zustimmung Wisslers Ende noch beschleunigen werde. Anhand der ersten Jahrgänge der „Konjunkturpolitik" — 1954/55, 1956 und 1957 — läßt sich die Tragödie dieses hochbegabten Menschen, dessen Nerven die ständige Überlastung der letzten Jahre schließlich nicht mehr aushielten, recht genau verfolgen.

Zunächst ging alles gut, ja sehr gut. Wissler, wie alle humanistisch Gebildeten ein exzellenter Stilist, schrieb so vorzüglich, daß man heute noch seine zahlreichen Beiträge zu seiner eigenen Zeitschrift mit Genuß liest.

Wie gut das formuliert ist, möge ein Beispiel beweisen:[81]

„Man muß hier zunächst richtige Argumente von eindeutig falschen klar trennen. Klare „Common — non — sense" -Nationalökonomie ist das im Ausland neuerdings gegen die deutsche Exportwirtschaft wieder angeführte Argument, Deutschland treibe eine Art „soziales Dumping", indem es den deutschen Lebensstandard bewußt niedrig halte, d. h. niedrige Löhne bezahle (also „Lohn-Dumping" betreibe). Dahinter steht das — in der amerikanischen Schutzzollpolitik offenbar immer noch praktizierte — widersinnige Argument, daß „Dumping" dann schon vorläge, wenn die Produktionskosten eines Importgutes draußen niedriger sind als in den Vereinigten Staaten selber. Nimmt man dies Argument zum Nennwert, so muß man jeden Welthandel, ja überhaupt jede arbeitsteilige Wirtschaft verbieten. Denn beide beruhen — und beruhen in ihrer außerordentlichen Produktivität — gerade darauf, daß der eine Handels- oder überhaupt Austauschpartner ein bestimmtes Gut (niemals alle!) billiger produziert als der andere. So ist auch das Argument, die deutsche „Lohnquote" im Exportpreis sei „zu niedrig", ausgesprochene „bad theory" (auf deutsch: sinnlos). Die „Lohnquote" wird durch Lohnsteigerungen an sich überhaupt noch nicht berührt."

Doch dauerte es nicht lange, dann erwachte in Wissler wieder jene unglückselige Streitlust, die ihn geradezu zwang, sich mit zahlreichen Kollegen in langwierige Streitgespräche einzulassen. Was ihn veranlaßte, im Jahr 1955 ein „geharnischtes Heft" seiner Zeitschrift der — wievielten? — Diskussion der Werturteile in der Konjunkturforschung zu widmen, läßt sich nicht mehr feststellen. Selbstverständlich blieb Albert Wissler, ebenso wie irgendein anderer Ökonom, keineswegs frei von Werturteilen, wie seine Beiträge von 1956 und 1957 in den Vierteljahrsheften und in der „Konjunktur-

[81] A. Wissler „Überblick über die öffentliche Lohndiskussion der letzten Monate" in: Konjunkturpolitik, 1. Jahrgang 1954/55, S. 61.

politik" immer wieder zeigten, vor allem seine ständige Kolumne „Konjunkturpolitische Chronik".

Die Beobachtung, daß die praktisch vollständige Preisstabilität der Jahre 1951 bis 1954 — also nach dem Ausklingen des durch den Korea-Krieg ausgelösten Booms — 1955 und noch deutlicher 1956 von neuen Preissteigerungen abgelöst wurde, ließ Wissler — der von jeher äußerst sensibel war — fast die Nerven verlieren. Als er merkte, daß seine Kollegen im DIW die Situation wesentlich gelassener beurteilten als er, tat er etwas, was im Institut noch nie geschehen war: Im Sommer 1956 griff er ohne jede Vorwarnung Klaus Dieter Arndt wegen eines Beitrages in der „Konjunkturpolitik"[82] scharf an, um den Wissler selbst ihn gebeten hatte! Er warf Arndt die Vernachlässigung des Postulats der Geldwertstabilität vor und bezog in diesen Vorwurf gleich noch Ferdinand Grünig mit ein, der in einer Veröffentlichung des DIW eine sehr abgewogene Darstellung des sich bei Vollbeschäftigung abzeichnenden Dilemmas gegeben hatte.[83]

Grünig hatte es leicht, sich der unvermittelten Angriffe seines „Büronachbarn" zu erwehren. In der „Konjunkturpolitik" von 1957 ist eine „Richtigstellung" zu lesen[84], in der er den vollen Wortlaut seiner Betrachtungen über die Preisanfälligkeit der Wirtschaft im Stadium der Vollbeschäftigung zitiert. Wissler hatte — ein alter Trick! — nur das letzte Drittel von Grünigs Vortragspassage gebracht und dadurch — wohl kaum böswillig, sondern in blindem Zorn — Grünig eine Haltung angelastet, die dieser gar nicht vertrat.

Alles in allem war dies ein ganz unverständlicher Angriff; er widersprach dem Diskussionsstil, der seit Jahren im DIW entwickelt worden wor, in jeder Weise. Die Idealvorstellung von der Gelehrtenrepublik hatte einen empfindlichen Stoß bekommen, aber wir sahen und wußten nicht, daß Albert Wissler sich damals bereits am Rande des physischen und psychischen Zusammenbruchs befand. Mitte Juli mußte er sich in ärztliche Behandlung begeben.

Wisslers letzter Brief an Friedensburg vom 18. Juli 1957 sei auszugsweise zitiert:

„... Sie wissen, daß ich in den letzten 10 Jahren viel, viel zu viel gearbeitet habe. Bisher hatte ich ... immer noch Kraftreserven, die ich einsetzen konnte. Dieses Frühjahr ließen sie mich zum ersten Mal — in den bekannten schwierigen Fragen — schließlich im Stich.

Mit dem Dank für Ihr bisheriges Verständnis bitte ich Sie diesmal um etwas Geduld ..."

---

[82] K. D. Arndt „Gewerkschaften, Lohnentwicklung und Wirtschaftsentwicklung in der Bundesrepublik", in: Konjunkturpolitik, 2. Jahrgang 1956, S. 130 f.

[83] F. Grünig „Die Wirtschaftsentwicklung West-Berlins unter wirtschaftswissenschaftlichem Aspekt" in: Wirtschaftsforschung und Wirtschaftsführung, Festgabe für Ferdinand Friedensburg, Berlin 1956, S. 49 f.

[84] F. Grünig „Richtigstellung" in: Konjunkturpolitik, 3. Jahrgang 1957, S. 49 f.

Zwei Monate später war Albert Wissler tot. Ferdinand Friedensburg sagte in seinem Nachruf:[85]

„Am 1. Oktober 1948 übernahm er als Abteilungsleiter die Abteilung für Konjunkturbeobachtung unter Einschluß der Währungsfragen. Seine Institutstätigkeit ergänzte er seit 1954 durch die Herausgabe der Zeitschrift „Konjunkturpolitik", die ihm die Plattform bot, die Fülle seiner Gedanken und Anregungen ohne unmittelbare Bindung an die im Institut übliche Kollegialarbeit der Öffentlichkeit zu unterbreiten. Von nimmermüdem Fleiß, unersättlichem Erkenntnisdrang und leidenschaftlichem Verantwortungsgefühl für seine Aufgabe, eroberte Wissler immer mehr einen führenden Platz in den Reihen der deutschen Konjunkturwissenschaftler, bis er am 17. September 1957 aus unserer Mitte genommen wurde.

Sich selbst und seiner Umwelt hat es Wissler nicht immer leicht gemacht. Das Suchen nach Wissen und Wahrheit verband sich in ihm mit strengen ethischen Grundsätzen, und die Disharmonie der Idee mit der Realität trieb ihn immer wieder zur leidenschaftlichen Stellungnahme und zum aufzehrenden Kampf. Aber auch dort, wo er Reibungen schuf, fand er stets Achtung und Anerkennung als ein Mann reinen Herzens und hohen Wollens, dessen kämpferische Unabhängigkeit auch uns andere immer wieder zur Überprüfung gewohnter Vorstellungen zwang. Die Sorge um die jüngste Phase der deutschen Wirtschaftsentwicklung verfolgte ihn bis in die letzten Tage, ja, bis in die letzten Stunden; er war kein nüchtern-kühler Analysator, kein unpersönlicher Anatom, sondern ein Mann, dessen lebhafte Phantasie und waches Gewissen ihn alle Auswirkungen des jeweiligen Geschehens auch in ihrer menschlichen Tragweite bis zur letzten Tiefe erleben ließ.

Das Deutsche Institut für Wirtschaftsforschung hat aus den zahlreichen Beileidskundgebungen, die ihm zugegangen sind, mit Genugtuung entnommen, welche Bedeutung viele Köpfe der heutigen Wirtschaftswissenschaften dem Wirken Albert Wisslers beimessen. Aber das Deutsche Institut für Wirtschaftsforschung wird wohl am schwersten getroffen. Wir werden es nicht leicht haben, diesen Schlag zu überwinden."

In einer Würdigung des wissenschaftlichen Nachlasses von Albert Wissler sagte Herbert Martell u. a.:[85]

„Wissler erkannte frühzeitig mit der ihn besonders auszeichnenden schöpferischen Intuition, daß die Problematik der Nachkriegsentwicklung nicht nur für unsere eigene, sondern auch für die Wirtschaft der gesamten westlichen Welt neue Erkenntnisinstrumente, d. h. ein anderes, als das bisherige Instrumentrarium der Analyse und Diagnose erforderte. Für ihn war bereits die erste Phase des Wiederaufbaues unserer zerstörten Wirtschaft mehr als nur eine Periode der Restauration, der bloßen Wiederanknüpfung an das Vergangene. Er sah, daß die größeren Freiheitsgrade, die der deutschen Wirtschaft durch die neue Ordnung der sozialen Marktwirtschaft gewährt wurden, nicht nur als ein gewaltiger Motor für den schnellen Wiederaufbau der vorangegangenen Zerstörung wirkten, sondern daß neben und mit dieser positiven Funktion auch eine ganze Reihe von Problemen auftauchten, die nicht nur aus sozialen Gründen wie etwa die von der Gesamtheit als ungerecht empfundene Vermögens- und Besitzverteilung, sondern auch aus Gründen einer möglichst

[85] Konjunkturpolitik, 3. Jahrgang 1957, S. 257 f bzw. S. 260 f.

störungsfreien Gestaltung des wirtschaftlichen Fortschritts erhöhte Wachsamkeit verlangten. Es war das große Verdienst Wisslers, daß er das Instrument der volkswirtschaftlichen Gesamtrechnung, wie es in Deutschland frühzeitig von Ferdinand Grünig auf dem Gebiet volkswirtschaftlicher Gesamtbetrachtung entwickelt worden war, als einer der Ersten nach dem Krieg in den Dienst seiner diagnostischen Arbeit stellte und nicht zum wenigsten dadurch, daß er zu einem der überzeugtesten, konsequentesten, allerdings auch eigenwilligsten Konsumenten und Verwerter volkswirtschaftlicher Gesamtzahlen wurde, die für das Berliner Institut charakteristische Problemdiagnose schuf. Dieses Aufgeschlossensein für die quantitative Gesamtbetrachtung und ihre Nutzbarmachung für die konjunkturelle Analyse verband sich bei Wissler mit dem Wunsch, den Anschluß der deutschen Wirtschaftsforschung an den internationalen Standard möglichst schnell und fruchtbringend wieder herzustellen. Für ihn war das Vakuum, das durch die nationalsozialistische Gewaltherrschaft auch im Bereich der deutschen wirtschaftswissenschaftlichen Forschung entstanden war, bedrückend, und gerade seine ersten Nachkriegspublikationen offenbarten immer wieder die Sorge und das Drängen Wisslers, der deutschen wirtschaftswissenschaftlichen Forschung neue Impulse zu geben."

15. Juni 1951 — Ferdinand Friedensburg gründet die „Vereinigung der Freunde des DIW“

In der Kuratoriumssitzung vom 7. Oktober 1949 hatte sich eine kontroverse Debatte über die Zweckmäßigkeit der Aufnahme privater Firmen in das Kuratorium entwickelt. Wie schon bei früheren Gelegenheiten wandte sich auch diesmal wieder Friedensburgs Vorstandskollege Otto Suhr gegen solche Pläne.

Um eine Lösung zu finden, die allen Kuratoriumsmitgliedern zusagen werde, schlug Friedensburg vor „zu erwägen, für die Mitglieder mit kleineren Beiträgen eine Gemeinschaft der Freunde und Förderer zu bilden, die dann diese Mitglieder im Kuratorium kollektiv vertrete.“[86] Bis dieser Vorschlag Gestalt annahm, dauerte es noch einige Zeit. Am 26. April 1951 besprach Friedensburg die Modalitäten der Gründung mit einigen persönlichen Freunden aus der deutschen Montanindustrie, in der Kuratoriumssitzung vom 9. Mai 1951 wurde die „Vereinigung“ als neues Mitglied vorgestellt und am 15. Juni 1951 fand die offizielle Gründungsversammlung der „Vereinigung der Freunde des Deutschen Instituts für Wirtschaftforschung e. V.“ statt.

Bis 1979 hat die Vereinigung dem Haushalt des DIW über 1,5 Mill. DM zugeführt, sich ab 1955 großzügig an der Finanzierung der Neubauten beteiligt und bei der Beschaffung moderner Büromaschinen geholfen. Ferner wurden von ihr wichtige Auslandsreisen, die Veranstaltung von Tagungen und Symposien des DIW finanziell unterstützt, ja teilweise überhaupt erst ermöglicht.

---

[86] Protokoll über die Kuratoriumssitzung des Deutschen Instituts für Wirtschaftsforschung (Institut für Konjunkturforschung) am 7. Oktober 1949, S. 3.

1. Februar 1951 — Joachim Tiburtius wird Senator für Volksbildung

Nach den Wahlen zum Abgeordnetenhaus und zu den Bezirksverordnetenversammlungen vom 3. Dezember 1950 wurde am 18. Januar 1951 Ernst Reuter zum Regierenden Bürgermeister gewählt. Die Wahl des Bürgermeisters und der Senatoren folgte am 1. Februar. Joachim Tiburtius übernahm das Ressort Volksbildung, das vom Schulwesen bis zu den Theatern das gesamte kulturelle Leben Westberlins betreute. Als Chef dieser Mammutbehörde war Tiburtius in den folgenden 12 Jahren derart mit Arbeit überhäuft, daß er für die Fortsetzung seiner Aktivitäten als auswärtiger Mitarbeiter des DIW kaum noch Zeit fand. Er blieb jedoch Mitglied des Abteilungsleiterkollegiums. Er wurde von seiner Mitarbeiterin Charlotte Otto-Arnold und später auch von Wolfgang Siewert so tatkräftig unterstützt, daß die Arbeiten seiner Abteilung „Handel, Handwerk und Verbrauch" ungehindert weitergingen. Joachim Tiburtius hat während seiner 12jährigen Amtszeit als Senator nicht nur wichtige Personalprobleme (Barlog, Furtwängler, Karajan u. a.) gelöst, sondern auch den Ausbau der Universitäten und Hochschulen gefördert. In der gleichen Zeit wurden zahlreiche Kulturbauten geplant und errichtet. Erwähnt seien der Wiederaufbau des Charlottenburger Schlosses, der von Tiburtius stets gefördert wurde. Aber auch der Aufbau der Galerie des 20. Jahrhunderts, der Bau der Akademie der Künste, Planung, Bau und Eröffnung der Deutschen Oper, die Förderung der Freien Volksbühne und ihres neuen Theaters, Planung und Baubeginn der Philharmonie und der Beginn der großen Museumsbauten der in den fünfziger Jahren von der Bundesregierung gegründeten Stiftung „Preußischer Kulturbesitz" in Dahlem fällt in Tiburtius Amtszeit.

Am 27. Mai 1967 starb Joachim Tiburtius nach kurzer Krankheit, dem Institut war er fast 20 Jahre lang persönlich verbunden.

In seinem Nachruf schrieb Ferdinand Friedensburg:[87]

„Die Bedeutung dieses Mannes für unser Institut erschöpfte sich nicht in seiner Beteiligung an der wissenschaftlichen Arbeit. Geistig vielseitig interessiert und ungewöhnlich gebildet, ein großer Freund der schönen Künste, teilte er mit vielen unserer Mitarbeiter die Freuden an der Diskussion über die Kunst und ihre Interpreten.

Seine Aufgeschlossenheit gegenüber dem Neuen und die Bereitschaft, mit umfassendem Wissen ausgerüstet doch Lernender zu bleiben, waren in ihm in beispielhafter Form vereint. Das Institut hat es immer als eine Ehre und hohe Auszeichnung betrachtet, Joachim Tiburtius zu den Seinen zählen zu dürfen."

Mai 1954 — Ferdinand Friedensburg überträgt Rolf Krengel die Leitung der Industrie-Abteilung

Friedensburgs Entscheidung hat eine Vorgeschichte: Karl Georg Mahnke, der — wie erwähnt — am 1. April 1949 als Nachfolger von Franz Seume die

[87] „Wochenbericht", Nr. 22/1967 vom 2. Juni.

Leitung der Industrie-Abteilung übernommen hatte, verließ am 31. März 1953 das DIW und ging zur Berliner Zentralbank, wo man ihm die Leitung der Volkswirtschaftlichen Abteilung angeboten hatte.

Die kommissarische Leitung wurde Ernst Eisendrath übertragen, wobei jedoch einzelne Mitglieder der Abteilung neue Funktionen in anderen Abteilungen übernahmen. Leider zeigte sich immer deutlicher, daß Ernst Eisendrath — trotz seiner großen menschlichen und beruflichen Qualitäten — wegen seiner Entscheidungsschwäche und seines Unvermögens, zugesagte Termine einzuhalten, als Nachfolger Mahnkes nicht in Frage kam.

Als im Frühjahr 1954 ein von der Industrieabteilung zu bearbeitendes Gutachten notleidend wurde, mischte sich Friedensburg gegen seine Gewohnheit in die abteilungsinternen Probleme ein und bot im Mai 1954 Rolf Krengel die Leitung der Industrie-Abteilung an. Dieser nutzte die völlig unerwartete Chance, allerdings nur unter der Bedingung, daß die Forschungskapazität vom Frühjahr 1953 wiederhergestellt werde. Friedensburg sagte dies zu, Ernst Eisendrath wollte nach einer Aussprache mit Rolf Krengel nicht in der Industrie-Abteilung bleiben und ging zur Osteuropa-Abteilung, sein Können und Wissen blieb dem Haus erhalten. Fünf Jahre später kam es wieder zu einer fruchtbaren Zusammenarbeit beider Herren.

Nach der Fertigstellung des vorstehend erwähnten Gutachtens begann die Industrie-Abteilung die Entwicklung von Investitionsaufwand und -volumen in den einzelnen Sektoren der Industrie im Gebiet der Bundesrepublik zu berechnen.

Die Anregung zu dieser Arbeit, die in der Bundesrepublik noch nicht wieder angepackt worden war, erhielt Krengel während einer USA-Reise, wo er John Kendrick kennengelernt hatte, der damals mit ähnlichen Untersuchungen für die Vereinigten Staaten begann.

Dieselbe Reise hatte jedoch auch Wilhelm Marquardt vom Ifo-Institut auf die Idee gebracht, den Konjunkturtest seines Instituts um einen Investitionstest zu erweitern. Krengel und Marquardt einigten sich rasch: Zunächst sollten beide Institute ihre Berechnungen allein durchführen und vor der Veröffentlichung die Ergebnisse diskutieren und aufeinander abstimmen. Es zeigte sich bald, daß beide Institute unabhängig voneinander fast stets zu gleichen Größenordnungen der sektoralen Investitionsdaten kamen. Um Doppelarbeit zu vermeiden, einigten sich einige Jahre später Rolf Krengel und Karl Heinrich Oppenländer, der ins Ifo-Institut gekommen war und in der Industrie-Abteilung arbeitete, auf folgende Arbeitsteilung: Das Ifo-Institut rechnete die Ergebnisse des Investitionstests auf die einzelnen Sektoren hoch und stellte die ermittelten nominalen Investitionsdaten dem DIW zur Verfügung, das seinerseits die Umrechnung in preisbereinigte Daten des Investitionsvolumens vornahm. Das DIW war an diesen Volumendaten besonders interessiert, weil sie ein unentbehrlicher Baustein zur Berechnung von sektoralen Kapitalstock-Daten sind.

Die zwischen Krengel und Oppenländer — dem späteren Präsidenten des Ifo-Instituts — sich entwickelnde freundschaftliche Zusammenarbeit ermöglichte es im Lauf der Zeit, die Daten der Investitions- und Vermögensrechnung für rd. 40 Sektoren der Industrie nahtlos aufeinander abzustimmen.

Die neue Aktivität der Industrie-Abteilung ist auch an ihren Veröffentlichungen ablesbar. 1953/54 aus dem Wochenbericht und den Vierteljahrsheften nahezu verschwunden, publizierte die Abteilung im Jahre 1955 zehn Wochenberichte. Krengel schrieb für die Vierteljahrshefte 1955 einen Beitrag mit dem Untertitel „Versuch einer Investitionsbilanz", in dem er sich mit der Berechnung der Kapazitätseffekte der Brutto-Anlage-Investitionen der Investitionsgüterindustrien beschäftigte. 1956 erschien in einer Ferdinand Friedensburg zum 70. Geburtstag gewidmeten Festschrift die erste Berechnung des Anlagevermögens der westdeutschen Industrien von 1924 bis 1955.[88]

Werner A. Zehden wird Verwaltungsdirektor

Über die Vorgeschichte des Eintritts von Werner A. Zehden ins DIW berichtet dieser:

> „Während meiner Amtszeit als Bürgermeister von Steglitz bin ich Ferdinand Friedensburg bei vielen politischen Anlässen begegnet. Er bot mir an, nach Ablauf der Legislatur-Periode als Verwaltungsdirektor ins Institut zu kommen .... Meine Wahlperiode in Steglitz endete im Februar 1955 und bereits am 1. März 1955 trat ich meine Stellung an ... Ferdinand Friedensburg stellte mir drei Hauptaufgaben, die unbedingt gelöst werden mußten:
>
> 1. Anhebung der Einkommen an das Niveau des öffentlichen Dienstes
> 2. Altersversorgung, ebenfalls dem öffentlichen Dienst entsprechend
> 3. Bau eines institutseigenen Gebäudes."[89]

Zehden löste alle drei Aufgaben. Die Verhandlungen über die neue, dem öffentlichen Dienst voll angepaßte Tarifgestaltung waren nach seinen eigenen Worten

> „zäh, langwierig und besonders schwierig, da der juristische Status des DIW als Eingetragener Verein auf jeden Fall aufrechterhalten werden sollte."

Das Institut mußte unter allen Umständen frei von Weisungen der Geldgeber bleiben. Schließlich gelang es Zehden, die Tarifordnung für Angestellte des öffentlichen Dienstes im Institutshaushalt anzuwenden. Obwohl bei dieser Regelung die wissenschaftliche Freiheit des DIW uneingeschränkt erhalten blieb, war auf längere Frist doch manche im BAT später verankerte Regelung auch im Institut anzuwenden.

---

[88] R. Krengel „Die Entwicklung des Anlagevermögens der westdeutschen Industrie von 1924 bis 1955" in: Wirtschaftsforschung und Wirtschaftsführung — Festgabe für Ferdinand Friedensburg zum 70. Geburtstag, Berlin 1956, S. 95 f.

[89] Briefliche Mitteilung von W. A. Zehden vom 4. Februar 1983.

Auch die zweite Aufgabe löste Zehden vorbildlich. Die damalige Satzung der „Versorgungsanstalt des Bundes und der Länder (VBL)" gab dem Institut die Möglichkeit, Mitglied der VBL zu werden, da nachweisbar die öffentlichen Mittel, die das DIW erhielt, mehr als die Hälfte des gesamten Etats ausmachten. Die notwendigen Verhandlungen führte Zehden mit viel Geschick. Alles in allem stieg durch die beiden Einkommensverbesserungen die Attraktivität des Instituts, was sich auf die Dauer besonders beim wissenschaftlichen Nachwuchs günstig auswirkte.

Bei der Forderung Friedensburgs, den Bau eines institutseigenen Hauses zu überwachen, konnte sich Zehden auf die mehr als einjährigen Vorarbeiten seines Vorgängers G. W. Geissler stützen. Die ersten ernsthaften Gespräche über die Errichtung eines Neubaus wurden im DIW um die Jahreswende 1953/54 geführt. Zu dieser Zeit war die Raumreserve des im September 1945 in der Pacelliallee 6 bezogenen Gebäudes und der in in den frühen fünfziger Jahren hinzugemieteten Räume in der Podbielskiallee 3 und 5 endgültig erschöpft, ein weiteres Zusammenrücken war nicht möglich. Die Ferdinand Friedensburg empfohlene Baufirma Marschalleck wies dem DIW drei Grundstücke nach, die in unmittelbarer Nähe der Pacelliallee lagen. Die nähere Prüfung ergab allerdings, daß sie alle schwere Nachteile aufwiesen und nicht als neuer Standort in Frage kamen.

Die Baufirma hatte Friedensburg den Architekten Hans Bartling BDA empfohlen, der nach weiterer vergeblicher Suche dem Präsidenten vorschlug, einen Standort mehr zur Stadtmitte hin zu suchen. Daraufhin zitierte Ferdinand Friedensburg Herrn Bartling zum „Befehlsempfang" und wies ihn an,

> „sich dringlichst nach Grundstücken innerhalb des postalischen Bezirks Dahlem umzusehen, wo immer sich eine Möglichkeit für den ... vorgesehenen Bau ergibt und die Grundstückspreise sich im Rahmen unserer Verhältnisse halten. Der Präsident ist der Meinung, daß wir Wert darauf legen müssen, in Dahlem beheimatet zu sein, da für die wissenschaftliche Forschung der Sitz in Dahlem als Charakteristikum überall bekannt ist."[90]

Weitere Sondierungen führten zu dem Angebot einer Maklerfirma, die 5 Objekte in Dahlem nachwies. Die am 16. Juli stattfindende Besichtigung durch Friedensburg ergab, daß dieser das Grundstück Königin-Luise-Str. 5/Haderslebener Str. 2 als das bestgeeignete bezeichnete und die Kaufverhandlungen einleitete.

Trotz einiger noch nicht abschließend geklärter Fragen — das Trümmergrundstück gehörte der I. G. Farbenindustrie A.G.i.L. — kaufte der Vorstand des DIW das 2224 qm große und nach amtlichen Berechnungen zu 75,9 % beschädigte Objekt am 1. August 1954 zu einem Quadratmeterpreis von

[90] Aktennotiz von G. W. Geissler vom 2. Juli 1954 über die Besprechung des Präsidenten mit Herrn Bartling am 1. Juli 1954.

knapp 20,-- DM für insgesamt 44 300,-- DM. Die Finanzierung war für das DIW kein Problem, weil der Verkauf eines schon von Ernst Wagemann gekauften Aktienpakets über 200 000,-- DM erbracht hatte.

Ein erster Entwurf des Architekten wurde wegen des darin vorgesehenen 4. Obergeschosses am 26. Oktober 1954 von der Bauverwaltung abgelehnt. Einem Aktenvermerk vom 28. Oktober ist zu entnehmen, daß sich am gleichen Tag Werner A. Zehden — in seiner Funktion als Bezirksbürgermeister — erstmals mit der Bauplanung des DIW befaßte und dem ihm seit seinem Studium wohlbekannten Institut seine Unterstützung zusagte. Dank Zehdens Hilfe konnte der neue Entwurf — mit einem ausgebauten Tiefgeschoß und 3 Obergeschossen — die üblichen behördlichen Hürden rasch überwinden.

Am 6. Januar 1955 wurde dieser Entwurf auch von der Senatsabteilung für Bau- und Wohnungswesen genehmigt. Nach dem von Ferdinand Friedensburg und Hans Liebe unterzeichneten Aktenvermerk „stellte Senatsbaudirektor Lemmer zusammenfassend fest, daß durch die Bindung an die gegebenen Grundmauern der Architekt zwar verhindert gewesen sei, einen ganz freien Entwurf anzufertigen, daß aber das, was hier vorgeschlagen werde, doch den vernünftigen Anforderungen entspräche ... man könne sich einverstanden erklären."

Es führte zu weit, alle Wege und Irrwege zu beschreiben, die auf der Suche nach den notwendigen Finanzmitteln begangen wurden. Nach einer Aufstellung vom 31. August 1955 standen dem DIW für den Hausbau einschließlich Grundstück an diesem Tag 674 809 DM zur Verfügung, davon waren nur 230900 DM Fremdmittel. 440000 DM waren Eigenmittel des Instituts bzw. dem DIW von der Vereinigung der Freunde des Deutschen Instituts für Wirtschaftsforschung gespendet worden.

Am 1. März 1955 begann — finanziert durch das Notstandsprogramm des Senats — die Enttrümmerung des Grundstücks. Werner A. Zehden, der am gleichen Tag als Nachfolger von G. W. Geissler ins Institut gekommen war, begann sofort Verhandlungen mit der die Arbeiten ausführenden Firma und kaufte von den bei der Enttrümmerung „abgeputzten 1/1 Hintermauerungssteinen" 100 000 Stück zum Stückpreis von 3,9 Pfennig. Die Steine wurden auf dem Grundstück gestapelt und beim Wiederaufbau verwendet. Nach dem Abschluß der Enttrümmerung ließ Zehden nochmals prüfen, ob die größtenteils stehengebliebenen Außenmauern des Kellergeschosses als Fundament geeignet waren.

Abgesehen von dem ungewöhnlich lange anhaltenden Putzerstreik im Herbst 1955 und den üblichen Bauherren„freuden" sind die Arbeiten der am Bau beteiligten Firmen von Zehden und Bartling so gut koordiniert worden, daß der Grundsteinlegung vom 25. Juni 1955 bereits am 9. September das Richtfest folgte. Einige Wochen nach dem Umzug — am 28. Mai 1956 —

richtete das DIW eine feierliche Hauseinweihung aus. Prominentester Gast war Bundespräsident Professor Dr. Theodor Heuß, der schon lange vorher seine Teilnahme mit Ferdinand Friedensburg abgemacht hatte.

Die während der Einweihungsfeier gehaltenen Festansprachen von Ferdinand Friedensburg, Otto Suhr, Joachim Tiburtius und Theodor Heuß hat das DIW der Festschrift vorangestellt, die das Institut seinem Präsidenten zu dessen 70. Geburtstag am 17. November 1956 widmete.[91] Diese Schrift enthält neben den vier Festansprachen und den vorstehend bereits genannten Arbeiten von F. Grünig[83] und R. Krengel[88] Beiträge aller Abteilungsleiter, darunter nicht weniger als drei Berichte über die wirtschaftliche Entwicklung der DDR und der UdSSR von Hans Liebe, Gerhard Abeken und Bruno Kiesewetter. Gerhard Abeken stellte sich mit seiner Untersuchung als Nachfolger von Bruno Gleitze vor.[92] Er leitete die Abteilung „Mitteldeutschland" bis zu seiner Pensionierung im Oktober 1965.

Der neue Verwaltungsleiter des DIW hatte seine Bewährungsprobe hervorragend bestanden, überdies hatte er gezeigt, daß er in Friedensburgs Gelehrtenrepublik gut hineinpaßte. Im Jahr 1933 aus rassischen und politischen Gründen vom Weiterstudium ausgeschlossen, hatte er zeitweilig KZ-Haft erlitten. Werner A. Zehden leitete die Verwaltung des Instituts geräuschlos, effizient und sehr geschickt, bis er am 31. Mai 1976 nach seinem 65. Geburtstag das Haus verließ.

Die Verjüngung des DIW hält an

Von 1945 bis 1949 waren nur 8 Wissenschaftler ins Haus gekommen. Im August 1949 schrieb Wissler in einer Denkschrift:[93]

„Ganz im Argen liegt die Nachwuchsfrage. Durch Neu-Zugang älterer Mitarbeiter ist in günstigen Fällen eine gewisse Ergänzung und Abrundung des Personalbestandes möglich. Dies ist weitgehend geschehen und sollte im großen und ganzen als abgeschlossen gelten. Die Nachwuchsfrage wird dadurch nicht einmal berührt. Seit Kriegsende zum mindesten (also auch vorher schon!) ist der Nachwuchs ganz unzureichend. Darin liegt für das Institut auf längere Sicht gesehen die größte Gefahr für seine Existenz. Das Institut muß in allernächster Zeit für mindestens 4 — 6 Anfänger, die aus den tüchtigsten Doktoranden der Freien Universität vor allem auszusuchen wären, Arbeitsplätze und ein bescheidenes Anfängergehalt bieten können. Die wissenschaftliche Linie des Hauses steht und fällt mit der Durchführung dieser Forderung. Auch die Aussicht, die mittlere Linie des Hauses wieder aus ihrer

---

[91] Deutsches Institut für Wirtschaftsforschung (Hsg.) „Wirtschaftsforschung und Wirtschaftsführung — Festgabe für Ferdinand Friedensburg zum 70. Geburtstag", Berlin 1956.

[92] G. Abeken „Die sowjetzonale Wirtschaftsexpansion und ihre Darstellung in der offiziellen Berichterstattung", a. a. O., Berlin 1956, S. 179 f.

[93] A. Wissler „Denkschrift über die notwendige Neuorganisation des DIW", Manuskript vom 31. Juli 1949, S. 18 f.

nur z. T. selbstverschuldeten Verstockung herauszubringen, hängt entscheidend damit zusammen, ob ein junger tüchtiger Nachwuchs da ist, der den Arbeitstakt mit angibt, und die älteren Kollegen im Ringen um die nach und nach freiwerdenden Posten in der wissenschaftlichen Führung des Hauses beiseite drängen kann, wenn sie nicht ebenso tüchtig sind wie die Anfänger es vielleicht zu werden versprechen."

Ferdinand Friedensburg sah die Notwendigkeit der Institutsverjüngung nicht anders als Wissler, war aber in den Jahren nach dem Neubeginn vom Mai 1945 zunächst einfach nicht in der Lage, entsprechend zu handeln. Die finanziellen Hindernisse waren unüberwindlich.

Im Lauf der fünfziger Jahre wurde bei der Auswahl der neu einzustellenden Mitarbeiter allmählich ein Suchsystem entwickelt, das sich im ganzen recht gut bewährt hat. Am Anfang stand ein Gespräch mit Lehrstuhlinhabern der Freien Universität, die gebeten wurden, ihre besten Examenskandidaten zu benennen. Besonders geschätzt wurden im DIW Schüler von Andreas Paulsen. Die benannten Damen und Herren wurden zu einem Vorstellungsgespräch mit dem jeweils an einer Einstellung interessierten Abteilungsleiter gebeten. Dabei spielten folgende Fragen eine Rolle: Thema der Diplom-Arbeit bzw. Dissertation, Examensnoten und ein wirtschaftspolitisches Gespräch, das bis zu zwei Stunden und länger dauern konnte. Häufig wurden noch andere Mitarbeiter des Instituts oder auch andere Abteilungsleiter ad hoc zur Teilnahme an diesem Gespräch eingeladen, das — besonders bei sehr guten Kandidaten — rasch ein Colloquium werden konnte.

Hatte man im DIW anfangs hier und da geglaubt, bei der richtigen Auswahl habe das Thema der Examensarbeiten eine große Bedeutung, so zeigte sich doch sehr rasch, daß eine allzu frühe Spezialisierung weder der Entwicklung der Mitarbeiter noch den Interessen des Instituts diente. Wirklich wichtig, so wurde rasch erkannt, war geistige Beweglichkeit, kulturelle Neugier und die perfekte Beherrschung des fachlichen Instrumentariums.

Alles in allem gelang es der Institutsleitung in den fünfziger Jahren, den verhängnisvollen Trend zur Überalterung der 1947 noch im wesentlichen aus der Wagemann-Ära stammenden DIW-Mannschaft zu stoppen. Die Anstöße, die Albert Wissler 1949 gegeben hatte, wurden ab 1950 in entsprechende Aktionen verwandelt und halfen, den erstrebten Erfolg — eine spürbare Verjüngung vor allem, aber nicht nur des Wissenschaftlerstabes — zu erreichen. Die über 30 Neuzugänge der fünfziger Jahre verteilten sich auf alle Abteilungen.

Wochenberichte der fünfziger Jahre — Zwei Beispiele aus mehr als 1000 Berichten

Angesichts der Menge von Wochenberichten ist es ausgeschlossen, auf die Themen und Schwerpunkte der Berichte einzugehen. Auf der Fülle seien beispielhaft nur zwei herausgegriffen und besonders erwähnt.[94]

Im Jahrgang 1955 beschäftigten sich Ferdinand Grüning und Gerhard Göseke am 13. Mai mit den vom Bundesarbeitsministerium kurz zuvor veröffentlichten versicherungstechnischen Bilanzen für die Rentenversicherung der Arbeiter und Angestellten und regten den Übergang vom bisherigen Kapitaldeckungsprinzip zum Umlageverfahren an. Mehrere Monate später — am 17. Februar 1956 — gab das DIW den Rat: „Es erscheint nicht ratsam, die Höhe der Renten automatisch an vorübergehende konjunkturelle Schwankungen zu binden ... Auch gegen eine ... gesetzliche Bindung ... nur an die Durchschnittslöhne bestehen ... Bedenken, da etwaige überhöhte und zu Preissteigerungen führende Lohnforderungen und -bewilligungen durch das „Anhängen" der Renten an die Löhne in ihrer gesamtwirtschaftlich schädlich Wirkung noch verstärkt würde." Dieser Rat ist allerdings bei der Entwicklung der Rentenformel nicht berücksichtigt worden.

Ingeborg Köhler-Rieckenberg und Herbert Martell werden Mitglieder des Abteilungsleiterkollegiums

Im Jahre 1957 war die Europäische Wirtschaftsgemeinschaft gegründet worden. Zwischen Präsident und Abteilungsleiterkollegium bestand völlige Übereinstimmung darüber, daß dieses — damals in ganz Europa als säkular empundene — Ereignis vom Institut dadurch zur Kenntnis genommen werden sollte, daß eine eigene, neue Abteilung „Auslandswirtschaft (West)" gegründet wurde. Eine Neuordnung war auch durch den plötzlichen Tot Albert Wisslers notwendig geworden.

Als Leiter kamen Ingeborg Köhler-Rieckenberg und Herbert Martell in Frage, beide seit Jahren enge Mitarbeiter Wisslers. Sondierungsgespräche und Gespräche zwischen den beiden Hauptbeteiligten ergaben schließlich, daß Herbert Martell die Konjunkturabteilung und Ingeborg Köhler-Rieckenberg die neue Abteilung leiten sollte.

Arbeitszeit und Produktivität[95]

Mitte der fünfziger Jahre[96] gab Bruno Gleitze, damals nicht mehr im DIW tätig, sondern der Leiter des Wirtschaftswissenschaftlichen Instituts der Gewerkschaften, die erste Anregung zu einer umfassenden Analyse des Zusammenhangs zwischen Arbeitszeit und Produktivität. Das RKW nahm

---

[94] „Die Rentenversicherungen 1953-1998 im Rahmen der Volkswirtschaftlichen Gesamtrechnung" in: Wochenbericht, 22. Jahrgang, Nr. 19 vom 13. Mai 1955, S. 75 f. „Die gesamtwirtschaftlichen Voraussetzungen einer dynamischen Rente" in: Wochenbericht, 23. Jahrgang, Nr. 7 vom 17. Februar 1956, S. 25 ff.

[95] „Arbeitszeit und Produktivität — Untersuchungsergebnisse wissenschaftlicher Forschungsinstitute", Berlin 1958 — 1962.

[96] Als erstes fremdfinanziertes Gutachten nach dem Krieg hatte das DIW im Jahre 1953 eine Untersuchung für die Salzgitter AG erarbeitet, die jedoch nie veröffentlicht wurde.

sich dieses Vorschlags an, führte vorbereitende Gespräche mit verschiedenen Instituten, darunter auch mit dem DIW und empfahl dem Bundeswirtschaftsministerium, vier Institute mit der Arbeit zu betrauen. Ende 1956 ergingen die Aufträge an:

das Ifo-Institut

das Max-Planck-Institut für Arbeitsphysiologie

die Sozialforschungsstelle an der Universität Münster in Dortmund und

das DIW.

In der obigen Reihenfolge hatten die Institute

Branchen- und betriebswirtschaftliche Untersuchungen

Ganztätige Arbeitsablaufuntersuchungen

Betriebssoziologische Untersuchungen und

Volkswirtschaftliche Untersuchungen

zu machen und waren für ihre Arbeit jeweils selbst verantwortlich.

Die Federführung für das gesamte Projekt wurde Rolf Krengel übertragen, der auch den volkswirtschaftlichen Teil des Projektes bearbeitete. Unabhängig voneinander kamen die Bearbeiter der Teilbände zu dem Urteil, daß der 1957 vereinbarte Übergang von der 6 zur 5-Tagewoche mit je 9 Stunden Arbeitszeit nicht mehr als eine Übergangslösung sein konnte.

Die betriebs- und volkswirtschaftlichen Untersuchungen zeigten, was zu tun war, um die tägliche Arbeitszeit zu reduzieren: Die Produktivität war zu steigern.

In den zwanzig Jahren seit der Veröffentlichung des Gutachtens hat sich viel verändert. Auch heute wird die Reduzierung der Arbeitszeit wieder gefordert — aber aus anderen Motiven. Der enge Zusammenhang von Arbeitszeitverkürzung und Produktivitätswachstum gilt jedoch unvermindert weiter, was die Wirkung weiterer Arbeitszeitverkürzung auf den erstrebten Abbau der Arbeitslosigkeit deutlich begrenzt.

Rückwirkungen der veränderten Forschungsschwerpunkte auf die Abteilungsstruktur

Auch von 1949 bis 1959 hielt die nicht nur altersbedingte Fluktuation der Abteilungsleiter und die Gründung neuer Abteilungen an. Der nachstehende Vergleich läßt erkennen, daß Ende 1959 nur noch ein Abteilungsleiter vor 1945 ins Institut eingetreten war: Hans Liebe. Ihm hatten Präsident und Kollegium der Abteilungsleiter im Jahr 1954 nach Franz Eppensteins Tod die Redaktion der gesamten Veröffentlichungen des DIW (Wochenbericht, Vierteljahrshefte, Sonderhefte) übertragen, eine Arbeit, die Hans Liebe bis zu seiner schweren Erkrankung im Juni 1962 ausgezeichnet machte. Alle anderen in der nachstehenden Tabelle aufgeführten Abteilungsleiter sind zwischen dem Mai 1945 und dem April 1954 ins Haus gekommen. Die Wagemann-Generation war aus der Leitung des DIW ebenso wie bei den Veröffentlichungen Ende der fünfziger Jahre nahezu vollständig ausgeschieden.

Die wichtigste Maßnahme der fünfziger Jahre war die Trennung der bisherigen Auslandsbeobachtung in die Abteilung „Auslandswirtschaft (West)“ und „(Ost)“, die 1958 aus der Konjunkturbeobachtung herausgelöst wurde bzw. die Arbeiten der 1950 gegründeten Abteilung „Osteuropawirtschaft“ fortsetzte.

Bedauerlich blieb die Tatsache, daß die im IfK einstmals so wichtige Landwirtschaftsforschung nur noch ein Schattendasein führte. Der Verlust der Hauptstadtfunktion hatte zur Folge, daß im DIW die alten Schwerpunkte Landwirtschaft und Verkehrswirtschaft zu kleinen Referaten verkümmerten; die Arbeiten von Hans Gade und Heinz Otto konnten das nicht verhindern. Beide Male hatte das DIW seine frühere quasi-monopolistische Stellung verloren — andererseits hielt sich das Institut bei anderen Forschungsschwerpunkten sehr gut, insbesondere dort, wo durch neue Aktivitäten (Bergwirtschaft, Osteuropawirtschaft, DDR-Wirtschaft, Berlin-Forschung, Volkswirtschaftliche Gesamtrechnung u. a.) entweder neue quasi-monopolistische Schwerpunkte geschaffen oder neue, bis dahin unbenutzte Instrumente entwickelt und angewendet werden konnten (Vermögen- und Kapazitätsrechnung, Einkommensschichtung, Geldvermögensrechnung, Energiebilanzen u. a.).

Der nachstehenden Tabelle ist schließlich zu entnehmen, daß Rolf Krengel am 1. Juli 1959 die kommissarische Leitung der Abteilung Auslandswirtschaft (Ost) übernahm. Dieser Entscheidung waren Gespräche zwischen Ferdinand Friedensburg und Rolf Krengel vorausgegangen. Friedensburg war nicht bereit, dem Wunsche von Bruno Kiesewetter zu folgen, über den 65. Geburtstag hinaus im DIW zu bleiben. Kiesewetter hatte in den achteinhalb Jahren seiner Tätigkeit durch sehr gewissenhaftes und systematisches Auswerten von osteuropäischen Fachzeitschriften und Zeitungen eine beachtliche Menge statistischer Informationen über die Länder Osteuropas gesammelt und im Sonderheft 33 in fünf Teilbänden veröffentlicht, hatte es aber nicht verstanden, sich die Fülle neuer Informationen zunutze zu machen, die in der Ära Chrustschow von den sowjetischen Statistikern veröffentlicht wurden. Es hat noch mehr zwischen den beiden Männern gestanden, ohne daß es ausgesprochen wurde.

Rolf Krengel, der zu dieser Zeit die Entwicklung einer disaggregierten Vermögensrechnung für die Industrie nahezu abgeschlossen hatte und sie im Rahmen des Arbeitszeitgutachtens sogleich verwendete, erfüllte Friedensburgs Wunsch unter folgenden Bedingungen:

1. Vollständige Aufgabe der bisherigen Forschungsmethoden

2. Konzentration auf die Sowjetunion

3. Erarbeitung von Vergleichszahlen Sowjetunion — Bundesrepublik Deutschland und/oder USA

Bezeichnung der Forschungsabteilungen
und ihre Leiter 1949 und 1959

	1949	1959
Allgemeine Konjunkturbeobachtung	A. Wissler	H. Martell
Volkswirtschaftliche Gesamtrechnung	F. Grünig	K. D. Arndt
(Berlin-Referat)	(R. Krengel)	(D. Schöler)
(Bau-Referat)	(K. D. Arndt)	(W. Kirner)
(Verkehrs-Referat) [1]	(H. Otto)	—
Landwirtschaft, Ernährungswirtschaft	H. Liebe	H. Liebe
Industrie	K. G. Mahnke	R. Krengel
Berg- und Energiewirtschaft	F. Friedensburg	F. Friedensburg
(Arbeitsgruppe Verkehr) [2]	—	(H. Otto)
Handel, Handwerk und Verbrauch	J. Tiburtius	J. Tiburtius
Mitteldeutschland	B. Gleitze	G. Abeken
(Referat Sozialforschung)	(B. Gleitze)	(St. Münke)
Auslandswirtschaft (West) [3]	—	I. Köhler-Rieckenberg
Auslandswirtschaft (Ost) [4]	—	R. Krengel [5]

[1] 1959 bei Berg- und Energiewirtschaft

[2] 1949 bei Volkswirtschaftliche Gesamtrechnung

[3] 10.01.1958 gegründet

[4] 01.10.1950 gegründet, Leitung Bruno Kiesewetter

[5] Kommissarische Leitung ab 01.07.1959 bis 31.08.1967.

Rolf Krengels Arbeit an dieser völlig neuen Methode des internationalen Vergleichs zwischen Ost und West wurde wesentlich erleichtert durch die Tatsache, daß am 1. Oktober 1959 Dieter Mertens in die Industrieabteilung kam und seine wissenschaftliche Kompetenz und Leistungsfähigkeit sehr rasch bewies. Zwischen Egon Baumgart, Dieter Mertens und Rolf Krengel entwickelte sich eine rd. 5 Jahre anhaltende freundschaftliche Zusammenarbeit, die zahlreiche Veröffentlichungen erbrachte.

Was die neuen Arbeiten über die wirtschaftliche Entwicklung und Struktur der Sowjetunion anging, so erwies sich die gute Zusammenarbeit Krengels mit den Mitarbeitern der Ost-Abteilung als überaus wichtig. Bei der Überwindung anfänglicher methodisch bedingter Verständigungsschwierigkeiten war die verständnisvolle Unterstützung durch Ernst Eisendrath unentbehrlich, der das geänderte Forschungskonzept voll unterstützte und selbst zahlreiche Arbeiten in Sonderheften und Wochenberichten veröffentlichte.

Das DIW in den letzten Jahren der Ära Friedensburg (1960 bis 1967)

Das Energie-Gutachten

Am 12. Juni 1959 ersuchte der Deutsche Bundestag aufgrund einer Anregung der beiden Abgeordneten Ferdinand Friedensburg (CDU) und Fritz Baade (SPD), die Bundesregierung, die Arbeitsgemeinschaft deutscher wirtschaftswissenschaftlicher Forschungsinstitute, Bonn, mit der Durchführung einer

> „Untersuchung über die Entwicklung der gegenwärtigen und zukünftigen Struktur von Angebot und Nachfrage in der Energiewirtschaft der Bundesrepublik unter besonderer Berücksichtigung des Steinkohlenbergbaus“

zu beauftragen. Anlaß der Untersuchung war die seit 1957 deutlich gesunkene Nachfrage der Wirtschaft und der privaten Haushalte nach der in der Bundesrepublik geförderten Steinkohle.

Die Arbeitsgemeinschaft zog entsprechend dem Auftragsschreiben des Bundesministers für Wirtschaft vom 26. Oktober 1959 sechs der Mitgliedsinstitute, die sich auf dem Energiegebiet betätigen, sowie wirtschaftliche und technische Sachverständige zur Vorbereitung und Ausarbeitung des Gutachtens heran und bildete einen Organisationsstab unter der Leitung von Manfred Liebrucks vom DIW, der als Generalsekretär des Projekts die Arbeiten von 3 Generalsachverständigen, 35 Sachverständigen und 65 Mitarbeitern der sechs Institute DIW, Ifo, RWI, HWWA, IfW und EI Köln koordinierte. Er hat sich in den 3 Jahren, die der Abwicklung und der Abschluß der Arbeiten erforderte, große Verdienste um das Gelingen der Arbeit erworben, die in den Instituten kurz als „Energie-Gutachten“ bezeichnet wurde. Die Gesamtleitung des Projekts lag bei Ferdinand Friedensburg und Fritz Baade.

Im Jahr 1961 veröffentlichte die Arbeitsgemeinschaft das Hauptgutachten, dessen vorstehend genannter umständlicher Titel auf dem Buchrücken der Kurzbezeichnung „Energie-Gutachten 1961" Platz machte. In den Jahren 1963 und 1964 folgten vier Anlagenbände über spezielle Energieprobleme der Elektrizitätswirtschaft, der Erdölwirtschaft u. a. Fragen.

Die Zusammenfassung der Ergebnisse ist auf sechs Seiten komprimiert und wurde von Friedensburg mustergültig formuliert. Die über einen Zeithorizont von 15 Jahren führende Prognose war — was das Wachstum des Sozialprodukts angeht — zu optimistisch: Es stieg von 1960 bis 1975 nicht, wie für möglich gehalten, um rd. 100 vH, sondern „nur" um 73 vH. Auch bei sonstigen Abschätzungen ergaben sich z. T. größere Abweichungen, aber die tendenzielle Entwicklung der nächsten 15 Jahre wurde 1960/61 völlig richtig erkannt und beschrieben, wie einige Zitate aus der Zusammenfassung der Ergebnisse zeigen („Energiegutachten", S. 295-300).

„Der ... als sicher anzusehende Absatz deutscher Steinkohle wird ... 1975 nur 85 Mill. t erreichen ... Die darüber hinausgehenden Möglichkeiten des Absatzes deutscher Steinkohle werden von den Wettbewerbsverhältnissen im engeren Substitutionsbereich ... abhängen ..."

Tatsächlich wurde 1975 eine Förderung von 92,3 Mill. t erzielt.

„Die wirtschaftlichen Bedingungen der Rohölförderung in der Bundesrepublik sind günstiger als vielfach angenommen ... Erdgas und Atomenergie können in ihrer künftigen Bedeutung heute noch nicht eindeutig übersehen werden ... es scheint jedoch heute sicher, daß von der Atomenergie bis 1975 ... keine revolutionierenden Einflüsse auf die Energieversorgung zu erwarten sind ... Alle Untersuchungen führen zu dem Schluß, daß der deutsche Steinkohlenbergbau ... auch bei großen Anstrengungen ... nur zu einem Teil wettbewerbsfähig gehalten werden kann ..."

Das Energiegutachten war das — bis 1961 — größte Einzelvorhaben, das vom DIW bearbeitet wurde. Mit einem Gesamtvolumen von 2,5 Mill. DM für die Arbeitsgemeinschaft übertraf es das Gutachten „Arbeitszeit und Produktivität", das 1963 abgeschlossen wurde, bei weitem. In beiden Gutachten wurden längerfristige Prognosen erarbeitet, die sich als in der Tendenz richtig erwiesen. Dabei ist allerdings zu bedenken, daß angesichts des seit Jahren anhaltenden Wirtschaftswachstums Trendprojektionen damals weit ungefährlicher waren, als sie in den siebziger Jahren wurden.

Input-Output-Rechnung — Zweite Runde

Wie bereits erwähnt hatte Ferdinand Grünig im Jahre 1953 versucht, eine kleine quadratische Vorleistungsmatrix für die Bundesrepublik Deutschland zu erstellen und dabei erfahren, daß die bis dahin zur Verfügung stehenden statistischen Daten nicht ausreichten, eine solche Tabelle zu erstellen. Jedoch arbeitete das Statistische Bundesamt seit Anfang 1955 an der Ermittlung des Brutto- und Nettoproduktionswertes sowie des Materialverbrauchs der industriellen Unternehmen 1954; die Daten wurden für mehr als

40 Sektoren erhoben und waren ohne Zweifel nach der Fertigstellung der Arbeiten und der Veröffentlichung der Ergebnisse eine nahezu ideale Grundlage für die Erstellung von Input-Output-Tabellen. Das Wirtschaftsministerium reagierte 1958 — von Rolf Krengel auf diesen Tatbestand hingewiesen und um finanzielle Unterstützung gebeten — unwirsch: Die Input-Output-Rechnung sei ein Instrument der Planwirtschaft und man denke nicht daran, derartige Arbeiten zu fördern.

Am 1. Juli 1959 hatte Klaus Dieter Arndt als Nachfolger von Ferdinand Grünig die Abteilung „Volkswirtschaftliche Gesamtrechnung" übernommen. Neuen Versuchen von Arndt und Krengel, den Einstieg in die Input-Output-Rechnung doch noch zu erreichen, war zunächst der Erfolg versagt, bis sie Interesse und finanzielle Unterstützung von ganz unerwarteter Seite bekamen: Von den Siemens-Schuckert-Werken, angeregt durch Georg Philippi, einen engen Mitarbeiter des späteren Vorsitzenden der Siemens AG, Herrn Dr. Plettner.

Siemens — von jeher an Planungsproblemlösungen interessiert — gab dem DIW die Chance, die Eignung der seit 1958 verfügbaren Daten des Materialeingangs für die Erstellung von Vorleistungsmatrizen zu prüfen. Die Berechnung der Input-Output-Tabellen, von Arndt selbst vorgenommen, dauerte über zwei Jahre, weil sie nur mit kleiner Kapazität betrieben werden konnte. Auch in dieser Zeit gelang es nicht, die Bundesregierung für diese Arbeiten zu interessieren, der allmählich riesengroß angewachsene Rückstand der deutschen Wirtschaftsforschung auf diesem Gebiet nahm immer weiter zu.

Was aus der Input-Output-Rechnung des DIW geworden wäre, wenn nicht am 13. August 1961 die Berliner Mauer gebaut worden wäre, läßt sich nur vermuten. Am 14. August besuchten einige Herren des Senators für Wirtschaft das DIW und baten das Institut, bei der ihnen übertragenen Aufgabe zu helfen, für Berlin (West) zusätzliche Lager, nicht nur an Lebensmitteln, einzurichten. Der Zufall wollte es, daß bei der Besprechung, an der vom DIW Klaus Dieter Arndt und Rolf Krengel teilnahmen, die Arndtschen Input-Output-Tabellen auf dem Tisch lagen. Das Interesse der Herren des Senats war rasch geweckt, als wir erklärten, daß man eine Matrix der Vorleistungsverflechtung der westdeutschen Wirtschaft vor sich habe. — Ob man etwas derartiges für Berlin machen könnte? Ja, aber erst nach einer hinreichend disaggregierten Matrix für das Bundesgebiet.—

Es war bei der gegebenen Situation nicht schwierig, den neu gewählten Senator für Wirtschaft, Professor Dr. Karl Schiller, für die Unterstützung der Pläne des Instituts zu gewinnen, zumal Karl Schiller dem Vorstand des DIW angehörte und der für die Berliner Wirtschaftsprobleme zuständige Abteilungsleiter Klaus Dieter Arndt war. Aber wieder hieß die Frage: Wo soll die völlig neue Aktivität „angesiedelt" werden? Bei der Abteilung „Volkswirtschaftliche Gesamtrechnung" oder „Industrie"? Klaus Dieter Arndt und Rolf Krengel besprachen diese Frage sehr eingehend und entschieden sich schließlich für die Gründung eines neuen Referats „Input-Output-Rechnung" in der Industrieabteilung. Das Projekt begann am 1. April 1962; am gleichen Tag kam Reiner Stäglin ins DIW, dessen Name mit der Input-Output-Rechnung des DIW seither eng verbunden und international bekannt geworden ist. Später kamen Hans Wessels und Jörg-Peter Weiß ins DIW und arbeiteten in dem allmählich entstehenden Referat „Input-Output-Rechnung" mit.

Ferdinand Friedensburg war vom Kollegium der Abteilungsleiter rasch dafür gewonnen worden, die neue Aktivität von Anfang an als Langfristprojekt zu betreiben. Die vom Berliner Senat aus ERP-Forschungsmitteln gewährte Finanzierung reichte bei sparsamer Verwendung für etwa 4 Jahre, danach mußte man weitersehen.

Die Definitionsphase — u. a. die Festlegung der sektoralen Gliederung, die Verbuchung der primären Inputs usw. — ist von Reiner Stäglin im Rahmen der DIW-Beiträge zur Strukturforschung eingehend beschrieben worden.[97] Schon während der Erstellung der ersten Tabelle mit 56 Sektoren für das gut belegte Jahr 1954 wurde mit der Entwicklung der zur Analyse notwendigen EDV-Programme begonnen, zunächst am Hahn-Meitner-Institut für Kernforschung.

Ende 1966 standen dem DIW zur Verfügung:

— Eine Input-Output-Tabelle mit 56 Sektoren und je fünf Vektoren der Endnachfrage und der primären Inputs für das Jahr 1954.[98]

— Investitionsmatrizen mit 56 Sektoren für die Jahre 1950, 1954, 1958, 1962.[99]

— Importmatrizen mit 56 Sektoren für die Jahre 1954 und 1958, die nicht veröffentlicht wurden.

— Erste Bestandteile eines Programmsystems zur Analyse der Tabellen, insbesondere zur Berechnung von indirekten Produktionseffekten, die durch die Vorleistungsverflechtung ausgelöst werden.

Damit hatte das DIW ein für die Bundesrepublik gänzlich neues Instrument der Wirtschaftsanalyse und -prognose entwickelt[100] — gerade zu rechten

---

[97] R. Stäglin „Aufstellung von Input-Output-Tabellen — Konzeptionelle und empirisch-statistische Probleme", DIW-Beiträge zur Strukturforschung, Heft 4, Berlin 1968.

[98] Die um die Daten für 1958 erweiterten Tabellen sind veröffentlicht in: R. Stäglin und H. Wessels „Input-Output-Tabellen und Input-Output-Analysen für die Bundesrepublik Deutschland", DIW-Beiträge zur Strukturforschung, Heft 6, Berlin 1969.

[99] D. Mertens und W. Kirner „Investitionsverflechtung in der Bundesrepublik Deutschland 1950 bis 1970", DIW-Beiträge zur Strukturforschung, Heft 1, Berlin 1967.

Zeit, wie sich bald zeigen sollte. Beteiligt waren an diesen Arbeiten im Institut in erster Linie Reiner Stäglin und Hans Wessels (Haupttabelle 1954), Dieter Mertens und Wolfgang Kirner (Investitionsmatrizen), Jörg-Peter Weiß (Importmatrizen) und Joachim Schintke (Systemanalyse und Programmierung), später auch Renate Filip-Köhn (Simulationsrechnungen).

Oktober 1960 — Beginn der Industrieprognose-Tagungen

Als die Industrie-Abteilung 1954 mit ihren sektoralen Investitionsanalysen begann, wurde eine wachsende Zahl von Informationsreisen notwendig; sie dienten vor allem der Neuknüpfung alter, aber verlorengegangener Kontakte zu Unternehmen und Verbänden. Diese Reisen waren notwendig, aber teuer — und das Institut war in diesen Jahren stets auf Sparen bedacht. Konnte man wirklich nicht mehr zu einer größeren wissenschaftlichen Veranstaltung in Berlin einladen? Und was sollte der — attraktive — Zweck einer derartigen Veranstaltung sein?

Nach ausführlicher Diskussion schlug das Kollegium der Abteilungsleiter dem Präsidenten vor, das DIW solle zu einer Tagung einladen, bei der die Ergebnisse der ständigen Kurzfristprognosen der Sozialproduktsentwicklung und der Industrieproduktion vorgestellt und anschließend diskutiert werden sollten. Teilnehmer: Volkswirte aus großen Unternehmungen, Banken und Verbänden. Die Teilnahme sollte — zumindest zunächst — kostenlos sein. Vor der Tagung sollten die Prognoseergebnisse allen Teilnehmern, die ihre Zusage gegeben hatten, zugehen. Das Protokoll der Ergebnisse solle nur den Teilnehmern zugesandt werden.

Ferdinand Friedensburg, der ebenso wie seine Mitarbeiter die Einladung als „Versuchsballon" betrachtete, gab grünes Licht, und Rolf Krengel schrieb an die ihm bekannten oder benannten Damen und Herren. Die erste Sitzung fand am 19. Oktober 1960 im Haus des DIW statt. Vorher waren 14 Tabellen versandt worden, die Daten der Sozialprodukts- und Industrieproduktionsentwicklung bis 1961 enthielten. Bereits bei dem ersten Tabellensatz waren Vorausschätzungen der Produktion der einzelnen Investitionsgüterindustrien enthalten.

Die Tagung wurde ein voller Erfolg. 23 Teilnehmer aus dem Bundesgebiet und Berlin erschienen und beschlossen abschließend, die gemeinsame Arbeit ein halbes Jahr später fortzusetzen. Damit war der Startschuß für eine völlig neue Arbeit des DIW gefallen, die bislang über 50 mal wiederholt worden ist. Der Tagungsablauf war von Anfang an folgender:

---

[100] Bereits 1959 hatte W. Krelle eine Input-Output-Tabelle für 1953 veröffentlicht, die jedoch nur 8 Sektoren enthielt. Die Pionierarbeit Krelles und seiner Mitarbeiter konnte jedoch nicht fortgesetzt werden. Vgl. hierzu: W. Krelle „Volkswirtschaftliche Gesamtrechnung einschließlich input-output- Analyse mit Zahlen für die Bundesrepublik Deutschland", Berlin 1959 bzw. 1967.

Einem weltwirtschaftlichen Überblick der Abteilung Auslandswirtschaft (West) folgte die Darlegung der deutschen Konjunkturprobleme durch die Abteilung Volkswirtschaftliche Gesamtrechnung und ein Kommentar zu den DIW-Schätzungen der industriellen Produktion. Abschließend wurde die monetäre Situation kommentiert.

Die Einleitungsreferate hielten bei der ersten Tagung Ingeborg Köhler-Rieckenberg (Weltwirtschaft), Klaus Dieter Arndt (Volkswirtschaftliche Gesamtrechnung) und Herbert Martell (Monetäre Situation). Die Industrieprognose wurde von Dieter Mertens vorgetragen, der im Oktober 1960 erst 14 Monate dem DIW angehörte, aber — sozusagen aus dem Stand heraus — hervorragende Arbeit leistete.

Die Prognosetagung hat sich im Lauf der Zeit in mancher Beziehung verändert.

- Das DIW stellte mehr Daten über die Weltwirtschaft, Gesamtrechnung und Industrieproduktion zur Verfügung
- Nach wenigen Tagungen wurde die Dauer auf 2 Tage ausgedehnt
- Die Teilnehmerzahl wuchs rasch auf rd. 100 Personen, so daß das DIW eine Restriktion einführen mußte. Auf die Dauer sollten die Teilnahmewilligen der Vereinigung der Freunde des Deutschen Instituts für Wirtschaftsforschung e. V. beitreten — eine Regelung, die der finanziellen Entwicklung der Vereinigung gut tat.

Im weiteren Verlauf der Tagungen ging die Last der Vorarbeit und der Einleitungsreferate auf Horst Seidler, Manfred Teschner, Joachim Volz, Arthur Boneß und Reinhard Pohl über. Die Leitung der Veranstaltung, insbesondere der Diskussion, lag bei Rolf Krengel. Seit Anfang der siebziger Jahre steuert das Institut für Arbeitsmarkt- und Berufsforschung, Nürnberg ein Kurzreferat über den Arbeitsmarkt bei. Die Zusammenarbeit war von Dieter Mertens und Rolf Krengel verabredet worden.

Um den Tagungsablauf zu straffen und die Diskussion zu optimieren, wurde das Procedere bei der Präsentation der DIW-Prognosen im Lauf der Jahre mehrfach verändert. Die wichtigste Änderung wurde erstmals bei der 12. Tagung im April 1966 praktiziert: Bei der Diskussion der Branchendaten folgte das DIW nicht mehr der formalen Reihenfolge der Industrieberichterstattung, sondern einer neu errechneten Reihenfolge, bei der der Informationsfluß optimiert wurde. Die notwendigen, sehr zeitaufwendigen Berechnungen wurden von Hans Wessels von der Industrieabteilung durchgeführt (Branchen-Hierarchie).

1961 — Festschrift zu Ferdinand Friedensburgs 75. Geburtstag

Im Herbst 1960 suchte Ferdinand Friedensburgs Sohn Klaus Dieter Arndt und Rolf Krengel auf und besprach mit ihnen die Möglichkeit, eine weitere

Festschrift für seinen Vater zu veröffentlichen. Die Vereinigung der Freunde war bereit, die Herstellung zu finanzieren, so daß die Frage blieb, was die Festschrift enthalten sollte. Rasch wurde man sich einig, die Gelegenheit zu nutzen, eine Auswahl aus dem schriftstellerischen Werk von Ferdinand Friedensburg zu treffen und an zahlreichen Stellen verstreute Texte in einem Band neu zu veröffentlichen.[101]

Die Auswahl konnte nicht geschehen, ohne den Autor zu fragen. Friedensburg stellte vorbehaltlos seine gesamten eigenen Veröffentlichungen zur Verfügung. Bei der Arbeit konnte sich Rolf Krengel bei Klaus Dieter Arndt für dessen Hilfe bei den Input-Output-Experimenten revanchieren: Durch eine plötzliche Krankheit für längere Zeit ans Bett gefesselt, las er Seite um Seite das, was sein Präsident von 1913 bis 1961 geschrieben hatte, und ordnete die von ihm ausgewählten Arbeiten in 7 Kapiteln mit den Titeln

Recht-Verwaltung-Polizei

Bergwirtschaft

Volkswirtschaft

Politik — Geschichte

Berlin

Persönliche Erinnerungen

Bibliographie

Die Bibliographie umfaßte damals 439 Titel, die Auswahl 57 Titel, die ein stattliches Buch von rd. 500 Seiten füllten.

Er verdient festgehalten zu werden, was Rolf Krengel nach getaner Arbeit zu Klaus Dieter Arndt sagte:

„Dieser Mann muß sich nicht einer einzigen Zeile schämen, die er in fünf Jahrzehnten geschrieben hat. Wir dürfen stolz sein, einen solchen Präsidenten zu haben."

Zur Festschrift steuerte übrigens Joachim Tiburtius, der zweite „grand old man" des Instituts, eine Gesamtwürdigung der Persönlichkeit und Leistungen von Ferdinand Friedensburg bei.

Was Friedensburg zu Themen wie z. B.

Republikanische Orden? (1928)

Der deutsche Student (1929)

Langemarck (1931)

geschrieben hat, verdient noch heute Beachtung und Respekt vor der Schärfe seines Intellekts und vor seiner Redlichkeit.

---

[101] K. D. Arndt und R. Krengel (Hrsg.) „Politik und Wirtschaft — Aufsätze und Vorträge", Berlin 1961.

Die A.I.E.C.E. — Association d'Instituts Européens de Conjuncture Economique

Bereits seit der zweiten Hälfte der zwanziger Jahre gab es zwischen den wenigen damaligen europäischen Konjunkturforschungsinstituten informelle Kontakte und ein Minimum an Kooperation. Erst nach dem zweiten Weltkrieg wurden die Kontakte etwas enger. Daß es 1957 zur Gründung der A.I.E.C.E., der Vereinigung europäischer Konjunkturforschungsinstitute kam, ist nicht zuletzt ein Verdienst Ferdinand Friedensburgs. Die Initiative, die er zusammen mit Professor L. H. Dupriez vom IRES-Institut in Löwen und dem damaligen Direktor des INSEE, M. Dumontier, ergriff, ließ eine Vereinigung entstehen, deren Statuten schon bald von bedeutenden Ökonomen wie Baade, Bauer, Jeanneney, de Jouvenel, Koek und Saunders unterzeichnet wurden, und die heute in über 20 Ländern etwa 40 Institute und fünf internationale Organisationen (EG, OECD, IMF, UNO, EFTA) zu ihren Mitgliedern zählt.

Friedensburg hatte nach eigener Aussage bei der Gründung der Vereinigung nicht allein wissenschaftliche Interessen verfolgt, für ebenso wichtig hielt er es, zu einer besseren Verständigung im Nachkriegseuropa zu kommen. Die historische Entwicklung dürfte ihm, dem Frankophilen, recht gegeben haben, wenn er die deutsch-französiche Zusammenarbeit als Kern einer künftigen wirtschaftlichen und politischen Kooperation in Europa sah. Es erstaunt daher auch nicht, daß er für die die französische Sprache als offizielle Sprache der Vereinigung stimmte — erst ein Jahrzehnt nach seinem Tod wurde auch Englisch zugelassen.

Die A.I.E.C.E. hat sich in den ersten Jahren ihrer Tätigkeit vor allem auf die sehr kurzfristige Konjunkturbetrachtung konzentriert. Mit dem Kreis ihrer Mitglieder wuchsen allerdings auch ihre Interessen und Aufgaben. Verschiedene Arbeitsgruppen wurden gebildet — Welthandel, Rohstoffe, weltwirtschaftliche Strukturprobleme —, die teilweise zu einer intensiven Zusammenarbeit zwischen den Instituten führten. Von besonderer Bedeutung für die Einschätzung des internationalen Wirtschaftseinflusses auf die jeweilige nationale Entwicklung hat sich auch der ständige Austausch aktueller konjunkturpolitischer Daten erwiesen, die über amtliche Veröffentlichungen z. T. nur mit einem erheblichen time-lag erhältlich waren. Neben dem allgemeinen Austausch von Publikationen und dem Versuch, eine bessere Kohärenz der nationalen Progno sen zu erreichen, könnten zahlreiche weitere ad hoc-Arbeitsgruppen erwähnt werden, so etwa zur Frage der flexiblen Wechselkurse, der neuen Formen der Unterbeschäftigung, der Entwicklung der Realzinsen oder der Methodik.

Getreu dem Wahlspruch Friedensburgs „Jedermann dienstbar, niemand untertan" sieht auch die A.I.E.C.E. in ihren Statuten nur die Aufnahme unabhängiger Forschungsinstitute vor. Es dürfte bis heute kaum eine ähnliche Organisation auf internationaler Ebene geben, die eine vergleichbare Offenheit in der Diskussion erlaubt. Hierin ist auch ein Grund dafür zu sehen, daß auf die Veröffentlichung regelmäßiger Kommuniqués nach den Halbjahressitzungen der Vereinigung verzichtet wurde. Dagegen haben die Arbeiten der A.I.E.C.E. vielfach ihre Spuren in den Veröffentlichungen der nationalen Institute hinterlassen und zu einem größeren Verständnis in der Beurteilung der Wirtschaftspolitik der europäischen Nachbarländer geführt.

Im DIW wurden die Arbeitskontakte naturgemäß vor allem von der damaligen Abteilung Auslandswirtschaft (West) — heute Abteilung „Westliche Industrieländer und Entwicklungsländer" — wahrgenommen. Mehrfach wurde hier der „Rapport Général" für die Tagungen der Vereinigung erarbeitet. Aber auch für die Arbeiten anderer Abteilungen, so etwa für die Arbeiten des DIW auf dem Gebiet der Vermögens- und Kapazitätsrechnung in den Ländern der Europäischen Gemeinschaft, konnten immer wieder fruchtbare Kontakte vermittelt werden. Die Europäische Gemeinschaft hat der Vereinigung in den letzten Jahren zunehmend Respekt gezollt und sie auch materiell — etwa durch die zur Verfügungstellung von Übersetzungs- und Tagungsfazilitäten — unterstützt.

Nachfolgefrage auch 1966 noch ungelöst

Mittlerweile war Ferdinand Friedensburg am 17. November 1966 80 Jahre alt geworden — und noch immer war kein Nachfolger in Sicht. Die Lage begann schwierig zu werden, zumal Friedensburg das Institut nicht mehr so fest in der Hand hatte wie es notwendig gewesen wäre. Aus einem Aktenvermerk aus dem Jahr 1964 geht hervor, daß Friedensburg mit Willy Brandt über seine Nachfolge sprach und betonte, daß er einen geeigneten Sozialdemokraten abkzeptieren werde. Klaus Dieter Arndt, so Friedensburg, sei als Nachfolger zu jung, ohne daß Brandt widersprach. Der Notiz zufolge sprach Ferdinand Friedensburg von einem neuen Kandidaten, über dessen hohe Qualifikation keinerlei Zweifel bestehe. Aber auch diese Verhandlungen scheiterten letzlich an der mangelnden Bereitschaft Friedensburgs, sofort zurückzutreten.

Die Nachfolgefrage drohte zum Institutsproblem schlechthin zu werden.

Neueinstellung von Wissenschaftlern von 1960 bis 1967

In den letzten acht Jahren der Ära Friedensburg wurden weitere junge Wissenschaftler in beachtlicher Anzahl eingestellt. Ermöglicht wurde dies durch die Expansion der dem Institut bewilligten Stellen. Jedoch nahm — allein schon durch die Arbeiten am Energiegutachten, die 1962 praktisch beendet waren — auch die Fluktuation zu. Wiederum gelang es dem Institut, sehr guten Nachwuchs an sich zu ziehen, darunter auch einige ganz besonders tüchtige junge Frauen, unter ihnen eine jugoslawische Kollegin.

Die Ford-Foundation hatte in Berlin ihr auf drei Jahre befristetes Programm „Artists in Residence" Anfang 1965 gestartet und unter anderem den jungen jugoslawischen Posaunisten und Komponisten Vinko Globokar eingeladen. Mit ihm kam — wenige Wochen nach ihrem Diplom-Examen in Ljubljana — seine junge Frau Tatjana. Sie besuchte Ferdinand Friedensburg im Institut und bat um Beschäftigung als auswärtige Mitarbeiterin. Friedensburg schickte sie zu Rolf Krengel und empfahl ihm, sie in der Abteilung „Auslandswirtschaft (Ost)" zu beschäftigen. Sehr rasch zeigte sich, daß Frau Globokar sprachbegabt und ungemein tüchtig war. Sie schrieb Wochenberichte, einen Vierteljahrsheft- Aufsatz 1967 und veröffentlichte 1969 in den Sonderheften ihre Dissertation.

1964 — Grundstücksbebauung Haderslebener Straße 4

Die wachsende Zahl der im DIW arbeitenden Damen und Herren und die ständig zunehmenden Aufgaben machte es 1963 nötig, eine Entscheidung über die Zumietung weiterer Räume oder über einen Erweiterungsbau zu fällen. Da in der Nähe geeignete Räume nicht zu finden waren, kaufte Ferdinand Friedensburg das dem DIW benachbarte, unbebaute Grundstück Haderslebener Straße 4 am 10. April 1963. Für 725 qm wurden 36 250,-- DM bezahlt. Am 19. August 1963 wurden nach der endgültigen Vermessung für weitere 25 qm 1 250,-- DM bezahlt. Der Quadratmeterpreis betrug in beiden Fällen 50,-- DM. Der Betrag wurde von der Vereinigung der Freunde des DIW dem Institut erstattet.

Im Frühjahr 1964 begannen die Erdarbeiten für einen zweigeschossigen und voll unterkellerten Anbau, der durch einen Zugang im 1. Stock mit dem Hauptgebäude verbunden blieb. Die Bauarbeiten wurden kurz vor dem Jahresende 1964 beendet, der Umzug fand im Januar 1965 statt. Nach der Schlußabrechnung vom 8. November 1966 kostete der Bau 400 300,-- DM, von denen 397 200,-- DM vom Senator für Wissenschaft und Kunst finanziert wurden.

Das DIW verfügte damit seit 1965 über rd. 110 Arbeitsplätze in institutseigenen Gebäuden. Von 1956 (Bau des Hauptgebäudes) bis 1964 (Anbau) stiegen die Baukosten je Arbeitsplatz (ohne Büromöbel und -maschinen) von rd. 6500,-- DM auf rd. 22000,-- DM.

Aus einem Schreiben Ferdinand Friedensburgs vom 22. November 1963 an die Sparkasse der Stadt Berlin-West wegen der Gewährung einers Zwischenkredits für den Erweiterungsbau geht hervor, daß er „Herrn Bürgermeister a. D. Zehden, den Leiter der Verwaltung des Instituts" mit der Betreuung des Bauvorhabens beauftragt hatte. Werner A. Zehden wickelte die Arbeiten mit der ihm eigenen, geräuschlosen Eleganz ab.

Ein Blick in das Veröffentlichungsprogramm von 1960 bis 1967

Im Wochenbericht neu war die Veröffentlichung eines Standardaufsatzes, an dem Mitarbeiter fast aller Abteilungen mitwirkten. Die „Grundlinien der Wirtschaftsentwicklung 19..“ erschienen erstmals im Herbst 1960, befaßten sich mit 1961 und sind seither über mehr als 20 Jahre fortgeführt worden; im Lauf der Jahre „wanderte“ dieser Bericht vom Jahresende einige Wochen weiter zum Anfang des nächsten Jahrgangs — übrigens nicht wegen der verlängerten Bearbeitungszeit im DIW, sondern wegen der veränderten Veröffentlichungstermine wichtiger statistischer Daten. Die Koordinierung der Einzelberichte und ihre Integration in den Gesamttext lag anfangs mehrere Jahre lang bei Klaus Dieter Arndt, dann bei Horst Seidler, ohne daß die Namen der beiden Herren genannt wurden. Seit 1979 wird vermerkt: „Bearbeitet vom Arbeitskreis Konjunktur“.

Die „Grundlinien“ werden in Zukunft mit Sicherheit zu den wichtigen Quellen der deutschen Zeitgeschichte gehören. Ihr großer Vorzug ist die lückenlose Aneinander-Reihung über z. Z. mehr als 20 Jahre hinweg. Der Textteil wird durch Schaubilder und Tabellen ergänzt und birgt zahlreiche Daten der Volkswirtschaftlichen Gesamtrechnung mit Branchenberichten. Die Verzahnung der „Grundlinien“ mit den als Diskussionsgrundlage für die Industrieprognose vom DIW erarbeiteten Tabellen ist unverkennbar.

Der Schwerpunkt des „Wochenbericht“ lag selbstverständlich auch in den sechziger Jahren bei der Beschäftigung mit der westdeutschen Konjunktur, die ohne die Beobachtung der ausländischen Wirtschaftsentwicklung undenkbar wäre. Insofern hat sich gegenüber der Arbeitsweise des Instituts für Konjunkturforschung in der Zeit von 1926 bis 1933 nichts geändert. Völlig verschwunden ist in den Nachkriegsjahren die Betrachtung des Konjunkturzyklus als autonome, praktisch unbeeinflußbare Bewegung, wenngleich natürlich die Abfolge von Jahren schwachen und starken Wachstums, die seit 1948 nachweisbar war und die bis 1966 anhielt, sofort deutlich erkannt worden ist. Daneben stehen die drei regionalen Schwerpunkte: Mitteldeutschland, Osteuropa, insbesondere Sowjetunion und West-Berlin.

Neben die bisherigen „Grundlinien“ trat — erstmals im November 1965 — ein Bericht „Grundlinien der Wirtschaftsentwicklung in West-Berlin“.

Die Berichterstattung über Osteuropa unterschied sich in den sechziger Jahren sehr erheblich von jener der Vorjahre. Wie zwischen Ferdinand Friedensburg und Rolf Krengel verabredet, konzentrierte sich die Abteilung „Auslandswirtschaft (Ost)“ auf die Sowjetunion und erarbeitete Vergleichsdaten, zumeist für die Bundesrepublik, mitunter auch für die USA.

Verglichen wurden u. a. die Investitionsquoten der sowjetischen und westdeutschen Industrie (WB 11/1960), das Anlagevermögen (WB 5/1961), die Frauenarbeit (WB 21/1961), der Warenverbrauch der privaten Haushalte

(WB 40/1961), die Agrarproduktion (WB 43/1961) und die Arbeitsproduktivität der Landwirtschaft (WB 16/1962) der USA und der UdSSR.

Weitere Schwerpunkte des „Wochenbericht" sind die Berichte über die Industrie, Bergbau und Energie, Handel, Verkehr und — mit wachsender Bedeutung — Untersuchungen zur Einkommensentwicklung, die besonders von Gerhard Göseke vorangetrieben wurden.

Oberflächlich betrachtet, besteht eine starke Ähnlichkeit des Wochenbericht-Programms der fünfziger und sechziger Jahre mit den Berichten der Jahre 1928 bis 1933, wenn man von den politisch bedingten Veränderungen (Mitteldeutschland, Berlin) absieht.

Bei der Auslandsberichterstattung war dies in der Tat zunächst weitgehend zutreffend, hier beherrschte vor dem Krieg die Analyse die Arbeit ebenso wie später in den Jahren vor der Gründung der Europäischen Wirtschaftsgemeinschaft.

Was jedoch einen völligen Bruch mit der früheren Tradititon bedeutet, ist der Übergang zur kritischen Überprüfung möglicher therapeutischer Maßnahmen, die mehr und mehr Eingang in die Veröffentlichung des DIW fand. Verstärkt zeigte sich auch die Tendenz, auf die Entwicklung des wirtschaftspolitischen Instrumentariums zu drängen und daran mitzuwirken. In der 1954 von Albert Wissler begründeten Zeitschrift „Konjunkturpolitik", die nach Wisslers Tod im September 1957 zunächst von Herbert Martell, ab 1961 von Klaus Dieter Arndt, Ingeborg Köhler-Rieckenberg, Rolf Krengel und Herbert Martell herausgegeben wurde, sind von Anfang an Autoren zu Wort gekommen, die nicht dem DIW oder anderen Instituten angehörten.

Im Jahrgang 1961 haben beispielsweise — neben DIW-Angehörigen-geschrieben:

Hildegard Bartels, Franz Joachim Clauß, Gerhard Fürst, Robert L. Gardner, Heinz Haller, Wilhelm Hankel, Reimut Jochimsen, Francesco Kneschaurek, J. E. Meade, Heinz Müller, Karl-Heinz Raabe, Kurt W. Rothschild, Helmut Schlesinger und Jan Tumlir.

Das gute Gedeihen dieser Zeitschrift, die seit Klaus Dieter Arndts Tod im Jahr 1974 von Wolfgang Kirner, Reinhard Pohl und Horst Seidler sowie den vorgenannten anderen Abteilungsleitern herausgegeben wird, macht deutlich, wie notwendig die empirische Wirtschaftsforschung eine unabhängige Zeitschrift brauchte und noch braucht, in der keine „Institutsmeinung" zu Wort kommt, sondern in der noch umstrittene Fragen behandelt werden können.

Ein einziger Beitrag sei hier hervorgehoben. Im 11. Jahrgang 1965 befaßte sich Ferdinand Friedensburg mit dem Thema „Sittliche und geistige Kräfte im Wirtschaftswachstum" und schloß mit den Worten:

„Das wirtschaftliche Wachstum unserer Tage ist nicht Schicksal oder Zufall, sondern Notwendigkeit, die wir geistig bejahen."

Er sprach damit aus, was man im DIW und den anderen Wirtschaftsforschungsinstituten damals unisono dachte — nur zwei Jahre bevor die erste ernsthafte Stockung die Problematik der Wachstumsphilosophie erstmals deutlich machte.

Auch in den letzten Vierteljahrsheft-Jahrgängen seiner Präsidentschaft war Friedensburg noch mehrmals als Autor vertreten, so 1962 mit dem Aufsatz „Die Struktur des Weltbergbaus im Zeitraum 1913 bis 1960", 1965, 1966 und 1967 mit weiteren Berichten aus seinem Spezialgebiet. Er war damit auch in den sechziger Jahren wie schon am Ende der fünfziger Jahre — abgesehen von Theda Bolle — der einzige bereits in der Wagemann-Zeit tätige Wissenschaftler, der in den Vierteljahrsheften noch mehrfach vertreten war.

Auch in den sechziger Jahren nahmen die „Standard"-Berichte zur wirtschaftlichen Lage der Bundesrepublik und der westlichen Industrieländer viel Raum ein. Die anderen Abteilungen waren in den Vierteljahrsheften unterschiedlich vertreten. Im Lauf der Zeit bildeten sich abteilungstypische „Publikationsstrukturen" heraus. Einzelne Abteilungen — z. B. Mitteldeutschland, West-Berlin, Landwirtschaft — bevorzugten den „Wochenbericht", andere veröffentlichten ihre Forschungsergebnisse vor allem in den Sonderheften; dies gilt in den sechziger Jahren vor allem für die Abteilungen Osteuropa und Industrie. In den 8 Jahren des Zeitraums 1960 bis 1967 brachte das DIW 32 Sonderhefte heraus. Dazu kamen die ersten 3 Hefte der neuen, seit 1967 erscheinenden Veröffentlichungsreihe „DIW-Beiträge zur Strukturforschung". Der Entschluß des Kollegiums der Abteilungsleiter, 1967 diese neue Publikationsreihe zu beginnen, war durch die Schwierigkeiten begründet, die wachsende Infomationsflut vernünftig zu kanalisieren. Der immer weiter voranschreitende Übergang von hochaggregierten zu mehr und mehr disaggregierten Informationen, wie er sich zuerst im Rahmen der Industrieabteilung und dann in der am 1. Juli 1967 neu gebildeten Abteilung „Volkswirtschaftliche Produktionsfaktoren" vollzog, war das Ergebnis der in den frühen sechziger Jahren einsetzenden Nutzung der Elektronischen Datenverarbeitung durch das Institut.

An eigene Hardware war damals nicht zu denken. Das DIW suchte und fand die freundschaftliche Kooperation des Hahn-Meitner-Instituts für Kernforschung, das von Anfang an über eigene Rechnerkapazität verfügte und im Lauf der Zeit diese Kapazität der raschen technischen Entwicklung anpaßte. In den folgenden Jahren erhielten die Freie und die Technische Universität eigene Rechenzentren, hinzu kam das Großrechenzentrum des Senats von Berlin. Das DIW benutzte jahrelang die Rechnerkapazität des Hahn-Meitner-Instituts und des Großrechenzentrums.

Die Benutzung der Rechner gestattete es dem Institut, bei seinen Veröffentlichungen endlich den lange Jahre benutzten Handsatz von Tabellen durch EDV-Ausdrucke zu substituieren. Das war schneller, preiswerter und half Übertragungsfehler zu vermeiden. Andererseits hatte von den Veröffentlichungsreihen des DIW nur der Wochenbericht das notwendige — hinreichend große — DIN A 4-Format. Das Kollegium der Abteilungsleiter empfahl daher 1966 dem Präsidenten die Herausgabe der „DIW-Beiträge zur Strukturforschung" von 1967 an. Zwei Jahre später wurde auch das Format der Vierteljahrshefte von DIN A 5 auf DIN A 4 umgestellt.

Das Kollegium der Abteilungsleiter

Schon als Ferdinand Friedensburg im Mai 1945 von Rolf Wagenführ gebeten wurde, die Leitung des Instituts zu übernehmen, machte er seine Zusage davon abhängig, daß in Zukunft die Abteilungsleiter die volle Verantwortung für die wissenschaftliche Leitung des Hauses zu tragen bereit seien. Ein in der Satzung verankertes Kollegium der Abteilungsleiter gab es zunächst nicht, Friedensburg gelang es jedoch bei der Kuratoriumssitzung vom 7. Oktober 1949, die Aufnahme des § 6a in die Satzung durchzusetzen, der die Funktion des Kollegiums festschrieb und bis 13. Juni 1963 unverändert blieb, bis am gleichen Tag der § 6a durch den neuen § 8 der Satzung ersetzt wurde.[102]

Am 17. November 1961 war — wie erwähnt — Ferdinand Friedensburg 75 Jahre alt geworden. Nicht erst dieses Datum erinnerte ihn an seine Pflicht, rechtzeitig mit der Suche nach einem Nachfolger zu beginnen. Aber die ersten Gespräche führten zu nichts. Eine Einigung mit einigen prominenten Nationalökonomen kam aus verschiedenen Ursachen nicht zustande, nicht zuletzt deshalb, weil Friedensburg der Frage nach dem beabsichtigten Zeitpunkt des Wechsels stets auswich. Als im Jahre 1963 — nach seiner Pensionierung als Vorstandsmitglied einer Aktiengesellschaft — Carl Föhl nach Berlin kam, um an der Freien Universität noch einige Jahre zu lesen, entsprach er Friedensburgs Bitte, sein Nachfolger zu werden insoweit, als er zunächst — am 1. Juni 1963 — als „Abteilungsleiter sui generis" ins DIW kam und begann, die Entwicklungsländer-Forschung auf eine breitere Basis zu

---

[102] Die 1949 festgelegte Vorschrift „Das Kollegium... führt die wissenschaftlichen Arbeiten im Einvernehmen mit dem Präsidenten und den übrigen Mitgliedern des Vorstandes" wurde 1963 ersetzt durch die Regelung „Die wissenschaftliche Leitung erfolgt im Einvernehmen mit den Abteilungsleitern und unter ihrer vollen Mitverantwortung." Der damalige Sprecher des Kollegiums protestierte in der Kuratoriumssitzung vom 13. Juni 1963 vergeblich gegen diese Schmälerung der Rechte des Kollegiums und wich auch der sich anschließenden Auseinandersetzung mit dem Präsidenten nicht aus. Friedensburgs Argument, die Änderung erfolge auch im Interesse der Regelung seiner Nachfolge, konnte nicht überzeugen, da er nach wie vor nicht bereit war, die Leitung des Hauses definitiv in andere Hände zu legen — wie die folgenden Jahre zeigten.

stellen. Aber schließlich blieb die erhoffte Einigung aus und Carl Föhl verließ das DIW Anfang 1964 wieder.

Die in der Entwicklungsländer-Gruppe tätigen Mitarbeiter kehrten jedoch nicht in ihre alte Abteilung zurück, sondern sollten eine eigene, neue Abteilung bilden. Horst Seidler wurde für ein knappes halbes Jahr kommissarischer Leiter der Gruppe, bis Gerhard Kade, damals Privatdozent an der Freien Universität und bereits seit dem 1. November 1961 auswärtiger Mitarbeiter im DIW, die Leitung der Abteilung „Entwicklungsländer" am 1. September 1964 übernahm.

Aber irgendwie sollte die neu begründete Aktivität nicht zur vollen Entfaltung kommen. Kade erhielt bald einen Ruf nach Darmstadt, den er nach längeren Verhandlungen annahm. Er verließ Berlin Anfang 1966, die Leitung der Abteilung übernahm Dieter Mertens, der seine Tätigkeit in der Industrie-Abteilung am 28. Februar 1966 einstellte und seine neue Arbeit am 1. März 1966 mit der gewohnten Energie aufnahm. Im Gegensatz zu seinem Vorgänger machte er beim Beginn seiner neuen Tätigkeit keine großen Versprechungen, sondern räumte erst einmal auf. Ein erster Bericht über Indien erschien im Wochenbericht 24/1967. Ein unverkennbar von Dieter Mertens selbst geschriebener Beitrag „Industrialisierung der 'Dritten Welt' zu ehrgeizig?" war bereits im Januar 1967 im Wochenbericht veröffentlicht worden. Der Bann schien gebrochen!

Aber es kam anders. Im Winter 1967 bot sich Dieter Mertens die Chance, die Leitung des neu zu gründenden Instituts für Arbeitsmarkt- und Berufsforschung in Erlangen (einige Jahre später in Nürnberg) zu übernehmen. Niemand konnte Mertens abraten, diese Chance zu nutzen, lediglich Rolf Krengel machte seinen jüngeren Kollegen und Freund darauf aufmerksam, daß er sich in Nürnberg in der kulturellen Provinz befinden werde. Er hatte die ersten 18 Jahre seines Lebens dort verbracht und sprach aus eigener Erfahrung.

Da sich noch keiner der jungen Mitarbeiter von Dieter Mertens so profiliert hatte, daß man ihn zu seinem Nachfolger hätte machen können, und die Neigung, nochmals einen Leiter der Abteilung „Entwicklungsländer" außerhalb des Instituts zu suchen, sehr gering war, beschlossen der Präsident und das Kollegium der Abteilungsleiter, diesen Forschungsschwerpunkt wieder in die Abteilung von Frau Köhler-Rieckenberg einzugliedern und auszubauen. Diese Entscheidung brachte endlich den erhofften dauerhaften Erfolg.

Zwischen Ferdinand Friedensburg und dem Kollegium hat es eigentlich in den 23 Jahren seiner Präsidentschaft nur im Jahr 1963 — vor allem im Dezember — und mehrfach im Verlauf des Jahres 1967 nennenswerte Meinungsverschiedenheiten gegeben — immer im Zusammenhang mit der Nachfolgeregelung. Bei aller sachbedingten Schärfe der Auseinanderset-

Bezeichnung der Forschungsabteilungen
und ihre Leiter 1959 und 1967

	1959	1967
Volkswirtschaftl. Gesamtrechnung	K. D. Arndt	H. Seidler
(Berlin-Referat)	(A. Kuehn)	[1]
(Bau-Referat)	(W. Kirner)	[2]
(Handels- u. Handw.-Referat)	—	(Ch. Otto-Arnold)
Allg. Konjunkturbeobachtung	H. Martell	H. Martell
Volksw. Produktionsfaktoren	—	W. Kirner
(Bau-Referat)	—	(W. Kirner)
Berg- und Energiewirtschaft	F. Friedensburg	M. Liebrucks
Industrie	R. Krengel	R. Krengel
Landwirtschaft u. Ernährung	H. Liebe	[3]
Handel, Hdw. u. Verbrauch	J. Tiburtius	[4] —
Mitteldeutsche Wirtschaft	G. Abeken	P. Mitzscherling
(Ref. Auslandsw. (Ost)	—	(P. Mitzscherling)
Auslandswirtschaft (West)	I. Köhler-Rieckenberg	I. Köhler-Rieckenberg
Auslandswirtschaft (Ost)	R. Krengel[5]	—
Veröffentlichungen	—	W. Watter
(Berlin-Referat)		(W. Watter)

[1] Berlin-Referat 1967 bei Abt. Veröffentlichungen, ab 1968 Abteilung.

[2] Bau-Referat 1967 bei Abt. Volksw. Produktionsfaktoren.

[3] Nach H. Liebes Tod am 5.2.63 übernahm D. Hiß die Abteilung, bis er am 31.08.67 das DIW verließ.

[4] Nach J. Tiburtius Tod am 27.05.67 wurde die Abteilung als Referat der Abteilung Volkswirtschaftliche Gesamtrechnung angegliedert.

[5] Kommissarische Leitung ab 01.07.59 bis 31.08.67.

zung, besonders im Dezember 1963[103], blieb der Ton stets gelassen, ja freundlich.

Vom 6. April 1950 an ist es möglich, die Veränderungen im Kollegium genau zu rekonstruieren: Im Impressum des „Wochenbericht" werden seither die jeweiligen Mitglieder des Kollegiums genannt. Von 1950 bis 1979 — also in beinahe 30 Jahren — hat sich die Zusammensetzung des Kollegiums ebenfalls genau 30 mal geändert. Zweimal — im Januar 1954 und im September 1967 — erreichte die Zahl der Abteilungsleiter mit 5 Mitgliedern des Kollegiums ihr Minimum, viermal — im September 1964, im April 1972, im Juli 1974 und im Juni 1975 ihr Maximum mit 10 Personen. Wird die allmähliche Zunahme der Zahl der Abteilungsleiter mit der Steigerung der gesamten Beschäftigtenzahl verglichen, so zeigt sich von 1945 bis 1967 im Kollegium eine Zunahme von 7 auf nur 10 Planstellen, bei den insgesamt Beschäftigten eine Steigerung von 35 auf 129 Personen! Diese Zahlen zeigen deutlich, daß das DIW allmählich im Begriff war, über die optimale Größe hinauszuwachsen.

Während der letzten Jahre der „Ära Friedensburg" mußte das Kollegium der Abteilungsleiter herbe Verluste hinnehmen: Am 5. Februar 1963 starb Hans Liebe. Während seiner langen Krankheit war er zunächst von Juni bis August 1962 in seiner Funktion als Schriftleiter der Veröffentlichungen des DIW von Dieter Hiß vertreten worden, der auch die Abteilung Landwirtschaft kommissarisch leitete. Ab August 1962 übernahm Horst Seidler die Schriftleitung. Im März 1963 wurden beide Herren vom Kollegium als neue Mitglieder gewählt, ihre Ernennung erfolgte am 1. April 1963.

Die Institutsentwicklung gab bereits seit der Bildung der großen Koalition in Bonn, besonders aber 1967 Anlaß zu großer Sorge. In kurzer Zeit verließen Klaus Dieter Arndt, Dieter Hiß und Dieter Mertens das DIW. Die Tatsache, daß das DIW in der Person von K. D. Arndt den parlamentarischen Staatssekretär im Bundeswirtschaftsministerium stellte, war selbstverständlich ehrenvoll und wurde im DIW auch begrüßt.

Die damalige Entwicklung ist ganz deutlich an den Niederschriften über die Abteilungsleitersitzungen jener Monate abzulesen. Für das Kollegium sprach in jener Zeit Ingeborg Köhler-Rieckenberg, die im Dezember 1965 zur Sprecherin gewählt worden war. Sie erfüllte diese Aufgabe so liebenswürdig, geschickt und mit so unerbittlicher Logik, daß das Institut sich heute noch dazu beglückwünschen kann, daß gerade in diesem schwierigen Jahr die — damals einzige — Frau im Kollegium dem Präsidenten seine allmählich

[103] Das Protokoll der Ansprache Friedensburgs an die Abteilungsleiter und den Betriebsratsvorsitzenden vom 6.12.1963 liegt vor. Klaus Dieter Arndt, seit wenigen Tagen als Nachfolger von Rolf Krengel zum Sprecher des Kollegiums gewählt, wies einen besonders schweren Vorwurf Friedensburgs „in seinem Namen und im Namen des Kollegiums" zurück.

unhaltbare Situation klar zu machen hatte und dies erfolgreich zu tun vermochte.

Frau Köhler-Rieckenbergs Fähigkeit, mit dem immer schwieriger werdenden — schließlich über 80 Jahre alten — Präsidenten umzugehen, wurde durch den plötzlichen Tod von Joachim Tiburtius am 27. Mai 1967 zusätzlich gefordert. Noch am 5. Mai hatte Tiburtius seinem alten Jugendfreund Ferdinand Friedensburg vorgeschlagen, daß künftig das Abteilungsleiterkollegium bei den Vorstandssitzungen vertreten sein solle. Das war umso wichtiger, als die vom Kuratorium gebildete Berufungskommission, die Friedensburgs Nachfolge beschleunigen sollte, wissen mußte, wen das Kollegium sich als neuen Präsidenten wünschte. Der einzige Kandidat des Kollegiums war zu dieser Zeit ohne jedes Wenn und Aber Klaus Dieter Arndt. Mitte September 1967 zeichnete sich bei den Nachfolgeverhandlungen eine neue Absage ab. Friedensburgs Versuch, das Kollegium für seine Vorstellungen zu gewinnen, diesem die alleinige wissenschaftliche Verantwortung zu übertragen, wurde nicht als Ersatz für eine befriedigende Nachfolgeregelung betrachtet und daher nicht akzeptiert. Ein ratloser Präsident bat die Abteilungsleiter am 22. September 1967

> „sich ihrerseits zu überlegen, ob sie irgend einen Vorschlag für die weitere Gestaltung der Institutsleitung hätten und gegebenenfalls diese Vorschläge mit ihm ... persönlich zu besprechen."

Aber bereits am 11. Oktober sieht wieder alles anders aus: Da die — inzwischen eingeholte — Zusage von Dr. Arndt dem Vorstand „zu vage erscheint", soll der Präsident mit zwei neuen und erneut mit einem bereits früher gefragten Kandidaten verhandeln.

Das Protokoll Werner A. Zehdens berichtet:

> „Dr. Köhler-Rieckenberg äußert ernste Bedenken gegen die Entscheidung des Vorstands, insbesondere darüber, daß wieder ein neuer Präsident gesucht werden soll. Die Abteilungsleiter waren bereit, die wissenschaftliche Verantwortung in der bisherigen Form weiterzutragen, bis Dr. Arndt die Präsidentschaft ... übernimmt. Dr. Krengel, Dr. Seidler und Dr. Liebrucks schließen sich der kritischen Stellungnahme von Frau Dr. Köhler-Rieckenberg an."

Von diesem Tag an läuft alles wie vom Kollegium gewünscht ab. Am 1. November berichtet das Abteilungsleiterprotokoll:

> „Der Vorstand hat beschlossen, auf der am 5. Dezember 1967 stattfindenden Kuratoriumssitzung die Wahl von Dr. Arndt als neuen Präsidenten des Instituts zum 1. Januar 1968 vorzuschlagen ... Der Präsident wird seinen Rücktritt zum 31. Dezember 1967 erklären."

Die Ära Friedensburg neigte sich ihrem Ende zu. Sie hatte über 22 Jahre gedauert, und schließlich war ein würdiger Abschluß erreicht worden. Friedensburg blieb Mitglied des Vorstands und schrieb bis zu seinem Tod noch zwei bedeutende Bücher. Den „Lebenserinnerungen" von 1969 folgte

1971 seine Rückschau auf die Jahre nach 1945 „Es ging um Deutschlands Einheit."

1966/67 — Das DIW während der ersten Rezession der Nachkriegszeit

Bereits im Jahr 1965 hatten sich die Zuwachsraten des Sozialprodukts von Vierteljahr zu Vierteljahr merklich verringert. Im Jahr 1966 hielt diese Entwicklung so eindeutig und ungebrochen an, daß das DIW im Juni regelrecht Alarm schlug (WB 25/1966). Unter dem Titel „Die internationale und die westdeutsche Wirtschaftslage Mitte Juni 1966" ist am 24. Juni zu lesen:

„Die Lage in Westdeutschland

Wenn eine Hochkonjunktur an Glanz verliert — und die Konjunktur in der Bundesrepublik hat inzwischen einiges an Glanz eingebüßt — pflegt die Konjunkturdiskussion lebhaft zu werden. Die Auffassung über die Mittel und Wege, um Preisstabilität zu erreichen, gehen weit auseinander. In Gang gehalten und geschürt wird diese Kontroverse über die Wahl der richtigen konjunkturellen Mittel einmal durch die bisherige Erfolgslosigkeit der monetären Restriktion und zum anderen durch die Unterlassung der Wirtschaftspolitik, die sich zu sehr auf die Geld- und Kreditpolitik verließ. Hieraus folgte notwendigerweise eine um so härtere monetäre Politik, die heute wachsenden Widerspruch der von ihr am stärksten betroffenen Wirtschaftsbereiche ausgelöst hat. Tatsächlich fehlt der Berechtigung der jetzt von der Bundesbank erhobenen Forderung, daß auch private Investitionen eingeschränkt werden müssen, angesichts einer ohnehin stark abgeschwächten Investitionsneigung der Wirtschaft jeder Beleg.

Die gegenwärtige konjunkturelle Schwäche sollte allerdings weder dramatisiert noch bagatellisiert werden. Denn von einer richtigen Interpretation hängt die Wahl der richtigen wirtschaftspolitischen Mittel ab, die einen für unerwünscht gehaltenen Tatbestand zu ändern vermögen.

Gegen eine Dramatisierung der Konjunkturabschwächung spricht vorerst jedenfalls die Entwicklung des Bruttosozialprodukts im ersten Quartal dieses Jahres (Zuwachsrate: 8,2 vH). Der Preisanstieg des Sozialprodukts hat dabei unvermindert angehalten. Im April dieses Jahres hatten die Lebenshaltungskosten mit 4,5 vH die höchste, mit Recht als alarmierend empfundene Steigerungsrate der letzten Jahre erreicht."

(24.6.1966)

Wie intensiv das Institut damals die Preisentwicklung beobachtete, zeigt der einige Wochen später im WB 33/1966 zu lesende Hinweis auf den rasch nachlassenden Anstieg der Lebenshaltungskosten.

„Eines der wenigen positiven Fakten der jüngsten Zeit ist die Abschwächung im Anstieg des Preisindex für die Lebenshaltung. Er lag im Juni um 3,5 vH und im Juli um 2,9 vH über dem Vorjahrsstand, während er in den vorangegangenen Monaten das Vorjahrsniveau noch um 4,3 bis 4,5 vH übertroffen hatte."

(19.8.1966)

Zum Jahresende — im WB 51/52/1966 — spricht das Institut erstmals von einer besorgniserregenden Unterkühlung der Konjunktur und weist auf die rasche Zunahme der Arbeitslosigkeit hin.

„Die Lage in Westdeutschland

Seit Herbst dieses Jahres ist aus der Abkühlung, die schon seit längerem die konjunkturelle Entwicklung in der Bundesrepublik kennzeichnet, in unerwartet raschem Tempo eine besorgniserregende Unterkühlung geworden.

In den vergangenen Monaten hat die Arbeitslosigekit weitaus schneller als erwartet zugenommen; auch in Bereichen, die, wie die Automobilindustrie, noch vor wenigen Wochen für konjunkturell bevorzugte Spitzenreiter gehalten worden sind, wurde Kurzarbeit angekündigt oder bereits eingeführt. Diese Erscheinungen können nun nicht mehr mit der Begründung „strukturbedingt" bagatellisiert werden, sondern müssen als ernste Symptome einer jetzt auch für die Gesamtbeschäftigung wirksam gewordenen rezessiven Entwicklung gekennzeichnet werden.

Der sich bedrohlich verstärkende Rückgang der Beschäftigung läuft jetzt Gefahr, der wirtschaftspolitischen Kontrolle zu entgleiten."

(23.12.1966)

Hatte sich das DIW im Jahr 1966 im wesentlichen noch mit der sorgfältigen Diagnose der feststellbaren Krankheitssymptome begnügt, so schien im Januar 1967 die Zeit gekommen, mit ersten Therapie-Vorschlägen in die wirtschaftspolitische Debatte einzugreifen. Im WB 4/1967 ist die ausführliche Lageschilderung nachzulesen.

„Rascher Einsatz des Eventualhaushalts erforderlich

Die Aspekte, die sich zum Jahresbeginn für die Entwicklung der westdeutschen Wirtschaft im Jahre 1967 darboten, waren insgesamt gesehen alles andere als ermutigend. Im Schlußquartal des alten Jahres war es klar geworden, daß die Bedrohung nicht mehr nur Stagnation hieß, sondern daß bereits die ersten Schritte auf dem Weg in eine Rezession getan worden waren: Die Produktion in der Industrie und im Bauhauptgewerbe konnte nicht mehr den Vorjahresstand erreichen... Die Unternehmer waren nicht mehr bereit, ihre Beschäftigung in der Hoffnung auf eine baldige Überwindung der Schwächeperiode in voller Zahl durchzuhalten, sondern sie reagierten mit Entlassungen und kündigten darüber hinaus Kurzarbeit für den Jahresbeginn an. Die Zahl der Arbeitslosen erreichte am Jahresende mit fast 500 000 einen weit über das Saisonübliche hinausgehenden Stand; die Zahl der offenen Stellen war erstmals seit vielen Jahren niedriger als die Zahl der Arbeitssuchenden... Am meisten in Mitleidenschaft gezogen wurde von dieser vom Attentismus bis zum krassen Pessimismus reichenden Haltung die Investitionsbereitschaft in weiten Bereichen der Wirtschaft wie auch der öffentlichen Haushalte. Der Zusammenbruch der Investitionsneigung beschwor die Gefahr eines kumulativen Schrumpfungsprozesses herauf, dessen Ende und dessen Folgen kaum absehbar waren."

(21.1.1967)

Im gleichen Bericht wird der damals ganz neue Begriff des „Eventualhaushalts“ ausführlich analysiert:

„Mit den am 20. Januar angekündigten Maßnahmen zum Ausgleich des Bundeshaushalts und der Ankündigung eines von der Bundesbank geför- derten Eventual-Investitionshaushalts hat der Bund nun eine wirksame Expansionspolitik eingeleitet. Bei der Beurteilung der Abstriche von den Anforderungen der Ressorts sollten die Ergebnisse dieses 'Kampfes' um den Haushaltsausgleich nicht ganz in Vergessenheit geraten:

1. Trotz der Ausgabenkürzungen gegenüber den Ressortanforderungen und der Streichungen von Steuervergünstigungen und trotz vorheriger Erhöhungen von Steuertarifen, Maßnahmen kontraktiver Art also, ist die konjunkturelle Wirkung des 1967er Bundeshaushalts expansiv, auch wenn von den vorgeschlagenen Kürzungen sogar Investitionsvorhaben, z. B. des Straßenbaus und der Landwirtschaft betroffen worden sind. Die Summe des ordentlichen und außerordentlichen Bundeshaushalts ist jedenfalls um etwa 7 vH höher als das tatsächliche Volumen des Haushalts von 1966.

2. Der expansive Charakter bleibt auch bei erneuten Mindereinnahmen des Bundeshaushalts erhalten, da die Bundesbank zugesagt hat, derartige Mindereinnahmen durch Zentralbankkredite zu ersetzen.

3. Einschließlich des Eventualhaushalts wird das gesamte Ausgabenvolumen des Bundes das Niveau von 1966 um mehr als 10 vH überschreiten. Die Kürzungen der konsumtiven bei gleichzeitiger Steigerung der investiven Ausgaben führt zusätzliche Nachfrage gerade dem Bereich zu, in dem gegenwärtig die Nachfragelücke am größten und bedrohlichsten ist.

4. Die neu eingeräumten steuerlichen Begünstigungen für Investitionen bieten wegen ihrer kurzen Befristung auf neun Monate gewisse Anreize, schon durchgeplante, aber zurückgestellte Investitionsprogramme in der privaten Wirtschaft noch in diesem Jahr weiterzuführen.

Eine Berechnung der Auswirkungen dieses wirtschaftspolitischen Programms kann noch nicht gegeben werden. Sicher ist eines: Die im Eventualhaushalt geplanten Investitionen sollten umgehend zu Aufträgen und zur Produktion führen. Bei dem gegenwärtigen Tiefstand der wirtschaftlichen Aktivität könnte der Wirtschafts-, Finanz- und Geldpolitik nur geraten werden, möglichst schnell über die Gesamtheit dieser Mittel zu disponieren, aber gleichzeitig alle Vorbereitungen zu treffen, um eine Unterdimensionierung — möglicher- aber unwahrscheinlicherweise auch eine Überdimensionierung — dieses Auftragsstoßes mit den Mitteln des Stabilitätsgesetzes abzufangen. Dieses 'wait and see' nach dem Auftragsstoß empfiehlt sich vor allem, weil die Ausgabenentwicklung von Ländern und Gemeinden sowie die Entwicklung der Investitionsneigung der Unternehmer noch nicht abzuschätzen ist.

Für diese Investoren wird die Entwicklung des Kapitalmarktes von großer Bedeutung sein. Deshalb sollte die Bundesbank die bei der Unterstützung der Bundesregierung offenbarte Konsequenz auch bei den allgemeinen kreditpolitischen Beschlußfassungen zeigen. Die bisherige zögernde Freigabe von Mindestreserven und die geringe Senkung des Diskontsatzes hat wegen der Erwartung weiterer derartiger

Maßnahmen den Attentismus der potentiellen Kreditnehmer auf dem Kapitalmarkt noch nicht beseitigt."

(21.1.1967)

Eine Woche später beschäftigt sich das DIW in Zusammenhang mit der Entwicklung der industriellen Kapazitätsauslastung mit den von der Bundesregierung angekündigten Sonderabschreibungen (WB 5/1967).

„Außerdem hat die Neue Bundesregierung den Erlaß einer Rechtsverordnung angekündigt, die es gestattet, Sonderabschreibungen auf bewegliche und unbewegliche Güter des Anlagevermögens vorzunehmen. Mit der Befristung dieser Maßnahme auf nur neun Monate hat die Bundesregierung die durch Erfahrung bestätigte Tatsache in Rechnung gestellt, daß Sonderabschreibungen insbesondere in dem Augenblick investitionsfördernd zu wirken beginnen, in dem ihre Abschaffung verkündet wird. Die Sonderabschreibungen können zum gegenwärtigen Zeitpunkt die Finanzierung erleichtern und das Investitionsklima in der Wirtschaft etwas verbessern. Ein nennenswerter güterwirtschaftlicher Effekt auf die Investitionstätigkeit der privaten Wirtschaft wird jedoch von diesen Sonderabschreibungen solange nicht erwartet werden dürfen, wie die Auftragsbestände in vielen Zweigen zu gering sind, um eine befriedigende Auslastung des vorhandenen Produktionspotentials zu gestatten."

(3.2.1967)

Im März kommt in den Veröffentlichungen deutlicher Skeptizismus auf. Das DIW fordert zur nachhaltigen Belebung der Investitionstätigkeit einen neuen Eventualhaushalt (WB 12/1967):

„Die Lage in Westdeutschland
Anhaltender konjunktureller Rückgang ...
erfordert neuen Eventualhaushalt

Die zur Belebung der Investitionstätigkeit beschlossenen Maßnahmen, auf die sich bisher die wirtschaftspolitische Aktivität konzentriert hat, werden nicht genügen, um die gesamtwirtschaftliche Zielprojektion der Bundesregierung für 1967 (reales Bruttosozialprodukt + 2 vH) zu erreichen. Die bisher eingeleiteten Maßnahmen gewährleisten nicht einmal, daß das reale Sozialprodukt 1967 überhaupt zunehmen wird. Daher sollte unverzüglich erwogen werden, neben dem bereits laufenden Eventualhaushalt zusätzliche Investitionsaufträge der öffentlichen Haushalte kurzfristig in einer Größenordnung zu vergeben, die weit über die Ansätze in dem bisherigen Eventualhaushalt hinausgeht."

(23.3.1967)

Im WB 14/1967 bringt das Institut einen längeren Beitrag mit dem Titel „Die Auswirkungen zusätzlicher staatlicher Investitionshaushalte auf die Zusammensetzung der Investitionsnachfrage".

„Die bisher mobilisierte zusätzliche Nachfrage reicht offensichtlich nicht aus, die Wirtschaftstätigkeit kurzfristig zu beleben. Dessen scheint man sich allgemein bewußt zu werden. Obwohl eine nachhaltige Besserung der Konjunkturlage heute nicht mehr allein von Maßnahmen erhofft werden kann, die lediglich die Belebung der Investitionstätigkeit zum Inhalt haben, dürfte eine nochmalige Erhöhung der öffentlichen Investitionsausgaben dennoch das Kernstück der weiteren staatlichen Aktivität in der Bundesrepublik bilden.

Zweifellos hat eine solche staatliche Konjunkturpolitik gegenwärtig einige beachtliche Vorteile:

— Es ist keineswegs mit unerwünschten Kapazitätseffekten zu rechnen, die befürchten lassen, daß gegenwärtige Mehrinvestitionen später von entsprechenden Einschränkungen der Investitionstätigkeit abgelöst werden, sondern es können im Gegenteil vorhandene Kapazitätslücken geschlossen und damit die in den letzten Jahren unterbrochenen staatlichen Bemühungen um den dringend notwendigen beschleunigten Ausbau der Infrastruktur wieder aufgenommen werden.

— Die Konzentration der Mittel auf diese Aufgabe wird erleichtert, da andere Ziele, wie etwa die Sicherung der Wohnungsversorgung, die das Bild der staatlichen Investitionsaktivität in den 50iger Jahren mitbestimmt haben, heute ohne Zweifel an Dringlichkeit verloren haben. Die gegenwärtige konjunkturelle Lage hat die Chancen für eine solche Umorientierung der staatlichen Investitionspolitik verbessert.

— Günstige Voraussetzungen für alle Maßnahmen zur Verbesserung der Infrastruktur sind auch insofern gegeben, als gegenwärtig noch die Möglichkeit besteht, dem Abbau von Kapazitäten der Bauunternehmen, die Infrastruktur-Einrichtungen produzieren, entgegenzuwirken.

Diese Kapazitäten sind bereits seit Jahren vornehmlich in der Erwartung geschaffen worden, daß die expansive staatliche Investitionspolitik zu Beginn der sechziger Jahre fortgesetzt werden würde. In den letzten Jahren haben sich diese Hoffnungen nicht bestätigt. Dies hat die Unternehmer nunmehr offensichtlich veranlaßt, auch ihr Potential dem veränderten Trend der Nachfrage anzupassen."

(7.4.1967)

Der oben auszugsweise zitierte Bericht enthält u. a. die sektorale Aufteilung des ersten und zweiten Konjunkturprogramms, die das DIW aus Unterlagen des Bundeswirtschaftsministeriums errechnet hatte. Diese Daten waren die notwendige Voraussetzung für die Berechnung der durch die beiden Programme bei den einzelnen Sektoren ausgelösten direkten und indirekten — d. h. vorleistungsbedingten Produktionseffekte, die das DIW im Herbst 1967 abschloß und veröffentlichte.

Im WB 30/1967 beginnt der erste Bericht „Einkommenswirkungen expansiver konjunkturpolitsicher Maßnahmen" mit einem Hinweis und einer zusätzlichen Forderung:

„Das DIW hat bereits mehrfach darauf hingewiesen, daß die gegenwärtige Rezession nur dann in Wirtschaftswachstum münden kann, wenn der Staat unverzüglich zusätzliche Nachfrage schafft, die weit über das bisher angekündigte Maß hinausgeht.

Die Diskussion des Finanzprogramms der Bundesregierung gibt Anlaß, das konjunkturpolitische Konzept des Instituts noch einmal mit aller Deutlichkeit darzulegen...

Die wirtschaftliche Lage erfordert heute nicht nur eine Verstärkung der öffentlichen Investitionen, sondern auch Steuersenkungen, damit weitere Nachfrageimpulse ausgelöst werden, die von den öffentlichen Haushalten in diesem Umfang schon aus verwaltungstechnischen Gründen gar nicht erwartet werden können. Der Einwand, der expansive Effekt einer Steuer senkung könne ja auch erreicht werden, wenn bei gleichen oder gar höheren Steuereinnahmen die Staatsausgaben entsprechend ausgeweitet würden, ist daher fehl am Platze."

(20.7.1967)

Vier Wochen später berichtet das DIW im WB 34/1967:

„Die Lage in Westdeutschland

Die Bundesregierung hat nunmehr einen zweiten Investitionshaushalt von 5,3 Mrd. DM beschlossen. Gleichzeitig hat die Bundesbank ihre Bereitschaft, das konjunkturpolitische Programm der Regierung zu unterstützen, durch eine weitere Senkung der Mindestreserven unterstrichen."

(25.8.1967)

Im September 1967 war die erste Input-Output-Rechnung fertig gestellt, die sich mit den Konjunkturprogrammen beschäftigte. Das DIW veröffentlichte im WB 39/1967 eine große Tabelle, in der die direkten, indirekten und gesamten Produktionswirkungen des ersten und zweiten Konjunkturprogramms für 33 Sektoren der gesamten Wirtschaft der Bundesrepublik Deutschland aufgelistet waren. Ergänzt wurden diese Angaben durch die Berechnung der Beanspruchung der vorhandenen Kapazitäten durch die beiden Konjunkturprogramme in 25 Industriesektoren.

Klaus Dieter Arndt berichtete aus Bonn, daß diese Arbeit im Wirtschaftsministerium großen Eindruck gemacht habe. Dennoch ist aus heutiger Sicht festzustellen, daß man im DIW zwar in den letzten Jahren gelernt hatte, mit dem Instrument „Input-Output-Rechnung" umzugehen, daß jedoch die Einbindung dieses neuen Analysemittels in die länger entwickelten Instrumente der Konjunkturforschung damals noch nicht gelungen war. Das Ergebnis der in der Industrie-Abteilung durchgeführten Berechnungen — nachzulesen im WB 39/1967 —

„Die Berechnungen zeigen, daß auch die vom zweiten Konjunkturprogramm auf die Produktion und die Kapazitätsbeanspruchung ausgehenden Effekte nicht die vielfach erhoffte und dringend notwendige Wirkung erreichen werden. So besteht leider keine Ursache anzunehmen, daß der von den konjunkturbelebenden Maßnahmen des Staates ausgehende psychologische Effekt, d. h. die induzierte Reaktion der privaten Wirtschaft stark genug sein wird, um das erklärte Ziel der Bundesregierung, einen dauerhaften Aufschwung zu erreichen, in absehbarer Zukunft realisieren zu können."

(29.2.1967)

war aus der Sicht der industriellen Investitionsvorhaben durchaus richtig, aber gesamtwirtschaftlich falsch, wie die Investitionsentwicklung 1968 und vor allem 1969 zeigte.

Bei der Gemeinschaftsprognose der Arbeitsgemeinschaft deutscher wirtschaftswissenschaftlicher Forschungsinstitute vom Herbst 1967 — veröffentlicht im WB 41/42/1967 — schrieb das DIW bei der Darlegung der konjunkturpolitischen Überlegungen im bewußten Gegensatz zu den anderen Instituten:

„Das DIW beurteilt die wirtschaftliche Entwicklung im ersten Halbjahr 1967 im wesentlichen so wie die übrigen Institute; im Unterschied zu ihnen vermag es jedoch bisher keine endogenen Kräfte zu erkennen, die stark genug wären, einen gesicherten konjunkturellen Anstieg der privaten Investitionsneigung zu bewirken. Auch aus dem Verlauf des saisonbereinigten inländischen Auftragseingangs der Investitionsgüterindustrien ist eine derartige verstärkte Investitionsneigung der privaten Wirtschaft nicht mit Gewißheit abzuleiten. Der Wiederanstieg dieser Indexreihe zeigte zur Jahresmitte deutlich die Wirkungen der Auftragsvergabe aus dem ersten Investitionshaushalt der Bundesregierung, einen Effekt von begrenzter Dauer. Daneben ist zu vermuten, daß die private Auftragsvergabe nach der überdimensionierten Zurückhaltung, die um die Jahreswende 1966/67 festzustellen war, im Frühjahr lediglich auf ein Niveau zurückgefunden hat, das den gesunkenen Produktionserwartungen und Investitionsabsichten entsprach. Die weitere Steigerung des Auftragseingang im August ist von der starken Entwicklung der Kraftfahrzeugbestellungen und vermutlich auch von Reaktionen auf die im Oktober auslaufenden Vergünstigungen (Sonderabschreibungen) beeinflußt worden. Ein ausgeprägter konjunktureller Anstieg der privaten Ausrüstungsinvestitionen ist für dieses Jahr nicht zu erwarten."

(13.10.1967)

Dieser Auffassung entsprach es durchaus, daß sich im DIW Stimmen regten, die ein drittes Konjunkturprogramm, über das ja auch im Kabinett gesprochen worden war, für zweckmäßig hielten. Die überaus kräftige Erholung der Konjunktur im vierten Quartal 1967 machte diesen Überlegungen rasch ein Ende, die erste länger anhaltende Rezession der Nachkriegszeit war überwunden.

Vergleicht man die Berichte des Instituts für Konjunkturforschung über die Weltwirtschaftskrise 1929 bis 1933 mit der Berichterstattung des DIW 1966 bis 1968, so fällt sehr deutlich zweierlei auf:

1. Der völlig verschiedene methodische Ansatz. An die Stelle der Vorstellungen vom zwangsläufigen Konjunkturzyklus, dessen jeweiliger Zustand mit Hilfe standardisierter Barometer gemessen wurde, trat 1967 der ganz entschieden zum Ausdruck gebrachte Wille, die vom DIW diagnostizierte Unterkühlungsphase durch aktive Konjunkturpolitik rasch zu beenden.

2. Entsprechend liegt 1967 — ganz im Gegensatz zu 1931/32 — das Schwergewicht nicht bei der Diagnose der Wirtschaftslage, sondern bei der Therapie. Es muß deutlich gesehen werden, daß beide Male ein im Prinzip keynsianischer Ansatz nachweisbar ist: Stets steht die Analyse der Endnachfrage — Ausfuhr, Investition, öffentlicher und privater Verbrauch — im Vordergrund der Diagnose und Prognose. An die Stelle der weitgehend passiven Hinnahme ist der Wille zu aktiver Wirtschaftspolitik getreten, obwohl das Problem der genauen Dosierung der Mittel ungelöst war.

Ferdinand Friedensburgs Rücktritt vom Präsidentenamt

Auszüge aus dem Protokoll der Kuratoriumssitzung vom 5.12.1967:

„Ich halte micht für verpflichtet, von meinem Amt zurückzutreten, wie ich das bei einer früheren Kuratoriumssitzung zugesagt hatte für den Fall, daß es gelingen würde, einen neuen Leiter für das Haus zu gewinnen.

Ich bin vor einigen Tagen 81 Jahre alt geworden, das ist ein Alter, wo man verständlicherweise sich vom aktiven Leben getrennt zu haben pflegt. Es ist auch kein gesunder Zustand, daß man mit Damen oder Herren arbeitet, die halb so alt oder noch weniger alt sind. Ich gebe aber diesen Entschluß freiwillig bekannt, ich habe Ihnen dies freiwillig zugesagt und führe ihn jetzt freiwillig aus. Ich bitte ausdrücklich feststellen zu dürfen, daß keine anderen Gründe vorliegen, die mich zum Rücktritt bestimmen. An sich würde meine Amtsperiode noch bis Ende 1969 laufen; von dieser mir durch Ihre Wahl und Ihr Vertrauen gewährten Möglichkeit mache ich keinen Gebrauch. Ich bitte, damit einverstanden zu sein, wenn ich weiter dem Vorstand angehöre, ich lege also mein Amt nur als Präsident nieder und werde weiter dem Vorstand angehören. Da wir nach den Satzungen noch einen Vorstandssitz frei haben, treten insofern keinerlei Schwierigkeiten auf, wenn wir nunmehr einen neuen Präsidenten zusätzlich als Vorsitzenden des Vorstands wählen. Als Termin für die Amtsübernahme habe ich mit Herrn Dr. Arndt, den ich Ihnen für Ihre Wahl vorschlage, den 8. Januar vorgesehen ..

Was meine eigene Tätigkeit betrifft, so hat mir der Vorstand bei früherer Gelegenheit bereits zugesagt, daß ich hier im Hause Zimmer und Schreibkraft habe, in der ähnlichen Weise wie es Prof. Baade bei seinem Ausscheiden aus der Leitung des Instituts für Weltwirtschaft in Kiel zugestanden worden ist. Ich habe auch noch eine ganze Reihe von Aufgaben innerhalb des Hauses zu vollbringen und werde also als eine Art auswärtiger Mitarbeiter dem Hause weiter angehören, aber wie ich hier meinem zukünftigen Herrn Nachfolger und Ihnen zusichere, ohne auch nur den geringsten Anschein zu erwecken, als wenn ich auch mit der Leitung des Hauses etwas zu tun habe ... Jedenfalls von mir aus habe ich den Wunsch, mich ganz zurückzuziehen.

Ich habe seit langem einen Vertrag mit einem großen deutschen Verlag über meine Lebenserinnerungen geschlossen und bin nicht dazu gekommen, diese große Arbeit, die ich für wichtig halte, in Angriff zu nehmen. Ich werde also voll ausgefüllt sein.

Außerdem habe ich noch einen Forschungsauftrag der Deutschen Forschungsgemeinschaft über die Ausnutzung der deutschen Erzvorkommen durchzuführen, der wahrscheinlich mindestens noch drei Jahre in Anspruch nehmen wird. Und endlich hoffe ich, daß ich dem Institut auch auf meinem persönlichen Forschungsgebiet, der internationalen Bergbauwirtschaft, mit meinem Rate und mit meiner Erfahrung zur Verfügung stehen kann."

Um dem DIW und seinem neuen Präsidenten Gewissenskonflikte zu ersparen, beschloß das Kuratorium des Instituts am 5. Dezember 1967 einstimmig, im S 6 der Satzung als Ziffer 3 neu folgende Bestimmung einzufügen:

„Die satzungsmäßige Verantwortung des Präsidenten für die wissenschaftliche Leitung ruht, solange der Präsident in amtlicher oder beamtenähnlicher Stellung bei der Bundesregierung oder einer der Landesregierungen tätig ist."

Laut Protokoll der Kuratoriumssitzung dankte Ferdinand Friedensburg für die einstimmige

„Zustimmung zu diesem wichtigen Punkt, der das Weitere freigibt".

Anschließend wurde dem Vorschlag Friedensburgs entsprechend Klaus Dieter Arndt vom Kuratorium einstimmig zum neuen Präsidenten des DIW gewählt. Die Nachricht vom Präsidentenwechsel wurde von der Berliner Zeitung 'Der Tagesspiegel' am 06.12.1967 trotz der Satzungsänderung unter der Überschrift „Keine glückliche Lösung" mit den Worten kommentiert:

„Der neue Präsident des Deutschen Instituts für Wirtschaftsforschung, Dr. Klaus Dieter Arndt, verfügt über alle Eigenschaften, die man an der Spitze einer international so angesehenen Organisation wie des DIW vereinigt finden will: Er ist wissenschaftlich auf der Höhe einer immer komplizierter werdenden Disziplin, er kennt das Institut aus siebzehnjähriger Tätigkeit, er hat enge Kontakte zum Ausland und Erfahrungen in der Politik... So hat das Kuratorium des Instituts denn einen idealen Kandidaten gewählt — bliebe Arndt nicht Parlamentarischer Staatssekretär ... Wird man die wirtschaftspolitischen Analysen des DIW, die doch bisher noch stets die eines unabhängigen Forschungsinstituts gewesen sind, künftig mit anderen Augen betrachten müssen, wenn sein Präsident gleichzeitig Parlamentarischer Staatssekretär des einschlägigen Ressortministers der Bundesregierung ist? Das Kuratorium... hat wohlweislich eine Satzungsänderung beschlossen, die einer Interessenkollision vorbeugen soll. Wie weit das in der Praxis gelingt, dürfte sich allerdings schon deshalb schwer ermitteln lassen, weil die Grundeinstellungen der DIW-Forscher schon bisher in vieler Hinsicht mit denen der expansiveren Bonner Wirtschaftspolitiker übereingestimmt haben... Da der DIW-Präsident die wissenschaftliche Leitung einstweilen ohnehin nicht ausüben soll, wäre auch die Besetzung der Spitzenposition mit einem Verwaltungsmann in Betracht gekommen — hätte sich nur ein geeigneter Bewerber gefunden. Aber mehr als ein Dutzend Verhandlungen mit präsumtiven Nachfolgern Friedensburgs, Administratoren wie Forschern, haben sich in ebenso vielen Jahren schon zerschlagen. Jetzt hat man einen erstklassigen Mann — und trotzdem keine glückliche Lösung gefunden. Daß das offenbar der einzig mögliche Ausweg war, wirft ein trübes Licht vor allem auch auf die Einstellung westdeutscher Kandidaten zu Berlin, selbst wo es solche Positionen zu bieten hat."

Ferdinand Friedensburg war ohne Zweifel ein Präsident mit viel Fortüne. Er richtete das DIW aus den Trümmern wieder auf, paßte die Institutskonzeption der radikal veränderten Lage an, schuf und erhielt sein Ideal einer Gelehrtenrepublik. Seinem Nachfolger hinterließ er zwei von ihm gebaute Institutsgebäude, eine beachtliche Bibliothek und einen Mitarbeiterstab, dessen Leistungen auch international wieder anerkannt wurden.

Im Jahr 1945 beschränkte sich die Publikationstätigkeit des Instituts auf einige Forschungsberichte, 1967 veröffentlichte das DIW seine Arbeiten in 4 Publikationsorganen, nämlich

Wochenbericht

Vierteljahrshefte zur Wirtschaftsforschung

Sonderhefte, Neue Folge

DIW-Beiträge zur Strukturforschung

Hinzu kamen zahlreiche Beiträge in Fachzeitungen und Zeitschriften, die Veröffentlichung von Gutachten außerhalb der DIW-Publikationen und von 1964 an die monatliche Veröffentlichung ausgewählter Wochenberichte in englischer Sprache im Economic Bulletin des DIW.

Und zum Schluß: Die fast sprichwörtliche Kaltblütigkeit Friedensburgs machte auch vor makabren Scherzen nicht halt, wie die nachstehende Geschichte beweist.

Friedensburgs Fahrer, Heinz Barz, vermied im August 1966 mit knapper Mühe und Not einen Frontalzusammenstoß mit einem von der Gegenfahrbahn durch die Leitplanken durchgebrochenen LKW-Anhänger, der sich „selbständig“ gemacht hatte. Das linke Vorderrad des Instituts-Wagens wurde abgerissen, aber alle Insassen blieben unverletzt. Friedensburg:

„Das war brav gemacht, lieber Barz! Aber wie ungeschickt von Ihnen! So ein Begräbnis wie mit mir zusammen werden Sie nie wieder bekommen!“

SECHS JAHRE MIT KLAUS DIETER ARNDT

1968 bis 1974

Klaus Dieter Arndt

Klaus Dieter Arndt wurde am 9. März 1927 in Berlin geboren. Nach den üblichen Stationen der Kindheit — Volksschule 1933 bis 1937, Oberschule von 1937 an — verlor der Dreizehnjährige 1940 in wenigen Wochen beide Eltern. Eine Schwester seines Vaters übernahm die Vormundschaft und schickte ihren Neffen auf das Internat des Zinzendorf-Pädagogiums der Herrnhuter Brüdergemeine in Niesky/Oberlausitz. „Diese Schule verband mit einem überdurchschnittlichen lehrmäßigen Niveau eine straffe altpreußische Erziehung, für die ich mich nicht übermäßig zu erwärmen vermochte", schrieb Klaus Dieter Arndt nach dem Eintritt ins DIW in seinem Lebenslauf.[104] Dem Pädagogium gehörte er bis zum 1. Oktober 1944 an, er war jedoch schon am 15. Februar 1943 als Flakhelfer eingezogen worden. Am 1. September 1944 erhielt er den Reifevermerk. Nach einem sechswöchigen Dienst als Arbeitsmann wurde Arndt im Januar 1945 zur Wehrmacht eingezogen und war nach einer flüchtigen Grundausbildung in den letzten Monaten des Krieges in Schlesien als Infanterist eingesetzt. Er überlebte diese Zeit unverletzt und konnte sich am 8. Mai 1945 der Gefangenschaft entziehen.

Vom 1. November 1945 bis zum 30. April 1946 war Arndt — der sich entschlossen hatte, Wirtschaftswissenschaften zu studieren — in Görlitz als Praktikant tätig. Er wurde zum Studium an der Humboldt-Universität zugelassen, mußte sich jedoch verpflichten, die Reifeprüfung nach Absolvierung eines von der wirtschaftswissenschaftlichen Fakultät eingerichteten Sonderkursus binnen Jahresfrist nachzuholen. Nach 5 Semestern in Ost-Berlin und nach einem Semester an der Freien Universität bestand er am 19. Dezember 1949 dort die Diplomprüfung und trat nach aushilfsweisen Arbeiten beim Magistrat am 1. Oktober 1950 als wissenschaftlicher Hilfsarbeiter ins DIW ein, wo er von Anfang an bei Ferdinand Grünig in der Abteilung Volkswirtschaftliche Gesamtrechnung arbeitete. Bereits 1952 erschien sein erster Beitrag in den Vierteljahrsheften des DIW.

Am 1. September 1953 zum Referenten für Bauwirtschaft ernannt, promovierte er am 11. Dezember 1954 bei Andreas Paulsen zum Dr. rer. pol. Seine

[104] Diese beiden Zeilen wurden von Ferdinand Friedensburg mit seinem Grünstift unterstrichen.

Dissertation „Wohnungsversorgung und Mietenniveau in der Bundesrepublik Deutschland" wurde 1955 in der Reihe der Sonderhefte, Neue Folge als Nr. 35 veröffentlicht. Am 1. Juli 1959 übernahm Arndt nach Ferdinand Grünigs Ausscheiden aus dem Institut die Leitung der Abteilung „Volkswirtschaftliche Gesamtrechnung".

Die politische Laufbahn Arndts begann 1946, als der Neunzehnjährige in die SPD eintrat. 1963 wurde er Bezirksverordneter in Berlin-Steglitz, am 19. September 1965 wurde er vom Abgeordnetenhaus zum Mitglied des Deutschen Bundestages gewählt, am 28. September 1969 und am 19. Januar 1972 wiedergewählt. Seit Februar 1971 gehörte Klaus Dieter Arndt dem Europäischen Parlament an.

Die Jugend dieses Mannes war vielfach verdüstert. Der frühe Tod seiner Eltern, das ungeliebte Internatsleben und das unerbittlich näherrückende Kriegsende ließen für ein langsames Heranreifen keine Zeit. Klaus Dieter Arndt war schon, als er ins DIW kam, ein gereifter Mann, sehr ernst, ein geschickter Formulierer und Taktierer. Im DIW wurde ihm ein großer Vertrauensbonus eingeräumt. Seine hervorragende berufliche Qualifikation, sein großes Ansehen im Bundestag — auch bei den anderen Parteien — und seine Fähigkeit, seinen Willen durchzusetzen versprachen einen zwar mitunter unbequemen, aber tüchtigen neuen Präsidenten des Instituts.

An dieser Stelle ist nicht der Ort, Klaus Dieter Arndts Entwicklung zu einem der angesehensten wirtschaftspolitischen Ratgeber des Parlaments zu verfolgen. Sein Ansehen war jedoch bereits Ende 1966 so hoch, daß er nach der Bildung des Bundeskabinetts der großen Koalition am 1. Dezember zum ersten parlamentarischen Staatssekretär gewählt wurde. Da dieses völlig neu geschaffene Regierungsamt gesetzlich noch nicht definiert war, konnte Arndt die Ernennungsurkunde erst am 12. April 1967 ausgehändigt bekommen, aber er arbeitete schon seit Anfang Dezember im Bundeswirtschaftsministerium. Dabei erneuerte sich für Klaus Dieter Arndt und Karl Schiller die gemeinsame Arbeit, die in Berlin am 21. Dezember 1961 begonnen und bis zum 3. November 1965 gedauert hatte. Da das Gesetz den parlamentarischen Staatssekretären im Gegensatz zu den beamteten keine Präsenzpflicht in Bonn vorschrieb, konnte Arndt zwar bei seiner Familie in Berlin wohnen bleiben, aber die wichtigste Aufgabe eines Abteilungsleiters im DIW — die volle Mitverantwortung für die wissenschaftliche Leitung des Hauses — konnte und durfte er nicht erfüllen, solange er in Bonn in seiner neuen Funktion tätig war. Auch aus dem Impressum verschwand Arndts Name nach seiner Ernennung am 12. April 1967. Er behielt aber selbstverständlich die Möglichkeit, nach der Beendigung seiner Arbeiten im Bundeswirtschaftsministerium ins Kollegium zurückzukehren, wenn er das wollte. Zunächst blieb Horst Seidler — durch den erwähnten, in wenigen Wochen erfolgenden Verlust von vier Abteilungsleitern bedingt — neben der Leitung seiner eigenen Abteilung noch für die Abteilung „Mitteldeutschland" verantwortlich, deren Leitung ihm nach dem altersbedingten Ausscheiden Gerhard Abekens am 1. Oktober 1965 übertragen worden war. Im Juli 1967 übernahm Peter Mitzscherling diese Aufgabe.

Die Übergabe des Präsidentenamts fand am 8. Januar 1968 im Rahmen einer kleinen Feierstunde der DIW-Mitarbeiter mit wenigen Gästen statt.

Arndt hatte schon am 5. Dezember ausführlich gesprochen und nach den einleitenden Dankesworten an Ferdinand Friedensburg eine Art „Regierungserklärung" abgegeben. Nachstehend einige Auszüge aus dem Protokoll:

„Herr Präsident, meine Damen und Herren!

... Es ist keine alltägliche Entscheidung, die Sie heute zu fällen hatten; sie war mit einer Satzungsänderung verbunden. Es war aber letzten Endes eine Entscheidung für das Institut und für Berlin.

Selbstverständlich werden wir zusammenarbeiten im Vorstand, Kuratorium, Abteilungsleiterkollegium und vor allem mit dem 'neuen' alten Vorstandsmitglied Präsident Friedensburg. In diese Zusammenarbeit ist gegenseitige Rücksichtnahme eingeschlossen. Ich werde nicht in dem Maße in Berlin sein können, wie das bei Ihnen, Herr Professor Friedensburg, der Fall sein wird, aber wir werden, glaube ich, dieses Problem bewältigen.

Ich bin sicher, daß es keine anderen Probleme geben wird; denn das, was man hier, insbesondere im Kreise der Wissenschaftler dieses Hauses, als Schwierigkeit empfinden könnte, die Verquickung von Politik und Wissenschaft zu Ungunsten der Wissenschaft, stellt sich in einem weiteren Bereich in Bonn ganz anders dar, und zwar als Usurpation der Wirtschaftspolitik durch die Institute...

Daß es zu dieser Bluttransfusion kommen mußte, wenn ich es einmal so nennen darf, war wohl eigentlich allen klar, die um die Wirtschaftspolitik in diesem Lande besorgt waren, besorgt sind und stets besorgt sein müssen. Die in der Arbeitsgemeinschaft zusammengeschlossenen Institute und vor allem die großen Forschungsinstitute in Kiel, München, Essen und Berlin versuchen doch gerade das zu vermitteln oder lernen zu lassen, was für praktische Entscheidungen in der Bundesbank, in der Bundesregierung und in großen Unternehmen geeignet macht: nämlich den Stand des gegenwärtigen Universitäts-Wissens auf wirtschaftspolitische Probleme von heute und morgen anzuwenden. Dabei müssen wir oft feststellen: die wirtschaftstheoretisch beste Lösung ist nicht immer die wirtschaftspolitisch beste Lösung. Was sich am Schreibtisch, am Rechenschieber als allein zweckmäßig und elegant aufdrängt, ist mitunter nicht geeignet, die Gegenwart am schnellsten zu ändern ...

Unter Berücksichtigung der Remanenz des Bestehenden gilt es, die Erkenntnisse unseres Faches in politische Entscheidungen umzusetzen. Weil es in der Vergangenheit an dem einen gefehlt hat, war die Bluttransfusion erforderlich und war es auch persönlich richtig, daß sich jemand gewissermaßen als Staatssekretär auf Zeit oder der Reserve in einer Notzeit zur Verfügung gestellt hat. Aber er hat nicht für einen längeren Zeitraum ja gesagt und braucht es nicht zu sagen...

Wenn ich das Persönliche damit verlassen darf: Wo liegen eigentlich noch Aufgaben für einen Präsidenten, der sich der wissenschaftlichen Leitung aus verschiedenen Gründen enthalten wird, ja nun sogar satzungsgemäß enthalten muß?

Die Aufgabe liegt darin, daß in Deutschland noch Institutionen fehlen, wie wir sie in den USA in Form der Brookings Institution oder der Rand Corporation haben, die ja auch vielseitige Forschungsprogramme bewältigen müssen. Uns fehlen Denkzentren, die sich mit den Problemen des Jahres 1975 bis 1980 beschäftigen, mit den administrativen Problemen dieser Zeit, mit Problemen, die heute klar erkennbar sind, aber eine gewisse Reifezeit brauchen, bis sie durchgeführt werden können... Das zweite ist der Zeitfaktor. Dieses Institut beschäftigt sich natürlich auch mit der Wirtschaftspolitik des Tages; die meisten der Wochenberichte behandeln oder zielen auf aktuelle wirtschaftliche Entscheidungen. Erscheint er erst nach der dritten Lesung des betreffenden Gesetzes im Bundestag, hat so ein Wochenbericht jedoch nur noch bedingten Wert. Er dient vielleicht dazu, Novellen vorzubereiten, aber er kann nicht mehr die aktuelle Entscheidung des Parlaments beeinflussen. Mitunter müßte er eher da sein: noch vor der ersten Lesung, im Stadium der Entscheidungsbildung in der Bundesregierung selbst oder in den Landesregierungen. Ich glaube, daß man gerade als Parlamentarischer Staatssekretär dazu beitragen kann, diese Schwierigkeiten des 'Timing' unserer Publikationen zu beseitigen oder wenigstens zu mindern.

Es gab gute Beispiele: die heutige Energiepolitik. Sie ist aus der Energieenquete der Institute entstanden und wurde im vorigen Frühjahr, im März 1966, als Programm in die Beratungen des Deutschen Bundestages eingeführt. Sie ist jetzt im Kohlegesetz, das ja die Zustimmung aller Fraktionen gefunden hat, praktisch kodifiziert. Die Initiativen gingen von den Instituten, besonders aber von diesem Hause, aus und wurden durch unseren Präsidenten Friedensburg gefördert.

Ein zweites Beispiel: die Konjunkturpolitik. Es gab im vorigen Jahr einen Wochenbericht „Grundlinien der Wirtschaftsentwicklung 1967", in dem sinngemäß im November gesagt wurde: „Es wird wahrscheinlich 500 000 Arbeitslose im kommenden Winter geben." Diese Prognose war zu diesem Zeitpunkt sensationell, sie schien sogar übertrieben. Wir wissen heute, daß diese Zahl im Wirtschaftsablauf überschritten wurde. Es war dennoch ein Hinweis, eine rechtzeitige Warnung für die politischen Instanzen. Vorher hat es die Gemeinschaftsdiagnose vom Herbst 1965 gegeben: „Keine weiteren Restriktionen". Dennoch kam es im Mai 1966 zu Diskonterhöhungen und weiteren Verschärfungen in der Kreditpolitik. Vieles wäre uns erspart geblieben, wenn man diese Warnungen berücksichtigt hätte. Sie waren zeitgerecht. Der Zeitpunkt unserer Publikationen ist ein wichtiger Teil unseres Engagements.

Freilich muß ein Engagement zugrundeliegen. Analyse und Ratschläge dieses Hauses müssen avantgardistisch sein, müssen in diesem guten Sinne auch radikal sein; aber sie müssen und werden auch weiterhin die Institutionen, in denen sich dieses Denken in Entscheidungen umsetzt, respektieren. Wir werden weiterhin die Welt zu verstehen suchen, um sie zu verändern — im Gegensatz zu denen, die nicht verstehen wollen, um zu verändern, sondern die liquidieren wollen bevor sie verstehen.

Dazu will ein Präsident, der gleichzeitig Parlamentarischer Staatssekretär ist, beitragen: zum Gedeihen dieses Hauses und zum Gedeihen dessen, was sich dieses Haus in seiner Satzung an Wirkung für Wissenschaft und Gesellschaft vorgenommen hat."

Klaus Dieter Arndts Arbeit in Bonn und ihr Echo

Da über Klaus Dieter Arndts Wirken im Bundestag und — von 1967 bis 1970 — im Bundeswirtschaftsministerium nach seinem Tod an anderer Stelle[105] ausführlich berichtet worden ist, genügt an dieser Stelle eine kurze Zusammenfassung bezeichnender Zitate aus dieser Veröffentlichung:

„Unser Land hat mit Klaus Dieter Arndt einen Mann verloren, der in hervorragender Weise die Fähigkeiten eines bedeutenden Wissenschaftlers mit der Begabung des Politikers in sich vereinigte... Klaus Dieter Arndt beteiligte sich nicht an den Glasperlenspielen einer bisweilen überzüchteten nationalökonomischen Theorie, sondern seine wissenschaftliche Tätigkeit war von Anfang an auf die Anwendung hin orientiert."

Helmut Schmidt

„Als Politiker war Klaus Dieter Arndt ein liberaler, eigenständiger Ökonom, der das Instrumentarium der Wirtschafts- und Finanzpolitik absolut beherrschte, die besondere Verantwortung des Staates für die Setzung des Bedingungsrahmens für Vollbeschäftigung und Wachstum hervorhob und unbeirrbar für seine Erkenntnis kämpfte, daß marktwirtschaftliche Entscheidungsprozesse durch nichts Besseres ersetzt werden können."

Alex Möller

„... Parlamentarier von höchsten Gnaden"

Herbert Wehner

Klaus Dieter Arndt war der erste deutsche Politiker, der im September 1969 die Leipziger Messe und 1970 die Posener Messe besuchte. In einem Interview vom 11. August 1968 sprach er über die Ostpolitik aus, was erst viel später allgemein erkannt wurde: „Für diese Politik gibt es keine Alternative; denn es gibt keine Alternative zum Frieden."

„Er war, lange bevor sich die Unhaltbarkeit des Fixkurssystems als allgemeine Auffassung durchsetzen konnte, zum Verfechter freier Wechselkursbildung geworden. Was er zum Begriff des Floating im Bundestag vortrug, gehört zu den eindrucksvollsten Schilderungen, die ich zu diesem Thema gehört und gelesen habe. War Arndt damit zum Monetaristen geworden? Nein! Dem theoretischen Gebäude der Friedman-Schule gegenüber blieb er sehr skeptisch. Aber die Darlegung der empirischen Zusammenhänge zwischen Geldmenge und Preisentwicklung haben ihn stark beeindruckt. Er sagte mir des öfteren, daß wir für unsere Politik daraus lernen sollten."

Johann Schöllhorn

---

[105] A. Grünewald (Hsg.) „Der Mann, der Brücken schlug — Erinnerungen an Klaus Dieter Arndt. Gedenkschrift zum 50. Geburtstag", Berlin 1977.

„... liebevoll und sehr beharrlich nahm er sich einiger Sondergebiete an; so der Energiewirtschaft und des ganzen Komplexes von Interzonenhandel und Osthandel."

Karl Schiller

„Dieser SPD-Parteitag ist kein Briefkasten, auch nicht für einen DGB- Kongreß. Wenn das anders wäre, wenn wir ihn so ansehen würden, wenn wir das akzeptieren, wenn wir so verfahren wollten, Genossen, könnten wir Stabilität der Währung und Sicherheit der Arbeitsplätze nicht garantieren."

Klaus Dieter Arndt 1968

„Und was die langen Nachtsitzungen selbst betrifft, bei denen es natürlich stets um Politik und Ökonomie ging, so blitzte immer wieder sein oft skurriler Humor auf. Eines Abends traf die Nachricht ein, daß man der Bundeswehr eine ganze Rakete gestohlen hatte. Plötzlich, mitten in der Fachdiskussion, sprang Klaus Dieter Arndt auf und ging nachdenklich im Zimmer auf und ab. Auf die Frage: 'Was treibt Dich denn hoch?', antwortete er unter dem Gelächter der versammelten Runde: 'Ich versuche doch nur auszumessen, ob man ein solches Ding auch in einem Ministerzimmer verstauen könnte."

Karl Schiller

„Klaus Dieter Arndt war auch als Europäer nicht für das Bauen illusionärer Kartenhäuser, sondern für solide ökonomische, und das hieß für ihn, marktwirtschaftliche Fundamente. Prognose und Planung bedeuteten ihm stets nur, für eine entschieden marktwirtschaftliche Global- und Strukturpolitik die Ungewißheit im Rahmen des Möglichen zu reduzieren und eine Perspektive für marktkonformes Handeln zu entwickeln. Aus 'wait und see' kann 'wait and die' werden, hat Klaus Dieter Arndt dazu gesagt. Aber auch: 'Kontrollen versprechen viel, halten wenig und bauen das vielleicht kostbarste Gut, das wir in dieser Welt haben, die größte Rarität, die Freiheit, weiter ab.' Den heute wieder hochkommenden Versuchungen aus manchen Ecken und Lagern, bei der Bewältigung der größer gewordenen wirtschaftspolitischen Probleme das Heil im Abbau der marktwirtschaftlichen Ordnung zu suchen, sei auch noch dies ordnungspolitische Credo von Klaus Dieter Arndt ins Stammbuch geschrieben: 'Es gibt keinen besseren Lenkungsmechanismus als den der Marktwirtschaft. Es gibt keinen besseren Schutz vor Ausbeutung der Arbeitskraft als marktwirtschaftliche Ordnung' (Bundestagsdebatte vom 15.3.1972). Seine ehemaligen Mitarbeiter im Bundeswirtschaftsministerium jedenfalls messen ihre Leistung noch immer auch an den Meßlatten, die Klaus Dieter Arndt hinterlassen hat."

Otto Schlecht

Die Institutsstruktur bei Arndts Amtsantritt und ihre Veränderungen bis Ende 1973

Von Anfang 1968 bis Ende 1973 hat sich die Institutsstruktur erneut deutlich verändert. Nachdem Herbert Martell aus gesundheitlichen Gründen vorzei-

Bezeichnung der Forschungsabteilungen
und ihre Leiter 1967 und 1973

	1967	1973
Volkswirtschaftl.Gesamtrechnung	H. Seidler	H. Seidler
(Handels- u. Handw.-Referat)	(Ch.Otto-Arnold)	(Ch. Otto-Arnold)
Allg. Konjunkturbeobachtung	H. Martell	—
Geld und Kredit	—	R. Pohl
Öffentliche Finanzen	—	D. Cornelsen
Volksw. Produktionsfaktoren	W. Kirner	W. Kirner
Verkehr	—	G. John
Industrie	R. Krengel	R. Krengel
(Landw. Referat)	—	(P. Hrubesch)
Bergbau und Energie	M. Liebrucks	M. Liebrucks
Berlin[1]	W. Watter	W. Watter
DDR u. östliche Industrieländer[2]	P. Mitzscherling	P. Mitzscherling
Westl. Industrie- und Entwicklungsländer	I. Köhler-Rieckenberg	I. Köhler-Rieckenberg
Zentralabteilung[3]	—	W. A. Zehden

[1] 1967 als Referat. -

[2] 1967 Abteilung „Mitteldeutsche Wirtschaft" mit angegliedertem Referat „Auslandswirtschaft (Ost)." -

[3] Einschließlich Referat „Veröffentlichungen."

tig das Institut hatte verlassen müssen, übernahm Klaus Dieter Arndt zunächst selbst die kommissarische Leitung der Konjunkturabteilung.

Am 30. März 1972 wurden Doris Cornelsen, Günther John und Reinhard Pohl ins Kollegium gewählt und übernahmen die Leitung der neu gebildeten Abteilungen „Öffentliche Finanzen", „Verkehr" sowie „Geld und Kredit". In Doris Cornelsen stand eine seit langem bewährte Mitarbeiterin zur Verfügung, die sich im „Berlin"-Referat intensiv mit der Finanzierung des

Öffentlichen Haushalts befaßt hatte.[106] Leiter der „Geld und Kredit"-Abteilung wurde Reinhard Pohl, der 1971 in seiner Dissertation die Politik der Deutschen Bundesbank kritisch analysiert und seine große Begabung für geldtheoretische Arbeiten gezeigt hatte.

Günther John war Ende 1959 ins DIW gekommen und hatte von vornherein als Verkehrswissenschaftler gearbeitet. Bald wurde er im Institut „Der Stille Arbeiter" genannt. Bevor er die von Klaus Dieter Arndt wiederbegründete Verkehrsabteilung leitete, schrieb er 1962 und 1966 je ein Sonderheft (Neue Folge, Nr. 64 und 76) und 1967 und 1971 je ein Heft in den Beiträgen zur Strukturforschung (Nr. 3 und 17) sowie mehrere Wochenberichte. Sein besonderes Verdienst war und ist die Entwicklung einer tiefgegliederten Schätzung der Investitionen und des Anlagevermögens des Verkehrswesens in der Bundesrepublik Deutschland. Dabei baute er auf einigen Pionierarbeiten von Horst Seidler aus den fünfziger Jahren auf.

Grundstückskauf und Aufstockung

Bei seiner „Regierungserklärung" hatte Klaus Dieter Arndt keinen Zweifel daran gelassen, daß er eine weitere Expansion des DIW für notwendig hielt. Nach der Amtsübernahme am 8. Januar 1968 begann er unverzüglich mit der Realisierung seiner Absichten.

Wie aber konnten die benötigten Arbeitsplätze geschaffen werden? Es gab vier Möglichkeiten:

1. Zusammenrücken in den bestehenden Gebäuden (Hauptgebäude und Flachbau)
2. Mieten von Büroräumen
3. Aufstockung der bestehenden Gebäude
4. Kauf eines weiteren Grundstücks und Bau eines dritten Gebäudes.

Als Ferdinand Friedensburg vom Präsidentenamt zurücktrat, war von der ersten Möglichkeit bereits Gebrauch gemacht worden. Bei 120 Arbeitsplätzen arbeiteten Ende 1967 rd. 130 Personen im Institut. Aber man konnte alle Referenten in Doppelzimmern unterbringen und so Platz gewinnen. Die zweite Möglichkeit wurde von Werner A. Zehden kurz geprüft. Es ergab sich jedoch, daß in Dahlem eine befriedigende Lösung nicht zu erreichen war und vor dem Sprung in die City scheute Arndt zunächst zurück.

Die Prüfung einer Aufstockung brachte ein Teilergebnis: Die Statik des Flachbaus gestattete eine Aufstockung nicht, dagegen bestand die Möglichkeit, beim Hauptgebäude ein drittes Stockwerk aus Leichtmetall und Fertigbauteilen mit einem Flachdach zu errichten.

---

[106] D. Cornelsen: „Finanzhilfe für West-Berlin. Eine Untersuchung über Umfang und Bedeutung der finanziellen Verflechtung im öffentlichen Sektor zwischen West-Berlin und Westdeutschland", DIW-Beiträge zur Strukturforschung, Heft 12, Berlin 1970.

Der Kauf eines weiteren Grundstücks schien zunächst also nicht nötig zu sein. Die Bauverwaltung machte jedoch die Genehmigung der Aufstockung davon abhängig, daß vom Institut die Zahl der verfügbaren Kfz-Stellplätze der erhöhten Zahl von Arbeitsplätzen angepaßt wurde. Werner A. Zehden konnte nur eines tun, nämlich versuchen, die Besitzerin des Nachbargrundstücks Englerallee 38 geneigt zu machen, die benötigte Fläche zu verkaufen. Nach zähen Verhandlungen erreichte er am 2. April 1968 einen Vorvertrag über den Kauf des gesamten, mit einer Villa bebauten Grundstücks durch das DIW. Aufgrund eines Vorstandsbeschlusses der Vereinigung der Freunde vom 15. März 1968 kaufte diese am 27. Mai 1968 das Grundstück. Ein vom DIW aufgenommener Kredit wurde 1968 mit Hilfe einer Spendenaktion, die 211 050 DM erbrachte, teilweise getilgt, der verbleibende Rest wurde vom Senator für Wissenschaft und Kunst 1969 gezahlt, der 1968 bereits die Kosten der Aufstockung übernommen hatte.

Damit verfügte das DIW noch vor der Aufstockung des Hauptgebäudes nicht nur über den benötigten Platz für Kfz-Stellplätze, sondern auch über ein großes Grundstück, auf dem später das große dritte institutseigene Gebäude errichtet wurde. Bis es soweit war, sollten allerdings noch einige Jahre ins Land gehen.

Die Aufstockung wurde im Juli 1968 begonnen und brachte dem DIW bei voller Doppelbesetzung der dafür geeigneten Räume rd. 35 Arbeitsplätze. Die vom Architekten zugesicherten Eigenschaften wurden allerdings nicht erreicht. Die Praxis erwies, daß das Stockwerk im Sommer zu heiß und im Winter zu kalt war. Der für die weitere Zukunft des Instituts entscheidende Grundstückskauf wäre vermutlich ohne das Drängen von Klaus Dieter Arndt nicht zustande gekommen.

Neueinstellung von Wissenschaftlern 1968 bis 1973 im Vergleich zu den Vorjahren

Während der sechs Jahre dauernden Präsidentschaft von Klaus Dieter Arndt sind insgesamt 48 Wissenschaftler im DIW neu eingestellt worden. Nicht weniger als 35 Wissenschaftler sind in den drei Jahren von 1968 bis 1970 ins DIW gekommen. Ein derart hoher Zugang war weder vorher noch ist er nachher wieder erreicht worden, wie der nachstehende Vergleich zeigt. Bereits in den folgenden Jahren — von 1971 bis 1973 — sank der Neuzugang auf 13 Wissenschaftler ab, d. h. auf einen ganz normalen Umfang.

Neuzugänge von 1945 bis 1973

1945, 1. Juli	— 1949, 31. Dezember	8	Personen
1950, 1. Januar	— 1954, 31. Dezember	23	Personen
1955, 1. Januar	— 1959, 31. Dezember	14	Personen

1960, 1. Januar — 1964, 31. Dezember	24 Personen
1965, 1. Januar — 1967, 31. Dezember	16 Personen
Friedensburg-Jahre	85 Personen
im Jahresdurchschnitt	3,8 Personen
1968, 1. Januar — 1970, 31. Dezember	35 Personen
1971, 1. Januar — 1973, 31. Dezember	13 Personen
Arndt-Jahre	48 Personen
im Jahresdurchschnitt	8 Personen
Insgesamt 1945 — 1973	133 Personen
Im Jahresdurchschnitt	4,7 Personen

Zur Miete in die City

Die von der Institutsverwaltung eingeleitete Suche nach geeigneten Räumen verlief in Dahlem völlig ergebnislos. Es war unvermeidlich, in die City zu gehen.

Die neuen Räume in der Joachimsthaler Str. 14-19, in unmittelbarer Nähe des Kurfürstendamms, konnten aber erst im November 1971 bezogen werden, da sich die Bau-Fertigstellung verzögerte. Um die Diskussion: Wer zieht um, wer bleibt? abzukürzen, hatte der Präsident den umzugswilligen Abteilungen versprochen, sie dürften später den Neubau beziehen. Allerdings war auch darauf Rücksicht zu nehmen, daß eng zusammenarbeitende Abteilungen in Dahlem bleiben mußten. Schließlich einigte sich der Präsident mit dem Kollegium der Abteilungsleiter und mit dem Betriebsrat darauf, die Abteilungen Berlin und Energie in die City zu verlegen.

Da aus dem vermeintlich kurzen Provisorium schließlich eine zehnjährige räumliche Trennung wurde, war eine gewisse Desintegration die unvermeidliche Folge der Arndt'schen Personalpolitik.

Im Jahre 1972 wurden in der Joachimsthaler Straße noch weitere Räume zusätzlich gemietet, um die neu gebildete Arbeitsgruppe „Bildungs- und Arbeitsökonomie" unterbringen zu können. Die „Aussiedlung" von mehr als zwei Abteilungen in der Nähe des Kurfürstendamms wird von den Betroffenen bis heute unterschiedlich beurteilt.

Alles in allem war Klaus Dieter Arndts Personalpolitik vor allem von 1968 bis 1970 nicht unproblematisch. Ferdinand Friedensburg hat in den über zwanzig Jahren seiner Präsidentschaft stets darauf geachtet, daß die Integration neuer und junger Mitarbeiter in das Institut möglichst problemlos vonstatten ging. Das war in den ersten Jahren mit Klaus Dieter Arndt wegen der zahlreichen Zugänge nicht mehr so einfach zu erreichen. Auch die an den deutschen Universitäten entstandene — und von der Freien Universität in Berlin ausgehende — Unruhe drohte das Institutsklima zu berühren. Hier zeigte sich jedoch, daß die im DIW stets beachtete und geschätzte Diskussionsbereitschaft hilfreich war, die Kritiker in der Mehrzahl bald erkennen zu lassen, daß eigene Leistung der beste Beitrag zur Leistungsfähigkeit des Instituts war. Klaus Dieter Arndt hat durch einige Entscheidungen ganz bewußt dazu beigetragen, das gute Institutsklima trotz mancher Konflikte zu erhalten.

Zum Veröffentlichungsprogramm 1968 bis 1973/74

Sowohl die zunehmende Zahl wissenschaftlicher Mitarbeiter als auch die Veränderung der Abteilungsstruktur machen sich deutlich im Veröffentlichungsprogramm bemerkbar.

Wochenbericht

Die Gründung der Abteilungen „Geld und Kredit", „Öffentliche Finanzen" und „Verkehr", die im Jahr 1972 vorgenommen wurde, wirkte sich bereits 1973 im Wochenbericht aus: Diese drei Abteilungen veröffentlichten zusammen 19 von 86 selbständigen Berichten. Die meisten Berichte kamen jedoch aus den Abteilungen „Volkswirtschaftliche Gesamtrechnung", „Westliche Industrieländer und Entwicklungsländer" und „Industrie".

Auffallend ist in den Jahren von 1968 an der stetige Anstieg des Wochenberichtsvolumens, das von 320 Textseiten im Jahr 1968 auf 484 Seiten im Jahr 1973 anwuchs. Die letzten Berichte des Jahres 1973 sind die interessantesten, weil sie zwei Tatsachen erkennen lassen:

Einmal den Vorteil gegenüber den anderen Veröffentlichungen des DIW, im Wochenbericht auf neue Ereignisse rasch zu reagieren (Nahost-Krieg, Sonntagsfahrverbot). Zum anderen die offensichtliche Fragilität mancher Untersuchungen, insbesondere solcher prognostischer Art. So erschien am 1. November 1973 ein Bericht „Prognose des Energieverbrauchs in der Bundesrepublik Deutschland bis 1985", den das DIW mit dem Energiewirtschaftlichen Institut an der Universität Köln und dem RWI Essen gemein sam erarbeitet hatte. Auftraggeber dieser Untersuchung war der Bundesminister für Wirtschaft.

Infolge der durch den Nahost-Krieg radikal veränderten OPEC-Preispolitik war jedoch diese Prognose zum Zeitpunkt des Erscheinens bereits revisionsbedürftig. Jedoch dauerte es einige Zeit, bis klar genug zu erkennen war, wie sich die Veränderungen auf dem Mineralölmarkt auf die anderen Energiemärkte und schließlich auf die gesamte Nachfrage nach Energie auswirken würden.

Nur wenige Wochen später hieß es in einer Einleitung zu den „Grundlinien der Wirtschaftsentwicklung 1974" (WB 51-52 vom 20. Dezember 1973):

„Mit dem Entschluß der ölexportierenden arabischen Staaten, das Mineralölangebot als Waffe im Nahost-Konflikt einzusetzen, haben sich in den westlichen Industrieländern die Aussichten für die Wirtschaftsentwicklung im Jahre 1974 weiter verschlechtert: Die Prognosen bedürfen einer Revision.

Die konjunkturelle Ausgangslage in der westlichen Weltwirtschaft war auf Abschwächung gerichtet; durch die Verknappung des Produktionsfaktors Energie wird diese nachfragebedingte Tendenz von der Angebotsseite her verstärkt werden. Welcher der beiden Faktoren, die Abschwächung der Nachfrage oder die verminderte Ergiebigkeit des Angebots, den Produktionsverlauf letztlich bestimmt, wird von Land zu Land verschieden sein. Besonders in Ländern mit ausgeprägter konjunktureller Verlangsamung dürfte die Ölkrise nicht nur das Angebotspotential, sondern durch ihre indirekten Wirkungen auch die Nachfrage ungünstig beeinflussen. Diese gegenseitigen Bedingtheiten entziehen sich einer „exakten" Prognose.

Im folgenden soll anhand von Modellrechnungen dargestellt werden, wie die Wirtschaftsentwicklung international und in der Bundesrepublik Deutschland im kommenden Jahr aussehen könnte. Die bei diesen Berechnungen unvermeidlichen Unsicherheiten implizieren die Notwendigkeit einer dauernden Überprüfung. Prognosen werden in der nächsten Zeit eine kürzere Lebendauer haben als bisher gewohnt. Worauf es gegenwärtig ankommt, ist ein Ausleuchten der Szenerie aus dem veränderten Gesichtswinkel, um Anhaltspunkte für die Unterscheidung von nun notwendigen — und richtigen — wirtschaftspolitischen Maßnahmen und solchen zu finden, die zur Steuerung der Krisenentwicklungen überflüssig oder falsch sind."

Durch weltpolitische Ereignisse bedingt, endeten die Jahre von Arndts Präsidentschaft, die — konjunkturell betrachtet — Jahre eines zwar verringerten, aber anhaltenden Wirtschaftswachstums waren, mit der nüchternen Erkenntnis, daß die Zukunft viel größere Sorgen und Risiken als die letzten Jahrzehnte mit sich bringen werde.

Vierteljahrshefte

Wie bereits erwähnt, wurden vom Jahrgang 1970 an die Vierteljahrshefte auf das DIN A 4-Format umgestellt. Zugrunde lag die Erfahrung, die das DIW seit 1967 mit den ersten neuen Heften der Beiträge zur Strukturforschung gemacht hatte: Die wachsende Flut disaggregierter Daten war im größeren Format besser zu bewältigen. Ferner war an die Möglichkeit gedacht worden, in Zukunft den Handsatz von Tabellen, der teuer und fehlerträchtig war, durch EDV-Ausdrucke zu ersetzen.

Jedoch auch andere tiefgreifende Änderungen wurden vorgenommen. Die traditionelle Berichterstattung über die Volkswirtschaftliche Gesamtrechnung beschränkte sich in den Vierteljahrsheften von 1970 an auf die Präsentation der fortgeführten Berechnungen von Vierteljahrsdaten; die textliche Auswertung der Gesamtrechnungsdaten blieb nunmehr dem Wochenbericht vorbehalten. Die Vierteljahrshefte wurden mehr und mehr die Veröffentlichung des DIW, in der häufig methodische Beiträge vorgelegt wurden. Selbstverständlich kamen neue Arbeitsgebiete — Input-Output-

Rechnung, Geld- und Kreditfragen, Verkehrsanalysen usw. — besonders häufig zum Wort.

DIW-Beiträge zur Strukturforschung

In dieser neuen Veröffentlichungsreihe erschienen von 1968—1974 nicht weniger als 30 Beiträge. Sie wurden vor allem in den Abteilungen „Industrie", „Berlin", „Volkswirtschaftliche Produktionsfaktoren" und „Verkehr" erarbeitet.

Auch die von Klaus Dieter Arndt 1972 gegründete Arbeitsgruppe „Bildungs- und Arbeitsökonomie", der allerdings kein langes Leben beschieden war, bevorzugte die Beiträge zur Strukturforschung und veröffentlichte von 1972 — 1974 4 Hefte sowie als Vorläufer 1971 einen Beitrag über Methodenfragen.

Bei den Gesprächen über die Gründung dieser Arbeitsgruppe hatte es lebhafte Diskussionen um ihren Auftrag gegeben. An der damals noch dominierenden Beschäftigung mit der angebotsorientierten Bildungsforschung wollte und sollte sich das DIW nicht beteiligen[107], statt dessen sollte der Zusammenhang von Ausbildungssystem und Arbeitsmarkt untersucht werden.

Beitrag des DIW zur „Grauen Literatur"

Für die Fülle von Forschungsberichten und Gutachten, die unveröffentlicht bleiben und in geringer Stückzahl zirkulieren, hat sich die Bezeichnung „Graue Literatur" eingebürgert. Auch diese Art von Literatur wird von großen Bibliotheken soweit wie möglich gesammelt und katalogisiert.

Das DIW hat längere Zeit Gutachten und Forschungsberichte — meist als Sonderhefte — veröffentlicht. Arbeiten, die in Zusammenarbeit mit anderen Instituten entstanden, wurden im allgemeinen im Verlag Duncker & Humblot,

---

[107] Bei der Besprechung der von Hajo Riese et al. vorgelegten Untersuchung für den Wissenschaftsrat „Die Entwicklung des Bedarfs an Hochschulabsolventen...", die 1967 veröffentlicht wurde, schrieb Rolf Krengel im gleichen Jahr in den Vierteljahrsheften (S. 228 f): „Rieses Veröffentlichung ist — wenn nicht alles täuscht — eine bedeutsame, heute allerdings erst von wenigen in ihrer Tragweite erkannte Herausforderung der institutionalisierten Bildungsforschung in der Bundesrepublik. Der bisher vorherrschenden, etwas einseitigen Betrachtung der Angebotsseite wird von Riese eine Analyse der voraussichtlichen Nachfrage nach hochqualifizierten Arbeitskräften (Arbeitskräfte mit akademischem Abschlußexamen) gegenübergestellt. Damit wird ein bedeutsamer Schritt zu einer Bildungsbilanz getan." Krengels Besprechung endet mit einem Zitat aus Rieses Buch: „Mit dem in den nächsten Jahren zu erwartenden Angebot läßt sich jedoch nach unseren Berechnungen im großen und ganzen... die Nachfrage nach Hochschulabsolventen befriedigen. Das läßt den Schluß zu, daß die aufgrund des schnellen technischen Fortschritts nach 1948 erforderlich gewordene Expansion der Studentenzahlen bereits weitgehend stattgefunden hat und nicht erst bevorsteht."

Berlin publiziert, jedoch außerhalb der Veröffentlichungsreihen des DIW. Dies galt z. B. für das Arbeitszeit- und das Energiegutachten.

Als in den siebziger Jahren die Flut der Gutachten und Forschungsberichte immer mehr anschwoll, beschlossen Klaus Dieter Arndt und das Kollegium der Abteilungsleiter, den vorliegenden, presserechtlich unveröffentlichten Arbeiten einen einheitlichen schwarz-weißen Umschlag zu geben und je 2 Exemplare zu archivieren. Diese 1970 begonnene Neuerung erbrachte bis 1979 über 100 Bände aus allen Abteilungen des DIW. Eine ganze Reihe dieser Arbeiten wurden wegen ihrer besonderen Bedeutung zusätzlich noch als Sonderheft oder in der Reihe der DIW-Beiträge zur Strukturforschung veröffentlicht.

Bereits 1964 hatte die Industrie-Abteilung des DIW damit begonnen, eine Loseblatt-Sammlung „Industriestatistische Kennziffern" herauszugeben, die seither jährlich erscheint. Dabei werden die Daten der Investitions- und Vermögensrechnung mit den wichtigsten Daten der amtlichen Industrieberichterstattung kombiniert und dadurch neue Kennziffern ermittelt.

Ähnlich konzipierte Loseblattsammlungen werden von der Abteilung „Volkswirtschaftliche Gesamtrechnung" seit 1970 herausgegeben, die ebenso wie die industriestatistischen Kennziffern viele Informationen enthalten, die in der amtlichen Statistik nicht zu finden sind. Das gilt auch für Berechnungen des DIW zur Einkommensverteilung und -schichtung, sowie zu Entwicklung von Beschäftigung und Arbeitnehmereinkommen in der Bundesrepublik Deutschland, die — ebenfalls von der Abteilung „Volkswirtschaftliche Gesamtrechnung" berechnet — regelmäßig aktualisiert werden.

Sonstige Veröffentlichungen von DIW-Mitarbeitern

Bereits in den fünfziger und sechziger Jahren wurde es von der Institutsleitung nicht nur toleriert, sondern begrüßt, wenn Beiträge von DIW- Mitarbeitern auch in anderen als den institutseigenen Veröffentlichungen erschienen. Da diese Arbeiten im Institut niemals systematisch gesammelt wurden, ist es angesichts der Fülle derartiger Beiträge in Büchern oder in Fachzeitschriften (z. B. nationalökonomische oder statistische Periodika, Industrie-, Energie- oder Verkehrszeitschriften usw.) unmöglich, einen genauen Überblick über diesen Teil der Publikationstätigkeit der wissenschaftlichen Mitarbeiter des DIW zu geben. Hier müssen wir uns auf einige Beispiele beschränken, die größere monographische Veröffentlichungen betreffen.

Im Jahr 1962 veröffentlichten Ferdinand Friedensburg und Rolf Krengel aus Anlaß des 50jährigen Jubiläums der Gesellschaft Deutscher Metallhütten- und Bergleute e. V. eine Untersuchung über die wirtschaftliche Bedeutung des Metallerzbergbaus und Metallhüttenwesens, die von Duncker & Humblot herausgegeben wurde.

Im gleichen Jahr erschien — von der neugegründeten ASEPELT herausgegeben — der erste Band einer Schriftenreihe unter dem Titel „Europe's Future in Figures", der von R. C. Geary, Dublin ediert wurde und Autoren wie Jean Bernard, Ragnar Frisch, Francesco Kneschaurek, C. T. Saunders und Richard Stone vereinte. Das DIW steuerte eine Prognose der Industrieproduktion in der Bundesrepublik bei, die von Rolf Krengel erarbeitet worden war.

Mitte der sechziger Jahre erarbeitete Horst Seidler während zweier Besuche auf Mauritius in Abstimmung mit der Regierung der Insel und der deutschen Bundesregierung eine Projektion der Beschäftigungsentwicklung und des Wirtschaftswachstums der britischen Kronkolonie. Seidlers Bericht wurde in englischer Sprache 1965 veröffentlicht und 1966 dem Insel-Parlament vorgelegt.

Im Jahre 1965 besuchte Andreas Papandreou, damals Planungsminister im Kabinett seines Vaters, das DIW und erbat von Ferdinand Friedensburg Hilfe bei der Vorbereitung von Entwicklungsplänen für Griechenland. Die Arbeiten wurden von Rolf Krengel in Athen begonnen und von Dieter Mertens beendet. Ihr gemeinsamer Bericht erschien 1966 in Athen unter dem Titel „Fixed Capital Stock and Future Investment Requirements in Greek Manufacturing".

Im Jahr 1967 berief der Senat von Berlin eine wissenschaftliche Beratungskommission, die im Dezember 1968 die Ergebnisse ihrer 18monatigen Arbeit unter dem Titel „Studien zur Lage und Entwicklung Westberlins" vorlegte. Der Kommission gehörten zwei Ökonomen (Krengel, Sanmann), ein Politologe (Ludz), ein Soziologe (v. Friedeburg) und ein Pädagoge (Furck) an. Die gemeinsame Arbeit in einer schwierigen Zeit machte Rolf Krengel und Peter-Christian Ludz zu Freunden und führte bald zu erneuter Zusammenarbeit.

Das Gutachten der Berlin-Kommission war in der Rand Corporation aufmerksam gelesen worden. Horst Mendershausen kam aus Kalifornien nach Berlin und besuchte das Institut. Er diskutierte mit Rolf Krengel die Ergebnisse von dessen Beitrag zum Gutachten. Krengel bat Doris Cornelsen um Teilnahme an dem Gespräch, weil er wußte, daß sie gerade an einer Untersuchung über die Finanzhilfe für West-Berlin — ihre Dissertation — arbeitete. Abschließend bat Horst Mendershausen Doris Cornelsen und Rolf Krengel um ein Gutachten, in dem versucht werden sollte, die strukturellen von den politisch bedingten Elementen der finanziellen Hilfe zu trennen. Klaus Dieter Arndt, von Horst Mendershausen über seine Anregung informiert, bat seine beiden Mitarbeiter um Annahme und Erledigung des Auftrags. Eine Arbeit für die Rand Corporation sei nichts Alltägliches.

Im Juni 1970 veröffentlichte Mendershausen die von ihm übersetzte Studie von Doris Cornelsen und Rolf Krengel unter dem Titel „Structural and Tensionrelated Elements of the Subsidization of West-Berlin".

Im Jahr 1970 beschloß die Bundesregierung, dem nächsten „Bericht zur Lage der Nation" ausführliche Materialien beizufügen und beauftragte Peter-Christian Ludz mit der Leitung der hierfür zu gründenden Arbeitsgruppe. Ludz bat Rolf Krengel um seine Mitarbeit, der unter der Bedingung zusagte, daß sein Kollege Peter Mitzscherling, der Leiter der Abteilung „DDR und östliche Industrieländer" in die Arbeitsgruppe berufen werde. Nur so war es möglich, den benötigten Sachverstand des DIW für die Arbeit zu nutzen. Der im Februar 1971 veröffentlichte Materialband — der bis dahin umfangreichste Vergleich zwischen der Bundesrepublik und der DDR — nennt als Mitarbeiter noch die Namen folgender DIW-Angehöriger: Gerhard Göseke, Günther John, Wolfgang Kirner, Horst Lambrecht, Manfred Liebrucks, Heinrich Machowski, Manfred Melzer, Charlotte Otto-Arnold, Peter Rosenberg, Hans-Gert Tönjes, Eberhard Wettig, Herbert Wilkens.

Die Arbeiten der Abteilung „DDR und östliche Industrieländer" für die Materialien zum „Bericht über die Lage der Nation" hatte Peter Mitzscherling auf die Idee gebracht, mit seinen Mitarbeitern ein Handbuch über die DDR-Wirtschaft herauszubringen. In der Fischer-Bücherei erschien im Juni 1971 unter dem Titel „DDR-Wirtschaft — eine Bestandsaufnahme" in der Reihe der Fischer Handbücher eine fast 400 Seiten umfassende Veröffentlichung, an der elf Autoren der Abteilungen „DDR" und „Verkehr" mitgearbeitet hatten. Eine Neuauflage des völlig überarbeiteten Handbuchs erschien im Fischer-Verlag im Oktober 1974. Diesmal waren sogar dreizehn Autoren beteiligt. Eine aktualisierte Ausgabe des Handbuch „DDR-Wirtschaft" ist im November 1977 als rororo-Handbuch erschienen, 1979 folgte eine aufdatierte Ausgabe in englischer Sprache. Das DIW hat durch diese Veröffentlichung seinen Bekanntheitsgrad gesteigert und seine Kompetenz auf dem Gebiet der DDR-Forschung nachdrücklich bewiesen.

In der seit 1970 erscheinenden Reihe der „Sonderhefte zum Statischen Archiv" ist das DIW in den Heften 2, 4, 5, 7 und 18 zu Wort gekommen. Industriestatistik, Kunjunkturindikatoren, Produktivitätsmessung und Input-Output-Rechnung waren die Themen, die von Mitarbeitern des Instituts behandelt wurden.

Seit 1972 gibt der Bundesminister für Verkehr die Jahresschrift „Verkehr in Zahlen" heraus, die im DIW von Heinz Enderlein bearbeitet wird. Die Schrift enthält neben den amtlichen Daten zusätzlich die im DIW berechneten Daten der Anlage-Investitions- und Vermögensrechnung.

In den siebziger Jahren stieg nicht nur die Nachfrage nach Arbeiten von im DIW beschäftigten Wissenschaftlern stark an. Auch das Problem der Übernahme von Nebentätigkeiten war zu bedenken. Klaus Dieter Arndt besprach diese Frage mit dem Kollegium und dem Betriebsrat. Am 7. Februar 1973 wurde nach Absprache aller 3 Organe beschlossen, den Abschnitt I A 3 der Betriebsvereinbarung wie folgt zu ändern:

„Für die Übernahme einer Nebentätigkeit gelten grundsätzlich die Bestimmungen des BAT.

Die Erstellung von Gutachten ist eine genehmigungspflichtige Nebentätigkeit gemäß § 29 LBG. Die Genehmigung erteilt der Präsident.

Fachbezogene schriftstellerische Tätigkeit und fachbezogene Vorträge sind dem Präsidenten mitzuteilen."

Durch diese Bestimmung wurde die Veröffentlichung von Arbeiten in DIW-fremden Zeitschriften klug kanalisiert, aber keineswegs unterbunden.

Verstärkte Kooperation mit anderen Instituten

Schließlich ist noch darauf zu verweisen, daß das DIW im Lauf der sechziger und siebziger Jahre eine verstärkte Zusammenarbeit mit anderen Instituten anstrebte und realisierte.

Nachstehend einige Beispiele:

Der Ausbau der Gemeinschaftsdiagnose der Arbeitsgemeinschaft wirtschaftswissenschaftlicher Forschungsinstitute wurde vom Bundeswirtschaftsministerium finanziell in wachsendem Umfang unterstützt, die Zusammenarbeit der Institute wurde vertieft und qualitativ verbessert.

Als weitere Kooperationen seien erwähnt: Gemeinsame Untersuchungen mit der FU Berlin auf den Gebieten: Messung des technischen Fortschritts, der Kapazitätsentwicklung und der Kapazitätsauslastung. An diesen Arbeiten, die im DIW von der Industrieabteilung geleistet wurden, waren Mitarbeiter von Hans Münzner von der FU beteiligt, zunächst Peter Schönfeld, danach Joachim Frohn.

Mit Wilhelm Krelle von der Universität Bonn bahnte sich 1966 eine länger anhaltende Zusammenarbeit bei der Entwicklung eines disaggregierten Prognosemodells für die Bundesrepublik Deutschland an. Dieses Projekt wurde von der Deutschen Forschungsgemeinschaft gefördert, im DIW war die Input- Output-Gruppe der Industrie-Abteilung an der Arbeit beteiligt.

DIW-Mitarbeiter aus verschiedenen Abteilungen — Bruno Nullau, Peter Wäsch, Barbara Meisner und Detlef Filip — erarbeiteten in enger Kooperation mit Siegfried Heiler von der TU Berlin ein neues Verfahren der Saisonbereinigung, das 1969 unter der Bezeichnung „Berliner Verfahren" in den DIW-Beiträgen zur Strukturforschung erschien und seither mehrfach verbessert wurde.

Im Jahr 1973 — also im letzten Jahr der Arndtschen Präsidentschaft — veröffentlichten Mitarbeiter des Ifo-Instituts (Karl Heinrich Oppenländer, Luitpold Uhlmann), des DIW (Rolf Krengel), der Freien Universität Berlin (Joachim Frohn) und der Universität München (Peter Kuhbier) eine umfangreiche Untersuchung unter dem Titel „Der technische Fortschritt in der Industrie — Messung in 34 Industriebereichen". Die Arbeit wurde von der

Stiftung Volkswagenwerk gefördert und vom Verlag Duncker & Humblot veröffentlicht.

Erstmals ist damit in Deutschland versucht worden, den zeitabhängigen technischen Fortschritt im Produktionsprozess nach 25 verschiedenen Modellen (12 mal Residualmessung, 13 mal Regressionsanalyse) zu errechnen. Die den Berechnungen zugrundegelegten Statistischen Daten waren vom Ifo-Institut und vom DIW ermittelt worden. Alle Zeitreihen wurden für die Jahre 1958 bis 1968 vierteljährlich berechnet.

Schon erwähnt worden ist die Zusammenarbeit des DIW mit europäischen Forschungsinstituten. Gutachten des Instituts zur Europäischen Integration wurden in zunehmender Zahl in verschiedenen Verlagen veröffentlicht. Besonders zu nennen sind ferner die Beiträge des DIW zur Schriftenreihe der Kommission für wirtschaftlichen und sozialen Wandel, die in den siebziger Jahren erschienen.[108]

Endlich ist darauf zu verweisen, daß eine zunehmende Zahl von Arbeiten, die im DIW entstanden, in die großen europäischen Sprachen übersetzt und in Zeitschriften oder Büchern veröffentlicht wurden.

Zur Rolle des DIW in der Ostpolitik

Das DIW ist schon in den sechziger Jahren immer wieder dafür eingetreten, die Ostpolitik der Bundesregierung zu entkrampfen und zu rationalisieren. Um Freunde für diese Auffassung zu gewinnen, bedurfte es schwerer Arbeit. Ermöglicht wurde sie durch die von Chrustchow veranlaßte, regelmäßig fortgesetzte Herausgabe von Statistischen Jahrbüchern, deren sorgfältige Analyse die Mitarbeiter der Abteilung „Auslandswirtschaft (Ost)" seit 1959 ständig beschäftigte.

Die von dieser Abteilung vorgelegten internationalen Vergleiche zeigten z. B., daß die immer wieder von westlichen Kritikern betonte Unterversorgung der Konsumgüterindustrie mit Investitionsmitteln zum großen Teil ein

---

[108] Beitrag von DIW-Mitarbeitern zu den Schriften der Kommission für wirtschaftlichen und sozialen Wandel:

Fritz Franzmeyer, Siegfried Schultz, Dieter Schumacher und Bernhard Seidel „Einflüsse der Europäischen Gemeinschaft auf die Regionalpolitik", Band 46, Göttingen 1975.

Peter Rosenberg „Möglichkeiten der Reform des Gesundheitswesens in der Bundesrepublik Deutschland", Band 48, Göttingen 1975.

Bernd Görzig „Die Verteilungswirkungen der Inflation auf den privaten und öffentlichen Sektor", Band 59, Göttingen 1975.

Stefan Heckhausen „Nachholbedarf an haushaltsorientierter Infrastruktur in den Regionen der Bundesrepublik Deutschland", Band 114, Göttingen 1976.

Jörg-Peter Weiß „Projektion von Input-Output-Tabellen für die Bundesrepublik Deutschland für die Jahre 1980 und 1985", Band 129, Göttingen 1976.

Strukturproblem und das Ergebnis der Tatsache ist, daß viele Konsumgüterindustrien arbeitsintensiv und kapitalextensiv arbeiten — nicht nur in der Sowjetunion.

Immer wieder wurde vom DIW die Bedeutung des Ost-West-Handels für die Ost-West-Beziehungen betont. Aber selbstverständlich konnten Veröffentlichungen nicht aktives Handeln ersetzen.

Waren für einen Bürger der Bundesrepublik, noch mehr für einen Westberliner, die Grenzen zu den osteuropäischen Staaten zunächst noch kaum zu überschreiten, so änderte sich dies doch in den sechziger Jahren, also Jahre vor dem Viermächteabkommen und dem Grundlagenvertrag. Man hatte Kollegen aus den Instituten der osteuropäischen Länder bereits bei Konferenzen kennengelernt, die z. B. von österreichischen Nationalökonomen arrangiert worden waren. Das DIW wurde in zunehmendem Maß von sowjetischen Diplomaten und Berufskollegen besucht, man traf sich auch in Berlin in den Domizilen auswärtiger Missionen.

Bald folgten die ersten Einladungen. Das Moskauer Institut für Weltwirtschaft und internationale Beziehungen lud 1967 Rolf Krengel zu einem Vortrag ein und vermittelte ihm zahlreiche Kontaktgespräche mit anderen Instituten und Behörden.

Auch Ota Sik, damals Leiter des ökonomischen Instituts an der tschechoslowakischen Akademie der Wissenschaften, lud Rolf Krengel 1967 und 1968 zu Besuchen in Prag ein, wo er ebenfalls vor Fachkollegen referierte. Besuche in Jugoslawien, Ungarn und Polen schlossen sich an, meist im Zusammenhang mit großen Kongressen.

Klaus Dieter Arndt war — wie bereits erwähnt — als erster Politiker der Bundesrepublik 1969 zur Leipziger Messe und 1970 nach Posen gekommen und hatte als erster die überall bestehenden Berührungsängste überwunden.

Das DIW fungierte auch bald als Gastgeber. Das Institut lud 1968 tschechoslowakische Wissenschaftler nach Berlin und veranstaltete ein Symposium. Fachkollegen und -kolleginnen aus der Sowjetunion, aus Jugoslawien, Polen und Ungarn arbeiteten im DIW an eigenen Veröffentlichungen, darunter zwei Habilitationschriften.

Das Eis schien gebrochen — das DIW hatte durch seine korrekten Arbeiten geholfen, das lange Zeit verlorengegangene Vertrauen zwischen Osteuropa und der Bundesrepublik wieder zu stärken. Der unvergessene Glanz des Instituts für Konjunkturforschung hatte dabei sicher diese Bestrebungen erleichtert.

11. März 1972 — Ferdinand Friedensburg stirbt

Ferdinand Friedensburg hat zeitlebens gemeint, Krankheiten am raschesten dadurch zu überwinden, daß man sie nicht beachtet. Diese Ansicht hat sich bei ihm lange Zeit bewährt.

Anfang März 1972 erkrankte er — wie er glaubte — an einer leichten fiebrigen Erkältung. Dennoch kam er ins Institut, um an der Vorbereitung des dritten Bandes seiner Lebenserinnerungen weiter zu arbeiten, mußte aber nach wenigen Stunden abbrechen und mit einem Taxi nach Hause fahren. Obwohl sein Fieber sprunghaft gestiegen war, konnte er sich nicht überwinden, sofort seinen alten Freund Dr. S. zu sich zu bitten. Friedensburg haßte die Rolle des Patienten — aber schließlich half nichts: Dr. S. diagnostizierte eine Virus- Grippe und veranlaßte die Einweisung in ein Krankenhaus in Wannsee.

Da sich Ferndinand Friedensburgs Gesundheitszustand verschlechterte, veranlaßte das Krankenhaus seine Verlegung ins Klinikum Westend. Dort hat ihn seine Schwiegertochter noch besucht. Als sie ins Zimmer trat, wußte Friedensburg plötzlich, was ihm bevorstand. Zu seinen letzten Worten gehörte die Bemerkung:

„So ein Pech! Jetzt kann ich den dritten Band nicht mehr schreiben!"

Ferdinand Friedensburg konnte seine Frau vor seinem Tod nicht mehr sehen, da sie selbst nach einem Unfall im Krankenhaus lag.[109]

Wenige Tage später, am 11. März 1972, starb Ferdinand Friedensburg, der langjährige Präsident des DIW, nachdem er das Bewußtsein verloren hatte.

Am 17. März nahm Berlins Prominenz, nahmen die alten Mitarbeiter in einer Trauerstunde Abschied vom jüngsten Ehrenbürger der Stadt. Ferdinand Friedensburgs Frau lag im Krankenhaus, konnte aber an der Beisetzung, auf einer Bahre liegend, teilnehmen.

Klaus Dieter Arndt sprach bei der Trauerfeier im Schöneberger Rathaus für das DIW. Er sagte u. a.:[110]

„...Dieser Bericht über den Wissenschaftler und Wissenschaftsprotektor Friedensburg könnte den Eindruck erwecken, dieses sei sein Leben gewesen. Wir wissen: Es

---

[109] Ferdinand Friedensburgs Sohn flog so rasch wie möglich nach Berlin, besuchte seine Eltern und hatte Mühe, seiner Mutter die Ernsthaftigkeit der Erkrankung ihres Mannes und seinem Vater die möglichen Folgen des Sturzes seiner Frau zu verschweigen. Friedensburg warf seinen Sohn beinahe hinaus und schickte ihn nach Hause zurück. Friedensburgs Sohn rief vom Flugplatz aus nochmals im Krankenhaus an und ließ den Vater grüßen. Der Arzt brachte folgende Antwort: „Ihr Vater läßt sie schön grüßen, Sie sollen verdammt nochmal abfahren, denn einer in der Familie muß ja schließlich arbeiten. Sie sollen nach Hause und wieder Ihre Pflicht tun."

[110] Klaus Dieter Arndt „Ferdinand Friedensburg zum Gedenken", in: Vierteljahrshefte zur Wirtschaftsforschung, Jahrgang 1972, Heft 1/2, S. 5 f.

war nur ein Teil. Was also gab die Autorität, mit sparsamem Einsatz so zu schaffen und zu initiieren? Die Autorität kam aus den anderen, bereits hervorragend gewürdigten Vektoren seines Lebens. Doch hören wir ihn selbst. Aus einem Aufsatz 1931, gerichtet gegen die damaligen Langemarck-Feiern:

'Der gefeierte Angriff war letzten Endes nutzlos. Die tapferen Kriegsfreiwilligen mochten das Vaterland zu retten wähnen; ein junger englischer Ingenieur, der weit im Hinterlande vielleicht zu gleichen Zeit die ersten Konstruktionszeichnungen des Raupenschleppertanks entwarf, leistete ohne heroische Geste und womöglich ohne jede heroische Empfindung seinem Volke unendlich größere Dienste als die stürmende deutsche Jugend mit dem Vaterlandslied auf den Lippen.' Und weiter: 'Wer das Gefühl gegen den Geist stellt, mag sich die Welt vereinfachen. Er begeht aber ein Verbrechen an beiden Seiten. Auch uns Reiferen und in der Verantwortung Stehenden gefällt das Bild der Gegenwart nicht, auch wir wollen bessern, aufbauen und erziehen. Hierzu ist uns die Mithilfe des jugendlichen Kämpfers unentbehrlich, und auch insofern gedenken wir mit Wehmut der Realität und des Symbols Langemarck: Das Blut, das vor sechzehn Jahren im Sande Flanderns nutzlos versickerte, fehlt uns nur zu sehr in den Parlamenten und Amtsstuben der heutigen Zeit.'

Wer sagt derartiges zu inopportunem Zeitpunkt — und dennoch, übertragen, heute noch gültig? Nur ein großer Mann. Ferdinand Friedensburg war ein großer Mann."

Aus der Institutsarbeit in den ersten Jahren der sozial-liberalen Koalition

Die innenpolitischen Veränderungen der sechziger und siebziger Jahre (große Koalition, sozial-liberale Koalition) haben das DIW weit weniger berührt als die wirtschaftspolitischen Ereignisse jener Jahre. Die Anpassung der Institutsstruktur und des Forschungsprogramms an die sich rasch wandelnden wirtschaftlichen Probleme bestätigt diese Tatsache sehr deutlich. Welche Parteien in Bonn auch regierten, stets hat das DIW sie nach Friedensburgs Devise „Jedermann dienstbar, niemand untertan" beraten und unterstützt.

Klaus Dieter Arndt sah die Notwendigkeit unabhängiger Arbeit nicht anders als sein Vorgänger. Im Bundestag von Fraktionskollegen wegen einer aus der Presse zu entnehmenden Kritik eines DIW-Mitarbeiters an der Formulierung des Stabilitätsgesetzes angesprochen (Arndt hatte an dieser Formulierung als parlamentarischer Staatssekretär selbst mitgearbeitet), erwiderte er lakonisch „Das müßt Ihr schon ertragen".[111]

Eine in den frühen siebziger Jahren, also zu Beginn der sozial-liberalen Koalition, sich bemerkbar machende Modeströmung ist hier zu erwähnen,

---

[111] Mündliche Mitteilung von K. D. Arndt. Es ging um das kritische Referat „§ 1 des Stabilitätsgesetzes", das Rolf Krengel auf Arndt's Bitte am 2. März 1971 vor dem Kuratorium des DIW vorgetragen hatte. Das Referat wurde unter dem Titel „Warum wir Wachstum brauchen" auszugsweise veröffentlicht in: „Wirtschaftswoche — Der Volkswirt", Heft 10 vom 5. März 1971.

weil sie dem DIW und den anderen Wirtschaftsforschungsinstituten viel Arbeit machte, deren Sinn mitunter äußerst fragwürdig erschien: Es handelte sich um eine wahre Prognose-Wut, die nicht nur die staatliche Bürokratie, sondern auch die Wirtschaft und an den Universitäten ganze Fakultäten und Fachbereiche erfaßte.

Es ist im Rahmen dieser Untersuchung nicht möglich, auf methodische Probleme der Prognoserechnung einzugehen. Mitarbeiter des DIW haben sich schon frühzeitig mit kurz-, mittel- und langfristigen Prognosen beschäftigt und wußten — durch z. T. jahrzehntelange Erfahrung belehrt und ernüchtert — um die Fragilität von wirtschaftlichen Voraussagen. Das Institut hat jedoch die Herausforderung erkannt, die der weithin laut werdende Wunsch nach Prognosen letzten Endes bedeutete.

Bei den kurzfristigen Industrieprognosen war nicht viel zu ändern, da ja das Verfahren eine eingehende Diskussion der Ergebnisse mit einbezog. Anders war die Situation bei Langfristprognosen. Im Herbst 1968 führte Rolf Krengel erste Gespräche über die Gründung eines „Arbeitskreis Langfristprognose". Am 4. März 1969 fand die Gründungssitzung statt, an der 13 Großfirmen teilnahmen.

Rolf Krengel bat seinen Mitarbeiter Jörg-Peter Weiß, die Rolle des Koordinators der gemeinsamen Arbeit zu übernehmen — eine Arbeit, die er mit Geschick erledigt. Die von Weiß angewandte und im Lauf der Zeit weiterentwickelte Prognosemethode hat er in seiner Dissertation ausführlich beschrieben.[112]

Anders ging Wolfgang Kirner vor, der von Klaus Dieter Arndt gebeten worden war, eine für die Institutsarbeit als gemeinsame Basis geeignete Langfristprognose für die Bundesrepublik Deutschland zu erarbeiten. Kirner begann unverzüglich mit der Arbeit und legte – gemeinsam mit Harald Gerfin und Jürgen Wulf — bereits 1972 „Entwürfe für disaggregierte Modelle zur Arbeitsmarktprognose für die Bundesrepublik Deutschland" vor, die als Sonderheft 90 veröffentlicht wurden.

Anfang 1970 fanden beim Bundesminister für Verkehr erste Gespräche mit dem DIW über die Möglichkeit statt, eine integrierte Langfristprognose für die Verkehrsnachfrage zu erarbeiten. Im Gegensatz zu den bisher üblichen Prognosen sollte sich diese Prognose auf ein ganzes Bündel von „Leitdaten" stützen, die in der ersten Stufe des Gesamtprojekts entstehen sollten. Diese Arbeiten begannen 1971/72 und stützten sich auf Untersuchungen, die in der Abteilung „Produktionsfaktoren" von Bernd Görzig und Wolfgang Jeschek[113] erarbeitet worden waren.

---

[112] J.-P. Weiß „Projektionen von Input-Output-Tabellen für die Bundesrepublik Deutschland für die Jahre 1980 und 1985", Schriften der Kommission für wirtschaftlichen und sozialen Wandel, Band 129, Göttingen 1976.

Die Vorlage der vom DIW erarbeiteten Leitdaten beim Bundesminister für Verkehr — sie wurden als Manuskript gedruckt — fand 1975 statt. Klaus Dieter Arndt hat sie nicht mehr erlebt.

Zu erwähnen sind auch die Prognosen auf dem Gebiet der Energiewirtschaft, die das DIW seit dem Jahr 1969 zusammen mit dem RWI Essen und dem Energiewirtschaftlichen Institut Köln erarbeitet hat und die im Zeichen der sich Ende 1973 abzeichnenden Energiekrise zu wahren Sorgenkindern der drei Institute wurden. Die im Herbst 1973 von der OPEC erzwungene Ölpreiserhöhung ließ alle bis dahin erarbeiteten Prognosen zu Makulatur werden, darüber hinaus aber war es ausgeschlossen, den neuen, wesentlich niedrigeren Wachstumspfad auch nur einigermaßen zuverlässig vorherzusagen. Mit einem Mal waren die Ergebnisse der prognostischen Arbeit von Jahren unbrauchbar, die neuen Projektionen und Vorhersagen waren riskanter denn je.

Die Kuratoriumssitzung vom 2. März 1971

Da Arndts Bericht auf der Kuratoriumssitzung vom 2. März 1971 für die Jahre seiner Präsidentschaft die gleiche Bedeutung hat wie Ernst Wagemanns schriftliche und mündliche Äußerungen zur Institutsarbeit der zwanziger und frühen dreißiger Jahre, sei hier auch Arndts Referat im Wortlaut nach dem Protokoll der Sitzung zitiert.

„Der Haushaltsentwurf des Instituts für 1971 liegt heute zur Beratung und zur Beschlußfassung vor. Satz eins seines Vorworts heißt: 'Das 1925 gegründete DIW befaßt sich mit der Analyse, Diagnose und Prognose der wirtschaftlichen Vorgänge im In- und Ausland.' Dies ist fürwahr ein anspruchsvoller Satz. Was sind wirtschaftliche Vorgänge? Oder was verbliebe an Vorgängen, die nicht auch eine wirtschaftliche Komponente in Motiv oder Konsequenz oder in beidem haben? Wo liegen also die Grenzen des Forschungsbereichs der empirischen Wirtschaftswissenschaften, und wo liegen die Grenzen dieses Instituts?

...des 'DIW', wie wir selbst und mit uns diejenigen sagen, die lange Namen scheuen und dennoch mit DIW mehr meinen, als nur in Abkürzung über die Tätigkeit von 172 Menschen zu sprechen. DIW ist gleichzeitig auch ein Code-Wort für Wirtschaftswachstum, für Sicherheitserwägungen in der Energieversorgung, für Industrie als Schwerpunkt in der volkswirtschaftlichen Leistungsstruktur und für eine kontinuierliche Eskalation der Investitionen im Dienstleistungsbetrieb 'Staat'. Das sind kontroverse Positionen; denn ein Dafür ist häufig gleichzeitig ein Dagegen. Und das DIW ist gegen

---

[113] B. Görzig „Die Entwicklung des Wachstumspotentials in den Wirtschaftsbereichen der Bundesrepublik Deutschland — Analyse und Projektion bis 1980", Gutachten im Auftrag des RKW Frankfurt. Erstveröffentlichung Juni 1971; Veröffentlicht als Heft 18 der Beiträge zur Strukturforschung, Berlin 1972.

W. Jeschek „Projektion der Qualifikationsstruktur des Arbeitskräftebedarfs in den Wirtschaftsbereichen der Bundesrepublik Deutschland bis 1985", Beiträge zur Strukturforschung, Heft 28, Berlin 1973.

Dämpfungspolitik im Abschwung, gegen Orientierung der heimischen Energiekapazität an Rezessionspreisen und gegen eine zweit- oder drittrangige Behandlung der staatlichen Komplementärinvestitionen für den privatwirtschaftlich geführten Teil der Volkswirtschaft.

Das Institut hat in allen diesen Fragen deutlich Position bezogen. Und dies nicht erst seit heute, sondern seit 1925. Es gibt keinen Bruch in der Entwicklung des Denkens der Mitarbeiter von Ernst Wagemann, des Wissenschaftlerkollegiums von Ferdinand Friedensburg und des DIW '71. Das Institut wurde 1925 außerhalb der Berliner Universität gegründet, um neben ihr, notfalls auch gegen sie zu stehen, nämlich gegen die Wirtschafts-Welt 'als Wille und Vorstellung' und die davon bis in die große Depression des Jahres 1932 beeinflußte wirtschaftspolitische Praxis. Dies allerdings nicht, um in der damaligen Volkswirtschaftslehre schöner Gedanken für die Zukunft und alter Geschichten über die Vergangenheit eine neue Häresie zu pflegen, sondern um herauszufinden, was aus schönen Gedanken wird, wenn man sie am harten und spröden Material der Statistik mißt, ergänzendes Material produziert und dann wieder mißt.

Auch das hat sich seither nicht verändert. Die Kärrner-Arbeit des gegenseitigen Anpassens empirischer Daten an neue ökonomische Denkansätze und der Denkansätze an die nun einmal so und nicht völlig anders vorhandenen Informationen ist geblieben. Dankenswerterweise ist auch der wirtschaftspolitische Einsatz geblieben. Theorien werden nicht um ihrer selbst willen getestet. Grundlagenforschung heißt hier nicht, jedem Dekor nachzugehen. Ein Problem mit einer Auswirkung auf 1 Mrd. DM Sozialprodukt unterscheidet sich von einem mit einer Auswirkung auf 10 Mio DM Sozialprodukt u. a. in einem: das erste betrifft 40.000 Menschen, das zweite 400.

Noch einmal zurück zum 'DIW' als Codewort für Priorität der wirtschaftlichen Entwicklung: Es wäre falsch, sich dieses Institut als 'Registrierkasse für wirtschaftliche Vorgänge' zu wünschen. Hier wird auch gewertet. Wer wertet, kann irren. Wertungen sind überdies zeitabhängig, sind geschichtlich und politisch gebunden. Sieht man sich selbst so kritisch, wird uns das Wertungsgefühl der ersten Institutsgeneration erstaunlich. Die Auseinandersetzungen zwischen Reichsregierung und Reichsbank mit Ernst Wagemann, Ferdinand Grünig und dem Institut über Deflationskur gegen Arbeitsbeschaffungsprogramme lag ja vor der wirtschaftswissenschaftlichen Klärung dieses für die deutsche Geschichte so folgenschweren Problems. Für Weltwirtschaftskrisen gab es weder empirische Meßwerte noch waren sie in der ökonomischen Theorie vorgesehen oder vorgedacht ...

Viel an damaliger Wertung ist heute gesicherter Erfahrungsschatz mit den dazugehörigen do-it-yourself-kits für die Regierung. Dennoch, wer die Grenzen des Gesicherten zu erweitern hat, kann dem Risiko des Wertens nicht entgehen. Und ein Institut, das wissenschaftlich Gesichertes politisch genutzt wissen will, kann nicht vor der Berührung mit politischen Streitfragen des Tages zurückzucken. Nur dann rechtfertigt empirische Wirtschaftsforschung die gegenwärtig aufgewendeten und künftig aufzuwendenden Mittel. Der Haushaltsplan 1971 schließt mit einer Etatsumme von 5,6 Mill. DM. Davon verdanken wir allein 3,4 Mill. DM dem Staatsabkommen der Länder, also der gemeinsamen Konferenz der Kultus- und Finanzminister ... bei der Finanzierung einmaliger Ausgaben hilft uns die 'Vereinigung der Freunde des DIW'. Was ist die Gegenleistung an den Staat, ob als Exekutive oder als Legislative, die Gegenleistung an den Menschen, der die Steuern dafür aufbringt? Diese Gegenleistung ist öffentliches Vordenken der Wirtschaftspolitik. Vordenken der Wirtschaftspolitik deshalb, weil nur die rechtzeitige Produktion unserer Dienstleistungen aus den 5,6 Mill. DM jenen Ertrag entstehen läßt, den dieses Haus tausendfach erarbeiten kann und oft genug erarbeitet hat. Diese Ausschüttung von zusätzlichem Realeinkommen kommt der Volkswirtschaft zugute. Und Volkswirtschaft ist keine blasse Abstraktion, sondern sind die 27 Mill. Erwerbstätigen an der Werkbank, am Reißbrett oder am Direktionsschreibtisch, die das Institut letzten Endes bezahlen. Zweitens muß dieses Vordenken öffentlich, also lesbar und hörbar sein. Wissenschaft als silent minority paßt nicht in eine freie Gesellschaft. Sie bleibt vergeblich, fruchtlos und frustrierend.

Dies alles steht hinter dem Eingangssatz: 'Das 1925 gegründete Deutsche Institut für Wirtschaftsforschung befaßt sich mit der Analyse, Diagnose und Prognose der wirtschaftlichen Vorgänge im In- und Ausland.' Empirische Wirtschaftsforschung ist eine heiße Tätigkeit, die kühl betrieben werden muß. Gerade am Platz Berlin, wo man keinen Globus im Zimmer braucht, um zu wissen, was wirtschaftliche Entwicklung wert ist. Freiheit als Zivilisation, marktwirtschaftliche Ordnung als freie Ordnung, Wachstum als Basis für Marktwirtschaft. Derartige Zusammenhänge gehören für ein Berliner Institut nicht zu einem außerplanetarischen Datenkranz, sondern an den Anfang der Analyse.

Stabilität gibt es nur in der Entwicklung. Davon handelt die Berlin-Forschung des Instituts, handeln die langfristigen Analysen über Kapazitäten, Arbeitskräfte, Schülerzahlen und öffentliche Finanzen unserer Stadt, die Arbeiten über die Entwicklungsländer, über eine Europäische Wirtschaftspolitik für sechs Länder und hoffentlich bald für zehn Länder, schließlich über die besondere Dramatik des amerikanischen Rückfalls in eine längst als vergessen geglaubte Konjunkturpolitik: Dämpfungspolitik im Abschwung mit Rezession und ohne Preisstabilität ...

Auf die DDR-Forschung stützt sich die Bundestags-Drucksache VI/1690 'Materialien zum Bericht der Lage der Nation 1971'. Über die Handelsbeziehungen der Staaten des 'Rates für gegenseitige Wirtschaftshilfe', seien sie innerdeutsch oder seien sie außerdeutsch, informiert das DIW ...

Wer entscheidet über diese Forschungsschwerpunkte? Die Satzung weist die Pflicht eindeutig dem Präsidenten und dem Kollegium der Abteilungsleiter zu. In der tatsächlichen Ordnung des Instituts wird dieses Entscheidungsrecht der Organe durch die Einzelinitiative des wissenschaftlichen Mitarbeiters ergänzt wie fundiert. Dies muß bleiben und es sollte verstärkt werden.

Wissenschaft ist schlecht organisierbar, aber sie wird durch die Satzung vor anderen wie vor sich selbst geschützt. Satzungen gelten für den Streitfall, sie sind eine Art juristischer contingency-planning. Das Institut setzt also seine Schwerpunkte selbst und unter der Kontrolle des Kuratoriums.

Dies gilt weitgehend auch für die Auftragsforschung des Hauses. Der Haushaltsentwurf 1971 berichtet über eine zu erwartende Auftragsforschung von knapp 2 Mill. DM. Wie in den Vorjahren wird das Auftragsvolumen höher liegen und höher liegen müssen, um den Anteil des DIW am Markt des Vordenkens der Wirtschaftspolitik zu halten.

An Auftraggebern nenne ich vom Berliner Senat den Senator für Arbeit, den Senator für Finanzen und den Senator für Wirtschaft, von der Bundesregierung das Bundesministerium für Wirtschaft, das Bundesministerium für Verkehr und für das Post- und

Fernmeldewesen, das Bundesministerium für wirtschaftliche Zusammenarbeit, das Bundesministerium für innerdeutsche Beziehungen, den Bundesminister der Finanzen, die Deutsche Forschungsgemeinschaft und für 1971 von den Landesregierungen den Hamburger Senat und das Bayerische Wirtschaftsministerium. Weitere wichtige Auftraggeber sind das RKW, die Volkswagenwerk-Stiftung, die Thyssen-Stiftung und die Adolf-Weber-Stiftung.

Viele der bereits genannten Forschungsschwerpunkte können mit ihren Mitteln begonnen, verstärkt oder fortgeführt werden. Nicht genannt waren bisher die umfangreiche verkehrswirtschaftliche Forschung des Hauses, die Erarbeitung eines dichten Netzes regional-politischer Leitdaten, ein Modell zur Lohnsteuervorausschätzung mit Hilfe von Rechenanlagen, die Weiterführung der mühevollen Input-Output-Arbeiten.

Aufzählungen können ermüden. In einem Rechenschaftsbericht über die harte wissenschaftliche Arbeit, Mitarbeit und Zuarbeit von 170 Menschen haben sie ihren Platz. Immerhin wird die Auftragsforschung 1971 den finanziellen Gegenwert von 3 Mill. DM erreichen, das sind mehr als 40 % der voraussichtlichen Gesamtkosten der gesamten Forschungstätigkeit. An weiteren Schwerpunkten nenne ich die Mitarbeit des Instituts an einem mittelfristigen Prognosemodell für die Bundesrepublik, die Lösung außerordentlich diffiziler Bewertungsfragen bei einem Vergleich der Kriegsschäden in den beiden Nachfolgestaaten des Dritten Reiches, ein mit der Bundesanstalt für Bodenforschung gemeinsam betriebenes Forschungsprojekt über die Grundlagen deutscher Rohstoffwirtschaft und den guten Abschluß der Arbeiten an einem neuen Verfahren der Saisonbereinigung, dem 'Berliner Verfahren'. Zur Zeit läuft es auf den Rechenanlage des Statistischen Bundesamtes zur Erprobung: Die erste Saisonbereinigung der amtlichen Statistik in der Bundesrepublik überhaupt. Auch damit ist der Katalog der Forschungsprojekte des Instituts bei weitem nicht vollständig. Viel an Engagement in der Vierteljahresrechnung, in der Einkommen- und Verbrauchsforschung, in der monetären Analyse, in der Verkehrsforschung wie in der Wachstumspolitik blieb unerwähnt. Über das 1970 und über das in der weiteren Vergangenheit Geleistete wurde ebenso summarisch gesprochen wie über die Auslandsforschung 'westliche Welt', 'Entwicklungsländer' und 'östliche Industrieländer'. Industriepolitik, Agrarpolitik, Sozialpolitik und nach wie vor, der Schwerpunkt Nr. 1, über Konjunkturpolitik wurde ebenfalls bei den Institutsprioritäten im en gros und nicht im en detail berichtet. Aber auch hier stößt man allenthalben auf Projekte der Auftragsforschung, also auf Vorhaben, die nicht nur selbstbestimmt, sondern von außen initiiert sind.

Hier arbeitet das Institut auch für einen Markt und dieser Markt ist in einer raschen Expansion. Neben den Schwesterinstituten in München, Kiel und Essen finden wir privatwirtschaftlich arbeitende Forscher wie in der Prognos AG, Basel, oder im Batelle-Institut, Frankfurt. Der Einzug der New Economics in Bonn mit Globalsteuerung und Spezialsteuerung wie das Drängen wichtiger Fachministerien, Verbände, Gewerkschaften und Unternehmen nach volkswirtschaftlicher Absicherung der eigenen Planung hat einen neuen Markt geschaffen. Die Geburt dieses Marktes ist ohne die Geschichte des Deutschen Instituts für Wirtschaftsforschung nicht zu denken, und zwar von 1925 bis zur jüngsten Gegenwart. Das DIW kann diese Elternschaft nicht leugnen. Es kann dieses sich kräftig entwickelnde junge Wesen auch schlecht sich selbst überlassen. Dazu sind wir weder autoritär-barbarisch noch antiautoritär-vornehm genug. Wir haben unseren Marktanteil zu halten, dazu muß das DIW mit dem Markt wachsen. Es hat jene diffizile Dienstleistung 'Vordenken der Wirtschaftspolitik' zu produzieren. So gesehen sind wir ein Produktionsbetrieb in einem jungen und expansiven Markt, einem Markt der Einflußnahme und der Verantwortung, sind ein Unternehmen mit einem der größten Wagnisse und höchsten Belohnungen, die diese Welt zu bieten hat: Das wirtschaftliche Schicksal vieler Menschen beherrschbarer zu machen. Ich rede von den Menschen in der Bundesrepublik Deutschland, und das sind Millionen, und ich rede von den Menschen außerhalb unserer Grenzen, aber vom zweitgrößten Absatzmarkt der Welt und von seiner finanziellen Leistungsfähigkeit abhängig, und das sind wiederum Millionen. Ein Fehler, den wir versäumen zu verhindern, kann jene ins Elend stoßen. Eine Verbesserung, an der wir mitwirken könnten, schafft dagegen neue Freiheiten. Darin liegen Wagnis und Belohnung der Arbeit in einem Forschungsinstitut wie diesem.

Das Kuratorium des Deutschen Instituts für Wirtschaftsforschung hat das Haus bei dieser Arbeit nach Kräften unterstützt. Dafür danke ich im Namen jedes einzelnen Mitarbeiters des Instituts und danke Ihnen im Namen des Vorstands. Ein weiterer Dank gilt dem hier nicht vertretenen, aber wie die britische home fleet jederzeit auslaufbereiten Bundesrechnungshof. Die Sorgen der letzten Kuratoriumssitzung sind von uns genommen. Das Prüfungsverfahren ist abgeschlossen. Von ursprünglich 128 Beanstandungen verbleibt uns noch die Erfüllung von vier Auflagen. Das DIW wird sich daran halten. Beim Zustandekommen dieses Verständigungsfriedens hatten wir die wohlwollende wie kritische Unterstützung des Senats von Berlin. Ihm danken wir auch die Bereinigung einer anderen ständigen Sorge: der Deckung des Defizits aus nachträglichen Tariferhöhungen. 1970 ist diese Deckung erstmals möglich geworden. Das Defizit 1969 (einschließlich des Defizitsvortrages) wurde durch eine Ausgleichszuweisung von 117 000 DM getilgt. Der Vorstand des DIW hofft, daß dies 1971 für 1970 ebenfalls möglich werden wird. Dieses Jahr scheint das letzte Jahr einer Basisfinanzierung des Instituts nach dem Königsteiner Staatsabkommen zu sein, für die Zeit danach soll ihre Hauptlast auf den Bund übergehen. Auch für diese schwerwiegenden Entscheidungen hofft der Vorstand auf die Unterstützung aller Mitglieder des Kuratoriums.

In diesem Haus wird gearbeitet. Es ist niemandes Spielzeug und es wird niemandes Spielzeug werden. Dazu ist die wirtschaftliche Wirklichkeit der Welt nicht leicht genug. Doch zurück zur Eingangsfrage: Wo liegen die Grenzen unseres Forschungsbereichs, und wo liegen die Grenzen dieses Instituts? Sie liegen nicht mehr vorwiegend außerhalb dieses Hauses: Die Praxis ist bereit, zuzuhören. Die Grenzen liegen jetzt beim Institut selbst. Bei der Einsatzbereitschaft seiner Mitarbeiter für das wirtschaftliche Schicksal der Anderen. Wie bisher."

Die Betriebsvereinbarung II — Arndts Vermächtnis an das Institut

Klaus Dieter Arndts Absicht, mit dem Betriebsrat des Instituts eine Vereinbarung über die Regelung der Mitsprache der Mitarbeiter im Instituts- und im Abteilungsrahmen abzuschließen, ging eine lange interne Diskussion im DIW voraus.

In der Tat sprachen wichtige Gründe für eine derartige Regelung: Das Institut war mehr denn je auf die Leistungsbereitschaft und Erfahrung aller seiner Mitarbeiter angewiesen. Ferner war — wie schon erwähnt — die von den Universitäten ausgehende Unruhe auch am DIW nicht spurlos vorübergegangen, Mitsprache bei der Planung der eigenen Arbeit schien ein geeignetes Mittel, die Leistung des Instituts zu steigern.

Auszüge aus der Betriebsvereinbarung II vom 26. Februar 1973:

„Zur Erfüllung seiner Aufgaben muß das DIW sich auf Wissen, Erfahrung und Leistungsbereitschaft aller seiner Mitarbeiter stützen können. Die notwendige gegenseitige Information und Koordination der Arbeit sollen deshalb durch die institutionelle Regelung der Mitsprache sämtlicher im Institut ständig tätigen Kräfte verstärkt werden ....

I. Mitsprache im Institutsrahmen

1. In allen Fragen, welche die Interessen der Belegschaft des DIW wesentlich berühren, sollen übereinstimmende Beschlüsse von Vorstand (Präsident), Kollegium der Abteilungsleiter und Betriebsrat herbeigeführt werden. Hierzu gehören insbesondere:

a) Die Aufstellung des Haushaltsplans;

b) die Erstellung der Arbeitspläne unter Berücksichtigung organisatorischer, wissenschaftlicher und allgemeiner personeller Gesichtspunkte;

c) die Neubildung und Auflösung von Forschungsschwerpunkten sowie von Abteilungen ....

3. Kommen Beschlüsse nicht zustande, tritt unverzüglich zur erneuten Prüfung der streitigen Vorlage der Institutsausschuß zusammen. Dieser besteht aus dem Präsidenten des DIW, dem Sprecher der Abteilungsleiter und dem Vorsitzenden des Betriebsrats, welche im Falle der Verhinderung vertreten werden. Andere Mitglieder des Vorstandes, des Abteilungsleiterkollegiums oder des Betriebsrats können mit beratender Funktion ohne Stimmrecht teilnehmen.

Bei fehlender Übereinstimmung der Mitglieder des Institutsausschusses kommt ein Beschluß nicht zustande. Unbeschadet dessen kann der Vorstand in dringenden Fällen die Durchführung der in der Vorlage behandelten Maßnahme anordnen....

II. Mitsprache im Abteilungsrahmen

1. Mitglieder der Abteilung im Sinne der folgenden Bestimmungen sind der Abteilungsleiter und alle der Abteilung zugeordneten Mitarbeiter, die das aktive Wahlrecht zum Betriebsrat besitzen; sonstige Mitarbeiter der Abteilung können zu Sitzungen beratend hinzugezogen werden.

2. Die in der Abteilung anfallenden Arbeiten werden unter Festlegung einer Prioritätenskala koordiniert. Über Zweck und Einordnung der Arbeiten ist zwischen den Mitgliedern der Abteilung Verständigung herbeizuführen....

4. Zum Zweck der Information und Koordination werden Jahres-, Vierteljahres- und zusätzliche Arbeitsbesprechungen abgehalten. Beschlüsse und Empfehlungen in den Arbeitsbesprechungen werden im Einvernehmen zwischen Abteilungsleiter und der Mehrheit der anwesenden Mitarbeiter gefaßt; auf Antrag findet eine Abstimmung statt.

Kommt bei Empfehlungen für das Arbeitsprogramm das Einvernehmen nicht zustande, so sind die Mitglieder des Institutsausschusses vom Abteilungsleiter schriftlich zu unterrichten....

5. Die Jahresarbeitsbesprechung findet gegen Ende des Jahres mit den Abteilungsmitgliedern statt.

In der Jahresarbeitsbesprechung werden alle Forschungsvorhaben und der Entwurf des Forschungs- und Personalpans (Arbeitsprogramm) für das folgende Jahr beschlossen....

Über das verabschiedete Arbeitsprogramm wird in einer Besprechung unterrichtet. Ergeben sich später Änderungen des verabschiedeten Arbeitsprogramms, so sollen die Mitglieder der Abteilung Stellung nehmen können. Vierteljährlich findet eine Arbeitsbesprechung der Abteilungsmitglieder statt..."

Arndt hat mit seiner Entscheidung ganz bewußt manches persönliche Risiko auf sich genommen. Wie die Erfahrung gezeigt hat, ist die Betriebsvereinbarung II bisher stets eine gute Basis für die Regelung von internen Konflikten gewesen. Die Ergebnisse wissenschaftlicher Arbeit lassen sich weder vorher festlegen noch in der Schlußphase erzwingen. Der Erfolg von Forschungsinstituten hängt vom Institutsklima, von der Identifikation jedes Mitarbeiters mit „seinem" Institut, d. h. letzten Endes von der selbstverständlichen Bereitschaft zur Pflichterfüllung ab. Mit der Betriebsvereinbarung II schuf Arndt ein neues Instrument, das den Mitarbeitern des DIW mehr Rechte einräumte, aber auch mehr Pflichten auferlegte.

Klaus Dieter Arndt erkrankt und stirbt wenige Wochen später

Am 1. Dezember 1973 kam Arndt mit dem Kollegium der Abteilungsleiter im Sitzungssaal des DIW zusammen, um die zum Jahresschluß vorgelegte Liste der zu beschließenden Beförderungen zu besprechen und die Konsequenzen der Opec-Preiserhöhung von Ende Oktober zu diskutieren.

In dieser Sitzung klagte Klaus Dieter Arndt über starke Rückenschmerzen und stand von Zeit zu Zeit auf — in der Hoffnung, sie zu mildern. Aber keiner von uns dachte an eine ernsthafte Krankheit Arndts, die Arbeit ging stundenlang weiter.

Am 6. Dezember mußte Werner A. Zehden den Vorstandsmitgliedern mitteilen, daß die für den 17. Dezember vorgesehene Vorstandssitzung ausfallen müsse, weil Präsident Arndt wegen einer Rückenverletzung ins Krankenhaus müsse.

Im Klinikum Steglitz wurde nach wenigen Tagen die Diagnose gestellt. Arndt stimmte der Bestrahlung durch die dort installierte Kobalt-Bombe zu, ja, er forderte stärkste Dosierung. Kurze Zeit schien sich sein Gesundheitszustand etwas zu bessern, aber bald gab es keinerlei Hoffnung mehr. Arndts letzte Tage gehörten der Sorge um seine Familie — er setzte sein Testament auf und bat seinen alten Freund Horst Seidler, sich als Testamentsvollstrecker zur Verfügung zu stellen. Er äußerte noch einige Bitten an das Kollegium der Abteilungsleiter, die wir ihm alle erfüllten. Einer seiner letzten Besucher war Willy Brandt.

Klaus Dieter Arndt war ein charismatischer Präsident. Ernst Wagemann und Ferdinand Friedensburg waren stets Herren und Patriarchen geblieben, Klaus Dieter Arndt folgte anderen Leitbildern. Er starb am 29. Januar 1974, nachdem er genau 6 Jahre und 3 Wochen das DIW geleitet hatte.

Klaus Dieter Arndts Werk blieb unvollendet. Das Institut war Anfang 1974 noch weit von jener Vision entfernt, die ihm bei seinem Rechenschaftsbericht vom 2. März 1971 vorgeschwebt hatte. Wichtiger freilich war für Arndt und seine Partei, daß auch seine politische Karriere unvollendet blieb. Helmut Schmidt, bei der Trauerfeier für Klaus Dieter Arndt der erste Redner, sprach am 8. Februar 1974 davon, der Verstorbene „wäre sicher demnächst beauftragt worden, die Verantwortung für ein hohes Staatsamt zu übernehmen."

Karl-Heinz Narjes, Vorstandsmitglied des DIW, zeigte am gleichen Tag, wie sehr das Ansehen Klaus Dieter Arndts durch alle Parteien des Bundestags gestiegen war. Er sagte:[114]

„Ein grausames Schicksal läßt heute uns, die Mitarbeiter, den Vorstand, das Kuratorium und die Freunde des 'Deutschen Instituts für Wirtschaftsforschung' für immer Abschied nehmen von unserem Präsidenten, Dr. Klaus Dieter Arndt. 24 Jahre hat er dem Institut angehört. 1959 war er sein jüngster Abteilungsleiter. ... sechs Jahre war er sein Präsident.

Er hat das Institut mit seiner starken und menschlichen Persönlichkeit, mit seinen Ideen wie mit seiner unerschöpflichen Arbeitskraft geprägt. Er hat den Arbeitsbereich des Instituts wesentlich erweitert, einmal, um die vielfältigen Aufgaben des Staates besser in den Griff zu bekommen, zum anderen aber auch über die Grenzen hinweg nach dem Osten und — was uns besonders verband — nach dem Westen, um beizutragen zu dem schweren Werk der Einigung des freien Europa.

Als überzeugter Marktwirtschaftler und Demokrat verkörperte er an der Spitze seines Instituts eine geradezu ideale Symbiose von Politik und Wissenschaft — zum großen Nutzen beider — ja unersetzlich für beide. Diese Symbiose an der Spitze gab allen Mitarbeitern mehr Chancen auf Gehör, Einfluß und Erfolg und brachte dem Institut noch mehr Geltung und Beachtung.

Der einmaligen Verschmelzung von Wissenschaft und Politik in der Persönlichkeit Klaus Dieter Arndts entsprach ein glückliches Zusammentreffen mehrerer, sein Wesen kennzeichnender Charakterzüge, Engagement und strenge Vernunft, Realitätssinn und die Fähigkeit zur Vision, die Treue zu seinen eigenen Überzeugungen und die Toleranz gegenüber anderen Menschen.

---

[114] „Reden, gehalten bei der Trauerfeier für Klaus Dieter Arndt am 8. Februar 1974", in: Konjunkturpolitik, 20. Jahrgang, 1974, S. 132.

So konnte er neue Probleme frühzeitig erkennen, fortwährend anregen, Impulse geben und vor allem auch beraten und helfen — namentlich den Kollegen, die sich vorübergehend ausgeschrieben hatten oder mit ihren Leistungen einmal nicht zufrieden waren. Wen mußte es nicht mit Bewunderung erfüllen, wenn er in Washington nach anstrengenden Konferenzen noch nachts auf seinem Hotelzimmer die zur Veröffentlichung anstehenden Arbeiten des Instituts sorgsam durchlas.

Seine Haltung entsprach auch einer ihm selbstverständlichen, unaufdringlichen Wärme des Herzens und der Bereitschaft, persönlichen Problemen immer Verständnis entgegen zu bringen. Gewissenhaft um Fairness und Gerechtigkeit bemüht, räumte er der persönlichen Entfaltung seiner Mitarbeiter und Kollegen jede vertretbare Freiheit ein — ohne zu vergessen, an die damit verbundenen Pflichten zu erinnern. Die wissenschaftliche Selbstverwaltung, das Kollegium waren ihm gemäßer als die Pyramide.

Die Freiheit der Forschung und die Unabhängigkeit der Forschung waren ihm praktische Verpflichtung, auch die Förderung der Veröffentlichung solcher Meinungen, denen er persönlich nicht beitreten konnte.

Für seine liberale Persönlichkeit war auch sein immer aufrichtiges und untadeliges Verhältnis zu uns, seinen parlamentarischen Kollegen in der Opposition, selbstverständlich. Dankbar erkennen wir an, daß er die sachliche Differenz von den persönlichen Beziehungen zu trennen verstand, daß er, der sein Florett brillant zu führen wußte, niemals verletzte. Er hatte politische Gegner, aber keine Feinde. Er konzentrierte sich auf die Sache. Effekthascherei und Eitelkeit in der Form waren mit seiner Bescheidenheit nicht vereinbar.

Klaus Dieter Arndt hat hohe Maßstäbe gesetzt. Wir werden uns bemühen, ihm gerecht zu werden.

Das Deutsche Institut für Wirtschaftsforschung hat mit ihm einen hervorragenden Präsidenten verloren, der seinen Platz in der Reihe der bedeutenden Männer an der Spitze dieses Instituts bereits zu seinen Lebzeiten errungen hat."

Einjähriges Interregnum

Die Institutssatzung regelt in § 6 die Vertretung des Präsidenten in seiner Abwesenheit. Vorstand im Sinne des § 26 BGB ist das dienstälteste Vorstandsmitglied, die laufenden Geschäfte werden vom Verwaltungsleiter, die Wissenschaftliche Leitung vom Sprecher der Abteilungsleiter wahrgenommen.

Doch bevor Vorstand, Kollegium und Betriebsrat sich mit der zentralen Frage der Präsidentennachfolge beschäftigen konnten, war das DIW seinem Präsidenten eine ausführliche wissenschaftliche Würdigung schuldig. Die Angehörigen des Instituts nahmen am 22. Februar 1974 Abschied von Klaus Dieter Arndt. Senator Dr. Karl König sprach für den Vorstand, Dr. Ludwig Losacker für die Vereinigung der Freunde des DIW, Jörg-Peter Weiß für den Betriebsrat und Dr. Horst Seidler für die wissenschaftlichen Mitarbeiter.

Horst Seidler, seit 1967 als Nachfolger von Arndt Leiter der Abteilung „Volkswirtschaftliche Gesamtrechnung" würdigte ausführlich das wissenschaftliche Lebenswerk seines Freundes. Er schloß seine Würdigung mit einem Rückblick auf Arndts Wirken in seinen letzten Lebensjahren:[115]

„Der Wirtschaftswissenschaftler und Wirtschaftspolitiker Klaus Dieter Arndt hat sich in den letzten Jahren auf erstaunlich vielen Gebieten als kompetent erwiesen, wurde er um Rat gefragt. Seien es Fragen der allgemeinen Konjunktur- und Wachstumspolitik in Bund, Berlin oder Europa, Fragen der zukünftigen Sicherung von Energie- und Rohstoffversorgung, des Ost-West-Handels, des innerdeutschen Handels und der innerdeutschen Wirtschaftsbeziehungen, seien es die verschiedensten Aspekte europäischer Integrationspolitik und europäischer Regionalpolitik oder auch die mit der zunehmenden Zahl der Gastarbeiter sich aufwerfenden Fragen wirtschaftlicher und gesellschaftspolitischer Art; überall konnte er mit einer wissenschaftlich fundierten Meinung aufwarten

Was ihn dazu befähigte, war die Gabe, das Ganze zu sehen, ohne das Detail zu übersehen. Ausgeprägtes makroökonomisches Denken, bereichert um die Möglichkeiten, die sich statistisch aus der volkswirtschaftlichen Gesamtrechnung ergeben, war die solide Basis seines Denkens und Wissens. Die Einblicke, die er als Bezirksverordneter in Steglitz, als Mitglied des Berliner Abgeordnetenhauses, als Abgeordneter des Deutschen Bundestages und des Europarlaments, aber auch in seiner Zeit als Parlamentarischer Staatssekretär im Bundeswirtschaftsministerium in die politischen Umwelt bedingungen erhielt, ermöglichten ihm die erfolgreiche Suche nach den politisch gangbaren Wegen zur Verwirklichung wissenschaftlich gewonnener Erkenntnisse.

Die vielfältige und dauernde Beanspruchung als Ratgeber — gefragter oder nicht gefragter — hat Klaus Dieter Arndt keine Zeit gelassen, dicke Bücher zu schreiben. Sein Werk: Einige Sonderhefte des Deutschen Instituts für Wirtschaftsforschung, eine große Anzahl von Aufsätzen in wissenschaftlichen Zeitschriften, fundierte Reden im Deutschen Bundestag, unzählige Interviews zu Tagesfragen. Daneben: Die Inspiration, die den Arbeiten anderer zugute kam, das Engagement als Mitherausgeber der Zeitschrift 'Konjunkturpolitik'. Ein großes Werk also.

In den letzten Wochen ist häufig gesagt worden, wie sehr allen der Rat, die Hilfe Klaus Dieter Arndts fehlen würden. Dies ist richtig. Aber es ist kein vollständiges Urteil. Viele Antworten zu Fragen, die uns heute und morgen bewegen, hat er schon gegeben. Anfang 1973 sagte er:

'Wenn der Staat als Tarifpartner die Stabilitätspolitik verletzen würde, gäbe es in anderen Bereichen kein Halten mehr. Bund und Länder müssen schon beharrlich verhandeln, und sie müssen notfalls allein abschließen. Wenn es bei den gemeindlichen Unternehmen, z. B. bei Müllabfuhr und Straßenreinigung, besondere Bedingungen gibt, die bei der Lohnentwicklung zu berücksichtigen sind, so liegt doch zwischen einer derartigen Feststellung und der Übung, sie auf die Angestellten und Beamten von Bund und Ländern zu übertragen, ein weiter Weg.'

---

[115] „Klaus Dieter Arndt zum Gedenken" in: Vierteljahrshefte zur Wirtschaftsforschung, Jahrgang 1974, S. I — XI. Berlin 1974

Als Präsident unseres Instituts hat Klaus Dieter Arndt Unschätzbares geleistet. Vielen gab er Impulse für ihre Arbeit. Mancher verdankt seinen Arbeitsplatz in diesem Haus und sein Beschäftigungsgebiet dem in die Zukunft gerichteten Denken des Präsidenten. Die Erweiterung wirtschaftswissenschaftlicher Forschung darf nicht den Universitäten vorbehalten bleiben; denn: 'An theoretischen Abhandlungen besteht in dieser Welt Angebotsüberschuß. Was fehlt oder fehlte, ist das politisch realisierbare und dennoch engagierte Fachurteil.'

Voraussetzung wissenschaftlichen Denkens und Arbeitens war für ihn die Unabhängigkeit der Forschung. Das Zur-Wirkung-Bringen wissenschaftlicher Erkenntnis durch Veröffentlichung der Ergebnisse war für ihn unverzichtbar: 'Wissenschaft als 'silent minority' paßt nicht in eine freie Gesellschaft'. Für die Unabhängigkeit der Forschungsinstitute trat er wie vor ihm Ferdinand Friedensburg ein. Dessen Spruch 'Das Institut ist jedermann dienstbar, aber niemand untertan' goß er in die Formel: 'Es ist niemandes Spielzeug und wird niemandes Spielzeug werden.' Wir wollen darin eine Aufgabe für uns sehen."

Neue Präsidentensuche

In der Zeit, als die vorstehend erwähnten Regelungen des § 6 der Institutssatzung in Kraft traten, gehörten dem Vorstand folgende Herren an: Otto Bach (dienstältestes Mitglied im Sinn des S 6), Egon Bahr, Karl König, Karl-Heinz Narjes, Hellmuth Wagner. Otto Bach bat sehr bald aus Altersgründen um seine Entlassung aus der Verantwortung für das Institut. Da die Herren Bahr, Narjes und Wagner in Bonn, Brüssel und Köln arbeiteten, kam als Nachfolger für Arndt nur Karl König in Frage. Es gab jedoch ein Problem: Karl König war Anfang 1974 noch Wirtschaftssenator in Berlin und schied erst am 25. April 1975 aus diesem Amt aus.

Bis zu diesem Zeitpunkt konnte Karl König anstelle von Otto Bach mit dem Verwaltungsleiter Werner A. Zehden, mit dem Sprecher des Abteilungsleiterkollegiums Wolfgang Watter und dem Betriebsratvorsitzenden Jörg-Peter Weiß zusammenarbeiten. Sehr bald aber zeigte sich, daß keinerlei Aussicht bestand, die Arndt-Nachfolge in absehbarer Zeit zu regeln. Eine neue, schwierige und zeitraubende Präsidentensuche zeichnete sich ein weiteres Mal als unvermeidlich ab.

In kurzer Zeit setzte sich bei den Leitungsgremien des Institus die Erkenntnis durch, daß es zweckmäßig, ja notwendig sei, einen Interimspräsidenten zu wählen und ihm die Suche nach einem Nachfolger für Klaus Dieter Arndt zu übertragen. Als Kandidat für den Interimspräsidenten bot sich Karl König geradezu an. Er war damals im zehnten Jahr Wirtschaftssenator von Berlin, gehörte ebenso lange dem Vorstand des Instituts an, beabsichtigte nach Beendigung seiner aktiven Tätigkeit in Berlin zu bleiben und war bereit, für einige Jahre das Institut zu leiten.

Die nächste von der Satzung vorgeschriebene Kuratoriumssitzung, fand am 19. November 1974 statt.

Zum Punkt 6 der Tagesordnung (Neuwahl des Vorsitzenden und zweier Mitglieder des Vorstands) berichtet das Protokoll:

„Herr Lorenz (CDU) stellt die Anträge, diesen Punkt der Tagesordnung bis zum März 1975 zu verschieben und einen Ausschuß aus dem Kuratorium zu wählen, der in der Lage ist, alle notwendigen Informationen einzuholen, welche für die Entscheidung in der Präsidentennachfolge wichtig sind. (Herr Senator Dr. König verläßt bei diesem Tagesordnungspunkt den Sitzungssaal). Nach eingehender Diskussion zieht Herr Lorenz seinen Antrag auf Bildung eines Ausschusses zurück. Sein zweiter Antrag auf Vertagung der Wahl des Präsidenten wird mit großer Mehrheit bei einigen Stimmenthaltungen vom Kuratorium abgelehnt.

Bei zwei Stimmenthaltungen stimmt das Kuratorium dem Vorschlag des Vorstandes zu, Herrn Bundesminister Bahr für weitere drei Jahre in den Vorstand des DIW zu wählen.

Das Kuratorium stimmt dem Vorschlag des Vorstandes einstimmig zu, Herrn Senator a. D. Bach, der aus Gesundheitsgründen zum 31. Oktober 1974 als Vorstandsmitglied zurückgetreten ist, zum persönlichen Mitglied des Kuratoriums zu wählen.

Bei zwei Stimmenthaltungen stimmt das Kuratorium dem Vorschlag des Vorstandes zu, Herrn Staatssekretär Spangenberg, den derzeitigen Bundesbeauftragten in Berlin, zum Mitglied des Vorstandes des DIW zu wählen.

Das Kuratorium stimmt dem Vorschlag des Vorstandes, Herrn Senator Dr. König nach seinem Ausscheiden aus dem Senat von Berlin zum Präsidenten des DIW zu wählen, bei drei Stimmenthaltungen zu.

Senator Dr. König dankt in einer kurzen Ansprache den Mitgliedern des Kuratoriums für die Wahl zum Präsidenten des DIW."

KARL KÖNIG

Ein Präsident auf Präsidentensuche

1975 bis 1979

Karl König

Karl König wurde am 9. Mai 1910 in Alsenz/Pfalz geboren. Im Jahr 1930 schloß er seine Schulzeit mit dem Abitur der Oberrealschule in Zweibrücken ab. Wenige Wochen später begann König das Studium der Volkswirtschaftslehre an der Friedrich-Wilhelm-Universität und an der Hochschule für Politik in Berlin. Um diese Zeit trat er der SPD bei. Bis 1933 ergänzte er seine ökonomischen durch zeitungswissenschaftliche Studien.

Von 1933 bis 1936 saß er nach der Verurteilung durch den Volksgerichtshofs wegen „Vorbereitung zum Landesverrat" im Zuchthaus. Nach der Entlassung blieb ihm der Zugang zur Universität verwehrt. Karl König begann als Bauleiter einer Berliner Bauunternehmung zu arbeiten und blieb sechs Jahre lang von weiteren Verfolgungen verschont. Im Jahr 1942 erinnerten sich die Nazis seiner und steckten ihn in das berüchtigte Strafbataillon 999. Wider jede Wahrscheinlichkeit überlebte König den Einsatz des Bataillons in der Sowjetunion und geriet dort in Kriegsgefangenschaft.

Als Spätheimkehrer im Jahr 1949 nach Berlin zurückgekommen, nahm er das Studium der Volkswirtschaftslehre an der Freien Universität wieder auf, bestand im gleichen Jahr das Examen als Diplomvolkswirt und promovierte 1950 zum Dr. rer. pol. Von 1950 bis 1965 arbeitete Karl König zunächst als Verlagsgeschäftsführer, danach als Mitglied der Geschäftsleitung der Berliner Kraft- und Licht-AG (Bewag) und von 1960 an als Vorstandsmitglied der Berliner Verkehrsbetriebe (BVG), seit 1. Januar 1964 als ihr Erster Direktor.

Von 1959 bis 1960 gehörte er dem Abgeordnetenhaus von Berlin an, vom März 1963 bis November 1965 wirkte er als Bezirksverordnetenvorsteher in Schöneberg. Den Höhepunkt seiner politischen Laufbahn erreichte Karl König im November 1965, als er als Nachfolger von Karl Schiller der Senator für Wirtschaft wurde. Im Juni 1966 wurde er in den Vorstand des DIW gewählt.

Am 24. April 1975 trat Karl König von seinem Amt als Wirtschaftssenator zurück, das er fast zehn Jahre verwaltet hatte. Im November 1974 zum neuen Präsidenten des DIW gewählt, trat er dieses Amt am 25. April 1975 an. Karl

König war sich darüber klar, was seine wichtigste Aufgabe sein werde: Die Suche nach einem neuen Präsidenten. Nicht klar war ihm, daß eine andere schwierige Aufgabe auf ihn wartete: Seit Klaus Dieter Arndts Tod hatte sich die finanzielle Lage des Instituts dramatisch verschlechtert. Die Sanierung der Finanzen bekam Vorrang vor den anderen Aufgaben.

Schwierige Anpassung an die seit dem Oktober 1973 sich rasch verschlechternde Finanzlage

Als Karl König am 19. November 1974 vom Kuratorium zum Präsidenten des DIW gewählt worden war, wußte er sehr genau, daß er angesichts seines eigenen Alters und seiner angeschlagenen Gesundheit dem Institut nur noch einige Jahre angehören konnte.

Die Suche nach einem Präsidenten erwies sich jedoch als ebenso mühevoll, wie sie in den Jahren vor Ferdinand Friedensburgs Rücktritt gewesen war. Hinzu kam, daß bereits im Laufe des Jahres 1974, noch deutlicher aber 1975 die finanzielle Lage des Instituts sich rasch verschlechterte. Nachdem der Senat von Berlin in den ersten Jahren der Präsidentschaft von Klaus-Dieter Arndt die in den Jahresschlußrechnungen ausgewiesenen Fehlbeträge regelmäßig durch Zuschüsse getilgt hatte, war diese Art der Finanzierung nach dem Auslaufen des Königsteiner Abkommens und dessen Ersatz durch die in wesentlichen Teilen modifizierte gemeinsame Forschungsförderung durch Bund und Länder nicht mehr aufrechtzuerhalten. Das Land Berlin wurde ohnehin durch die neue Regelung weitaus höher belastet als zuvor.

Endlich beeinträchtigte die im Oktober 1973 von den OPEC-Ländern beschlossene Erdölpreiserhöhung auch in der Bundesrepublik die Wirtschaftslage — 1974 zunächst noch wenig, 1975 jedoch sehr spürbar. Erstmals seit dem Ende des zweiten Weltkriegs entwickelte sich im Winterhalbjahr 1974/1975 ein weltweiter Konjunkturabschwung, der sich in der Bundesrepublik zur bis dahin schwersten Rezession verstärkte. Bereits 1976 war zwar der Einbruch wieder überwunden, aber die Staatseinnahmen erholten sich nicht, der Staatshaushalt blieb seither erheblich defizitär. Der Versuch, die Bekämpfung der Rezession von 1975/76 mit den so wirksamen Rezepten von 1967 zu wiederholen, mißlang. Die Lage auf dem Arbeitsmarkt verschlechterte sich rasch.

Die drastische Veränderung der finanziellen Rahmenbedingungen beeinflußte natürlich auch die Finanzierung des DIW. Es ist Karl Königs bleibendes Verdienst, daß es in dieser Phase der Institutsentwicklung das unbedingt Notwendige rasch und entschlossen tat: Er sparte bei den Ausgaben. Keine Einsparung, mochte sie noch so klein sein, war ihm zu gering. Er griff mit harter Hand in die Personalpolitik ein, geizte beim Ersatz von ausgeschiedenen Mitarbeitern, durchforstete die Sachausgaben und verfolgte die Arndtschen Baupläne nicht weiter, sondern überließ ihre Realisierung seinem Nachfolger.

Wie ernst die Finanzklemme sich zugespitzt hatte, geht aus den verschiedenen Sitzungsprotokollen des Jahres 1975 hervor. Von Mai bis Dezember konnten bei den Personalkosten rd. 330000 DM, bei den Sachausgaben rd. 180000 DM gespart werden, also mehr als eine halbe Million in acht Monaten. König setzte seine Sparpolitik im Jahr 1976 unbeirrt fort. Ihr fiel vor allem die erst vor kurzer Zeit gebildete Arbeitsgruppe „Arbeits- und Bildungsökonomie" zum Opfer, als sich herausstellte, daß die ursprünglich erhoffte Finanzierung durch Auftragsforschung auf absehbare Zeit nicht mehr zu erreichen war. Diese von der Finanzlage erzwungene Entscheidung wurde im DIW von vielen Mitarbeitern bedauert, hatte die Gruppe doch eine beachtliche Zahl von handfesten Untersuchungen vorgelegt, die sich durch ihren Realismus deutlich von so manchen bildungsökonomischen Arbeiten unterschieden.

Laut Protokoll der Vorstandssitzung vom 11. November 1977 berichtete Präsident König über die Jahresrechnung 1976:

„Die im Jahre 1975 eingeleiteten Rationalisierungs- und Sparmaßnahmen machten sich bemerkbar, so daß 1976 eine ...Aufnahme von Bankkrediten zur Erhaltung der Liquidität nur in der ersten Hälfte des Jahres erforderlich war... Im Gegensatz zu den bisherigen rein kameralistischen Abschlüssen wurden betriebswirtschaftliche Abgrenzungen und eine Mittelübertragung von 1976 nach 1977 in Höhe von 691.300 DM vorgenommen... Ich bin der Meinung, daß mit dem Abschluß des Jahres 1976 die Finanzen konsolidiert sind."

Probleme der wissenschaftlichen Leitung

Die beiden von Karl König 1950 und 1951 vorgelegten wissenschaftlichen Arbeiten — seine Diplomarbeit wie seine Dissertation[116] — zeigen deutlich, daß er an einer Auseinandersetzung mit rein theoretischen Fragen kein Interesse hatte. Beide Untersuchungen beschäftigen sich mit den praktischen Problemen der Bauwirtschaft in den ersten Jahren des Wiederaufbaus der im zweiten Weltkrieg zerbombten deutschen Städte, dargestellt aus der Sicht eines viel erfahrenen Leiters von Baustellen, also aus der Sicht jener Tätigkeit, die Karl König von 1936 bis 1942 ausgeübt hatte.

Da der neue Präsident seine Abneigung, sich mit den theoretischen Problemen der Nationalökonomie zu beschäftigen, keineswegs verbarg, andererseits die Leitung der wissenschaftlichen Arbeit durch den Präsidenten im Einvernehmen mit den Abteilungsleitern und unter ihrer vollen

---

[116] König, K.: Die Lage des Baumarkts in Groß-Berlin, Dipl.arb., Berlin 1950. König, K.: Lage und Aufgaben des Baumarktes im Rahmen der westdeutschen Wirtschaftssituation, Diss., Berlin 1951.

Mitverantwortung in der Satzung des DIW vorgeschrieben war, hätte es durchaus zu Konflikten zwischen Präsident und Kollegium kommen können.

Königs ausgeprägter Sinn für praktische Lösungen hat dies verhindert. Er kümmerte sich — wie erwähnt — intensiv um die Finanzen des Instituts und übernahm nach Werner A. Zehdens altersbedingtem Ausscheiden aus dem Institut 1976 die Verwaltung des DIW selbst. An den wissenschaftlichen Diskussionen nahm Präsident König ständig teil, beschränkte sich dabei aber im wesentlichen auf die Rolle des Zuhörers. Mehrfach gab er wichtige Anregungen; besonders zu erwähnen ist sein Rat, die verschiedenen arbeitsmarktorientierten Arbeiten einzelner Mitarbeiter in einem „Arbeitskreis Arbeitsmarktperspektiven" zusammenzuführen. Dieser Arbeitskreis hat eine lebhafte und anhaltende Diskussion über theoretische Aspekte und methodische Probleme ausgelöst, bevor es gelang, eine vom Arbeitskreis formulierte „mittelfristige Strategie zur Wiedergewinnung der Vollbeschäftigung" im Wochenbericht vom 13. April 1978 zu veröffentlichen.

Präsident König hat in den vier Jahren, die er aktiv im DIW gearbeitet hat, entgegen allen Befürchtungen, die anfangs nicht ganz grundlos zu sein schienen, die theoretisch fundierte wissenschaftliche Arbeit des Instituts niemals behindert. Er vermochte allerdings kaum, sie voranzutreiben, wie das Klaus Dieter Arndt stets getan hat. Dabei ist jedoch zu bedenken, daß Karl König es 1949 — 1951 fertigbrachte, nach 16jähriger Zwangspause sein Studium im Eiltempo abzuschließen. Als er nach der Promotion seine erste Stellung antrat, war er bereits vierzig Jahre alt — er hatte durch die ihn verfolgenden Nationalsozialisten 10 Jahre seines Lebens im Zuchthaus und im Strafbataillon verbracht. Ein Mann mit dieser Biographie schloß sich würdig seinen Vorgängern im Institut an.

Neueinstellung von Wissenschaftlern von 1974 bis Anfang 1979

In den fünf Jahren der von Karl König verantworteten Personalpolitik wurde die Zahl der neu eingestellten wissenschaftlichen Mitarbeiter so scharf reduziert, daß sie die Zahl der an Universitäten, industrielle Unternehmen und andere Institute abwandernden Mitarbeiter bei weitem nicht mehr ausglich. Die Reduzierung der Mitarbeiterzahl des DIW war das erklärte Ziel des neuen Präsidenten und wurde auch nach der Sanierung der Institutsfinanzen noch über ein Jahr fortgesetzt: Der gesamte Personalbestand sank von 180 Mitarbeitern in den Jahren 1974 und 1975 auf 170 Mitarbeiter im Jahr 1977.

Die Institutsstruktur bei Karl Königs Amtsantritt und ihre Veränderungen bis zum 31. März 1979

Die organisatorischen Maßnahmen beeinflußten während Karl Königs Präsidentschaft die Struktur des Instituts kaum; es gab jedoch im Kollegium der Abteilungsleiter einige Veränderungen. Peter Mitzscherling verließ das DIW am 31. März 1974 und ging als Senatsdirektor zum Senator für Arbeit und Soziales. Die Leitung der Abteilung „DDR und östliche Industrieländer" übernahm Doris Cornelsen . Oskar de la Chevallerie wurde vom Kollegium im Mai 1974 als neues Mitglied gewählt und übernahm am 1. Juni 1974 die Abteilung „Öffentliche Finanzen". Ingeborg Köhler-Rieckenberg schied am 31. März 1975 aus dem Institut aus. Ihr Mann war zum Mitglied des Bundesbankdirektoriums ernannt worden. Frau Köhler ging mit ihm nach Frankfurt. Ihr Nachfolger wurde Fritz Franzmeyer, der am 29. April 1975 in das Kollegium gewählt wurde und am 1. Mai 1975 die Leitung der Abteilung

Bezeichnung der Forschungsabteilungen
und ihre Leiter Ende 1973 und Anfang 1979

	1973	1979
Volkswirtschaftliche Gesamtrechnung	H. Seidler	H. Seidler
Öffentliche Finanzen	D. Cornelsen	O. de la Chevallerie
Geld und Kredit	R. Pohl	R. Pohl
Volkswirtschaftliche Produktionsfaktoren	W. Kirner	W. Kirner
Verkehr	G. John	i.V. F. Franzmeyer
Industrie	R. Krengel	R. Krengel
Bergbau und Energiewirtschaft	M. Liebrucks	M. Liebrucks
Berlin	W. Watter	W. Watter
DDR und östliche Industrieländer	P. Mitzscherling	D. Cornelsen
Westliche Industrieländer und Entwicklungsländer	J. Köhler-Rieckenberg	F. Franzmeyer
Zentralabteilung	W. A. Zehden	i. V. Karl König

„Westliche Industrieländer und Entwicklungsländer" übernahm. Ein schwerer Verlust traf das Institut am 18. August 1977: Günther John, Leiter der Verkehrsabteilung, starb nach kurzer Krankheit. Die Suche nach einem Nachfolger erwies sich als schwierig und langwierig.

Schließlich verließ — wie erwähnt — W. A. Zehden im Jahre 1976 das DIW. Der Präsident übernahm die Leitung der Zentralabteilung selbst.

Aus dem Veröffentlichungsprogramm

Wochenbericht

Der Yom-Kippur-Krieg vom Oktober 1973 und die durch ihn ausgelöste starke Preiserhöhung des Rohöls löste in der ganzen Welt ein Flut von Untersuchungen aus, die sich mit den möglichen Folgen der enormen Steigerung der Rohölpreise befaßten.

Am Anfang dieser rd. zwei Jahre dauernden Phase stand die Bemühung, die kurzfristigen Auswirkungen der neuen Rohölpolitik auf die gesamte Produktion, auf das Preisniveau und auf die Substitution von Öl durch andere Energien abzuschätzen. Das DIW bediente sich dabei der Input-Output-Rechnung. Die der Untersuchung zwangsläufig vorausgehenden EDV-Arbeiten begannen im November 1973, die erste Veröffentlichung der für die mögliche Produktionsentwicklung im Jahr 1974 errechneten Daten erschien im Rahmen des Wochenberichts „Grundlinien der Wirtschaftsentwicklung" am 20. Dezember 1973. Die tatsächliche Produktionsveränderung 1973/74 lag zwischen den beiden 1973 errechneten Varianten. Am 10. und 17. Januar 1974 erschienen zwei Berichte über den direkten und indirekten Einsatz von Energie und über die Auswirkungen der Erdölkrise auf Preisniveau und Preisgefüge in der Bundesrepublik Deutschland. Das DIW votiorte für marktwirtschaftliche Lösungen.

Die neue Geldpolitik der Bundesbank — gemeinsames Floaten gegenüber dem Dollar — die nach der Freigabe des Dollarkurses im März 1973 begann, war Gegenstand eines kritischen Wochenberichts, den Reinhard Pohl im Wochenbericht vom 2. Mai 1974 veröffentlichte.

Mit der Frage „Empfiehlt sich ein umfangreiches Konjunkturprogramm?" beschäftigte sich Horst Seidler am 24. Juli 1975 im Wochenbericht. Er plädierte für die Freigabe von Sondereinlagen des Bundes und der Länder bei der Bundesbank anstelle der zeitraubenden Aufstellung eines umfangreichen öffentlichen Konjunkturprogramms und begründete diese Empfehlung ausführlich.

Es ist an dieser Stelle nicht möglich, weiter auf einzelne Untersuchungen des DIW über den Konjunkturverlauf einzugehen. Immer wieder wird jedoch darauf verwiesen, daß das Investitionsniveau zu stark gesunken sei, um noch einen nennenswerten Zuwachs der Produktionskapazitäten zu garantieren, ohne den ein ausreichender Beschäftigungsanstieg nicht zu erreichen war. Was die Arbeitslosigkeit angeht, so übernahm das DIW in den siebziger Jahren immer mehr die Rolle des besorgten Warners. Für 1977 wird für die Bundesrepublik prognostiziert: Fortsetzung des konjunkturellen Aufschwungs bei ungelösten Beschäftigungsproblemen. Alle Versuche, die Rezession von 1975 rasch zu überwinden, waren gescheitert.

Der von Karl König angeregte „Arbeitskreis Arbeitsmarktperspektiven" legte einen ersten Bericht am 12. Januar 1978 vor, der auf Ergebnissen der Input- Output-Rechnung des DIW basiert. Der zweite Bericht folgte am 13. April 1978. Dieser benutzte neben der Input-Output-Rechnung die damals verfügbare „Berliner Version" des Bonner Prognosesystems, die 1979 in verbesserter Form in den Vierteljahrsheften vorgestellt worden ist.[117]

Bewirkt haben die Vorschläge des Instituts, ein großes Beschäftigungsprogramm zu beschließen und bis 1985 abzuwickeln, so gut wie nichts. Im DIW wurde nach der Überwindung der Rezession von 1974/75 rasch erkannt, daß die Einnahmeausfälle des Staates durch die Arbeitslosigkeit und die Investitionsschwäche so gewachsen waren, daß eine rasche Reduzierung der Haushaltsdefizite unmöglich geworden war. Nicht die absolute und im Vergleich zum Sozialprodukt in Relation gebrachte Höhe der öffentlichen Verschuldung war besorgniserregend, sondern der schnelle Anstieg. Bereits im Januar 1977 hatte Oskar de la Chevallerie in einem Wochenbericht auf die unvermeidlichen Konsequenzen des Verschuldungsanstiegs hingewiesen.[118]

Zusammenfassend läßt sich sagen: Innerhalb der Publikationen des Insituts hat der Wochenbericht von 1974 bis 1979 nochmals — wie schon von 1968 bis 1973 — an Bedeutung gewonnen. Die Möglichkeit, mit kurzen und knappen Analysen in die wirtschaftspolitische Diskussion einzugreifen, wurde vom DIW benutzt. Dennoch taten sich die Mitarbeiter des Instituts mitunter recht schwer, sich auf die totale Veränderung der wirtschaftspolitischen Landschaft in der ganzen Welt einzustellen. Die Jahre des kräftigen Wirtschaftswachstums waren auf absehbare Zeit vorbei; neue Probleme, insbesondere die hartnäckige Arbeitslosigkeit, die Fragen des Umweltschut-

---

[117] „Gefahr steigender Arbeitslosigkeit durch die bisherigen Konjunkturprogramme nicht gebannt", in: Wochenbericht des DIW, 45. Jahrgang, Nr. 2 vom 12. Januar 1978, S. 13 ff.

„Eine mittelfristige Strategie zur Wiedergewinnung der Vollbeschäftigung", in: Wochenbericht des DIW, 45. Jahrgang, Nr. 15 vom 13. April 1978, S. 147ff.

J. Blazejzak: „Feineinstellung ökonometrischer Modelle — Einige Erfahrungen mit der Berliner Version des Bonner Prognosesystems", in: Vierteljahrshefte zur Wirtschaftsforschung, Jahrgang 1979, S. 416ff.

[118] „Zinsverpflichtungen aus der Staatsverschuldung", in: Wochenbericht, 44. Jahrgang, Nr. 1 vom 6. Januar 1977, S. 1 ff.

zes, die Auseinandersetzungen über die monetäre Politik, die Lösung der Zahlungsbilanzsorgen insbesondere bei den Ländern der Dritten Welt, traten in den Vordergrund.

Vierteljahrshefte

Die Konzentration der Forschungskapazitäten auf den Wochenbericht vollzog sich zu Lasten der Vierteljahrshefte. Ein Blick in die Hefte der siebziger Jahre zeigt deutlich, daß keineswegs die Qualität der Beiträge abnahm, jedoch der Umfang der Hefte. Im Jahr 1971 wurde ein Volumen von 330 Seiten erreicht, 1976 nur noch 240 Seiten! — Diese Entwicklung wurde im DIW als untragbar angesehen. Karl König schlug vor, eine Kommission zu bilden, die Vorschläge machen sollte, wie man die traditionsreichen Vierteljahrshefte wieder mit neuen Aufgaben betrauen könne. Vorgeschlagen wurde u. a. die Behandlung von Schwerpunktthemen.

Bereits im Jahrgang 1978 legte das Institut das erste Schwerpunktheft vor. Karin Müller-Krumholz leitete das Projekt „Vierteljährliche volkswirtschaftliche Gesamtrechnung für die Bundesrepublik Deutschland — Methoden und Probleme", das Beiträge von Arthur Boneß, Oskar de la Chevallerie, Klaus Henkner, Karin Müller-Krumholz, Charlotte Otto-Arnold, Reinhard Pohl und Horst Seidler vereinte.

Im Jahrgang 1979, dem letzten während Karl Königs Präsidentschaft, beschäftigt sich eine zuvor noch nie erreichte Zahl von Beiträgen mit theoretischen Problemen. Die Vierteljahrshefte brachten Beiträge aus allen Abteilungen, in den siebziger Jahren fällt jedoch die große Zahl von Untersuchungen auf, die von Mitgliedern der Abteilung „DDR und östliche Industrieländer" vorgelegt wurden.

Sonderhefte

Auch an den Sonderheften — 31 Titel in fünf Jahren — war die DDR-Abteilung mit 9 Titeln stark beteiligt. Mit 4 Sonderheften war auch die Abteilung „Westliche Industrieländer" stark vertreten. Für die zukünftige Arbeit von besonderer Bedeutung war das Sonderheft 122, das 1978 von Bernd Görzig, Wolfgang Kirner und Reiner Stäglin vorgelegt wurde und sich mit der Konzeption des DIW für die 1977 vom Bundeswirtschaftsministerium in Auftrag gegebene „Strukturberichterstattung" befaßte. Ein Vorbericht wurde vom DIW im August 1979 unter dem Titel „Struktureller Wandel und seine Folgen für die Beschäftigung" im Rahmen der „Grauen Literatur" vorgelegt.

DIW-Beiträge zur Strukturforschung

Von Anfang 1975 bis Ende 1979 veröffentlichte das Institut nicht weniger als 25 Hefte im Rahmen der DIW-Beiträge zur Strukturforschung. Wiederum waren fast alle Abteilungen an dieser Veröffentlichungsreihe beteiligt. Die Verkehrsabteilung und die Industrie-Abteilung legten je 6 Hefte vor.

Zwei Arbeiten seien besonders hervorgehoben. Die Verkehrsabteilung publizierte in den Jahren 1976/77 in 6 Bänden die Ergebnisse der von ihr erarbeiteten integrierten Langfristprognose für die Verkehrsnachfrage im Güter- und Personenverkehr in der Bundesrepublik Deutschland. An dieser Arbeit, deren Zeithorizont das Jahr 1990 war, beteiligten sich alle Mitarbeiter von Günther John. Um die Konsistenz der Einzel-Prognosen sicher zu stellen, erarbeitete die Abteilung „Volkswirtschaftliche Produktionsfaktoren“ Leitdaten (Bevölkerung, Haushalte, Wachstumspotential, regionale Entwicklung, sozio-ökonomische Leitdaten für den Güterverkehr), die in mehreren Gutachten zusammengefaßt und 1974/75 dem Bundesminister für Verkehr übergeben wurden. An diesen Untersuchungen, die nicht in den Beiträgen zur Strukturforschung veröffentlicht wurden, waren neben Wolgang Kirner vor allem Bernd Bartholmai, Herwig Birg, Bernd Görzig, und Egbert Jöhrens beteiligt. Die Weiterführung und Revision dieser Arbeiten hat das DIW auch in den achtziger Jahren beschäftigt.

Ein anderes Beispiel für den notwendigen langen Atem bei über Tagesfragen hinausgehenden Forschungsarbeiten hat in der Berlin-Abteilung Peter Ring gegeben. Im Jahr 1968 beschäftigte er sich in einem Gutachten für das Bundeswirtschaftsministerium mit der Bedeutung der Umsatzsteuerpräferenzen für die Berliner Wirtschaft. Diese Arbeit war von Klaus Dieter Arndt erbeten worden mit dem Ziel, diese Steuerpräferenzen in Zukunft statt an den Umsatz an die in Berlin geleistete Wertschöpfung zu binden. Arndt setzte 1970 im Bundestag eine Änderung der Präferenzierung durch: An die Stelle des Berlinhilfegesetzes trat das neue Gesetz zur Förderung der Berliner Wirtschaft. Im Heft 37 der Beiträge zur Strukturforschung legte Peter Ring 1975 die Ergebnisse einer ersten Erfolgskontrolle der Wertschöpfungspräferenz vor. In den folgenden Jahren hat er sein Konzept weiterentwickelt und nicht weniger als achtmal Einzelheiten der neu konzipierten Herstellerpräferenz in verschiedenen Veröffentlichungen des DIW und anderer Herausgeber behandelt und durch sein zähes Festhalten eine für die Berliner Wirtschaft vorteilhaftere Lösung des Präferenzproblems vorbereitet.

Sonstige Veröffentlichungen

Auch die Veröffentlichung von im DIW bearbeiteten Untersuchungen in anderen als den institutseigenen Publikationen nahm seit 1975 deutlich zu.

Ganz besonders läßt sich diese Entwicklung für die beiden Abteilungen nachweisen, die sich mit der wirtschaftlichen Entwicklung im Ausland befassen. Die Abteilung „Westliche Industrieländer und Entwicklungsländer“ hält für ihre zahlreichen Besucher aus dem Ausland eine Veröffentlichungsliste bereit, in der die in der Abteilung entstandenen Arbeiten über die Europäische Integration seit 1970, die Beiträge im Rahmen der Entwicklungsländerforschung seit 1975 zusammengestellt sind. Diese Verzeichnisse werden ständig fortgeführt. Auf Einzelheiten einzugehen ist hier nicht möglich. Verständlicherweise sind viele Arbeiten in englischer oder französischer Sprache geschrieben und z. T. in ausländischen Verlagen veröffentlicht worden.

Das große Interesse, das die deutsche Öffentlichkeit den 1971 veröffentlichten „Materialien zur Lage der Nation" entgegengebracht hatte — die DDR- Abteilung hatte an dieser Arbeit entscheidend mitgewirkt — legte es dem DIW nahe, auf ein Angebot der Fischer-Bücherei einzugehen und ein Manuskript „DDR-Wirtschaft — eine Bestandsaufnahme" anzufertigen, das in der Reihe der „Fischer-Handbücher" in erster Auflage schon 1971 erschien. Bis 1974 wurden zwei weitere Auflagen vorgelegt. Die wissenschaftliche Leitung dieses Projekts lag bis zum Frühjahr 1974 bei Peter Mitzscherling. Eine aktualisierte Ausgabe „Handbuch DDR-Wirtschaft" erschien im Jahr 1977 im Rowohlt- Taschenbuch-Verlag. Diese Ausgabe des „Handbuchs" entstand unter der wissenschaftlichen Leitung von Doris Cornelsen. Mit diesen Arbeiten erreichte das DIW neue Leserschichten.

In diesem Zusammenhang ist auf eine Besonderheit der Ostforschung des DIW hinzuweisen, die ihren Niederschlag zum Teil auch in Veröffentlichungen gefunden hat, die nicht vom DIW herausgegeben werden. Hier erscheint ein Rückblick angebracht.

Seit der Gründung der DDR-Forschung 1949 und der Osteuropaforschung 1950 bediente sich das Institut zunächst jahrelang — wie die gesamte Ostforschung in der Bundesrepublik und in Berlin — der Methode der systemkritischen Analyse. Diese Methode konnte auf die Dauer nicht befriedigen, weil sie dazu führte, daß die in den sozialistischen Staaten erzielten wirtschaftlichen Erfolge systematisch unterschätzt wurden.

Die Abwendung von dieser Betrachtungsweise wurde im DIW — deutlich feststellbar — in zwei Etappen vollzogen. Zunächst bei der Osteuropa-Forschung. Als im Jahr 1959 Rolf Krengel als Nachfolger von Bruno Kiesewetter die kommissarische Leitung der Osteuropa-Abteilung übernahm, setzte er die bisher verfolgten Bemühungen, allein anhand von Plansoll-Ist- Vergleichen die Effizienz der sozialistischen Planwirtschaft zutreffend zu beurteilen, nicht fort, sondern überprüfte Leistungen und Fehlschläge der sowjetischen Wirtschaftspolitik mithilfe von internationalen Vergleichen verschiedenster Tatbestände und Kennziffern. Dank dieser Arbeitsmethode konnte das DIW z. B. nachweisen, daß trotz der enormen Unterschiede im Wirtschaftssystem der Vergleich von Wirtschaftsentwicklung und Wirtschaftsstruktur dennoch frappierende Ähnlichkeiten zwischen der Sowjetunion und der Bundesrepublik Deutschland erkennen ließ.[119]

---

[119] „Vergleich zwischen den Wirtschaftssystemen der Welt — Bericht über den wissenschaftlichen Teil der 24. Mitgliederversammlung der Arbeitsgemeinschaft deutscher wirtschaftswissenschaftlicher Forschungsinstitute..." mit Beiträgen von Karl C. Thalheim und Rolf Krengel, Beihefte der Konjunkturpolitik, Heft 8, Berlin 1961.

Bei der DDR-Forschung des DIW vollzog sich die Ergänzung der systemkritischen durch die systemimmanente Betrachtung in den frühen sechziger Jahren, wie ein von Horst Seidler im November 1960 veröffentlichter Wochenbericht erkennen läßt.[120] Zu erwähnen sind ferner zwei in den Vierteljahrsheften 1962 und 1964 publizierte Arbeiten von Peter Mitzscherling.[121] Den entscheidenden Durchbruch zur systemimmanenten Beurteilung von Erfolgen und Fehlschlägen der Wirtschaftsplaner der DDR durch das DIW erzielte Horst Seidler — kurz bevor er als Nachfolger von Gerhard Abeken die Leitung der DDR-Abteilung übernahm — im Jahr 1965 mit einem Beitrag in den Vierteljahrsheften zur Wirtschaftsforschung, wie das nachstehende Zitat beweist[122]:

„Die Konsequenz des Planungsfehlschlags

Die immer größer werdenden Abweichungen zwischen Plan und Wirklichkeit führten schließlich auch bei den mitteldeutschen Wirtschaftsplanern zu der Erkenntnis, daß der erste Siebenjahrplan kein geeignetes Instrument mehr für die längerfristige Steuerung der Wirtschaft sei. Das schon in der Konzeption des Planes vorhandene Mißverhältnis von Verbrauchs- zu gesamtwirtschaftlicher Entwicklung wurde den Planern im Jahre 1961 offenbar, so daß bereits im Volkswirtschaftsplan für das Jahr 1962 die Ziele über die Entwicklung der privaten Versorgung neu — und unabhängig vom Siebenjahrplan — formuliert wurden. Erst im Laufe des Jahres 1962 erfolgte dann, gegen Ende des Jahres deutlich ausgesprochen, die Außerkraftsetzung des gesamten Planes: Im Dezember 1962 erwähnte der Vorsitzende des Staatsrats, W. Ulbricht, erstmals einen neuen 'Perspektivplan', der die Wirtschaftsziele bis 1970 festlegen sollte.

Es wäre verfehlt, dieses Debakel eines langfristigen Wirtschaftsplans schon nach der Hälfte seiner Laufzeit als Beweis für die grundsätzliche Ineffizienz eines planwirtschaftlichen Systems anzusehen. Bewiesen wurde jedoch, daß die damaligen Methoden der Wirtschaftsplanung dem gegebenen wirtschaftlichen Entwicklungsstand inadäquat waren. Auch wenn angenommen wird, daß die Formulierung der 'ökonomischen Hauptaufgabe' vorwiegend auf politische Erwägungen zurückzuführen war, hätte eine mit dem erforderlichen Rüstzeug an ökonomischem und statistischem Wissen versehene Zentralplanungsinstanz auf dieser Grundlage sicherlich keinen längerfristigen Plan für die gesamte Wirtschaft aufgebaut, dessen Befolgung zu diesen vorhersehbaren Fehlschlägen führen mußte. Es darf unterstellt werden, daß die Ursachen dieser Mängel und Fehler inzwischen erkannt worden sind. In Diskussionen, die gegenwärtig in Mitteldeutschland geführt werden, wird immer häufiger der Grund

---

[120] „Zur kurzfristigen Entwicklung in Mitteldeutschland", in: Wochenbericht, 27. Jahrgang, Nr. 48 vom 25. November 1960, S. 205 f.

[121] Mitzscherling, Peter „Die finanzielle Entwicklung der mitteldeutschen Sozialversicherung 1955 bis 1960", in: Vierteljahrshefte zur Wirtschaftsforschung, Jahrgang 1962, S. 317 ff.

Mitzscherling, Peter „Zur Entwicklung der sozialen Struktur der mitteldeutschen Bevölkerung", in: Vierteljahrshefte zur Wirtschaftsforschung, Jahrgang 1964, S. 281 ff.

[122] Seidler, Horst „Die gegenwärtigen Grundtendenzen der Wirtschaft Mitteldeutschlands", in: Vierteljahrshefte zur Wirtschaftsforschung, Jahrgang 1965, S. 231 ff.

für das Versagen der Wirtschaftsplanung in der besprochenen Zeit herausgestellt: Ökonomisch falsche Zielsetzungen, die wegen eines wissenschaftlich unzureichenden Planungssystems verborgen blieben."

Die Veränderung der in der DDR-Forschung verwendeten Methoden beschränkte sich nicht nur auf das DIW[123], sie löste Debatten und Kontroversen aus.

Im Herbst 1967 lud Peter Christian Ludz zu einer Tagung in die „Akademie für politische Bildung" in Tutzing ein, um mit den an den verschiedensten Instituten arbeitenden DDR-Forschern über Aufgaben, Voraussetzungen und Möglichkeiten der DDR-Forschung zu diskutieren. Diese „Erste Studientagung zur DDR-Forschung in der Bundesrepublik" löste lebhaftes Interesse, aber auch heftige Diskussionen aus. Wenige Monate später erschienen die ersten Hefte des neu herausgegebenen „Deutschland Archivs", einer Zeitschrift für Fragen der DDR und der Deutschlandpolitik. Die Hefte 2 und 3 enthielten zusammenfassende Stellungnahmen zur ersten Studientagung von Karl C. Thalheim, Peter Christian Ludz, Fritz Schenk und anderen Autoren. Ludz schrieb an Eckart Förtsch u. a.

> „DDR-Forscher hierzulande sind keine Propagandisten oder sollten es nicht länger sein. Ihre wissenschaftlichen Leistungen, die sie bisher vorzuweisen haben, sind von Ausnahmen abgesehen, gering, die DDR- Forschung steckt — verglichen etwa mit der SU- und Osteuropa-Forschung — noch so in den Anfängen, daß es angebracht ist, weiterhin ausgiebig über Methoden, Ansätze, Probleme, Objekte zu diskutieren"

und sprach damit den im DIW arbeitenden DDR-Forschern aus dem Herzen, vor allem auch Horst Seidler, der das Institut 1967 in Tutzing vertreten hatte.

Vom Frühjahr 1969 an tagten die DDR-Forscher Jahr für Jahr, bis 1979 waren Mitarbeiter des DIW viermal mit eigenen Beiträgen vertreten, die jeweils in einem Sonderheft des Deutschland-Archiv 1970, 1973, 1975 und 1979 veröffentlicht wurden.[124]

Im Oktober 1975 veranstaltete das DIW ein Symposion „Perspektiven und Probleme wirtschaftlicher Zusammenarbeit zwischen Ost- und Westeuropa" mit mehr als 50 Teilnehmern aus Europa und den USA. Referenten auf dieser Konferenz in Berlin (West) waren zum ersten Mal nach dem zweiten Weltkrieg u.a. auch Vertreter aus fast allen osteuropäischen Staaten (einschl. der DDR) und von der Economic Commission for Europe (ECE).

---

[123] An dieser Stelle ist lediglich ein Hinweise auf die zahlreichen Arbeiten von Peter Christian Ludz möglich.

[124] „Industriebetrieb und Gesellschaft in der DDR", Dritte Studientagung zur DDR-Forschung... 1970

„Die DDR vor den Aufgaben der Integration und der Koexistenz", Sechste Studientagung... 1973

Im Jahr 1977 veranstalteten Mitarbeiter des Programms „Angewandte Systemanalyse (ASA)" in der Arbeitsgemeinschaft der Großforschungszentren in Zusammenarbeit mit der Industrie-Abteilung des DIW und mit dem Industrieseminar der Universität Mannheim in Berlin beim Deutschen Institut für Wirtschaftsforschung ein mehrtägiges Symposium mit 20 Referaten, die sämtlich veröffentlicht wurden.[125] Fünfzehn Jahre nach dem Beginn ununterbrochen fortgeführter Input-Output-Forschung konnten das DIW und seine Gäste vorführen, welchen Ertrag diese Arbeiten gebracht hatten.

Das DIW feierte in einem Festakt am 21. November 1975 sein fünfzigjähriges Bestehen. Nach der Begrüßung der Gäste durch Präsident König sprachen Wolfgang Lüder — der damalige Senator für Wirtschaft — und Bundeswirtschaftsminister Hans Friderichs. Den Festvortrag hielt Otmar Emminger, Vicepräsident der Deutschen Bundesbank und früheres Institutsmitglied. Das Institut veröffentlichte die Ansprachen und Vorträge in einer kleinen Broschüre, denn Sparsamkeit war damals geboten.

Bei der Präsidentensuche wird das Institut fündig

Karl König betrieb die Präsidentensuche zunächst nur dilatorisch. Er wollte seinem Nachfolger ein finanziell gesundetes Institut übergeben. Erst im Lauf des Jahres 1977 wurden die Bemühungen, einen neuen Präsidenten zu finden, verstärkt. König wurde bei der Suche vom Kollegium der Abteilungsleiter und vom Betriebsrat unterstützt. Aber auch die Veränderungen im Kuratorium waren zu bedenken. Die Ablösung des „Königsteiner Staatsabkommens" durch die „Gemeinsame Forschungsförderung durch Bund und Länder", die im Jahre 1977 einsetzte, blieb nicht ohne politische Konsequenzen. Präsident König überließ die Auswahl eines geeigneten Kandidaten immer mehr den Abteilungsleitern.

Doris Cornelsen, die Sprecherin des Kollegiums 1977 bis 1979, lud im Frühjahr 1978 Hans-Jürgen Krupp, damals Präsident der Universität Frankfurt, nach Berlin ein, um Besprechungen einzuleiten. Einige Wochen später referierte Krupp vor den Mitarbeitern des DIW und bewies seine Nähe zur empirischen Forschung. Der Vorstand des DIW schlug dem Kuratorium vor, Herrn Professor Dr. Hans-Jürgen Krupp zum Präsidenten des Instituts zu wählen. Die Wahl fand am 7. Juli 1978 statt.

Karl König hatte damit nach der Sanierung der Institutsfinanzen die zweite Hauptaufgabe gelöst und einen hochqualifizierten Nachfolger gefunden. Als

---

„Sozialstruktur und Sozialplanung in der DDR", Achte Tagung zum Stand der DDR-Forschung ... 1975

„30 Jahre DDR", Zwölfte Tagung zum Stand der DDR-Forschung ... 1979.

[125] Seetzen, Jürgen, Rolf Krengel, Gert von Kortzfleisch (Hrsg.): „Makroökonomische Input-Output-Analysen und dynamische Modelle zur Erfassung technischer Entwicklungen", Basel, Boston, Stuttgart, 1979.

Kuriosum sei erwähnt, daß Hans-Jürgen Krupp im gleichen Jahr geboren wurde, in dem Ferdinand Friedensburg und Ernst Wagemann ihrer Ämter enthoben und Karl König für drei Jahre in Gefängnis geworfen worden war. Das Jahr 1933 hat in der Geschichte des DIW eine große Rolle gespielt.

14. März 1979 — Karl König stirbt auf der Rückfahrt von der Leipziger Messe

Nach der Regelung der Nachfolgefrage war Karl König wie verwandelt. Er begann, neue Pläne für sein weiteres Leben zu schmieden, und dachte nicht daran, sich aufs Altenteil zu setzen.

Im Frühjahr 1979 entschied sich Karl König zum Besuch der Leipziger Messe. Messebesuche gehörten seit Jahren zum Repertoire der Mitarbeiter der Abteilung „DDR und östliche Industrieländer". Der Besuch mit Karl König wurde sorgfältig vorbereitet; zahlreiche Gespräche mit Ausstellern aus der Bundesrepublik und aus Berlin (West) standen auf dem Programm. Es gelang auch, interessante Gesprächspartner aus der DDR zu bekommen. Karl Königs Ruf aus seiner Zeit als Senator für Wirtschaft hat sicher dazu beigetragen.

Karl König fuhr mit Doris Cornelsen und ihrem Mann im Auto nach Leipzig. Auf der Rückfahrt starb Karl König völlig unerwartet an einem Gehirnschlag. Am 23. März fand im Krematorium Wilmersdorf die Trauerfeier statt, an der viel politische Prominenz teilnahm. Der designierte Präsident des DIW kam von Frankfurt nach Berlin und sprach für das Institut.

Am 2. April 1979 wurde Hans-Jürgen Krupp in sein neues Amt eingeführt. In einem Festakt in der Akademie der Künste sprachen Hellmuth Wagner für den Vorstand des DIW, der Regierende Bürgermeister von Berlin Dietrich Stobbe, der Bundesminister für Wirtschaft Dr. Otto Graf Lambsdorff und der neue Präsident Professor Dr. Hans-Jürgen Krupp. Das DIW veröffentlichte die Reden.[126]

Dr. Wagners Würdigung von Karl König mögen diesen Bericht abschließen:

„Wir sind heute zur Amtseinführung des neuen Präsidenten unseres Instituts zusammengekommen. Im Namen des Kuratoriums, des Vorstandes, der Freunde und der Mitarbeiter begrüße ich Sie sehr herzlich. Karl König hat uns noch persönlich zu dieser Feierstunde eingeladen. Zur Amtsübergabe sollten unsere guten Wünsche diesen vitalen und erfolgreichen Mann auf seinem weiteren Lebensweg begleiten. Doch es kam anders: Karl König ist tot.

---

[126] „Amtseinführung von Professor Dr. Hans-Jürgen Krupp", in: Vierteljahrshefte zur Wirtschaftsforschung, Jahrgang 1979, Berlin 1979, S. 109.

Dieser plötzliche Tod erschreckt und versöhnt uns zugleich. Erschreckend für uns alle das jähe Ende, versöhnlich der Gedanke, daß ihm Leid erspart geblieben ist. Wir können heute nicht mehr hören, was Karl König als scheidender Präsident des DIW sagen wollte. Versuchen wir selbst, Rückblick zu halten, so ist konkret in Zahlen greifbar, daß er bei seinem Amtsantritt finanzielle Probleme übernommen hatte, seinem Nachfolger nun aber als Starthilfe — wie man so sagt — 'geregelte' Finanzen des Instituts hinterläßt. Dieser Wandel, dieser Prozeß der Gesundung, ging nicht ohne Härten ab. Karl König war es, der in seiner nüchternen Art den Wissenschaftlern dieses Hauses die Notwendigkeit der Maßnahmen klarmachte.

Nach Ferdinand Friedensburg, der 'sein' Institut aufbaute, und Klaus-Dieter Arndt, der als DIW-Mann aktiv die Wirtschaftspolitik der Bundesregierung mitgestaltete, war Karl König ein Präsident des Übergangs. So wurde er gewählt, so sah er sich selbst, und so ergeben sich zwangsläufig Begrenzungen. Vier Jahre sind zu kurz, um einem Institut mit sehr breit gefächerten Forschungszielen den Stempel persönlicher wissenschaftlicher Leitung aufdrücken zu können. Doch er brachte Erfahrungen ein, knüpfte Verbindungen, setzte Akzente. Das wirkte sich in der Institutsarbeit in erster Linie dort aus, wo der Wirtschaftssenator aus seinem Fundus schöpfen konnte; also in den Forschungsbereichen Berlin, DDR, RGW-Länder.

Auf seine Initiative gehen aber auch die abteilungsübergreifenden Arbeiten zum Schwerpunktthema Arbeitsmarkt zurück. Die langanhaltende und hohe Arbeitslosigkeit sah er mit uns allen mit großer Sorge, empfand sie aber zugleich als Herausforderung für das DIW, Lösungsansätze zu entwickeln, und regte den Arbeitskreis 'Arbeitsmarktperspektiven' an, der sich seit zwei Jahren mit der Entwicklung und Ausfüllung von Vollbeschäftigungsperspektiven beschäftigt...

Präsident König ließ seinen Mitarbeitern den Spielraum zur eigenen Entfaltung, der im DIW stets gegeben war und als Führungsstil eines Forschungsinstituts keineswegs selbstverständlich ist. Immer wieder zeigt sich in der 50jährigen Geschichte unseres Instituts, daß dieser persönliche Freiraum Impulse brachte, die Mitarbeiter motivierte und zur Kontinuität im Leistungsniveau des DIW entscheidend beitrug.

Das Ansehen unseres DIW in Fachwelt und Öffentlichkeit ist kontinuierlich gestiegen. Es gehört zu den führenden Instituten und hat einen festen Platz nicht nur in der Wissenschaft, sondern auch in der wirtschaftspolitischen Diskussion: Seine Prognosen und vor allem auch die Methode ihrer Erarbeitung sind von wesentlicher Bedeutung für die praktische Wirtschaftspolitik geworden."

NACHWORT

Mit dem Tod von Karl König war die Amtszeit des vierten DIW-Präsidenten seit 1925 abgelaufen. Die Namen Ernst Wagemann, Ferdinand Friedensburg, Klaus Dieter Arndt und Karl König stehen in dieser Zeit für die Kontinuität der Arbeit des Instituts ebenso wie für die ständige Anpassung von Arbeitsorganisation und -methoden an die sich mit der Zeit wandelnden Aufgaben. Die Jahre, die für diese Wandlung von besonderer Bedeutung sind, lassen sich recht genau bezeichnen.

Die erste Phase der Institutsentwicklung — wir wollen sie die Aufbauphase nennen — dauerte rd. vier Jahre. In dieser Zeit gelang es Ernst Wagemann

- eine für die neue Aufgabe begeisterte Schar von jungen Leuten um sich zu sammeln
- die Arbeitsverteilung und den Arbeitsablauf zu organisieren
- die ersten Ergebnisse der Arbeiten in mehreren Publikatonsreihen zu veröffentlichen (ab 1926 Vierteljahrshefte, ab 1927 Sonderhefte, ab 1928 Wochenbericht)
- die anfangs noch sehr wenig gefestigte Terminologie der Konjunkturforschung zu einer verbindlichen Fachsprache zu entwickeln.

Dagegen war es dem Institut in der kurzen Dauer dieser ersten Entwicklungsphase noch nicht möglich, über die beschreibende Diagnose und die Prognose zur Therapie vorzudringen.

Die zweite Phase umfaßt die Jahre der Weltwirtschaftskrise, dauerte also vom Jahr 1929 bis 1932.

Zunächst gab es keine Probleme: Bereits im Mai 1929 wurde die Verschlechterung der Wirtschaftslage erkannt. Aber die Bewährungsprobe kam zu früh, wie Albert Wissler in seiner Wagemann-Biographie ausführlich begründet hat. Die dringende, ja unbedingt notwendige aktive Bekämpfung der Krise durch staatliche Aktivitäten wurde vom Institut und auch von Wagemann zu spät erkannt. Dieser suchte das Heil in einer Geld- und Kreditreform und veröffentlichte die wichtigsten Ergebnisse seiner Denkschrift von 1931 auch im Wochenbericht. Erst 1932 schloß sich Ernst Wagemann der „Studiengesellschaft" an, die ein staatliches Investitionsprogramm vorschlug. Aber es war zu spät: Die Weimarer Republik ging zugrunde — und mit ihr fast auch das Institut.

Die dritte Phase begann mit der „Machtergreifung“ Hitlers und dauerte bis zum Ausbruch des zweiten Weltkriegs. An ihrem Beginn stehen die heftigen Turbulenzen, die durch Ernst Wagemanns Entlassung aus seinen Ämtern ausgelöst wurden. Wagemann gelang es dank der Hilfe treuer Mitarbeiter, sein Amt als Institutsleiter gegen den Willen Alfred Hugenbergs zu retten, aber die Konjunkturforschung, von Anfang an die zentrale Aufgabe des Instituts, war — wie sich spätestens seit 1935 zeigte — in der ursprünglichen Weise nicht mehr möglich. Alle Versuche, durch Umdefinitionen des Begriffes „Konjunktur“ die dem ganzen Institut am Herzen liegende Hauptleistung weiterhin zu erbringen, scheiterten — die Arbeitsschwerpunkte änderten sich, die Kontrolle der Institutsarbeit durch die Ministerien, vor allem durch das Propagandaministerium wurde immer feinmaschiger. Dennoch blieb die Leistungsfähigkeit des Instituts hoch, wie vor allem die Sonderhefte jener Jahre beweisen.

Die schlimmste und finsterste Phase des Instituts umfaßt die Jahre des zweiten Weltkriegs und das erste Nachkriegsjahr. Sie begann ohne jede nennenswerte neue Beeinträchtigung der Arbeit, im Lauf der Zeit aber wurde das Institut, 1941 umbenannt, immer mehr zum Lieferant von Gutachten und Stellungnahmen zu kriegswichtigen Fragen. Die bösartige Bespitzelung, die dem Attentat vom 20. Juli 1944 folgte, die endlosen Verhöre durch die Gestapo, denen auch Wagemann ausgesetzt war, die erzwungene Entlassung wichtiger Mitarbeiter — all das machte deutlich, daß Wagemanns Gründung das wichtigste verloren hatte, was sie von Anfang an auszeichnete: Die Freiheit der Forschung, das Recht der freien Rede. Wagemann selbst war aufs höchste gefährdet und verließ schließlich Berlin. Rolf Wagenführ erhielt von ihm eine Vollmacht zur kommissarischen Leitung des Instituts. Wenige Stunden vor der Kapitulation der Berliner Garnison wurde das Institutsgebäude von Brandbomben getroffen und brannte aus.

Nur dreizehn Tage später errichtete Ferdinand Friedensburg das Institut von neuem. Oft wurde im DIW die Frage diskutiert, ob das „neue“ Institut noch identisch sei mit dem „alten“. Friedensburg und seine Mitarbeiter haben diese Frage stets bejaht. Die enge Verbundenheit mit Wagemanns Schöpfung wurde vielfach betont: Der Name blieb unverändert, die von 1941 bis 1945 allmählich versiegten Publikationsreihen wurden wieder aufgenommen, die Vierteljahrshefte ab Mitte 1948, die Wochenberichte ab 1950. Die Sonderhefte — mit dem Zusatz „Neue Folge“ gekennzeichnet — setzten ebenfalls 1948 wieder ein.

Natürlich unterschied sich Friedensburgs Institut schon durch die wiedergewonnene Freiheit der Forschung von der Situation ein Jahr zuvor. Aber diese Freiheit blieb noch längere Zeit gefährdet, zeitweise sogar schwer bedroht, wie die Kuratoriumssitzungen vom 20. Februar, vom 3. April und vom 4. Juni 1946 deutlich zeigten. Die Wahl vom 20. Oktober 1946 beendete die Versuche des Berliner Magistrats, im Kuratorium die Mehrheit zu erzwingen. Das Jahr 1946 brachte und beendete die ständige Bedrohung der freien Institutsarbeit und eröffnete die lange Phase des deutschen Wiederaufstiegs bis zur ersten Nachkriegsrezession 1967.

Für das Institut waren diese Jahre die längste und in vielfältiger Weise glücklichste Periode seiner Geschichte. Befreit von den schweren Existenzsorgen der Jahre 1940 — 1946 blühte das DIW wieder auf. Die finanziellen Sorgen blieben noch lange, aber sie verloren an Gewicht. Endlich konnte wieder in Freiheit und Selbstverantwortung gearbeitet werden. Im Institut wurden die wirtschaftlichen Probleme Deutschlands lebhaft diskutiert, neue Forschungsschwerpunkte errichtet, neue Projekte entworfen und angepackt. Die DIW-„Mannschaft" wurde verjüngt, Neubauten wurden errichtet. Sehr bedeutsam war die Re-Integration der deutschen in die internationale Forschung, die auch vom DIW mit Energie angestrebt wurde.

In mehr als einer Beziehung ähneln die Jahre von 1946 bis 1967 der ersten Phase des Instituts für Konjunkturforschung von 1925 bis 1929. Beide Male begab sich eine anfangs kleine, aber „arbeitswütige" (F. Friedensburg) Schar von meist jungen Männern und Frauen auf die Suche nach einem Weg aus dem Nachkriegselend der beiden Weltkriege. Zu Friedensburgs Zeiten wurde sehr bald klar, daß im Gegensatz zu den letzten Jahren auch in der Arbeitsplanung wieder langfristig disponiert werden konnte und mußte. Zu dem Zeitpunkt, in dem diese Zeilen geschrieben werden, wird im Institut die Volkswirtschaftliche Gesamtrechnung seit 40 Jahren, die Vermögensrechnung seit über 30 Jahren, die Input-Output-Rechnung seit 23 Jahren betrieben. Die DDR-Forschung und die Berlin-Forschung werden seit 36 Jahren, die Osteuropa-Forschung seit 35 Jahren kontinuierlich geleistet. Hinzu kommen die Probleme der Einkommensverteilung und -verwendung, der Energiewirtschaft, des Außenhandels, des Verkehrs und natürlich auch eine intensive Erforschung der Europäischen Gemeinschaft und der Entwicklungsländer.

Das Jahr 1967 war in der Institutsgeschichte von großer Bedeutung. Daß die Ratschläge des DIW zur Bekämpfung der Rezession von 1966/67 in Bonn gehört und beachtet wurden, war das Verdienst von Klaus Dieter Arndt, der von Anfang 1968 an das DIW leitete. Die wenigen Jahre, die ihm noch vergönnt waren, begannen mit hochgesteckten Planungen des Institutausbaus, die jedoch zunächst an der schwieriger werdenden Finanzlage größtenteils scheiterten. Es ist müßig zu fragen, ob es Arndt letzten Endes noch gelungen wäre, seine Ideen zu realisieren.

Wissenschaftlich gesehen hat Karl König der Institutsarbeit kaum Impulse geben können. Neue Arbeiten auf dem Gebiet der Ökonometrie (Saisonbereinigung), des Verkehrswesens (Integrierte Langfristprognose), der Energiewirtschaft (Suche nach besseren Prognosemethoden) und das Einsetzen der Strukturberichterstattung kennzeichnen die Phase der Institutsentwicklung in den Jahren 1974 bis 1979. Das ökonomisch entscheidende Ereignis vollzog sich in den siebziger Jahren seit dem Oktober/November 1973: Die radikale Änderung der Ölpreispolitik der OPEC-Staaten. Ihr folgte einerseits eine längere Zeit anhaltende Wachstumskrise in nahezu allen Ländern der Welt, andererseits wurden heilsame Substitutionsprozesse eingeleitet und vorangetrieben, die die Abhängigkeit der Welt vom Erdölverbrauch minderten, aber die Arbeitslosigkeit blieb ein bis heute ungelöstes Problem.

ANHANG

DIW-Monographien 1945 — 1979

Hektographierte Schriften 1945 — 1950

1 Geld- und Kreditprobleme der gegenwärtigen Wirtschaftslage Berlins.

— Eduard Wolf

2 Die Kohlenvorräte in Gebieten, deren Herauslösung aus Deutschland von den Alliierten erwogen wird.

— Karl Georg Mahnke

3 Was ist als mittlerer Lebensstandard der europäischen Länder, ohne Großbritannien und die Sowjetunion, in Bezug auf die Versorgung mit Kohle, Treibstoff und elektrischer Energie zu betrachten?

— Ferdinand Grünig

4 Begriff und Ermittlung des mittleren Lebensstandards der europäischen Länder im Sinne der Beschlüsse der Berliner Konferenz.

— Willy Bauer

5 Reichsmarkkurs und Preisniveau. Gegen eine unangebrachte Präjudizierung der künftigen Kursfestsetzung.

— Eduard Wolf

6 Einkommensverausgabung in Deutschland 1932 und 1936.

— Willy Bauer

7 Die wirtschaftlichen und sozialen Folgen der Änderungen im Bevölkerungsbestand und Bevölkerungsaufbau durch den Krieg.

— Willy Bauer

8 Ein erster Beitrag zu einer bauwirtschaftlichen Gesamtplanung.

— Ferdinand Grünig

9 Preispolitik und Produktivitätsminderung. Zur Problematik der preispolitischen Richtlinien des Alliierten Kontrollrates.

— Eduard Wolf

10 Bauvolumen und Baustoffversorgung unter den neuen Bedingungen.

— Walter Grottian

11 Die Textilwirtschaft im Wirtschaftsplan des Alliierten Kontrollrates für Deutschland.

— Robert Nieschlag

12 Die Entwicklung des deutschen Geld- und Kreditwesens seit dem Kriege.

— Eduard Wolf

13 Deutschlands Ernährungswirtschaft.

— Hans Liebe

14 Der deutsche Außenhandel im ersten Nachkriegsjahr.

— Herbert Wegner

15 Schätzung des deutschen Staatsvermögens 1939 bis 1945.

— Willy Bauer

16 Über die Durchführbarkeit des Industrieplanes der Alliierten.

— Franz Seume und Karl Georg Mahnke

17 Die volkswirtschaftlichen Auswirkungen des Industrieplans.

— Ferdinand Grünig

18 Zur Versorgung der Großstadtbevölkerung. — Einzelhandel, Handwerk und Gaststätten in neuen Berliner Wohnvierteln — Gutachten für die Abteilung Bau- und Wohnungswesen des Magistrats der Stadt Berlin.

— Robert Nieschlag

19 Die gegenwärtigen Probleme der Preispolitik.

— Willy Bauer

20 Probleme der finanziellen Kriegsliquidierung.

— Eduard Wolf

21 Die Berliner Bauwirtschaft. Ein Beitrag zum Problem des Wiederaufbaus der deutschen Großstädte.

— Walter Grottian

22 Die Aussichten der deutschen Ernährung.

— Hans Liebe

23 Der Start der deutschen Friedensindustrie.

— Franz Seume und Karl Georg Mahnke

24 Die Hauptschäden am deutschen Verkehrswesen.

— Heinz Otto

25 Die Bedeutung der Seeschiffahrt für die deutsche Volkswirtschaft.

— Heinz Otto

26 Probleme der deutschen Wirtschaftseinheit.

— Ferdinand Grünig

27 Über die Entwicklung der Welt-Textilwirtschaft nach dem Kriege.

— Robert Nieschlag

28 Zur Lage der Berliner Industrie.

— Franz Seume

29 Die Rohstoffversorgung der Lederwirtschaft nach dem Kriege.

— Richard Sieben

30 Die Berliner Besatzungslast und das Problem des internationalen Finanzausgleichs.

— Eduard Wolf

31 Bi-Zonen-Plan und Holzwirtschaft.

— Karl Georg Mahnke

32 Entwicklungsmöglichkeiten der Industrie nach dem Bi-Zonen-Plan.

— Franz Seume und Karl Georg Mahnke

33 Probleme der Berliner Wirtschaft.

— Robert Nieschlag

34 Volkswirtschaftliche Bilanzen.

— Ferdinand Grünig

35 Die Bedeutung des Verkehrs für die Wiederaufrichtung der deutschen Wirtschaft.

— Heinz Otto

36 Das „European-Recovery-Program" und der Europa-Absatz der deutschen Industrie.

— Karl Georg Mahnke

37 Statistische Zusammenstellungen über die Bedeutung des Ruhrgebietes für die deutsche Industrie.

— Karl Georg Mahnke

38 Zur Frage der Importbedürfnisse der Berliner Industrie.

— Karl Georg Mahnke

39 Zur Frage der deutschen Beteiligung am Wiederaufbau Europas (vom Schlußbericht der Pariser Wirtschaftskonferenz zum Harriman-Bericht und Herter-Bericht).

— Karl Georg Mahnke

40 Zur Entwicklung der deutschen Ausfuhr in die ERP-Länder vor dem Kriege und in der Gegenwart.

— Karl Georg Mahnke

41 Die Lebensmittelversorgung Westberlins in der Blockade.

— Rolf Krengel

42 Nachkriegsprobleme der deutschen Elektroindustrie.

— Käthe Koch

43 Das Bauhauptgewerbe Westberlins.

— Rolf Krengel

Einzelschriften in Buchform

1 Die deutsche Wirtschaft zwei Jahre nach dem Zusammenbruch. Tatsachen und Probleme. 288 S 1947. Verlag Albert Nauck & Co.,Berlin.

2 Wirtschaftsprobleme der Besatzungszonen. IV, 288 S. mit zahlreichen Tab. und Abb. 1948. DM 18,-.

3 Beiträge zur empirischen Konjunkturforschung. Festschrift zum 25jährigen Bestehen des Deutschen Instituts für Wirtschaftsforschung (Institut für Konjunkturforschung).500 S. 1950, Vergr.

4 Wagenführer, R.: Die deutsche Industrie im Kriege 1939 — 1945. Mit einem Vorwort von F. Friedensburg. 2. Aufl. 216 S. 1963. Leinen DM 32,-.

5 Gleitze, B.: Ostdeutsche Wirtschaft. Industrielle Standorte und volkswirtschaftliche Kapazitäten des ungeteilten Deutschland. XVII, 239 S. mit 16 farbigen Karten und 54 Tab. 1956. vergr.

6 Wirtschaftsforschung und Wirtschaftsführung. Festgabe für Ferdinand Friedensburg zum 70. Geburtstag. Vorträge und Aufsätze. XVI, 222 S. 1956. Leinen DM 26,80.

7 Friedensburg F.: Politik und Wirtschaft. Festgabe zum 75. Geburtstag. Aufsätze und Vorträge. XXVIII, 488 S.1961. Leinen DM 52,60.

8 Der Mann, der Brücken schlug. Erinnerungen an Klaus Dieter Arndt. Gedenkschrift zum 50. Geburtstag. Hrsg. von A. Grünewald. 197 S. 1977. Leinen DM 48,-.

9 Empirische Wirtschaftsforschung.
Konzeptionen, Verfahren und Ergebnisse. Festschrift für Rolf Krengel aus Anlaß seines 60. Geburtstages. Hrsg. von J. Frohn und R. Stäglin. 403 S. 1980. Leinen DM 158,-.

10 Untersuchung über Angebot und Nachfrage mineralischer Rohstoffe. Hrsg.: Deutsches Institut für Wirtschaftsforschung und Bundesanstalt für Geowissenschaften, Hannover. Vertrieb durch E. Schweizerbart'sche Verlagsbuchhandel, Stuttgart. Seit 1971 erschienen Band I bis XI (1978).

11 Handbuch DDR-Wirtschaft.
Aktualisierte und erweiterte Neuausgabe. Hrsg.: Deutsches Institut für Wirtschaftsforschung. 439 S. 1984. DM 14,80. Rohwohlt Taschenbuch Verlag, Reinbek.

Sonderhefte, Neue Folge 1948 — 1979

1 Die Krise der deutschen und europäischen Holzversorgung, 1948
— Walter Grottian

2 Die deutsche Industrie 1948 im Spiegel der Fachzeitschriften, 1948
— Karl Georg Mahnke

3 Berlins Wirtschaft in der Blockade, 1949
— Deutsches Institut für Wirtschaftsforschung (Hrsg.)

4 Die Versandgeschäfte in Deutschland, 1949
— Robert Nieschlag

5 Wirtschaftseinheit Europa, 1949
— Albert Wissler

6 Die gegenwärtige Wirtschaftslage Westberlins vom Blickpunkt der Forschung aus betrachtet, 1949
— Ferdinand Grünig

7 Regionale Struktur von Wirtschaft, Besiedlung und Verkehr in Europa, 1950
— Otto Schlier

8 Anlagevermögen und Dekapitalisation der deutschen Industrie, 1950
— Ernst Eisendraht

9 Das Problem der Störungen der wirtschaftlichen Stabilität, 1951
— Deutsches Institut für Wirtschaftsforschung (Hsg.)

10 Die Wirtschaftspolitik der nationalen Verteidigung, 1951
— Deutsches Institut für Wirtschaftsforschung (Hsg.)

11 Das Berliner Bankwesen 1945/50, 1951

— Fritz Federau

12 Der Stand der Konjunkturforschung, 1951

— Deutsches Institut für Wirtschaftsforschung (Hsg.)

13 Das sowjetische Vorbild in der Wirtschaftsentwicklung der Oststaaten, 1951

— Bruno Kiesewetter

14 Hauptprobleme und Verfahrensfragen der empirischen Konjunkturforschung, 1952

— Albert Wissler

15 Die Westberliner Wirtschaft 1949 — 1951, 1952

— Ferdinand Grünig und Rolf Krengel

16 Die Wirtschaftsstruktur der indischen Union, 1952

— Alexander Gutfeld

17 Die Wirtschaft Jugoslawiens, 1952

— Gisela J. Conrad

18 Die Energiewirtschaft der Sowjetunion, 1952

— Herbert Grund

19 Symptomatische Aussagen über wirtschaftliche und soziale Verhältnisse in der Sowjetzone 1952, 1953

— Stephanie Münke

20 Die Wirtschaft Polens von 1945 bis 1952, 1953

— Raphael P. Rochlin

21 Das Erzproblem der amerikanischen Eisenindustrie, 1953

— Ferdinand Friedensburg

22 Die Wirtschaft Rumäniens von 1945 bis 1952, 1953

— Gisela J. Conrad

23 Die Bedeutung des Bergbaus in der Weltwirtschaft und Weltpolitik, 1953

— Ferdinand Friedensburg

24 Volkswirtschaftliche Input-Output-Rechnung, Sozialprodukt, Beschäftigung und Produktivität, Einkommensverteilung und Einkommensschichtung in West-Berlin, 1953

— Rolf Krengel

25 Das Nationalbudget, 1954

— Georg Strickrodt

26 Ernst Wagemann, 1954

— Albert Wissler

27 Bevölkerung und Arbeitskräftepotential in europäischen Ländern, 1954

— Theda Bolle

28 Meinungsforschung, Konjunkturtest und Repräsentativbefragung als Mittel der wirtschaftswissenschaftlichen Erkenntnis, 1954

— Marcel Nicolas

29 Die Entwicklung der westdeutschen Textilindustrie seit 1948, 1954

— Werner Moritz

30 Die Wirtschaft der Tschechoslowakei seit 1945, 1954

— Bruno Kiesewetter

31 Strukturwandlungen des Handwerks im Rahmen der Wirtschaftsentwicklung, 1954

— Wolfgang Siewert

32 Das Zinsproblem in theoretisch-empirischer Sicht, 1955

— Albert Wissler

33 Statistiken zur Wirtschaft Ost- und Südosteuropas Band I — V, 1955 — 1959

— Bruno Kiesewetter

34 Die Expansion der westdeutschen Industrie 1948 bis 1954, 1955

— Ferdinand Grünig und Rolf Krengel

35 Wohnungsversorgung und Mietenniveau in der Bundesrepublik, 1955

— Klaus Dieter Arndt

36 Entwicklung und Probleme des sowjetzonalen Verkehrswesens, 1955

— Heinz Otto

37 Das amerikanische Beschäftigungsgesetz, 1956

— Gerhard Colm

38 Die Wirtschaft Bulgariens seit 1945, 1957

— Raphael P. Rochlin

39 Das Erzproblem der deutschen Eisenindustrie, 1957

— Ferdinand Friedensburg

40 Anlageverschleiß und Anlageersatz in der westdeutschen Wohnungswirtschaft, 1957

— Klaus Dieter Arndt

41 Versuch einer Volksvermögensrechnung der deutschen Bundesrepublik, 1958

— Ferdinand Grünig

42 Anlagevermögen, Produktion und Beschäftigung der Industrie im Gebiet der Bundesrepublik von 1924 bis 1956, 1958

— Rolf Krengel

43 Die Berliner City, 1958

— Rudolf Krause

44 Die eigenen Leistungen der Bundesländer zur Förderung des Wohnungsbaus seit 1949, 1959

— Rudolf Krause

45 Verkehrs- und finanzpolitische Aspekte zur fiskalischen Belastung von Kraftfahrzeugen und Kraftverkehr, 1959

— Heinz Otto und Rudolf Krause

46 Investitionen und Wirtschaftsentwicklung in der Sowjetunion, 1959

— Ernst Eisendrath

47 Investitionen, Investitionsfinanzierung und Wirtschaftswachstum in West-Berlin, 1960

— Alfred Kuehn

48 Die Anlageinvestitionen der sozialen und kulturellen Bereiche in der Bundesrepublik von 1949 bis 1957, 1960

— Horst Seidler und Oskar de la Chevallerie

49 Die Finanzierung der industriellen Expansion in der Bundesrepublik während der Jahre des Wiederaufbaus, 1960

— Egon Baumgart, Rolf Krengel und Werner Moritz

50 Wohnverhältnisse und Wohnungsbedarf in der sowjetischen Besatzungszone, 1960

— Klaus Dieter Arndt

51 Der sowjetische Außenhandel mit den Industrieländern, 1960

— Oliver von Gajzago

52 Die makroökonomischen Determinanten des Wirtschaftspotentials, 1960

— Ferdinand Grünig

53 Das Bevölkerungspotential der Sowjetunion, 1960

— Ernst Eisendrath

54 Agrarpolitik und Agrarverfassung der Sowjetunion, 1960

— Raphael P. Rochlin

55 Die landwirtschaftliche Produktion der Sowjetunion, 1960

— Hans Gade

56 Investitionen und ERP-Finanzierung, 1961

— Egon Baumgart

57 Das Bauvolumen der Jahre 1950 bis 1960 in der Bundesrepublik..., 1961

— Wolfgang Kirner

58 Der sowjetische Wohnungsbau, 1961

— Albrecht Kruse

59 Volkswirtschaftliche Gesamtrechnung für die Bundesrepublik Deutschland, 1962

— Klaus Dieter Arndt und Oskar de la Chevallerie

60 Der sowjetische Außenhandel mit den kommunistischen Ländern, 1962

— Oliver von Gajzago

61 Die landwirtschaftliche Produktion der USA, der UdSSR und der Bundesrepublik, 1962

— Ernst Eisendrath

62 Die gemeinsame Verkehrspolitik der europäischen Wirtschaftsgemeinschaft, 1962

— Heinz Otto

63 Der Kostenfaktor Energie in der westdeutschen Industrie, 1962

— Käthe Koch und Rolf Krengel

64 Strukturwandlungen und Entwicklungstendenzen im Güterverkehr der Bundesrepublik 1950 — 1975, 1962

— Günther John

65 Die Unfallversicherung als Kostenfaktor im deutschen Steinkohlenbergbau, 1963

— Stephanie Münke und Manfred Liebrucks

66 Verteilung und Schichtung der Einkommen der privaten Haushalte in der Bundesrepublik 1955 bis 1959, 1963

— Gerhard Göseke

67 Kosten und Preise in der Bundesrepublik 1950 bis 1960, 1963

— Dieter Hiß

68 Die Wandlungen der industriellen Branchenstruktur in der Bundesrepublik Deutschland von 1950 bis 1960, 1964

— Dieter Mertens

69 Bevölkerung und Arbeitskräftepotential der Europäischen Wirtschaftsgemeinschaft 1960 bis 1975, 1965

— Theda Bolle

70 Der Einfluß von Strukturveränderungen auf die Entwicklung der nordrhein- westfälischen Industrie seit 1950, 1965

— Egon Baumgart

71 Ermittlung von Investitionsgrößenordnungen für Wirtschaftsbereiche, 1965

— Wolfgang Kirner

72 Die Entwicklung des Interzonenhandels von seinen Anfängen bis zur Gegenwart, 1965

— Horst Lambrecht

73 Die Chemische Industrie der Sowjetunion und die „Chemisierung der Sowjetwirtschaft", 1965

— Ernst Eisendraht

74 Beschäftigungsstruktur und Wirtschaftswachstum in der Bundesrepublik Deutschland 1950 bis 1963, 1965

— Peter Schwanse

75 Absatzmodelle zur Darstellung des Wettbewerbs der Ruhr-Steinkohle mit der US-Kohle ... auf dem Markt der Bundesrepublik Deutschland, 1966

— Friedrich Klare

76 Die Verkehrsinvestitionen in der Bundesrepublik Deutschland un ihr Einfluß auf die Wirtschaftsentwicklung, 1966

— Günther John

77 Die wirtschaftliche Struktur der Westberliner Sanierungsgebiete, 1966

— Lutz Reyher

78 Das Westberliner Handwerk 1955 bis 1965, 1967

— Uta Möbius

79 Die Wirkungsverzögerungen bei der Finanzierung von Investitionen im Wohnungsbau, 1968.

— Bruno Nullau

80 Die Verteilung des Vermögenszuwachses in der Bundesrepublik Deutschland seit 1950, 1968.

— Oskar de la Chevallerie

81 Soziale Sicherung in der DDR, 1968.

— Peter Mitzscherling

82 Die Einsatzmöglichkeiten von Kernkraftwerken in der Elektrizitätswirtschaft der Bundesrepublik Deutschland bis 1985, 1968.

— Claus W. Ebel

83 Der künftige Brennstoffverbrauch zu Heizzwecken im Sektor Haushalts- und Kleinverbrauch unter regionalem Aspekt, 1969.

— Urs Dolinski

84 Motorisierung in den osteuropäischen Ländern, 1969.

— Tatjana Globokar

85 Die Bedeutung „strukturbestimmender Aufgaben" für die Wirtschaftsplanung und -organisation der DDR, 1969.

— Angela Rüger

86 Disaggregative Ermittlung des industriellen Anlagevermögens, 1970.

— Fritz Franzmeyer

87 Die regionalen Entwicklungstendenzen des Energieverbrauchs in Baden- Württemberg... bis 1980, 1970.

— Urs Dolinski und Hans-Joachim Ziesing

88 Die Kollektivierung der Landwirtschaft in der Sowjetunion und in der Volksrepublik China, 1971.

— Raphael Rochlin und Ernst Hagemann

89 Die regionalen Entwicklungstendenzen des Energieverbrauchs in Bayern... bis 1985, 1971.

— Urs Dolinski und Hans-Joachim Ziesing

90 Entwürfe für disaggregierte Modelle zur Arbeitsmarktprognose für die Bundesrepublik Deutschland, 1972.

— Harald Gerfin, Wolfgang Kirner und Joachim Wulf

91 Grundlagen einer regionalwirtschaftlich orientierten Energiepolitik im norddeutschen Raum, 1972.

— Manfred Liebrucks und Hildebrand Kummer

92 Entwicklungstendenzen des Energieeinsatzes in der deutschen Elektrizitätswirtschaft, 1972.

— Manfred Liebrucks und Hildebrand Kummer

93 Wirtschaftsreform und Wirtschaftsentwicklung in der Sowjetunion 1965 bis 1975, 1972.

— Maria-Elisabeth Ruban und Heinrich Machowski

94 Tendenzen der bauwirtschaftlichen Entwicklung in Berlin (West) bis zum Jahre 1976, 1973.

— Peter Ring

95 Entwicklung und Struktur der Staatsinvestitionen seit 1960 und der Stand der längerfristigen Investitionsplanung, 1973.

— Bernd Bartholmai

96 Wirtschaftspolitische Prioritätsunterschiede in der EG als Hindernisse für die Errichtung der Wirtschafts- und Währungsunion..., 1973.

— Fritz Franzmeyer und Bernhard Seidel

97 Zeitreihen für das Bauvolumen in der Bundesrepublik Deutschland von 1960 bis 1971, 1973.

— Wolfgang Kirner

98 System und Entwicklung der DDR-Wirtschaft, 1974.

— Peter Mitzscherling und Mitarbeiter

99 Sozio-ökonomische Kriterien als Maßstab für den relativen Entwicklungsstand von Ländern und Sektoren, dargestellt am Beispiel Lateinamerikas, 1974.

— Hans Bokermann

100 Makroökonomische Entscheidungskriterien... als Bestandteil des Nahverkehrs..., 1974.

— Joachim Niklas

101 Qualitative Arbeitsmarktsteuerung — Probleme und Möglichkeiten, 1974.

— Klaus-Peter Gaulke

102 Die Entwicklung in der Güterverkehrssituation West-Berlins 1970 bis 1980, 1975.

— Rainer Hopf

103 Leistungsstruktur der Bauwirtschaft und Perspektiven der Baunachfrage in West-Berlin, 1975.

— Horst Droege und Peter Ring

104 Bedeutung und Möglichkeiten des Ost-West-Handels mit Energiestoffen, 1975.

— Jochen Bethkenhagen

105 Prognose des regionalen Angebots an Arbeitsplätzen, 1975.

— Herwig Birg unter Mitarbeit von Egbert Jöhrens und Wolfgang Kirner

106 Inflations- und Strukturwirkungen von Verteilungs- und Verwendungskonflikten in den vier großen EG-Ländern, 1975.

— Manfred Teschner

107 Verteilung von Entwicklungshilfe nach Empfängerländern: Probleme der Formulierung operationaler entwicklungsbezogener Strategien, 1975.

— Hans J. Petersen

108 Die Entwicklung des Lebensstandards in den osteuropäischen Ländern, 1975.

— Maria Elisabeth Ruban, Maria Lodahl, Heinrich Machowski und Heinz Vortmann

109 Verkehrswege und Ersatzbedarf, 1975.

— Bernd Bartholmai

110 Modelle der Bevölkerungsentwicklung in Berlin (West) bis zum Jahre 1990, 1975.

— Peter Ring und Ingo Pfeiffer

111 Filmförderung in der Bundesrepublik Deutschland — Versuch einer Erfolgskontrolle der Subventionspolitik, 1975.

— Burkhard Dreher

112 Alternative Entscheidungsstrukturen in einer Wirtschafts- und Währungsunion, 1976.

— Fritz Franzmeyer

113 Sicherheits-, Preis- und Umweltaspekte der Energieversorgung, 1976.

— Urs Dolinski und Hans-Joachim Ziesing unter Mitarbeit von Klaus-Dieter Labahn und Franz Wittke

114 Perspektiven und Probleme wirtschaftlicher Zusammenarbeit zwischen Ost- und Westeuropa, 1976.

— Doris Cornelsen, Heinrich Machowski und Karl-Ernst Schenk

115 Das Sozialprodukt der Deutschen Demokratischen Republik im Vergleich mit dem der Bundesrepublik Deutschland, 1976.

— Herbert Wilkens

116 Zur Planung, Organisation und Lenkung von Forschung und Entwicklung in der DDR, 1977.

— Angela Scherzinger

117 Die Landwirtschaft der DDR vor und nach ihrer Umgestaltung im Jahre 1960, 1977.

— Horsı Lambrecht

118 Kriterien wirtschaftsfördernder Maßnahmen für die verarbeitende Industrie in Berlin, 1977.

— Burkhard Dreher

119 Der Handel der Deutschen Demokratischen Republik mit der Bundesrepublik Deutschland und den übrigen OECD-Ländern in den Jahren 1965 bis 1975, 1977.

— Horst Lambrecht

120 Untersuchung zu Fragen der Gaspreisbildung... in der Bundesrepublik Deutschland, 1977.

— Urs Dolinski

121 Die Entwicklung des Arbeitsplatzangebots in den Arbeitsmarktregionen, 1978.

— Herwig Birg

122 Konzeption einer Strukturberichterstattung für die Bundesrepublik Deutschland, 1978.

— Bernd Görzig und Wolfgang Kirner unter Mitarbeit von Reiner Stäglin

123 Zweimal deutsche Sozialpolitik, 1978.

— Peter Mitzscherling

124 Forschung und Entwicklung in der Berliner Industrie — Ergebnisse einer Befragung, 1978.

— Burkhard Dreher

125 Maßnahmen für eine sichere und umweltverträgliche Energieversorgung, 1978.

— Urs Dolinski und Hans Joachim Ziesing unter Mitarbeit von Klaus Dieter Labahn

126 Zur Lage und Entwicklung der deutschen Filmwirtschaft, 1978.

— Burkhard Dreher

127 Neuberechnung der Wegekosten im Verkehr für das Jahr 1975, 1978.

— Heinz Enderlein

128 Regionalplanung und regionale Wirtschaftsstruktur in der Deutschen Demokratischen Republik, 1979.

— Angela Scherzinger und Herbert Wilkens

129 Das Kaufkraftverhältnis zwischen D-Mark und Markt (DDR), 1979.

— Charlotte Otto-Arnold

130 Industrielle Strukturprobleme und sektorale Strukturpolitik in der Europäischen Gemeinschaft, 1979.

— Fritz Franzmeyer

131 Zur Interdependenz der Bevölkerungs- und Arbeitsplatzentwicklung, 1979.

— Herwig Birg

DIW-Beiträge zur Strukturforschung 1967 — 1979

1 Investitionsverflechtung in der Bundesrepublik Deutschland 1950 bis 1970, 1967.

— Dieter Mertens und Wolfgang Kirner

2 Die Verkehrsströme innerhalb der Bundesrepublik Deutschland nach Gütergruppen und Verkehrsarten, 1967.

— Günther John

3 Anlageinvestitionen und Anlagevermögen in Berlin (West) 1950 bis 1965, 1967

— Wolfgang Watter

4 Aufstellung von Input-Output-Tabellen, 1968.

— Reiner Stäglin

5 Zeitreihen für das Anlagevermögen der Wirtschaftsbereiche in der Bundesrepublik Deutschland, 1968.

— Wolfgang Kirner

6 Input-Output-Tabellen und Input-Output-Analysen für die Bundesrepublik Deutschland, 1969.

— Reiner Stäglin und Hans Wessels

7 Des „Berliner Verfahren" — Ein Beitrag zur Zeitreihenanalyse, 1969.

— Bruno Nullau u. a.

8 Analyse der Kapitalausstattung der deutschen Unternehmen auf der Grundlage der Einheitswertstatistik, 1969.

— Rüdiger Torklus

9 Input-Output-Rechnung für Berlin (West) — Ein Beitrag zur regionalen Strukturanalyse, 1969.

— Rolf Krengel

10 Die industrielle Vermögensrechnung der DIW-Ergebnisse einer Neuberechnung, 1970.

— Egon Baumgart und Rolf Krengel

11 Die Komponenten des Sozialproduktwachstums in West-Berlin, 1970.

— Gernot Weißhuhn

12 Finanzhilfe für West-Berlin, 1970.

— Doris Cornelsen

13 Beschäftigte und Arbeitsvolumen in West-Berlin in den Jahren 1950 bis 1968, 1970.

— Lutz Reyher und Gernot Weißhuhn

14 Die Subventionen in der Bundesrepublik Deutschland seit 1951, 1970.

— Demetre Zawlaris

15 Quantifizierung von Wettbewerbs- und Struktureffekten in der Exportentwicklung ausgewählter Industrienationen 1954 bis 1967, 1971.

— Klaus Henkner

16 Wachstumsorientierte Projektionen des Bildungs- und Beschäftigungssystems, 1971.

— Arnim Hegelheimer und Gernot Weißhuhn

17 Ermittlung und Analyse der Investitionen und des Anlagevermögens im Verkehr in der Bundesrepublik Deutschland, 1971.

— Günther John

18 Die Entwicklung des Wachstumspotentials in den Wirtschaftsbereichen der Bundesrepublik Deutschland, 1972.

— Bernd Görzig

19 Arbeitskräftenachwuchs in West-Berlin, 1972.

— Klaus-Peter Gaulke

20 Analyse des Angebotspotentials und Projektion des Investitionsbedarfs im Verkehr in der Bundesrepublik Deutschland, 1972.

— Bernd Bartholmai

21 Jährliche nominale Input-Output-Tabellen für die Bundesrepublik Deutschland 1954 bis 1967, 1972.

— Rolf Krengel und Mitarbeiter

22 Die künftige Entwicklung des Straßenverkehrs in der Bundesrepublik Deutschland, 1972.

— Heilwig Rieke

23 Alternativprojektionen des wirtschaftlichen Wachstums in West-Berlin bis zum Jahre 1980, 1972.

— Gernot Weißhuhn

24 Güternahverkehr und Straßenbelastung in der Bundesrepublik Deutschland, insbesondere in Ballungsgebieten, 1972.

— Peter Lünsdorf

25 Möglichkeiten und Grenzen einer mittelfristigen Einkommenspolitik im Rahmen einer allgemeinen Wirtschaftspolitik, 1973.

— Bernd Görzig und Wolfgang Kirner

26 Regionale Verkehrsinfrastruktur in der BRD — Investitionen und Anlagevermögen, 1973.

— Bernd Bartholmai

27 Input-Output-Rechnung für die Bundesrepublik Deutschland 1954, 1958, 1962, 1966, 1973.

— Reiner Stäglin und Hans Wessels unter Mitarbeit von Ingo Liebe und Joachim Schintke

28 Projektion der Qualifikationsstruktur in den Wirtschaftsbereichen der Bundesrepublik Deutschland bis 1958, 1973.

— Wolfgang Jeschek

29 Ausbildungsqualifikation und Arbeitsmarkt, 1974.

— Arnim Hegelheimer und Gernot Weißhuhn

30 Intersektoraler Strukturvergleich zur Ermittlung von Schlüsselsektoren, 1974.

— Siegfried Schultz

31 Verteilung und Schichtung der Einkommen der privaten Haushalte in der Bundesrepublik Deutschland 1950 bis 1975, 1974.

— Gerhard Göseke und Klaus-Dietrich Bedau

32 Zum Verbund von Lernorten in der Berufsausbildung, 1974.

— Wolfgang Jeschek und Wolfgang Fritz

33 Der Energiemarkt in Bayern bis zum Jahre 1990, 1974.

— Urs Dolinski und Hans-Joachim Ziesing

34 Berufsfeldplanung für die Sekundarstufe II ... in Berlin (West) bis zum Jahr 1982, 1975.

— Klaus-Peter Gaulke und Gernot Weißhuhn unter Mitarbeit von Magda Kohues

35 Analyse und Prognose der Bevölkerungsentwicklung in der Bundesrepublik Deutschland und in ihren Regionen bis zum Jahr 1990, 1975.

— Herwig Birg

36 Die Entwicklung der Bautätigkeit in den Bundesländern von 1960 bis 1972, 1975.

— Norbert Engler

37 Wertschöpfungspräferenz nach dem Berlinförderungsgesetz — Ergebnisse einer ersten Erfolgskontrolle, 1975.

— Peter Ring

38 Input-Output-Rechnung für die Bundesrepublik Deutschland 1972, 1975.

— Rainer Pischner, Reiner Stäglin und Hans Wessels

39 Wettbewerbsrelationen im Außenhandel westlicher Industrieländer 1959 bis 1973, 1976.

— Klaus Henkner

40 Berufswunsch und Berufswahl, 1976.

— Klaus-Peter Gaulke

41 Anlageinvestitionen und Anlagevermögen in den Wirtschaftsbereichen der Bundesrepublik Deutschland — Ergebnisse einer Neuberechnung, 1976.

— Bernd Görzig und Wolfgang Kirner

42 Sensivitätsanalysen im statischen offenen Leontief-Modell, 1976.

— Joachim Schintke

43 Integrierte Langfristprognose für die Verkehrsnachfrage im Güter- und Personenverkehr in der Bundesrepublik Deutschland bis zum Jahre 1990.

Zielsetzung, Methodik und zusammengefaßte Ergebnisse der Prognose ..., 1977.

— Band I Günther John

Analyse und Prognose des Personenverkehrs..., 1977.

— Band II Rainer Hopf, Günther John und Heilwig Rieke

Die Personenverkehrsnachfrage in den Regionen der Bundesrepublik Deutschland 1970 und 1990, 1977.

— Band III Ulrich Voigt

Analyse und Prognose des Güterverkehrs in der Bundesrepublik Deutschland bis zum Jahre 1990, 1977.

— Band IV Hans Joachim Frank

Die Güterverkehrsnachfrage in den Regionen der Bundesrepublik 1970 und 1990, 1976.

— Band V Peter Lünsdorf

Die Verkehrsströme in der Bundesrepublik Deutschland 1970 und 1990, 1977.

— Band VI Joachim Niklas

44 Bedingungen für Angebot und Nachfrage nach Kokskohle in der Welt bis 1985, 1976.

— Manfred Rumberger und Eberhard Wettig

45 Multiplikatorwirkungen des Konjunkturprogramms von 1975 — Anwendung des um den Keynes'schen Multiplikator erweiterten Input-Output-Modells, 1976.

— Reiner Stäglin, Rainer Pischner, Brigitta Weiser und Hans Wessels

46 Zur Bedeutung der Staatsausgaben für die Beschäftigung, 1977.

— Jochen Schmidt

47 Entwicklungshilfe und internationale Arbeitsteilung... am Beispiel der Republik Korea, 1977.

— Dieter Schumacher unter Mitarbeit von Helmut Stütz

48 Dienstleistungen in der Gesamtwirtschaft, 1978.

— Charlotte Otto-Arnold unter Mitarbeit von Ulrich Burschat

49 Einkommens- und Verbrauchsschichtung für die größeren Verwendungsbereiche des privaten Verbrauchs und der privaten Ersparnisse in der Bundesrepublik Deutschland 1955 bis 1974, 1978.

— Gerhard Göseke und Klaus-Dieter Bedau

50 Die Osteinfuhrstruktur der Bundesrepublik Deutschland und anderer westlicher Länder — eine vergleichende Darstellung, 1978.

— Jochen Bethkenhagen, Hans Martin Duseberg, Maria Lodahl

51 Produktions- und Beschäftigungseffekte im Innerdeutschen Handel, 1978.

— Horst Lambrecht und Hans Wessels

52 Untersuchung zu Fragen regional unterschiedlicher Energiepreise in der Bundesrepublik Deutschland, 1979.

— Urs Dolinski

53 Das Arbeitsplatzpotential, die Besetzung mit Arbeitskräften und deren Anspannung im Konjunkturverlauf — eine Analyse der vierteljährlichen Entwicklung von 1960 bis 1976 für die Hauptgruppen der verarbeitenden Industrie..., 1979.

— Arthur Boneß

54 Jährliche nominale Input-Output-Tabellen, Importmatrizen und Investitionsmatrizen für die Bundesrepublik Deutschland 1960 bis 1974, 1979.

— Egon Baumgart, Reiner Stäglin, Jörg-Peter Weiß, Hans Wessels und Mitarbeiter

55 Vergleich von Präferenzsystem und Präferenzvolumen im Land Berlin und in den übrigen Bundesländern, 1979.

— Kurt Geppert und Kurt Hornschild unter Mitarbeit von Walter Schöning

56 Möglichkeiten und Grenzen der Messung von Einflüssen der Umsatzkonzentration auf industrielle Kennziffern — eine empirische Analyse..., 1979.

— Rainer Pischner

DANKSAGUNG

Mein Dank gilt an allererster Stelle dem derzeitigen Präsidenten des DIW, Prof. Dr. Hans-Jürgen Krupp, und dem Kollegium der Abteilungsleiter. Ohne ihre verständnisvolle Unterstützung hätte dieses Buch nicht geschrieben werden können. Meinen Kollegen Dr. Doris Cornelsen, Dr. Reinhard Pohl und Dr. Horst Seidler bin ich ferner für ihre große Hilfe bei der Schlußredaktion des Textes zu Dank verpflichtet.

Durch den völligen Verlust der Institutsakten in den letzten Stunden des Kampfes um Berlin bedingt, war die Darstellung der ersten zwei Jahrzehnte der Institutsgeschichte in besonderem Maß von der Hilfe von Zeitgenossen, vorwiegend von ehemaligen Mitarbeitern des Instituts für Konjunkturforschung abhängig.

Wichtige Hinweise erhielt ich von:

Prof. Dr. Herbert Block, Washington; Theda Bolle, Berlin; Dr. Hans von der Decken, Freiburg (Elbe); Dr. Walter und Frau Hertha Fey, Bonn; Dr. Emil Fischer †, Bonn; Leo Gapa †, Berlin; Prof. Dr. Bruno Gleitze †, Berlin; Dr. Ferdinand Grünig †, Berlin; Prof. Dr. Arthur Hanau †, Göttingen; Dr. Gustav Lucae, Rottach-Egern, Dr. Karl Georg und Frau Ilse Mahnke, Berlin; Marie Luise Mix, Wiesbaden; Prof. Dr. Franz Nemschak, Wien; Prof. Dr. Rudolf Regul †, Baden-Baden; Prof. Dr. Rolf Wagenführ †, Heidelberg, Dr. Gregor Winkelmeyer, Essen.

Dem Geheimen Staatsarchiv, Berlin, dem Bundesarchiv, Koblenz, dem Bundesarchiv-Militärarchiv, Freiburg und dem Zentralen Staatsarchiv der DDR, Potsdam danke ich für ihre Unterstützung bei meiner Suche nach unveröffentlichten Gutachten, die das Institut in der Kriegszeit angefertigt hatte. Leider war diese Arbeit wenig erfolgreich, da die zahlreichen, im Propaganda-Ministerum archivierten, das DIW betreffenden Akten vollständig vernichtet sind.

Für Hinweise zur Institutsentwicklung nach 1945 danke ich besonders:

Dr. Ferdinand Friedensburg, Freiburg-Munzingen; Dr. Tatjana Globokar, Paris; Dr. Dieter Hiß, Berlin; Wolfgang Horedt, Mailand; Dieter Kamphausen, Berlin; Dr. W. Klatt O. B. E., London; Dr. Ingeborg Köhler-Rieckenberg, Kronberg/Ts; Prof. Dr. Dieter Mertens, Nürnberg; Charlotte Otto-Arnold, Berlin; Dr. Joachim Volz, Berlin; Werner Alfred Zehden, Berlin.

Für die unentbehrliche technische Hilfe bedanke ich mich bei Dieter Henkel, dem Verwaltungsleiter des DIW, und seinen Mitarbeiterinnen und Mitarbeitern, vor allem bei Dorothea Nick und Ute Testoni, die meine Neugier auf alte Protokolle und sonstige Akten stillten. Die Schreibarbeiten und die Pflege der Disketten wurden von Brigitte Stüdemann und Michaela Engelmann vorbildlich erledigt.

Rolf Krengel